In der gleichen Reihe erschienen:

Financial Planning
ISBN 3-89623-274-6

**Wem gehört was in Europa?
Ausgabe 2003**
ISBN 3-8029-3337-0

**Profi-Handbuch
Investmentfonds**
ISBN 3-8029-3365-6

Leben vom Ersparten
ISBN 3-8029-3721-X

**Richtig sparen:
Vermögen schaffen**
ISBN 3-8029-3776-7

Praxis-Handbuch Stiftungen
ISBN 3-8029-3313-3

**Meine Immobilie
Kaufen – Besitzen – Verkaufen**
ISBN 3-8029-3329-X

Kapitaltransfer ins Ausland
ISBN 3-89623-179-0

Risiko Steuersünde
ISBN 3-8029-3777-5

**Steuersparbuch für Freiberufler
und Selbstständige**
ISBN 3-8029-3715-5

**Profi-Handbuch Nachfolge in
Familienunternehmen**
ISBN 3-8029-3331-1

Wir freuen uns über Ihr Interesse an diesem Buch. Gerne stellen wir Ihnen zusätzliche Informationen zu diesem Programmsegment zur Verfügung.

Bitte sprechen Sie uns an:

E-Mail: walhalla@walhalla.de
http://www.walhalla.de

Walhalla Fachverlag · Haus an der Eisernen Brücke · 93042 Regensburg
Telefon (0941) 5684100 · Telefax (0941) 5684111

Hans-Lothar Merten

STEUEROASEN

- Handbuch für flexible Steuersparer
- Ausgabe 2003

Bibliografische Information der Deutschen Bibliothek
Die Deutsche Bibliothek verzeichnet diese Publikation in der Deutschen Nationalbibliografie; detaillierte bibliografische Daten sind im Internet über http://dnb.ddb.de abrufbar.

Zitiervorschlag:
Hans-Lothar Merten, Steueroasen, Jahrbuch, Ausgabe 2003
Walhalla Fachverlag, Regensburg, Berlin 2003

Hinweis: Unsere Werke sind stets bemüht, Sie nach bestem Wissen zu informieren. Sollten Sie Fragen haben, so wenden Sie sich an Ihren Rechtsanwalt oder Steuerberater.

© Walhalla u. Praetoria Verlag GmbH & Co. KG, Regensburg/Berlin
Alle Rechte, insbesondere das Recht der Vervielfältigung und Verbreitung
sowie der Übersetzung, vorbehalten. Kein Teil des Werkes darf in irgendeiner Form
(durch Fotokopie, Datenübertragung oder ein anderes Verfahren) ohne schriftliche
Genehmigung des Verlages reproduziert oder unter Verwendung elektronischer
Systeme gespeichert, verarbeitet, vervielfältigt oder verbreitet werden.
Produktion: Walhalla Fachverlag, 93042 Regensburg
Umschlaggestaltung: Gruber & König, Augsburg
Druck und Bindung: Westermann Druck Zwickau GmbH
Printed in Germany
ISBN 3-8029-3336-2

Nutzen Sie das Inhaltsmenü:
Die Schnellübersicht führt Sie zu Ihrem Thema.
Die Kapitelüberschriften führen Sie zur Lösung.

Im Visier: Steuerpflichtige   7

204 Tage Arbeit für den Staat   9

Abkürzungen 10

1 Steueroasen am Pranger? 13

2 Lockruf der Steueroasen 29

3 Ausgewählte Bankplätze und Steuersituation in Europa 63

4 Steuerliche Behandlung von Auslandsvermögen 95

5 Der Steuerfahndung ein Schnippchen schlagen 115

6 Steueroasen auf dem Prüfstand: Wo sie
liegen, was sie bieten und kosten 141

7 Oasen- und Offshore-Gesellschaften:
Exotisch, profitabel, gefährlich 381

8 Check-up: Steueroasen und
Oasengesellschaften 425

9 Steuerspar-Spezialitäten 431

Quellen- und Literaturhinweise 438

Stichwortverzeichnis 442

Im Visier: Steuerpflichtige

Das Tabu Steuererhöhung war bereits wenige Tage nach der Bundestagswahl 2002 gefallen. Vermögensteuer, Erbschaftsteuer, Mehrwertsteuer ... täglich wurde die Liste der Steuerarten länger, nach der Sozialdemokraten und Grüne in ihrer Suche nach neuen Geldquellen griffen.

Die jetzt verabschiedete Koalitionsvereinbarung zwischen SPD und Grünen ist ein Armutszeugnis. Die angekündigten Sparbemühungen greifen viel zu kurz, bei den Steuern wird man dagegen noch einmal kräftig zulangen. Für Kapitalanleger sind vor allem zwei Änderungen ein herber Schlag ins Kontor:

- Die Steuerpflicht von Privatpersonen für Veräußerungsgewinne aus Wertpapieren wird erweitert,
- Kapitalerträge sollen durch Kontrollmitteilungen besser erfasst werden.

Umsetzen will man das Ganze wie folgt:

- Spekulationsgewinne aus Wertpapierbesitz werden generell steuerpflichtig.
- Banken sollen verpflichtet werden, den Steuerbehörden unaufgefordert Kontrollmitteilungen zuzusenden. Im Klartext: Sie sollen die Kapitalerträge der Kunden melden, auch Spekulationserträge.

Fraglich ist, wie Bundesfinanzminister Eichel in der derzeitigen Börsensituation mit der Spekulationssteuer zusätzliches Geld einnehmen will. In Wirklichkeit geht es der Regierung nur darum, die langersehnten Kontrollmitteilungen der Banken zur Pflicht zu machen. Auf diese Weise können die Finanzämter auch die Sparzinsen vollständig erfassen und besteuern.

Die Folgen sind absehbar: Vor allem Banken im grenznahen Ausland dürften sich in den kommenden Monaten wachsender Be-

Vorwort

liebtheit erfreuen. Da weder die Eröffnung noch der Übertrag eines Wertpapierdepots ins Ausland illegal ist, dürften Milliarden Euro dem deutschen Wirtschaftskreislauf entzogen werden. Immer mehr Vermögende, bei denen es etwas zu besteuern gibt, tragen sich daher mit dem Gedanken, ihre Vermögenswerte außer Landes zu schaffen. Zunächst vielleicht noch ganz legal, doch ist das Kapital dann erst einmal dem Zugriff des deutschen Fiskus entzogen …

Im Ausland hat man sich längst darauf eingerichtet, dass deshalb die Suche nach verborgenen Steuerschätzen deutscher Steuerbürger jenseits der deutschen Landesgrenze intensiviert werden wird. Der Druck auf die Steueroasen – vor allem in Europa – wird also weiter zunehmen. Denn was beispielsweise die Schweiz den USA bereits einräumen musste – nämlich „diskrete" Privatkonten von US-Bürgern den amerikanischen Steuerbehörden zugänglich zu machen –, dürfte der EU nicht versagt bleiben. EU-Bürger müssen daher wissen, auf was sie sich künftig bei einem Transfer ihrer Vermögen ins Ausland einlassen.

Das Buch soll deshalb jenen Steuerbürgern und steuerpflichtigen Unternehmen eine Hilfe sein, die wissen wollen, welche – oft ganz legalen – Möglichkeiten der internationale Steuerwettbewerb beim weltweiten Kampf um das Kapital bietet, ihre Steuerlast in der Heimat zu reduzieren oder sogar ganz zu umgehen.

Hans-Lothar Merten

204 Tage Arbeit für den Staat

Die Abgabenlast in Deutschland war 2002 – trotz angelaufener Steuerreform – höher als vor vier Jahren: Nach Berechnungen des Bundes der Steuerzahler hatten die Steuerzahler bis zum 23. Juli für den Staat gearbeitet. Damit arbeitet jeder 56 Prozent des Jahres ausschließlich, um den Staatshaushalt mit Steuern und Abgaben zu versorgen. Schlechter geht es fast nicht mehr. Im Vergleich dazu hatte die Steuer- und Abgabenquote 1960 nur 41,5 Prozent betragen.

Die Steuerreform hat somit keine Entlastung für die Bundesbürger gebracht. Im Gegenteil: 2002 stieg sie um 1,1 Prozentpunkte. Selbst 2006, wenn die letzte Stufe der Steuerreform in Kraft tritt, wird die Einkommensbelastung mit 55,8 Prozent 0,7 Prozent über dem Wert von 1998 liegen. Kein Wunder, wenn sich Steuerzahler außerhalb der Landesgrenze nach Alternativen umsehen, um der hohen Steuerbelastung in der Heimat zu entgehen.

Die Zufluchtsorte der Reichen

Die Bank für Internationalen Zahlungsverkehr (BIZ) in Basel veröffentlicht Statistiken über die finanziellen Beziehungen zwischen einzelnen Ländern, unter anderem auch mit den Steueroasen. Danach wurden dort Ende 2001 Einlagen Gebietsfremder in Höhe von 2,812 Billionen US-Dollar geparkt. Beliebtestes Anlageziel: Die Schweiz mit 732,62 Milliarden US-Dollar.

Einlagen Gebietsfremder in Milliarden US-Dollar:

Andorra	5,98	Aruba	0,91
Bahamas	234,58	Bahrain	28,86
Barbados	8,96	Bermuda	25,81
Cayman Islands	617,76	Gibraltar	10,39
Hongkong	303,56	Libanon	16,82
Liberia	8,28	Liechtenstein	20,01
Luxemburg	283,62	Malta	2,93
Niederländische Antillen	68,43	Österreich	53,26
Panama	40,19	Schweiz	732,62
Singapur	276,25	Vanuatu	1,11
West Indies UK	62,43	Zypern	9,49

Quelle: Bank für Internationalen Zahlungsverkehr (BIZ)

Abkürzungen

ADB	Asiatische Entwicklungsbank
AG	Aktiengesellschaft
AHV	Alters- u. Hinterlassenen-Versicherung
AO	Abgabenordnung
ARI	Autoridad de la Region Interoceanica
AStG	Außensteuergesetz
BFH	Bundesfinanzhof
BfF	Bundesamt für Finanzen
BGB	Bürgerliches Gesetzbuch
BGH	Bundesgerichtshof
BIP	Bruttoinlandsprodukt
BIZ	Bank für internationalen Zahlungsausgleich
BMF	Bundesministerium der Finanzen
BND	Bundesnachrichtendienst
BStBl	Bundessteuerblatt
CARICOM	Gemeinschaft karibischer Staaten
CpD	Contra pro Diverse
DB	Der Betrieb
DBA	Doppelbesteuerungsabkommen
ErbStG	Erbschaftssteuergesetz
Erl	Erlass
Est	Einkommensteuer
EStG	Einkommensteuergesetz
EStR	Einkommensteuer-Richtlinien
EU	Europäische Union
EuGH	Europäischer Gerichtshof
FWR	Europäischer Wirtschaftsraum
EWU	Europäische Währungsunion
EWWU	Europäische Wirtschafts- und Währungsunion
EZB	Europäische Zentralbank
FA	Finanzamt
FATF	Financial Action Task Force on Money Laundering – Spezial-Arbeitsgruppe der OECD zur Bekämpfung der Geldwäsche
FED	Federal Reserve System (US-amerikanisches Notenbanksystem)

Abkürzungen

GewSt	Gewerbesteuer
GmbH	Gesellschaft mit beschränkter Haftung
GwG	Geldwäschegesetz
HGB	Handelsgesetzbuch
IBC	International Business Company
IGW	Institut für Weltwirtschaft
IRG	Internationale Rechtshilfe in Steuersachen
IRS	Internal Revenue Service
IT	Informationstechnik
IWF	Internationaler Währungsfonds
IZA	Informationszentrale Ausland
KapSt	Kapitalertragsteuer
KG	Kommanditgesellschaft
KM	Kontrollmitteilung
KSt	Körperschaftsteuer
KStG	Körperschaftsteuergesetz
Ltd.	Limited Company
Mercosur	Mercado Común del Cono Sur (Gemeinsamer Markt Südamerikas; Mitglieder: Argentinien, Brasilien, Paraguay, Uruguay; assoziierte Mitglieder: Bolivien, Chile)
NAFTA	North American Free Trade Agreement (= Freihandelszone)
OECD	Organization for Economic Coorperation and Development
OHG	Offene Handelsgesellschaft
OLG	Oberlandesgericht
QI	Qualified Intermediary
SADC	Entwicklungsgemeinschaft des Südlichen Afrikas
SMS	Short Message Service
StGB	Strafgesetzbuch
StPO	Strafprozessordnung
UmwStG	Umwandlungssteuergesetz
VO	Verordnung
VZ	Veranlagungszeitraum
WTO	Welthandelsorganisation

Steueroasen am Pranger?

1

1. Auf einen Blick: Paradiese für flexible Steuerzahler 14
2. Steuerdumping-Länder: Das Steueroasen-Protokoll der Finanzminister 15
3. Kampf den Steuerdumping-Ländern .. 18
4. Gegenmaßnahmen der deutschen Finanzverwaltung 21
5. Wie die Auslands-Steuerflucht unterbunden werden könnte 23
6. Steueramnestie ante portas? 25
7. Auf zu neuen Ufern 28

1. Auf einen Blick: Paradiese für flexible Steuerzahler

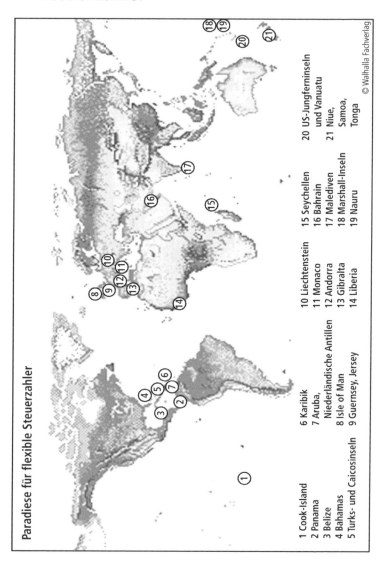

2. Steuerdumping-Länder: Das Steueroasen-Protokoll der Finanzminister

Im „Steueroasen-Protokoll" sind systematisch alle intelligenten und legalen Gestaltungen zusammengestellt – insbesondere die, die durch Investitionen in benachbarten EU-Ländern möglich sind –, die von der EU-Kommission als „unfairer Steuerwettbewerb" deklariert werden.

> **Steueroasen-Protokoll: Die entscheidenden Punkte**
>
> ■ **Exodus deutscher Unternehmen**
>
> Plant ein Unternehmer die Ausweitung seiner Aktivitäten ins Ausland, so muss er zunächst entscheiden, ob er lediglich vom Heimatland aus exportieren oder aber eine dauerhafte Präsenz als Vertriebsgesellschaft im Ausland anstreben will, sei es als bloße Niederlassung, als rechtlich selbstständige Tochtergesellschaft oder im Wege des Erwerbs eines ausländischen Betriebs bzw. Teilbetriebs. Pro-Argumente für die Tochtergesellschaft sind die Haftungsbeschränkung, die größere Flexibilität bei der Unternehmensfinanzierung sowie Verrechnungspreisgestaltung und die Inanspruchnahme von Vergünstigungen der so genannten Mutter-Tochter-Richtlinie. Demgegenüber bietet eine Betriebsstätte diverse Möglichkeiten zur Gewinnabgrenzung bzw. -ermittlung, wirft aber auch damit zusammenhängende Probleme im Verhältnis zu den ausländischen Finanzbehörden auf. Daneben bietet sich auch die Errichtung einer Personengesellschaft an.
>
> Je nach Tätigkeit und Systematik der zur Anwendung kommenden DBA findet eine Besteuerung im Sitzland oder im Tätigkeitsland statt. Dazu stellt das Protokoll fest: „Die Ausgestaltung von Konzernverrechnungspreisen bietet beträchtliche Spielräume zur Gewinnverlagerung innerhalb von Konzernverbänden."
>
> ■ **Sonderformen grenzüberschreitender Standortplanung**
>
> **Konzernumlagen:** Werden bestimmte Funktionen aus einer Tochtergesellschaft herausgenommen und auf die Konzernzentrale übertragen, ergeben sich Gewinnverlagerungsmöglichkeiten auch über

Steueroasen am Pranger?

Fortsetzung: Steueroasen-Protokoll

die Grenzen hinweg. Eine eindeutige Zuordnung ist jedoch nicht immer unproblematisch. Dies gilt z. B. bei Forschungskosten, die bei der Tochtergesellschaft entweder über die Erhebung von marktgerechten Lizenzgebühren oder über Kostenbeteiligungsabsprachen hereingeholt werden sollen.

Holdingkonstruktionen: Eine Holding zeichnet sich dadurch aus, dass sie selbst als Konzernorganisation keine eigene operative, d. h. unternehmerische Tätigkeit ausübt. Anreiz hierfür sind die Höhe der Quellensteuersätze, die Besteuerung im Sitzland (Schachtelprivileg, Vermeidung von Mehrfachbesteuerung), Ausnutzung bestimmter DBA, Behandlung von Veräußerungsgewinnen und Finanzierungskosten (insbesondere Zinsausgaben).

Als attraktive Standorte für Holdinggesellschaften in Europa weist das Protokoll aus: Niederlande, Belgien, Luxemburg und die Schweiz.

Finanzierungsgesellschaften: Kreditinstitute sowie multinationale Unternehmen haben sich in jüngster Zeit bei der Aufnahme von Fremdkapital verstärkt internationaler Finanzierungsquellen bedient. Zur kostengünstigen Konzernfinanzierung werden dabei oftmals ausländische Finanzierungsgesellschaften eingeschaltet, um Anleihen auf dem Euro-Kapitalmarkt zu begeben.

Dazu heißt es im Protokoll: „Als besonders bevorzugte Standorte gelten hier Irland, Luxemburg, Belgien und vor allem die Niederlande."

Koordinierungsstellen: In diversen europäischen Ländern bestehen für so genannte „Koordinierungsstellen" multinationaler Konzerne – auch „Koordinationszentren" genannt – eine Reihe von Steuervergünstigungen, sofern diese lediglich administrative (nicht operative) Tätigkeiten ausüben. Das gilt lt. Protokoll insbesondere für „Belgien, die Niederlande, Luxemburg und Frankreich".

Offshore-Bankwesen: Das Kerngeschäft der so genannten Offshore-Banken besteht darin, bankspezifische Dienstleistungen an Gebietsfremde zu erbringen. Nach der Dokumentation gelten „in Europa auf diesem Gebiet als besonders attraktiv traditionelle Bankenplätze wie die Schweiz, Luxemburg, die Kanalinseln sowie neuerdings auch Gibraltar, Madeira und Zypern".

Steuerdumping-Länder: Das Steueroasen-Protokoll der Finanzminister

Fortsetzung: Steueroasen-Protokoll

Internationales Schachtelprivileg: Besondere Gestaltungsmöglichkeiten ergeben sich auch aus den DBA. Sofern eine inländische unbeschränkt steuerpflichtige Kapitalgesellschaft Anteile an einer ausländischen beschränkt steuerpflichtigen Tochtergesellschaft in Höhe von mindestens 10 Prozent (Schachtelbeteiligung) hält, wird im Falle der Gewinnausschüttung ein Schachtelprivileg über die Grenze ausgelöst.

Dazu enthalten die DBA in den meisten Fällen Regelungen, wonach die Quellensteuer im Sitzstaat der Tochtergesellschaft auf 15, 10 oder sogar 0 Prozent beschränkt wird. Seit dem 1.1.1992 gilt auch in Deutschland die so genannte Mutter-Tochter-Richtlinie, wonach auf Erträge aus Schachtelbeteiligungen körperschaftsteuerlich gesehen eine indirekte Steueranrechnung greift (§26 Abs.2a KStG), die im Ergebnis einen quellensteuerfreien Zufluss im Inland sicherstellt.

Treaty Shopping: Die meisten von Deutschland mit EU-Ländern abgeschlossenen DBA sehen vor, dass auf abfließende Zinsen in der Regel keine Quellensteuern erhoben werden, so dass auch Zinsen steuerfrei zur ausländischen Muttergesellschaft fließen können. Sofern das aber nicht der Fall ist, kann beispielsweise durch Einschaltung einer Zwischenholding in einem Drittstaat der Quellensteuerabzug reduziert beziehungsweise ganz vermieden werden: so genanntes „Treaty-Shopping".

Das ist immer dann der Fall, wenn ein Steuerpflichtiger sich die Vorteile eines bestimmten Doppelbesteuerungsabkommens verschafft, ohne in dem betreffenden Vertragsstaat ansässig zu sein. Auch wenn er nicht zur Inanspruchnahme der Vergünstigungen dieses Abkommens berechtigt ist, kann er sie sich formalrechtlich inbesondere durch die Zwischenschaltung einer zu diesem Zweck in diesem Staat gegründeten Teilgesellschaft verschaffen. Hierdurch kauft sich (= Shopping) der Steuerpflichtige quasi in das betreffende Abkommen ein. Das ist immer dann besonders vorteilhaft, wenn der Staat, in dem der Steuerpflichtige ansässig ist, überhaupt kein oder ein weniger vorteilhaftes Abkommen mit dem Staat der Steuerquelle besitzt, oder wenn der Staat der Ansässigkeit und der Quellenstaat identisch sind.

Steueroasen am Pranger?

Wichtig: Bei den hier angeführten Sachverhalten beklagt das Steueroasen-Protokoll aus deutscher Sicht vor allem die derzeitige unzureichende „praktische" Missbrauchsbekämpfung, wenn wesentliche Teile grenzüberschreitender Steuergestaltung im Ausland verwirklicht worden sind und der deutsche Fiskus auf die Amtshilfe ausländischer Finanzbehörden angewiesen ist.

3. Kampf den Steuerdumping-Ländern

Was nun die nationalen Steuersünder betrifft, so nennt das Steueroasen-Protokoll auch die „unfairen Steuerwettbewerber" beim Namen.

Steuerdumping-Liste – ein Auszug

- **Belgien**

Das belgische Steuerrecht kennt drei verschiedene Steuerformen der Steuervergünstigung für multinationale Unternehmen, nämlich

– Koordinierungszentren (Coordination Center),

– Handelszentren (Distribution Center) sowie neuerdings

– Dienstleistungszentren (Service Center).

Zur steuerlichen Situation stellt die Dokumentation fest: „Die durchschnittlich von den belgischen Koordinierungszentren zu tragende Steuerbelastung wird auf etwa 2,5 bis 3,5 Prozent des eigentlichen operativen Gewinns geschätzt. Die Schaffung dieser belgischen Spezialregelung gilt als außerordentlich erfolgreich. So wurden unter den in Belgien ansässigen Zentren bereits mehrere Dutzend deutscher Großunternehmen gezählt."

- **Niederlande**

Die Niederlande gelten aus vielerlei Gründen als idealer Standort für Finanzierungsgesellschaften, weil sie gleichermaßen günstige wirtschaftliche wie auch steuerliche Rahmenbedingungen bieten.

Kampf den Steuerdumping-Ländern

Fortsetzung: Steuerdumping-Liste

Hierzu zählen

- das dichte Netz der DBA,
- die Möglichkeiten zum Abschluss von so genannten „Rulings" (eine Art individueller Steuerabkommen mit den Finanzbehörden) sowie ferner
- spezielle Vergünstigungen für Konzernfinanzierungsgesellschaften.

Dazu führt das Protokoll aus: „Auch als Holdingstandort weisen die Niederlande Vorteile beispielsweise gegenüber der Bundesrepublik Deutschland auf. Eine seit 1.1.1997 eingeführte Sondervorschrift für inländische Finanzierungsgesellschaften ausländischer Konzerne sieht vor, dass diese Gesellschaften 80 Prozent der Einkünfte aus der Konzernfinanzierungstätigkeit Gewinn mindernd in eine Rückstellung für Finanzierungs- und Beteiligungsrisiken einstellen dürfen. Die verbleibenden 20 Prozent werden mit dem normalen Steuersatz von 35 Prozent belegt, was einer Effektivbesteuerung von 7 Prozent gleichkommt."

■ Luxemburg

Das Großherzogtum hat in der Vergangenheit große Erfolge mit einem spezifischen Angebot für

- Holdinggesellschaften,
- Koordinationszentren und
- Finanzierungsgesellschaften

erzielen können. Holdinggesellschaften, deren Gesellschaftszweck auf Erwerb, Verwaltung und Veräußerung von Investitionen ausländischer Gesellschaften beschränkt ist, unterliegen keiner Einkommen-, Gewerbe- oder Vermögensteuer. Dividenden, Zinsen, Lizenzzahlungen, Kapitalgewinne und Liquidationsgewinne sind steuerbefreit.

Speziell für Finanzierungsgesellschaften gibt es Sonderregelungen, wonach nicht das objektiv erzielte Einkommen als zu versteuerndes Einkommen zu ermitteln ist, sondern eine pauschale Zinsmarge von 0,5 Prozent unterstellt wird.

Steueroasen am Pranger?

Fortsetzung: Steuerdumping-Liste

- **Irland**

Seit 1987 gelten für Finanzdienstleistungsunternehmen, die in den Docks in der dafür speziell ausgewiesenen Zone in Dublin angesiedelt haben (Dublin Docks Financial Services Center),

- ein reduzierter Körperschaftsteuersatz von 10 Prozent auf laufende Gewinne,
- Freistellung von lokalen Grundsteuern,
- Sofortabschreibung auf gewerbliche Immobilien,
- Steuerfreiheit von Kursgewinnen auf spezielle Investmentgesellschaften und
- Quellensteuerfreiheit.

Irland ist aus deutscher Sicht vor allem auch deshalb attraktiv, weil im DBA Deutschland-Irland das diesbezügliche Besteuerungsrecht Irland zugewiesen wird, das heißt, dass dort erzielte Einkünfte in Deutschland steuerfrei bleiben. Gleichzeitig können Dividenden aufgrund des Schachtelprivilegs in Deutschland steuerfrei vereinnahmt werden. Explizit heißt es hierzu im Protokoll: „Mit der Änderung des deutschen Außensteuergesetzes hat der Gesetzgeber zwar 1992 versucht, deutschen Unternehmen die Möglichkeiten zu erschweren, niedrig besteuerte Zins- und Beteiligungseinkünfte in irischen Finanzdienstleistungsunternehmen zu parken, doch hat Irland auf diese Verschärfung des deutschen Außensteuerrechts reagiert in Gestalt einer maßgeschneiderten Sonderregelung, die es ermöglichen soll, dass Unternehmen anstelle des 10-prozentigen Regelsteuersatzes für eine 30-prozentige Besteuerung optieren können mit der Folge, dass die deutsche Zurechnungssteuer nicht mehr greift."

- **Österreich**

Die Alpenrepublik hat sich in den letzten Jahren besonders als Holdingstandort profiliert. „Ausschlaggebend hierfür ist das im österreichischen Körperschaftsteuergesetz niedergelegte internationale Holdingprivileg, wonach Dividenden, die aus einer internationalen Holdingbeteiligung fließen, steuerbefreit sind, vorausgesetzt, die Beteiligung beträgt mindestens 25 Prozent und die internationale Hol-

> *Fortsetzung: Steuerdumping-Liste*
>
> ding verfügt über eine in Österreich zulässige Gesellschaftsform", heißt es im Protokoll.
>
> - **Sonstige EU-Gebiete**
>
> Als sonstige EU-Gebiete mit besonderen Steuervorteilen werden Madeira, Azoren, Kanarische Inseln, Kanalinseln, Isle of Man, Malta, Schweiz, Liechtenstein sowie Ungarn aufgelistet.

4. Gegenmaßnahmen der deutschen Finanzverwaltung

Das Steuerrecht der Bundesrepublik Deutschland unterzieht Steuerkonstruktionen einer festen Prüfungsreihenfolge, die das Steueroasen-Protokoll wie folgt darstellt:

- Zunächst wird geprüft, ob im Ausnahmefall die ausländische Tochtergesellschaft nicht doch der inländischen unbeschränkten Steuerpflicht unterliegt.

- Sodann stellt sich die Frage, ob ein Missbrauch von Gestaltungsmöglichkeiten im Sinne von § 42 AO vorliegt.

- Schließlich greifen die Vorschriften des Außensteuergesetzes (durch das Missbrauchbekämpfungsgesetz 1993 nochmals verschärft) ein, die die für bestimmte Steuerplanungsstrukturen, zum Beispiel Wohnsitzwechsel natürlicher Personen in niedrig besteuerte Gebiete einschließlich der Erfassung wesentlicher Beteiligungen und Familienstiftungen, eine Hinzurechnungsbesteuerung anordnen. Vor allem sind dies durch „passive", das heißt nicht gewerbliche Tätigkeiten im herkömmlichen Sinne erzielte Einkünfte sowie neuerdings „Zwischeneinkünfte mit Kapitalanlagecharakter", wovon speziell Aktivitäten von Finanzierungs-(Tochter-)Gesellschaften im Ausland betroffen sind.

Steueroasen am Pranger?

- Die Gestaltung von Konzernverrechnungspreisen wird entsprechend der international üblichen Fremdvergleichsmethode überprüft.
- Bezüglich unangemessen hohen Gesellschaftsfremdfinanzierungen inländischer Kapitalgesellschaften nimmt § 8a KStG bei Überschreiten bestimmter Grenzen eine Umqualifizierung in Eigenkapital vor.

Im bilateralen Bereich versucht Deutschland in den neuen Doppelbesteuerungsabkommen nach OECD-Muster spezielle Klauseln gegen die missbräuchliche Nutzung von Abkommensvorteilen durchzusetzen. In die gleiche Richtung wirkt die neue Vorschrift des § 50d Abs.1a EStG. Die Verfasser des Protokolls warnen jedoch die Bundesregierung ausdrücklich davor, diese Steuer-Schrauben zu überdrehen, zum Beispiel die jüngsten Bestrebungen, Betriebsstättenverlusten aus dem Ausland generell die Anerkennung zu versagen und jeglichen Steuerwettbewerb als Steuerdumping zu geißeln: „Unter ökonomischen Gesichtspunkten wirkt der Steuerwettbewerb in mehrfacher Hinsicht positiv:

- Zunächst schützt er vor übermäßiger und überzogener Abgabenleistung.
- Gleichzeitig zwingt er Regierungen zu maßvoller Ausgabenpolitik und wirkt einer schädlichen Umverteilungspoilitik entgegen.
- Schließlich ermöglichen günstigere Investitionsbedingungen zusätzliche Investitionen in das Sachkapital – auch aus dem Ausland –, so dass neue Arbeitsplätze entstehen und in letzter Konsequenz sogar die Staatseinnahmen wieder ansteigen.
- Besonders Deutschland als Hochsteuerland ist hier gefordert, da die Bundesrepublik europaweit und auch im Vergleich zu den anderen Wirtschaftsnationen derzeit das absolute Schlusslicht bildet, zumindest was die für Investitionsentscheidungen maßgeblichen Grenzsteuersätze angeht."

Dennoch: Trotz aller Perfektion und gesetzgeberischen Finessen lässt das deutsche Außensteuergesetz „dem internationalen Finanzierungs- und Beteilgungsmanagement immer noch große Freiräume insbesondere bei der Inanspruchnahme von Vergünstigungen aus Doppelbesteuerungsabkommen".

5. Wie die Auslands-Steuerflucht unterbunden werden könnte

Wie die Steuerflucht ins Ausland unterbunden werden könnte, zeigen die 26 Gelehrten des Wissenschaftlichen Beirats beim Bundesministerium der Finanzen in ihrem Gutachten zur „Reform der internationalen Kapitaleinkommenbesteuerung". Der Beirat stellt zwei Möglichkeiten zur Wahl: Das so genannte Wohnsitz- sowie das Quellensteuerprinzip.

Wohnsitzprinzip

Hierbei versteuern natürliche Personen wie Unternehmen ihre weltweiten Einkünfte ausschließlich in dem Land, in dem sie ihren Wohn- oder Firmensitz haben. Ihre Einkünfte werden so behandelt, als wären sie samt und sonders im Inland erzielt worden. Im Ausland erwirtschaftete und versteuerte Unternehmensgewinne sind mithin nicht mehr von der Versteuerung im Inland freigestellt. Gewinn- wie auch ausländische Zinsertragsteuern werden vielmehr angerechnet, sprich von der inländischen Steuerschuld abgezogen. Allerdings nur insoweit, als sie die inländischen Steuern auf die jeweilige Einkunftsart nicht übersteigen.

Das Wohnsitzprinzip setzt nach Meinung des Beirats nicht voraus, dass die Steuertarife und die Bemessungsgrundlagen vereinheitlicht werden müssten. Im Gegenteil, Unterschiede reizten den Steuerwettbewerb an, niedrigere Steuertarife seien erwünscht. Ruinös werde ein solcher Wettbewerb wohl nicht, denn weder die

Steueroasen am Pranger?

Bürger noch die Unternehmen neigten dazu, ins Ausland zu übersiedeln. Wollte also beispielsweise Bayer Leverkusen die niedrigeren Tarife in Großbritannien nutzen, so müsste es ein britisches Unternehmen werden, und das wird es sich überlegen.

Das Wohnsitzprinzip scheitert daran, so stellen die Experten fest, dass dem heimischen Fiskus die Welteinkommen seiner Bürger und Unternehmen nicht mitgeteilt werden. Die Steuerverwaltungen müssten also ein weltweites System der Kontrollmitteilungen einführen.

Quellensteuerprinzip

Es ist nach Ansicht der Wissenschaftler zwar technisch weniger aufwändig, im Gegensatz zum Wohnsitzprinzip setzt es jedoch eine Einigung über Tarife und Bemessungsgrundlagen voraus, und zwar zugunsten einer Mindestbesteuerung an der Quelle. Also in dem Land, in dem das Einkommen erwirtschaftet wird. Die Finanzbehörden in Amerika und Europa würden mithin alle Einkommen, die nicht aus abhängiger Arbeit erzielt werden, also Reingewinne, Mieten, Lizenzen und Zinsen, mit einem internationalen Mindestzinssatz belegen, und das wäre es dann! Damit wären Auslandseinkünfte im Wohnsitzstaat grundsätzlich freigestellt. Die Zins-Quellensteuer wäre de facto eine Abgeltungssteuer. Zur Kapitalflucht über die Grenzen käme es nicht – man hat sich ja auf eine Mindestbesteuerung geeinigt.

Hier liegt jedoch das Problem, wie der Beirat einräumt, zumal er ausdrücklich feststellt, dass es nicht ausreiche, wenn sich nur die EU auf eine Mindestbesteuerung verständige. Sie müsse alle Steueroasen einschließen.

Die Bundesregierung glaubt nicht an eine solche weltweite Verständigung. Sie müsste auch selbst unangenehme Hürden überspringen, wollte sie sich einem weltweiten Quellensteuersystem anschließen. Diese Systeme würden nämlich das Ende der synthetischen Einkommensteuer bedeuten.

Doch dafür glaubt der Beirat, sich etwas einhandeln zu können, was vielleicht attraktiver erscheint: Die Flat Tax, der Einheitssteuersatz von zum Beispiel 28 Prozent in Verbindung mit einem hohen Grundfreibetrag.

6. Steueramnestie ante portas?

Die Regierung Berlusconi hat Anfang 2002 in Italien das leidige Problem der Steuerflucht pragmatisch gelöst – durch eine Steueramnestie anlässlich der Bargeldeinführung des Euro. Kapitalflüchtlinge durften ihre im Ausland (vorrangig in der Schweiz) geparkten Ersparnisse straffrei nach Italien zurückführen. Es ging dabei um rund 500 Milliarden EUR, die begüterte Italiener nach Schätzungen der römischen Zentralbank am Fiskus vorbei jenseits der Grenzen gehortet hatten – allein in Lugano lagen 200 Milliarden EUR. Wohl mit Erfolg: In den ersten vier Wochen waren bereits 50 Milliarden EUR heimgekehrt.

Mit Blick auf das italienische Vorbild – in Spanien und Österreich wurde die Kapitalrückführung durch Amnestie bereits Anfang der 90er-Jahre erfolgreich praktiziert – prüfen Steuerexperten parteiübergreifend jetzt auch hier zu Lande, ob die im Ausland geparkten Gelder der Bundesbürger nicht mit einer Amnestie angezapft werden können. Denn da Steuererhöhungen für die nächste Zukunft ausgeschlossen sind, wird das finanzpolitische Gewicht der leeren Kassen immer größer und drängt zu pragmatischen Lösungen.

Überlegt wird, eine solche Amnestie gleich mit der Einführung einer allgemeinen Zinsabgeltungssteuer von etwa 25 Prozent in der ganzen EU für die Zukunft zu verbinden. Der europäische Einigungsprozess bietet Deutschland die Chance, sein wenig akzeptiertes Konzept einer Zinsabschlagsteuer zu modernisieren. Denn was die Deutschen von ihrem Steuersystem halten, nach dem die Zinserträge letztlich mit dem individuellen Einkommensteuersatz belastet werden, zeigt eine Schätzung des Bundesfinanzministeri-

Steueroasen am Pranger?

ums: Danach summiert sich der Wert deutscher Anlagen im Ausland (ohne Direktinvestitionen und Handelskredite) auf rund 960 Milliarden EUR.

Doch höchstens ein Drittel davon taucht nach Schätzungen der Deutschen Steuergewerkschaft in Steuererklärungen auf. Selbst wer im Ausland Steuern zahlt, bekommt in der Regel weniger abgezogen als in Deutschland.

Wirtschaftswissenschaftler wie Jürgen B. Donges oder Johann Eckhoff halten denn auch die Einführung einer Abgeltungssteuer von 20 bis 25 Prozent für die beste Möglichkeit, die Deutschen zur Steuerehrlichkeit zu motivieren. Und „dabei sollte gleichzeitig auch die Vergangenheit gelöst werden", meint Hans-Jürgen Krause vom Bundesverband deutscher Banken.

Das Wort „Amnestie" vermeidet er, „schließlich wollen wir, dass das Geld versteuert wird und der Steuersünder sich selbst anzeigt". Das trifft auch auf den FDP-Steuerexperten Hermann-Otto-Solms zu, der sich seit langem für eine Schwarzgeld-Amnestie einsetzt.

Sollte der Steuerexperte Alfons Kühn vom Deutschen Industrie- und Handelskammertag mit seinen Schätzungen Recht behalten, wonach sich mit einer Amnestie rund 200 Milliarden EUR nach Deutschland zurückholen lassen, wären bei einer pauschalen Abgeltungssteuer von beispielsweise 25 Prozent und der fortan laufenden Zinsbesteuerung jedenfalls einige Haushaltsprobleme gelöst.

Um seine Idee voranzubringen, redet Solms deshalb nicht von einer Amnestie, sondern von einer „Umgestaltung der strafbefreienden Selbstanzeige". Auf dieses Instrument der Läuterung verweisen Gegner einer Amnestie gern, denn Steuersünder können sich selbst anzeigen und entgehen damit der Strafverfolgung. Steuern und Zinsen müssen aber nachgezahlt werden.

„Doch nach 10 Jahren", räumt man im Bundesfinanzministerium ein, „bleibt von dem Betrag kaum etwas übrig". Im Bundesfinanzministerium suche man deshalb „ernsthaft nach pragmatischen Rabatt-Lösungen", um die Rückkehr von Kapital nach Deutschland zu erleichtern. Da ist „es sicherlich vernünftig, wenn man ein neues europäisches System anfängt, gleichsam den Steuerbürgern die Möglichkeit zu geben, reinen Tisch zu machen".

Die Zeit ist hier zu Lande reif für eine Steueramnestie. Mehr Arbeit durch mehr Kapital sollte deshalb in Berlin die Devise lauten. Zusätzliche Investitionen, neue Arbeitsplätze, neue Steuereinnahmen wären Deutschland sicher. Steuerhinterziehung ist kein Kavaliersdelikt, doch die Politik muss mehr tun, als den Steuerflüchtlingen den schwarzen Peter zuzuschieben. Unsere Regierung ist vielmehr in der Pflicht, die Steuerbelastungen zu drosseln. Die ist es, die bei Steuerpflichtigen falsche Anreize schafft, sich das weltweite Steuergefälle zu Nutze zu machen.

Amnestie-Modelle

- Spanien: 1991 bot die Regierung Spaniens Steuersündern an, Schwarzgeld zu legalisieren. Das Geld musste in eine Spezialanleihe während der Verjährungsfrist (6 Jahre) gehalten werden. Die Verzinsung betrug 2 Prozent, der Staat bot Anonymität. 80 000 Spanier gingen darauf ein.

- Österreich: 1993 reformierte die Alpenrepublik ihre Kapitalertragsbesteuerung. Mit der Erhebung einer Quellensteuer (25 Prozent) auf Zinsen sind für den Anleger Einkommen-, Körperschaft-, Vermögen- oder Erbschaftsteuer abgegolten (Abgeltungssteuer). Im Reformpaket auch die Legalisierung nicht deklarierten Vermögens, sofern der Abgeltungssteuer unterworfen. Rund 70 Prozent der österreichischen Steuersünder nahmen das Angebot an.

- Italien: Im Zuge der Euro-Einführung (2002) erlaubte die Regierung Privatpersonen, Schwarzgeld aus dem Ausland straffrei gegen eine einmalige Abgeltungssteuer (2,5 Prozent) zu legalisieren. Das zunächst bis Februar befristete Angebot wurde wegen unerwartet hoher Inanspruchnahme bis Mai verlängert. Geschätztes Rückführungsvolumen: 100 Milliarden EUR.

7. Auf zu neuen Ufern

Das Kesseltreiben von EU und OECD gegen die traditionellen Steueroasen lässt das internationale Fluchtkapital neue Wege beschreiten: Afrikanische Staaten sind bereit, die Lücken zu füllen. Auch wenn man sich bei der OECD noch mit konkreten Namensnennungen zurückhält, kristallisieren sich Liberia, Nigeria, Mauritius und die Seychellen als künftige Fluchtpunkte heraus. Schweizer Banken gehen bereits dazu über, die klassische Konstruktionen (Stiftung etc.) mit Kapitalgesellschaften (angelsächsicher Trust) und verschachtelten Beteiligungen auf Mauritius abzulösen.

Die Schweizerische Regierung wiederum – von der EU wegen ihrer Weigerung, das Bankgeheimnis aufzugeben, permanent unter Beschuss – nimmt den Trust aufs Korn. Sie argumentiert mit der Undurchsichtigkeit dieser gesellschaftsrechtlichen Konstruktion und fordert die Offenlegung aller Anteilseigner, die hinter Fonds und Dachgesellschaften stehen. Eine Forderung, die noch zu heftigen Diskussionen führen wird, denn die EU hat die Verhinderung von Geldwäsche als zentralen Grund für den Drang zur Offenlegung (automatischer Informationsaustausch zwischen den Steuerbehörden) ins Feld geführt.

Fazit: Damit zeichnet sich ab, dass große Summen neue Wege suchen, die Besteuerung zu umgehen, während kleineren Beträgen die steuerlichen Fluchtpunkte zunehmend abgeschnitten werden.

Lockruf der Steueroasen

2

1. Zufluchtsorte der Reichen 30
2. Steueroasen legal nutzen 31
3. Die Geldkarawane der Steuermüden zieht weiter 35
4. Steueroasen-Vorteile gezielt nutzen .. 36
5. Geldanlagen im Ausland 37
6. Vermögensanlagen in Steueroasen .. 60

1. Zufluchtsorte der Reichen

Wetten, dass mancher Multimillionär hier zu Lande weniger Steuern zahlt als Sie? Aus Angst vor Vermögensteuer, höheren Erbschaftsteuern und einem gelockerten Bankgeheimnis packen immer mehr Vermögende zwischen Flensburg und Füssen diskret ihre Koffer und brechen auf. Ob auf die Bahamas oder auf die Niederländischen Antillen, ob nach Panama oder auf die Seychellen – weltweit locken rund 200 Steueroasen und Niedrigsteuergebiete mit attraktiven Null-Steuersätzen, anonymen Konten, problemlosen Firmengründungen oder paradiesisch gelegenen Zweitwohnsitzen.

Doch der Fluchtweg muss nicht in die Karibik führen. Auch jenseits von Eifel und Bodensee residiert diskretes Geldgewerbe. Luxemburg und Schweiz sind erste Adressen, dicht gefolgt von Andorra und Liechtenstein.

Selbst innerhalb der EU herrscht ein erbitterter Steuerkrieg. Mit immer neuen Vergünstigungen jagt man sich untereinander Kapital und Arbeitsplätze ab. Dreistellige Milliardenbeträge gehen so nach Schätzungen des Düsseldorfer Finanzministeriums jährlich der deutschen Staatskasse verloren – Tendenz steigend.

Fast jede Oase nimmt für sich in Anspruch, die einzig wahre zu sein. Doch die aus steuerlicher und/oder vermögenspolitischer Sicht tatsächlich interessanten Oasen lassen sich weltweit auf etwa 40 Staaten, Inseln und Territorien reduzieren, die wichtige Voraussetzungen für Steuerflüchtlinge und Anleger erfüllen: Attraktive Steuersätze, politische Stabilität, freier Devisenmarkt, striktes Bankgeheimnis, keine Doppelbesteuerungsabkommen mit Deutschland, rechtliche Zugriffsmöglichkeit, funktionierende Infrastruktur, gute Kommunikationsvernetzung und akzeptable Lebenshaltungskosten.

Von diesen Oasen werden nicht nur Kapitalströme über den Erdball dirigiert oder Vermögen und Unternehmen kontrolliert, sondern auch zunehmend Mafia- und Drogengelder gewaschen, Diskretes auf anonymen Bankkonten oder in Offshore-Gesellschaften geparkt und nur zu oft auch renditehungrige Anleger aus dem Ausland übers Ohr gehauen.

Während die EU-Finanzminister versuchen, die Steueroasen innerhalb der EU, aber auch weltweit im Rahmen der OECD auszutrocknen, machen sich Steuerhinterzieher, Privatanleger und Unternehmer das weltweite Steuer-Dumping in zunehmendem Maße zu Nutze.

Dabei gehen sie davon aus, dass für die deutsche Finanzverwaltung „hinter der Grenze" alles dunkel ist. Doch das ist nicht immer der Fall. Denn wer glaubt, im internationalen Auskunftsverkehr der Finanzverwaltungen sei alles beim Alten geblieben, täuscht sich gewaltig. Selbst die als verwaltungsmäßig schwach eingestuften Mittelmeerländer liefern mittlerweile Spontanauskünfte über Ferienhäuser, Luxusboote und andere „Spielzeuge", hinter denen sich in der Heimat Steuerbetrug verbergen könnte.

2. Steueroasen legal nutzen

Ob Antigua oder Liechtenstein, ob Mauritius oder die Schweiz, ob die Niederländischen Antillen oder Zypern – weltweit bieten rund 200 Steueroasen besser verdienenden Steuerzahlern, Steuersündern, Unternehmern oder Aussteigern ihre Vorzüge an – mit ernsthaften Folgen für die Staatskassen. Denn immer mehr international operierende Unternehmen und immer mehr besser Verdienende zahlen durch das Ausschöpfen internationaler Steuerschlupflöcher immer weniger Steuern an ihre nationalen Finanzbehörden.

Dabei nutzen nicht nur Konzerne wie BASF, BMW, MAN oder Siemens den internationalen Steueroasen-Wettlauf. In zunehmendem Maße wandern auch mittelständische Unternehmen ab oder

Lockruf der Steueroasen

verlagern ihre Gewinne ins steuerfreundliche Ausland, speziell nach Belgien, Irland oder in die Niederlande:

- Sie nutzen zum Beispiel das belgische Angebot zur steuergünstigen Gründung so genannter „Coordinations-Centers", die als Schaltstellen für Finanz- und Dienstleistungsgeschäfte fungieren und in der Heimat die Gewinne und damit gleichzeitig auch die Steuerbelastungen schmälern,

- handeln in der Holding-Hochburg Niederlande mit den Finanzbehörden individuell die Höhe der Körperschaftsteuer aus oder

- lassen sich in den umgebauten Docks von Dublin nieder, die sich wegen der nur zehnprozentigen irischen Gewinnsteuer längst auch für Hunderte deutscher Unternehmen zum „Tax Haven" entwickelt haben.

Dank der Irland- oder Holland-Connection können die Finanzchefs deutscher Unternehmen mit allerlei Finessen operieren. Etwa mit der Überweisung von Kapitalreserven an eine Auslandstochter, die das Geld dann als Darlehen an das Mutterhaus zurückleitet. Die Darlehnszinsen können dann vom Unternehmen in Deutschland als Kosten abgeschrieben werden, was den Ertrag mindert und Steuern spart. Gleichzeitig erhöht sich durch die niedrige Besteuerung der Zinseinnahmen in Irland der Nettogewinn. Ebenso beliebt: Einer ausländischen Niederlassung werden hohe Einstandspreise für auf dem Weltmarkt beschaffte Produktionsteile gezahlt. Während die hohen Kosten beim heimischen Fiskus steuermindernd abgesetzt werden können, fällt der Gewinn im Ausland umso höher an.

Nach einer Ifo-Studie nutzt bereits fast die Hälfte aller deutschen Großunternehmen Steuervorteile im Ausland. Das Ergebnis spiegelt sich in den Unternehmensbilanzen wider: Bei den deutschen Konzernen sank die durchschnittliche Steuerquote trotz ständig höherer Steuerbelastung seit 1982 von 70 auf heute durchschnitt-

Steueroasen legal nutzen

lich unter 40 Prozent. Schlimmer noch, 2002 sanken die Einnahmen aus Körperschaftsteuern auf Null.

Aber auch immer mehr besser Verdienende legen ihre Vermögenswerte lieber dort im Ausland an, wo sie steuerschonend behandelt werden. So wie beispielsweise der Unternehmer Curt Engelhorn. Als er Anfang 1997 sein Mannheimer Pharma- und Diagnostik-Unternehmen Boehringer für 9,8 Milliarden EUR an den Schweizer Roche-Konzern verkaufte, ging der deutsche Fiskus leer aus:

Da die Boehringer-Anteile von einer aktiven Holding in der Steueroase Bermudas gehalten wurden, wo auch Engelhorn seinen Wohnsitz angemeldet hat, konnten er und sein Familienclan den Gewinn steuerfrei kassieren.

Ein Trend, der sich unter der neuen Rot-Grün-Regierung noch verstärken wird. Denn hier zu Lande sind die Steuersparmodelle für Großverdiener und Abschreibungsmöglichkeiten für Unternehmen dem Rotstift zum Opfer gefallen, um die politisch versprochene Gesamtsteuerentlastung von rund 40 Milliarden EUR bis 31. 12. 2006 überhaupt gegenfinanzieren zu können.

> Die Kapitalflucht ins Ausland hat inzwischen gigantische Ausmaße erreicht. Nach Angaben des Bundesministeriums der Finanzen (BMF) betragen die finanziellen Auslandsforderungen der Deutschen (Privatpersonen und Inlandsunternehmen) Mitte 2001 rund 960 Milliarden EUR, knapp 970 Milliarden EUR. Stellt man dem die erklärten Einkünfte aus Kapitalvermögen in Höhe von 24,6 Milliarden EUR gegenüber und unterstellt man einen konservativen Zinssatz von 6 Prozent, resultiert daraus eine Anlagesumme von 412 Milliarden EUR. Das ist weniger als die Hälfte der im Ausland vermuteten deutschen Vermögen.
>
> **Fazit:** Rund 500 Milliarden EUR liegen am deutschen Fiskus vorbei im Ausland geparkt.

Lockruf der Steueroasen

Wer von Steueroasen profitieren will, muss die Spielregeln kennen

Will aber ein Bürger oder ein Unternehmer diese Vorteile für sich in Anspruch nehmen, steht er in der Regel ohnmächtig vor einem Dschungel wuchernder Steuergesetze. Will er dann ausbrechen, wird er – wie zahlreiche Fälle aus den letzten Jahren zeigen – auch sehr schnell als Steuerflüchtling gebrandmarkt.

Während sich die Reichen und die Unternehmen bei ihren weltweiten Recherchen nach Lücken in den unterschiedlichen nationalen Steuersystemen hoch qualifizierter und hoch bezahlter Finanz- und Steuerexperten bedienen, muss sich das Gros der Steuerpflichtigen auf der Suche nach Anonymität und weniger Steuern für sich und ihr Geld in den verlockenden Steueroasen neben den Banken in der Regel auf die Helfer vor Ort verlassen. Doch die sind ihnen unbekannt, nicht eben preiswert – man kennt ja die Beweggründe der Klienten – und nicht immer das, was man von ehrenwerten Advokaten erwartet.

In den Steuerparadiesen der Welt liegen heute über 7 Billionen US-Dollar; davon

- 1 Billion als Bankvermögen und
- 4 Billionen als Kapital von Offshore-Firmen.

Bei etwa 70 Prozent des Geldes – also rund 5 Billionen US-Dollar – handelt es sich um Steuerhinterziehung. Da ist es doch kein Zufall, dass fast jedes Industrieland ein Haushaltsdefizit hat.

Während die europäischen Finanzminister derzeit verstärkt versuchen, im Zuge einer Steuerharmonisierung innerhalb der EU, aber auch weltweit im Rahmen der Organisation für Wirtschaftliche Zusammenarbeit und Entwicklung (OECD) die Steueroasen auszutrocknen, machen sich gleichzeitig Private und Unternehmen das weltweite Steuerdumping in zunehmendem Maße zu Nutze. Dabei gehen sie häufig davon aus, dass für die deutschen Finanzverwaltungen „hinter der Grenze" alles dunkel ist. Dem ist jedoch nicht so.

Wichtig: Wer heute in Steueroasen Geschäfte macht oder sein Vermögen parkt, muss wissen, dass er als Privatmann oder Unternehmen auch viel Geld riskiert. Denn er sollte wissen, wie konsequent und trickreich die deutschen Finanzfahnder solche Transaktionen mittlerweile durchleuchten.

In der Praxis erweisen sich die „Steuersparmodelle" über Steueroasen daher nur zu oft als ärgerliche Verlustquelle für den „Steuersparer".

Bei den „Steueroasen", die mit Steuervorteilen für Private oder Unternehmen locken, wird daher geprüft,

- welche Oasen derzeit aus steuerlichen, anlage- und vermögenspolitischen Überlegungen überhaupt in Betracht kommen,
- was diese Oasen im Einzelfall Privaten und Unternehmen bieten,
- wie Privatpersonen und Unternehmen die oasenspezifischen „Spezialitäten" nutzen können und
- worauf man in den Oasen achten sollte, um dort sein hart erarbeitetes Geld nicht zu verlieren.

3. Die Geldkarawane der Steuermüden zieht weiter …

Innerhalb der EU haben sich die Finanzminister zwar auf die Grundsätze einer steuerlichen Erfassung geeinigt, aber bevor diese in der Steuerpraxis umgesetzt werden können, haben Steuerflüchtlinge bei ihrem Bemühen, Steuern zu sparen, innerhalb der EU noch eine Galgenfrist. Jenseits europäischer Grenzen bleibt sowieso alles beim Alten!

Lockruf der Steueroasen

Funktionieren werden alle Bemühungen der Finanzminister gegen das internationale Steuerdumping nur, wenn gleichzeitig hier zu Lande die Steuern kräftig gesenkt und die Bürger auch nennenswert netto entlastet werden. Ohne eine grundlegende Steuerreform lassen sich die internationalen Steuerschlupflöcher nun einmal nicht schließen.

4. Steueroasen-Vorteile gezielt nutzen

All jene, die ihre Vermögenswerte mit dem Schritt ins Ausland nicht nur durch den Einsatz von Nummernkonten anonymisieren, sondern auch die steuerlichen Vorteile einer Steueroase nutzen wollen, erfahren in diesem Buch, wie es durch den Einsatz von Oasengesellschaften beispielsweise gelingt, bestehende Doppelbesteuerungsabkommen zu umgehen oder Vermögenswerte der Besteuerung durch den heimischen Fiskus zu entziehen.

Dazu werden die wichtigsten Gesellschaftsformen der Steueroasen vorgestellt und gezeigt, wie sich diese aus Anlage- und/oder Steuerüberlegungen sinnvoll einsetzen lassen.

Gezeigt wird auch, wo das Bankgeheimnis noch funktioniert und worauf man als Inhaber einer ausländischen Gesellschaft achten sollte, um die darin eingebrachten Vermögenswerte nicht durch unseriöse Treuhänder zu verlieren.

Sie sollen aber auch wissen, was Sie bei Steueroasen-Geschäften erwartet und was zu tun ist, wenn die Steuerfahnder frühmorgens vor der Haustür stehen.

5. Geldanlagen im Ausland

Diskretes Vermögen im Ausland ist für viele ein unsichtbares Standbein der privaten Vorsorge. Gründe, Vermögen in „sichereren" Ländern als Deutschland anzulegen, gibt es genug. Einer davon ist die Privatsphäre, die in der gesamten EU immer mehr schwindet. Angst vor Kontrollmitteilungen und einer zunehmenden Finanzbürokratie bis hin zum strengen Überwachungsstaat machen immer mehr Bürgern Beine, sich in Nachbarländern vermögensmäßig einzurichten.

> **Geldtransfer ins Ausland ist kein Strafbestand**
>
> Steuerpflichtige, die es vorziehen, Geld im Ausland anzulegen, sehen sich hier zu Lande häufig dem Verdacht der Steuerhinterziehung ausgesetzt. Und mit dem Vorwurf der Beihilfe zur Steuerhinterziehung müssen sich all jene befassen, die im Kundenauftrag den Kapitaltransfer ins Ausland besorgen. Im Kern geht es um die Frage, ob Kapitalausfuhr an sich unrecht ist – vorausgesetzt, es geht um auf legale Weise erworbenes Geld, das beispielsweise wegen höherer Renditen bei Banken oder Vermögensverwaltern im Ausland angelegt wird. Werden dort dann Erträge erzielt, müssen Anleger Teile der im Ausland erzielten Einkünfte nach Maßgabe des Einkommensteuerrechts auch an den deutschen Fiskus abführen.
>
> Der individuelle Rechtsanspruch auf Freiheit des Kapitalverkehrs wird nach deutschem und europäischem Recht garantiert und ist in Art. 67 EG-Vertrag definiert. Damit sind seit 1994 EU-weit alle Beschränkungen des Kapitalverkehrs aufgehoben. Darüber hinaus gilt grundsätzlich auch Kapitalverkehrsfreiheit mit Drittstaaten.

Lockruf der Steueroasen

Was unternimmt der vorsichtige Anleger, um Geldgeschäfte dort so diskret wie möglich abzuwickeln?

- Er meidet Banken in Ländern, in denen eine Meldepflicht für größere Transaktionen besteht: Deutschland, USA, fast alle EU-Staaten, Luxemburg eingeschlossen. Er erkennt nach aufwendigen Recherchen, dass die Schweiz heute nicht mehr das Nonplusultra ist, sondern Liechtenstein und die österreichischen Exklaven Jungholz und Kleinwalsertal.
- Er schätzt jene Staaten, die ihr Bankgeheimnis wahren und dem Anleger auch in steuerlicher Sicht entgegenkommen:
  - Nirgendwo können Sie heute noch ein Konto eröffnen, ohne sich auszuweisen. Auch Österreich hat sein anonymes Sparbuch auf Druck der FATF (Spezial-Arbeitsgruppe der OECD zur Bekämpfung der Geldwäsche) abgeschafft.
  - In keinem zivilisierten Land sind Banken heute noch bereit, hohe Einzahlungen von neuen Kunden ohne plausible Erklärung in bar anzunehmen.
  - In den USA sind bereits heute Steuerberater, Anwälte oder Broker potenzielle Informanten der Finanzbehörde. Für sie besteht eine Meldepflicht, wenn sie von verstecktem Vermögen oder hinterzogener Steuer erfahren.
  - Es ist nur eine Frage der Zeit, bis Steuerberater und Anwälte auch hier zu Lande in solchen Fällen meldepflichtig werden. Wer also Geldgeschäfte über Offshore-Konstruktionen abwickelt, weiht diese Berufsgruppen besser nicht in seine Geldgeschäfte ein.
  - Auch die europäischen Finanzplätze Luxemburg und Schweiz, die Bahamas, Bermuda und die Cayman Islands in der Karibik oder Panama geben heute Auskunft.

Diese Hinweise belegen, dass es immer schwieriger wird, einen sicheren, qualifizierten Ort für das Parken und Verwalten von vertraulichem Vermögen zu finden. Welche Bank in welchem Land ist also zu wählen, um folgende Vorteile zu bekommen?

Geldanlagen im Ausland

- Beschränkungen, Meldepflichten etc. wie in Deutschland greifen nicht
- Behörden können sich bei Geldforderungen nicht einfach von Ihrem Konto bedienen
- Banken in Offshore-Zentren sind flexibler und meist auch kostengünstiger
- Quellensteuer sparen Sie auf jeden Fall, oft winken weitere Steuervorteile

Bevor der Anleger den ersten Schritt ins Ausland tut, muss er wissen, was dort alles angeboten wird. Neue Länder und Territorien konkurrieren auf diesem Wachstumsmarkt. Einige wie Jungholz, das Kleinwalsertal, Luxemburg oder die Schweiz, leben von ihrem guten Ruf bzw. ihrer Tradition, Vermögen diskret zu pflegen und zu mehren. Doch nicht jedes Land, das mit attraktiven Angeboten lockt, ist für eine Geldanlage das richtige. Generell gilt:

- Der erfahrene Anleger investiert keine größeren Beträge in Ländern, die politisch instabil sind. Die besten Zinsen in einer „Bananenrepublik" nützen nichts, wenn sie statt in US-Dollar in der Landeswährung ausgezahlt werden.
- Er meidet Staaten, die Kapitalerträge von Ausländern besteuern oder in denen kein freier Kapitaltransfer möglich ist.
- Er ignoriert Länder, die im Visier der USA sind (Geldwäsche). Das Risiko ist in Staaten wie den Cayman Islands oder Panama höher als beispielsweise in Andorra oder Liechtenstein.
- Der versierte Anleger investiert nur auf Konten bekannter Banken, die ihm vertrauenswürdige Quellen empfehlen. Denn bei der Vermögensverwaltung steht der Erhalt der Substanz im Vordergrund. Die zentrale Botschaft seriöser Vermögensverwalter lautet: Aufbauen, erhalten, mehren – ohne Stress und bei höchster Verschwiegenheit.

Lockruf der Steueroasen

Die wichtigsten Aspekte beim Schritt über die Grenze sind immer Diskretion und Sicherheit. International erfahrene Vermögensberater empfehlen deshalb:

- Diskretion: Wählen Sie keine Bank, die Filialen in Deutschland unterhält, auf die von staatlichen Institutionen Druck ausgeübt werden kann.

- Sicherheit: Vorsicht bei kleinen, unbekannten Banken. Meiden Sie Staaten, in denen auch heute noch problemlos Banken gegründet werden können. Statt Vermögenswerte auf Anguilla oder Vanuatu zu parken, sollten Sie Finanzplätzen mit Tradition vertrauen: Andorra, Gibraltar, Guernsey und Jersey, Jungholz und Kleinwalsertal, Liechtenstein oder den Bahamas.

  Meiden Sie Banken in Dritte-Welt-Ländern sowie im arabischen Raum. Auch Banken im früher kommunistischen Raum sind mangels Erfahrung und Rechtskultur mit Vorsicht zu genießen. Das Risiko beispielsweise in Hongkong ist auf Dauer nicht absehbar.

- Flexibilität und Konditionen: Diese hängen von Ihren Bedürfnissen ab. Da hilft nur, das Know-how der Berater, die Konditionen, Gebühren und die Höhe der Provisionen zu vergleichen.

- Erreichbarkeit: Generell sollten Sie den Ort Ihres Geldes möglichst selten aufsuchen müssen. Sollte dies aber doch der Fall sein, ist es wenig sinnvoll, wenn Sie ihn erst nach einem zehnstündigen Flug erreichen oder für die Einreise erst ein Visum beantragen müssen.

  Für deutsche Anleger kommen also vorrangig Andorra, Gibraltar, die Isle of Man, Jungholz, Kleinwalsertal, die Kanalinseln Guernsey und Jersey, Liechtenstein, Luxemburg und die Schweiz in Betracht. Für Amerikaner bieten sich die Karibikstaaten an, für Australier der pazifische Raum.

Geldanlagen im Ausland

Wenn Sie Ihr diskretes Konto eröffnen, sollten Sie immer vereinbaren, wer Ihr persönlicher Ansprechpartner ist. Lassen Sie sich nicht von Pontius zu Pilatus weiterreichen. Schließlich muss zwischen Anleger und Berater eine vertrauensvolle Kommunikationskultur entstehen. Das heißt aber auch, dass man Zeit bei der Recherche und Vorauswahl seines Finanzdienstleistungspartners einkalkulieren sollte, um Risiken und spätere Enttäuschungen zu vermeiden.

Wie sicher ist Ihr Geld im Ausland?

Was Banken und Sparkassen betrifft, ist der Anlegerschutz in Deutschland schon seit 1974 (Herstatt-Pleite) perfekt. Das hinderte aber die Kommission der Europäischen Gemeinschaft nicht daran, zu dieser auch bei einer Insolvenz gut funktionierenden Selbstschutzeinrichtung noch eine bürokratische, europaweit gültige Vorschrift zu verankern. Die europaweit gültige Norm sieht vor, dass eine Entschädigungseinrichtung im Falle der Pleite eines Geldinstitutes je Gläubiger (nicht je Konto) einen Mindestschutz von 20 000 EUR zu gewähren hat. Einige Staaten allerdings entschädigen nur in Höhe von 90 Prozent der ausfallenden Summe, maximal aber 20 000 EUR. Zu diesen Ländern gehört auch die Bundesrepublik. Das mag verwunderlich klingen, macht aber Sinn. Denn der deutsche Feuerwehrfonds haftet praktisch für alle übersteigenden Beträge. Damit bietet das deutsche „duale System" maximalen Anlegerschutz.

Doch diese EU-Richtlinie hat auch einen Haken: Sie gilt nur für Kontenguthaben und Forderungen auf Namensschuldverschreibungen (z. B. Sparbriefe), und geschützt sind nur solche Einlagen, die auf Währungen eines EU-Mitgliedstaates oder auf Euro lauten, so dass US-Dollar auf Konten einer deutschen oder niederländischen Bank also nicht geschützt sind.

Auffallend in nachstehender Tabelle sind die hohen Einlagensicherungen in Dänemark (40 000 EUR je Gläubiger), Frankreich (60 000 EUR), Italien (103 000 EUR) und Norwegen (250 000 EUR). Grund:

Lockruf der Steueroasen

Status und Sicherungsgrenzen der Einlagensicherungssysteme im Europäischen Wirtschaftsraum

Land	Status [1]	Entschädigungsbetrag [2]	
		EUR	Nationale Währung
Belgien	G (Ö/P) [3]	20 000	
Dänemark	P	40 000	300 000 DKK
Deutschland	P/Gl [4]	20 000 (90%)	
Finnland	P	25 000	
Frankreich	P/Gl	60 000	
Griechenland	(Ö/P)	20 000	
Irland	Ö [3]	20 000 (90%)	
Island	P	20 000	1 700 000 ISK
Italien	P	103 000	
Liechtenstein	P [5]	19 000	30 000 CHF
Luxemburg	P [3]	20 000	
Niederlande	P	20 000	
Norwegen	Ö/P	250 000	2 000 000 NOK
Österreich	P [6]	20 000	
Portugal	Ö/P	25 000	
Schweden	Ö	25 000	250 000 SEK
Spanien	G [3]	20 000	
Vereinigtes Königreich	Ö	22 000 (90%) [7]	20 000 GBP (90%)

Quelle: Europäische Kommission, COM (1999) 722, vom 22.12.1999 – 1) Status: gemischt: G; öffentlich: Ö; privat: P; gleichgestellt: Gl. – 2) Für Einzelregelungen zum Entschädigungsbetrag sowie zum Umfang der geschützten Gläubiger muss auf die jeweiligen nationalen Entschädigungseinrichtungen verwiesen werden. – 3) Entschädigung ab 01.01.2000, bis 31.12.1999 15 000 EUR – 4) 90% der Einlagen, maximal 20 000 EUR; BVR und DSGV Institutssicherung; ergänzende Sicherung durch freiwillige Systeme insbesondere des BdB, VOB, der privaten Bausparkassen. – 5) Keine Angaben der Kommission in EURO; EURO-Referenzkurs der EZB Stand Ende April 2000. – 6) 90% der Einlagen von juristischen Personen gedeckt. – 7) 90% der Einlagen bis zu einem Höchstbetrag von 20 000 GBP. *Deutsche Bundesbank*

Geldanlagen im Ausland

Diese Länder besitzen keine zusätzliche private Einlagensicherung wie Deutschland. Konsequenz: Wer sein Geld ausländischen Geldinstituten anvertraut, sollte – wegen der Einlagensicherung – überlegen, ob er nicht weitere Konten auf den Namen seines Ehepartners und seiner Kinder eröffnet. Sicher ist sicher!

Persönliche Beratung und Sicherheit

Die weltweite Beweglichkeit von Anleger-Kapital in Verbindung mit den Harmonisierungsprozessen innerhalb der EU hat an den europäischen Finanzplätzen zu gravierenden Veränderungen geführt: Zum einen haben sich die Rahmenbedingungen geändert, beispielsweise durch den Fall der Anonymkonten in Österreich. Zum anderen ziehen inzwischen viele Kapitalanleger eine kleinere überschaubarere Privatbank einer Großbank vor. Das gilt insbesondere dann, wenn es um die diskrete Verwaltung von Vermögenswerten geht.

Bankkunden, die ihr Diskretes sicher verwahrt und verwaltet wissen wollen, erwarten daher von einer Auslandsbank vor allem persönliche Beratung und Diskretion, da gehört ein unantastbares Bankgeheimnis dazu.

Wo das Bankgeheimnis noch funktioniert

Wenn es darum geht, steuerpflichtigen Kapitalanlegern mit Hilfe eines intakten Bankgeheimnisses ein sicheres Refugium zu schaffen, bieten sich folgende Staaten an:

- **Andorra:** Das Fürstentum hat keine schriftliche Verfassung, das Bankgeheimnis beruht daher auf Gewohnheitsrecht.
- **Bahamas:** Das Bankgeheimnis ist im „Banks and Trust Companies Act" von 1965 und in dessen „Amendement" von 1980 geregelt. Künftig sollen jedoch auf den Bahamas registrierte Gesellschaften ihre Bücher gegenüber den Finanzbehörden offenlegen.

Lockruf der Steueroasen

- **Belgien:** Es gibt kein gesetzlich verankertes Bankgeheimnis. Die bisherige Praxis und Rechtsprechung hat jedoch gezeigt, dass die belgischen Banken sich an ein strenges Bankgeheimnis halten. In Einzelfällen (Beihilfe zur Steuerhinterziehung) erteilen sie den Finanzbehörden jedoch Auskunft.

- **Cayman Islands:** Strenges Bankgeheimnis, das dem schweizerischen Bankgesetz entspricht.

- **Dänemark:** Strenges Bankgesetz; gegenüber ihren Finanzbehörden sind die Banken im nördlichen Nachbarland jedoch meldepflichtig. Im Zuge einer verstärkten Zusammenarbeit innerhalb der EU-Finanzverwaltungen ist es daher nur eine Frage der Zeit, wann auch ein Datenaustausch über Konten deutscher Steuerpflichtiger an die hiesigen Finanzbehörden erfolgt.

- **Gibraltar:** Gewohnheitsrecht, Geldinstitute sind zu absoluter Diskretion verpflichtet.

- **Isle of Man:** Der „Banking Act" von 1975 untersagt selbst der eigenen Regierung, Informationen über Bankkonten einzelner Kunden einzuholen. Gegenüber ausländischen Behörden gilt absolutes Stillschweigen.

- **Kanalinseln Jersey und Guernsey:** Das Bankgeheimnis ist auf Jersey zwar nicht gesetzlich geregelt, aber gewohnheitsrechtlich abgesichert. Auf Guernsey ist das Bankgeheimnis dagegen gesetzlich geschützt.

- **Liechtenstein:** Banken und liechtensteinischen Behörden ist es strikt untersagt, Informationen über Bankkunden preiszugeben. Abgeschafft wurde jedoch das Bankgeheimnis für Mandanten von Treuhändern und Rechtsanwälten. Seit Ende 2000 müssen bei Treuhandkonten die wirtschaftlich Berechtigten gegenüber den Banken bekannt gegeben werden.

- **Luxemburg:** Das Bankgeheimnis ist gesetzlich geschützt und gilt bei Ausländern auch gegenüber deren Steuerbehörden.

Geldanlagen im Ausland

- **Monaco:** Die monegassischen Gesetze stellen die Weitergabe vertraulicher Bankinformationen nach Artikel 308 Code Pénal unter Gefängnisstrafe. Das Bankgeheimnis kann jedoch bei all jenen Finanzinstituten, die eine Niederlassung in Frankreich unterhalten, von französischer Seite unterlaufen werden.

- **Niederlande:** Es ist gesetzlich untersagt, Informationen über Konten an Dritte weiterzugeben (Ausnahme: schwerstkriminelle Delikte und Steuerstraftaten). Deutsche Anleger sollten jedoch wissen, dass es eine Meldepflicht der Banken über Zinszahlungen an ihre Kunden gibt. Liegen dem deutschen Fiskus konkrete Anhaltspunkte für Steuerhinterziehung vor, findet bereits jetzt ein Informationsaustausch statt.

- **Niederländische Antillen:** Es besteht keine gesetzliche Regelung. Im Gegenteil: Die bestehenden DBA sehen eine Auskunftspflicht zwischen den Vertragsstaaten vor. Diese „Auskunftspflicht" lässt sich jedoch über zwischengeschaltete Offshore-Gesellschaften aushebeln.

- **Österreich:** Verfassung und Gesetze schützen das Bankgeheimnis. Es gilt jedoch nicht bei Straftaten und vorsätzlich begangener Steuerhinterziehung oder wenn es um die Meldepflicht bei der Erbschaft- oder Schenkungsteuer geht.

- **Schweiz:** Das legendäre Schweizer Bankgeheimnis ist zivil- und strafrechtlich geschützt. Gefahr droht jedoch bei Abgabenbetrug. Dazu zählt nicht nur der Betrug mittels unrichtiger oder gefälschter Urkunden (Steuererklärung), sondern beispielsweise auch das Stellen überhöhter Rechnungen mit Kapitalrückfluss an den Rechnungsteller.

- **Ungarn:** Derzeit verlangen die Banken bei Kontoeröffnung lediglich einen Namen, eine Nummer oder einen Code, um das Konto identifizieren zu können. Das wird sich mit Ungarns Beitritt zur EU sicherlich ändern.

Lockruf der Steueroasen

- **Vanuatu:** Ein strafrechtlich geschütztes Bankgeheimnis besteht ausschließlich für Konten, die bei einer Exempted Bank geführt werden.

- **Zypern:** Das Bankgeheimnis gilt nur für Konten, die bei der Central Bank of Cyprus geführt werden.

Der 11. September 2001 und die Folgen

Seit dem Terroranschlag in New York ist auch für das Bankgeheimnis nichts mehr so, wie es vorher war. Schließlich hatte US-Präsident Bush in seiner Rede vor dem Kongress erklärt: „Entweder Sie sind mit uns oder Sie sind mit den Terroristen." Das trifft nicht nur für einzelne Staaten zu, es wird auch Konsequenzen für die Banken haben. Denn der Druck auf Staaten wie Liechtenstein oder die Schweiz, das Bankgeheimnis aufzuheben, wird in den kommenden Monaten massiv zunehmen.

Einen ersten Vorgeschmack gab es in der Schweiz, wo rückwirkend zum 1. Januar 2001 mit den USA eine Vereinbarung für Kunden mit US-Status getroffen wurde. Danach sortieren die schweizerischen Banken künftig ihre ausländischen Kunden in zwei Gruppen: Solche, die in den USA steuerpflichtig sind, und solche, die keinen US-Status haben. Dazu müssen die Bankkunden Formulare ausfüllen und unterschreiben. Die Formulare werden dem amerikanischen Internal Revenue Service nicht vorgelegt, jedoch von Wirtschaftsprüfern eingesehen, die der IRS für zuverlässig hält. Schweizer Banken, die auf diese Weise als Agenten des IRS tätig sind, erhalten das Gütesiegel eines „Qualified Intermediary (QI)".

Für Kunden, die nachweislich nicht in den USA steuerpflichtig sind, ändert sich mit dieser Regelung praktisch nichts. Für US-Steuerpflichtige ergibt sich jedoch folgende Situation: Sie werden in ihrer Bank keineswegs gezwungen, ihre Identität gegenüber dem IRS offenzulegen. Weigern sie sich aber und füllen das Formular nicht aus, dann hat das zur Folge, dass die Bank keine Aufträge mehr für den Kauf von US-Wertpapieren entgegennimmt und dass sie auf

Geldanlagen im Ausland

Dividenden und Zinserträge (und beim Verkauf von US-Wertpapieren) 31 Prozent abzieht. Dabei handelt es sich um die inneramerikanische Sicherungssteuer (Backup Withholding Tax). Nach dem amerikanischen Modell des QI bleibt das schweizerische Bankgeheimnis nur auf dem Papier gewahrt, die Banken vertreten schließlich die Interessen des amerikanischen Fiskus. Und wer als US-Steuerbürger nicht mitspielt, versperrt sich damit automatisch den Zugang zum gesamten amerikanischen Finanzmarkt.

Würden die Schweizer Banken dieses System auf EU-Bürger ausdehnen, dann könnte zum Beispiel ein deutscher Kunde nicht mehr in Deutschland, nicht mehr im Rest der EU und vielleicht auch nicht mehr in den USA investieren. Er müsste sich letzten Endes auf die Schweiz, Russland, China und den Rest Asiens, Südafrika sowie Lateinamerika beschränken.

Fazit: Brüssel wird in dieser Sache nicht lockerlassen. Der Kampf um das Bankgeheimnis in Europa, und damit um die letzte Bastion der Privatsphäre, hat gerade erst begonnen.

Geldwäschegesetz (GWG)

In seiner neuen Fassung gilt das GWG außer für Banken und Versicherungen jetzt auch für alle übrigen Finanzdienstleister, Rechtsanwälte, Notare, Steuerberater, Immobilien- und Versicherungsmakler, Händler hochwertiger Güter (Schmuckhändler, Auktionshäuser) und Spielbanken.

- Sie alle müssen die Identität ihrer Kunden feststellen, wenn sie Bargeld, Wertpapiere oder Edelmetalle im Wert von mindestens 15 000 EUR (Spielbanken: 1 000 EUR) annehmen.
- Diese Daten müssen sechs Jahre lang aufbewahrt werden.
- Verdächtige Geschäfte müssen auch bei geringeren Summen an die Polizei oder Staatsanwaltschaft gemeldet werden.
- Die Betroffenen dürfen davon nicht verständigt werden.
- Eine verdächtige Überweisung darf erst mit Zustimmung der Behörden ausgeführt werden.

Lockruf der Steueroasen

Das 4. Finanzmarktförderungsgesetz und seine Folgen

Ab April 2003 kann die neue Bundesanstalt für Finanzdienstleistungen (BAFin) jederzeit ohne Information des betreffenden Kreditinstituts oder Kunden auf Kontendaten zugreifen. Nur der Geburtsort bleibt geheim. Dafür müssen Konto- bzw. Depotnummer, Tag der Eröffnung bzw. Auflösung, Geburtsdatum und Verfügungsberechtigter offengelegt werden. Mit diesen Daten ist jeder Bankkunde in Deutschland identifizierbar – sofern er ordnungsgemäß gemeldet ist.

Abgesehen von den damit einhergehenden erheblichen Kosten für die Banken, hat das Gesetz bei Bankkunden eine Welle der Verunsicherung ausgelöst:

- Ungelöst ist die Frage des Zugriffs Dritter. Wie schützt sich das BAFin vor Hackern?
- Durch den neuen § 370a des Strafgesetzbuches gilt nahezu jede Falsch-Auskunft gegenüber der Finanzbehörde als Vorstufe zur Steuerhinterziehung und/oder Geldwäsche. Damit erhält der Fiskus praktisch einen tiefen Einblick in die Vermögensverhältnisse der Bundesbürger.

Doch das Gesetz hat ein Schlupfloch: Vom automatischen Zugriff (noch) ausgenommen sind Banken mit Sitz im Ausland sowie Auslandstöchter der hiesigen Kreditinstitute. Fazit: Ein Konto im Ausland – zum Beispiel in Liechtenstein oder der Schweiz – hat trotz Druck von EU, USA oder OECD noch immer seinen Reiz – heute mehr denn je.

Grundregeln für Auslandskonten

- Vertrauen Sie Ihr Geld im Ausland nur ersten Bankadressen an und überzeugen Sie sich vor Ort von der Qualifikation der dortigen Berater.
- Fixieren Sie sämtliche Risikovorgaben schriftlich.
- Auslandsdepots sollten pflegeleichte Investments enthalten: Renten, Investmentfonds, Genussscheine. Spekulative Tra-

Geldanlagen im Ausland

ding-Papiere wie Aktien und Optionsscheine können Sie bei Ihrer Hausbank in der Heimat besser überwachen.

- Auch wer sein Konto im Ausland nicht der bankeigenen Vermögensverwaltung anvertraut hat, kann die Bank anweisen, fällige Zinszahlungen in den gleichen Papieren wieder anzulegen. Die meisten Institute bieten diesen Service.

- Bei Anlegern, die nicht wünschen, dass Ihnen Depot- oder Kontoauszüge aus dem Ausland zugeschickt werden, gilt dennoch die so genannte Zugangsfiktion. Nach Ablauf einer Frist von meist vier bis sechs Wochen nach Erstellung des Auszugs können Sie dem Saldo aufgrund buchhalterischer Fehler nicht mehr widersprechen.

Sollte es bei Kapitalanlagen zu rechtlichen Schwierigkeiten kommen, können Sie unter anderem auf folgende, auf Kapitalanlagen spezialisierte Anwälte zurückgreifen:

Liechtenstein: RAe Walch & Schurti
FL-9490 Vaduz
Tel.: 00423-2372000, Fax: 00423-2372100

Luxemburg: RAe Brockmann, Scheiner & Partner
D-40212 Düsseldorf
Tel.: 0211-866070, Fax: 0211-8660-756

Österreich: RA Gerald Hausar
A-1010 Wien
Tel.: 0043-1-5052 8060, Fax: 0043-1-505 28 06 17

Schweiz: RAe von Erlach & Partner
CH-8022 Zürich
Tel.: 0041-1-2851111, Fax: 2851122

Mit Bargeld über die Grenze

Wer beim Grenzübertritt größere Mengen Bargeld mit sich führt, muss innerhalb einer 30-Kilometer-Grenzzone mit lästigen Fragen von Beamten des Zoll- und Bundesgrenzschutzes rechnen: „Führen Sie mehr als 15 000 EUR mit?" Beantworten Sie diese Frage mit ja, müssen Sie auch die Art, Zahl und den Wert des Be-

Lockruf der Steueroasen

trages, dessen Herkunft und wirtschaftlichen Berechtigten sowie den Verwendungszweck benennen und sich legitimieren. Auf den Gesamtbetrag kommt es an. Also zählen neben dem mitgeführten Bargeld auch Schecks, Wertpapiere, Wechsel, Edelmetalle und -steine sowie alles, was sich ansonsten zur Geldanlage eignet. Vorsicht vor Daten-Speicherung. Klingt Ihre Erklärung zur Quelle des mitgeführten Geldes und zu dessen Verwendungszweck plausibel, müssen die Beamten bei Verdacht auf Steuerhinterziehung eine Kontrollmitteilung an Ihr zuständiges Finanzamt ausstellen. Der Zoll darf in diesem Zusammenhang personenbezogene Daten erheben, verarbeiten und den Strafverfolgungsbehörden weitergeben. Solange Sie den Betrag korrekt angeben und Ihnen nicht nachgewiesen werden kann, dass Sie dieses Geld illegal erworben oder nicht versteuert haben, darf es auch nicht von der Staatsanwaltschaft beschlagnahmt werden. Bei Verdacht dürfen die Beamten Sie auch körperlich durchsuchen. Entdecken die Beamten bei der Durchsuchung, dass Sie Beträge über 15 000 EUR verschwiegen oder nicht korrekt angegeben haben, dürfen sie das gesamte mitgeführte Geld sofort beschlagnahmen, um dessen Herkunft zu klären. Wenn Ihnen nachgewiesen werden kann, dass Sie das Geld vorsätzlich verschwiegen haben, werden bis zur Hälfte des gefundenen Betrages als Geldbuße einbehalten, bis zu einem Viertel, wenn Sie nur fahrlässig gehandelt haben. Sollten Sie das Geld auf schwer zu entdeckende Weise verborgen haben oder einen Gegenstand mit sich führen, der sich als Waffe benutzen lässt, kann auch der gesamte Betrag als Geldbuße kassiert werden.

Wenn Sie mit mehr als 15 000 EUR eine deutsche Grenze überqueren und von den Beamten nicht nach dem Mitführen von Geld befragt werden, brauchen Sie das von sich aus auch nicht anzugeben. Und Vorbeugen macht sich durchaus bezahlt. Wer mit (diskretem) Bargeld ins Ausland fährt, sollte an der Grenze dafür immer eine gute Erklärung parat haben. Reisedokumente, Hotelbuchungen, Flugreservierungen (noch nicht bezahlt!) sollten griffbereit sein. Auch Prospekte oder Kataloge ausländischer Kunst-

Geldanlagen im Ausland

Auktionshäuser bieten sich an, denn der Kunstmarkt ist nun mal ein Bargeschäft.

Wer die Landesgrenze mit einem Koffer voll Bargeld wechseln will und nicht gerade wie ein Ganove aussieht, muss also nicht mit dem Schlimmsten rechnen.

Wichtig: Bei der Einreise nach Frankreich oder in die USA müssen Vermögenswerte ab 15 000 EUR auch ohne Befragung deklariert werden.

Wem das alles zu anstrengend ist, der hat noch die Möglichkeit, sich eines Fluchtgeld-Kuriers zu bedienen, um sein Diskretes ins (nicht immer) sichere Ausland zu schaffen. So mancher pensionierte Bankdirektor oder ausgemusterte Bundeswehroffizier bessert hier zu Lande nach seinem Ausscheiden aus dem Berufsleben die Pension mit dem Transport von Schwarzgeld lukrativ auf. Dafür tragen sie dann gefüllte Brieftaschen, Kuverts, Plastiktüten, Öko-Beutel, Ledermappen oder teure Koffer mit Kombinationsschlössern. Ob Bauer aus Niederbayern oder Industrieller aus dem Rhein-Main-Gebiet – für sie sind alle Auftraggeber gleich. Hauptsache, ihre Kundschaft hat reiselustiges Geld, viel Geld. Und das transportieren sie dann von Deutschland bis an das Ende der Welt. Nur steuerfreundlich muss der Zielpunkt sein. Sie bevorzugen „Brückenkopfländer" wie Belgien, Holland, Liechtenstein, Luxemburg oder die Schweiz, um von dort die von ihnen transportierten Fluchtgelder auf elektronischem Wege auf Bankkonten in exotischen Steueroasen zu transferieren.

Die Tarifstruktur der Geldkuriere ist gut gegliedert. Das Raster, innerhalb dessen gelegentlich verhandelt wird:

- Pro volle 100 000 EUR nehmen sie 3 Prozent – alle Formalitäten bis hin zur Vernichtung der Einzelvollmacht inklusive.
- Ab 250 000 EUR sinkt die Transportprovision für Dauerkunden auf 2 Prozent.
- Ab 500 000 EUR werden 1,5 Prozent fällig.

Lockruf der Steueroasen

Darüber hinaus erhalten die Kuriere von den ausländischen Banken noch eine „bescheidene" Vermittlungsprovision, in der Regel 0,5 Prozent. Schichten sie jedoch im Einzelfall Fluchtgelder in Fonds um, können sie mit weitaus höheren Provisionen rechnen – bis zu 3 Prozent.

Checkliste: Bargeld-Knigge für den Grenzübertritt

Wer beim Grenzübertritt größere Euro-Mengen bar mit sich führt, muss – auch innerhalb der EU – innerhalb einer 30-Kilometer-Grenzzone mit lästigen Fragen von Beamten des Zoll- und Bundesgrenzschutzes rechnen:

„Führen Sie mehr als 15 000 EUR mit?" Beantworten Sie diese Frage mit ja, müssen Sie auch die Höhe des Betrages, dessen Herkunft und den Verwendungszweck benennen und sich legitimieren.

- Auf den Gesamtbetrag kommt es an: Dazu zählen neben dem mitgeführten Bargeld auch Schecks, Wertpapiere, Edelmetalle und -steine sowie alles, was sich ansonsten zur Geldanlage eignet.
- Vorsicht: Daten-Speicherung: Klingt Ihre Erklärung zur Quelle des mitgeführten Geldes und zu dessen Verwendungszweck nicht plausibel, müssen die Beamten bei Verdacht auf Steuerhinterziehung eine Kontrollmitteilung an Ihr zuständiges Finanzamt ausstellen.
- Was der Staatsanwalt nicht darf: Solange Sie den Betrag korrekt angeben und Ihnen nicht nachgewiesen werden kann, dass Sie dieses Geld illegal erworben oder nicht versteuert haben, darf es auch nicht beschlagnahmt werden.
- Womit Sie rechnen müssen: Bei Verdacht dürfen die Beamten Sie auch körperlich durchsuchen.
- Wenn Sie erwischt werden: Entdecken die Beamten bei der Durchsuchung, dass Sie Beträge über 15 000 EUR verschwiegen oder nicht korrekt angegeben haben, dürfen diese das gesamte mitgeführte Geld sofort beschlagnahmen, um dessen Herkunft zu klären.
- Wann eine Geldbuße droht: Wenn Ihnen nachgewiesen werden kann, dass Sie das Geld vorsätzlich verschwiegen haben, wird bis zur Hälfte des gefundenen Betrages einbehalten. Bis zu einem Viertel, wenn Sie nur fahrlässig gehandelt haben.

Geldanlagen im Ausland

Fortsetzung: Checkliste: Bargeld-Knigge für den Grenzübertritt

- Wann der Staat zuschlägt: Sollten Sie das Geld auf schwer zu entdeckende Weise verborgen haben oder einen Gegenstand mit sich führen, der sich auch als Waffe benutzen lässt, kann der gesamte Betrag als Geldbuße kassiert werden.

- Wer nicht fragt …: Wenn Sie mit mehr als 15 000 EUR eine deutsche Grenze überqueren und von den Beamten nicht nach dem Mitführen von Geld befragt werden, brauchen Sie das von sich aus auch nicht anzugeben. Wichtig: Bei der Einreise nach Frankreich und in die USA müssen Vermögenswerte ab 15 000 EUR auch ohne Befragung deklariert werden.

- Vorbeugen macht sich bezahlt: Wer mit (schwarzem) Bargeld ins Ausland fährt, sollte an der Grenze dafür immer eine gute Erklärung parat haben. Reisedokumente, Hotelbuchungen, Flugreservierungen (noch nicht bezahlt!) sollten griffbereit sein. Auch Prospekte oder Kataloge ausländischer Kunst-Auktionshäuser bieten sich an, denn der Kunstmarkt ist nun mal ein Bargeschäft.

Was jeder beim Schritt ins Ausland wissen sollte

- EU-Partner: Luxemburg und Österreich sind auf Dauer kein sicherer Schwarzgeld-Hafen.

- Nicht-EU-Nachbarn: Die Alpenländer Liechtenstein und Schweiz werden ihr Bankgeheimnis dauerhaft nicht gegenüber der EU verteidigen können.

- Auslandskonto: Wer Diskretes im Ausland deponiert, sollte alle Meldebestimmungen der Bank und die daraus resultierenden Gefahren einer Aufdeckung kennen.

- Nummernkonto: Sie sollten wissen, was passiert, wenn der Kontoinhaber stirbt, und wie in diesem Ernstfall zu verfahren ist, ohne dabei die Anonymität zu gefährden. Sie sollten auch für den Todesfall Ihres Partners oder eines anderen Bevollmächtigten Vorsorge treffen.

Lockruf der Steueroasen

- Mitwisser: Sie sollten für den Fall vorsorgen, dass Sie als Kontoinhaber mit Ihrem Partner, Kontobevollmächtigten oder Mitwisser in Sachen Schwarzgeld Streit bekommen. Ausgebootete Ex-Ehepartner oder verflossene Partner sind ideale Denunzianten für den Fiskus, so dass Sie ein Leben lang erpressbar sind.

- Wenn Diskretes diskret bleiben soll, ist eine Menge Fachwissen und Zeit gefragt. Bei größeren Vermögenswerten geht das ohne kompetente Berater nicht.

- Wenn die „Berater" über alle Berge sind, ist der Gang zum Gericht für den Geprellten zunächst aussichtslos, da er sich in der Heimat erst einmal selbst anzeigen müsste.

- Bei der Suche nach Diskretem im Ausland nimmt der Fiskus Chiffre-Anzeigen für Vermietung und Verkauf von Auslandsimmobilien oder Yachten im Süden unter die Lupe. Dazu müssen Sie wissen, dass zur Feststellung von Chiffre-Anzeigen die Presse den Finanzbehörden auf Anfrage Auskunft über den Auftraggeber erteilen muss.

- Diskretes Geld im Ausland macht nur Sinn, wenn sein Besitzer auch etwas davon hat.

Online-Banken erleichtern Geldwäsche

Wie die Internationale Finanzeingreiftruppe für Geldwäsche (FATF) feststellt, erleichtert das Online-Banking im Internet die Einschleusung illegaler Gelder auch aus der Steuerflucht in den legalen Geldkreislauf, weil damit nicht nur nationale Gesetze umgangen werden können, sondern durch die weitgehende Aufhebung persönlicher Kontakte zwischen Bank und Kunden auch die Herkunft der Gelder verschleiert werden kann.

Rasant gewachsene netzförmige Geldtransfersysteme schleusen weltweit Gelder systematisch am legalen Finanzsystem vorbei. So

Geldanlagen im Ausland

stehen häufig hinter internationalen Handelsgeschäften oder den Konstruktionen von Scheinfirmengeflechten illegale Geldwäscheaktivitäten.

Darüber hinaus hat es nach Informationen des Bundesministeriums der Finanzen (BMF) in letzter Zeit wiederholt Versuche gegeben, kleinere deutsche Banken aufzukaufen, um diese dann als Umschlagplatz für Schwarz- oder Drogengelder zu benutzen. Bisher hatten die Aufsichtsbehörden jedoch noch immer einschreiten können.

Wenn Erben im Ausland diskrete Konten erben

Wer ein diskretes Auslandskonto unterhält, geht in der Regel davon aus, dass dieses vom deutschen Fiskus nicht entdeckt wird. Eine Vorsorge für den Todesfall wird vom Kontoinhaber daher häufig nicht getroffen. Stirbt der Kontoinhaber dann plötzlich, gibt es für die Erben oft nicht einmal Informationen über das Vorhandensein eines solchen diskreten Kontos. Trifft der Kontoinhaber jedoch eine Regelung, sollte er rechtzeitig darüber nachdenken, was es bedeutet, den Erben ein diskretes Konto zu überlassen. Es genügt bereits ein Erbe, um das diskrete Konto für alle offen zu legen. Unterlassen die Erben dann gegenüber der Finanzbehörde die Nacherklärung für den Erblasser (§ 153 AO), ist das Steuerhinterziehung durch Unterlassen (§ 370 AO). Erfolgt die Nacherklärung, sei es durch Berichtigung von Erklärungen oder Selbstanzeige (§ 371 AO), müssen die Kapitalerträge für zehn Jahre nachversteuert werden (§ 169 AO). Oft ist dann ein beträchtlicher Teil des Guthabenkontos an den Fiskus zu entrichten. War das Konto hinsichtlich des Kapitals „schwarz", können die Erben froh sein, wenn das Guthaben des diskreten Kontos überhaupt ausreicht, alle Steuerverpflichtungen (Einkommen- und Vermögensteuer, Hinterziehungszinsen) erfüllen zu können.

Wichtig: Diskrete Auslandskonten sollten zeitig vor dem Ableben des Kontoinhabers in legale Konten umgewandelt werden.

Lockruf der Steueroasen

Wer über seine Auslandskonten keine Unterlagen verwahrt, Angehörigen oder Vertrauten nichts verrät und für den Todesfall testamentarisch keine Angaben hinterlegt, der muss davon ausgehen, dass die Erben von dem Geld auf diesen Konten meist nichts zu sehen bekommen. Das Gleiche gilt für die Inhalte von Safes, von denen entweder niemand etwas weiß oder von denen nur ein Schlüssel ohne weitere Angaben gefunden wird.

Aber auch wenn die Erben über die geheimen Konten informiert sind, wird ihnen der Zugang verwehrt. So lange, bis der Bank im Ausland eine einwandfreie, nach deutschem Recht vorgeschriebene Legitimation vorgelegt werden kann: Totenschein, Testament, Erbschein – im Original oder als beglaubigte Abschrift. Die Bank kann sogar Zustellung der Unterlagen auf amtlichem Wege, also über ihre Konsulate in Deutschland, verlangen.

Wurde dagegen vom Erblasser und Konto- bzw. Safeinhaber noch zu Lebzeiten eine Vollmacht erteilt, so gilt diese auch in den Nachbarländern über den Tod hinaus. Der Bevollmächtigte bleibt verfügungsberechtigt, jedoch nicht uneingeschränkt. So verlangen beispielsweise Luxemburger Banken vom Bevollmächtigten den Nachweis, dass er die Erben über seine Vollmacht informiert hat. Die Erben können diese Vollmacht sowohl nach deutschem Bankrecht als auch nach den Gesetzen der Nachbarländer jederzeit widerrufen.

> Sind die Konten oder Depots im Ausland jedoch nicht bekannt, ist die Suche auf Verdacht jenseits der Grenze sehr aufwendig. Denn zusätzlich zur Legitimation verlangen die Banken für ihre Recherchen in aller Regel Vorkasse ihrer teilweise hohen Gebühren. Dabei können jene Erben, die keinerlei konkrete Hinweise auf ein Konto oder ein Depot besitzen, nie sicher sein, dass eine angefragte Bank auch korrekte Auskunft gibt.

Besser dran sind da schon jene Erben, die zu anonym geführten Konten, zum Beispiel in Österreich, das Sparbuch oder den Depot-

Geldanlagen im Ausland

Bon finden, das Losungswort jedoch nicht kennen. Sie müssen sich dann nur entsprechend als Erben legitimieren.

Haben sie gar nichts in der Hand, kennen jedoch die Bank, die Depot- und/oder Sparbuchnummer, muss das Konto gerichtlich für kraftlos erklärt werden, bevor man darüber verfügen kann.

Sind dagegen Sparbuch- oder Depotnummer unbekannt, ist das Geld beispielsweise in Österreich verloren. Denn wird das Konto dreißig Jahre nicht bewegt, kann die Bank das Guthaben löschen und sich gegenüber Kontoinhaber oder Erben auf Verjährung berufen.

Eine Ausnahme gilt in der Schweiz, wo es im Normalfall keine Verjährung gibt.

Um die Suche nach verschollenen Konten zu erleichtern, haben die Schweizer Banken eine zentrale Anlaufstelle eingerichtet. Wer glaubhaft macht, Rechtsnachfolger eines vor mehr als zehn Jahren verstorbenen oder verschollenen Kunden einer Bank zu sein, ohne die Bank zu kennen, kann diese Anlaufstelle ersuchen, bei allen Banken in der Schweiz oder in bestimmten Kantonen oder Ortschaften eine Umfrage nach seinen Konti, Depots oder Schrankfächern durchzuführen. Dabei ist die Anlaufstelle an das Bankgeheimnis nach Art. 47 des Bundesgesetzes über die Banken und Sparkassen gebunden.

Schützenhilfe bei der Suche nach schwarzen Konten oder Safes leisten:

Luxemburg:
– Association des Banques et Banquiers
  L-2010 Luxemburg, Tel.: 0 03 52-4 63 66 01, Fax: 0 03 52-46 09 21

Schweiz:
– Schweizerische Bankiers-Vereinigung
  CH-4052 Basel, Tel.: 00 41-61-2 95 93 93, Fax: 00 41-61-2 72 53 82

– Anlaufstelle Schweizer Banken:
  Schweizergasse 21, CH-8021 Zürich

Lockruf der Steueroasen

> **Motive für eine Kapitalanlage im Ausland**
>
> - Diversifizierung, um beispielsweise an konjunkturellen oder strukturellen Entwicklungen ausländischer Wertpapier- oder Zinsmärkte teilnehmen zu können und – nicht zuletzt im Hinblick auf den Euro – in verschiedene Währungen zu investieren
> - Erwerb bestimmter, auf besondere Bedürfnisse und Anlageformen des deutschen Anlegers zugeschnittene Investitionsmöglichkeiten, z. B. Anteile an Fonds, die jenseits der Grenze in höherem Umfang Anlagen in derivativen Instrumenten zulassen, als das nach deutschem Recht erlaubt ist
> - Fehlende oder geringere Quellensteuer, was zu Zins- und Liquiditätsvorteilen führt
> - Reduzierung der deutschen Steuerbelastung, beispielsweise durch ein Engagement in fiktiven Quellensteueranlagen
> - Unterbringung von Schwarzgeld

Immobilienerwerb durch Offshore-Gesellschaften

Hält ein deutscher Steuerbürger eine Auslandsimmobilie, wittert der hiesige Fiskus Steuerhinterziehung. Immer häufiger bevorzugen daher international operierende Immobilien-Investoren die Einbringung ihrer Auslands-Immobilie in eine anonyme Gesellschaftskonstruktion. Damit lässt sich nicht nur Anonymität sicherstellen.

Offshore-Gesellschaften können eine Immobilie (vorrangig im Ausland) erwerben, verwalten, weiterverkaufen, finanzieren oder bei einer Finanzierung als Bürge auftreten. Und im Erbfall wird bewegliches Vermögen vererbt. In vielen Staaten kann dadurch das nationale Erbrecht und eine damit einhergehende Besteuerung vermieden werden.

So lässt sich beispielsweise ein Immobilienkauf in Spanien anonymisieren: Anstatt eine Immobilie z. B. auf den Balearen direkt zu kaufen, erwirbt der Käufer eine Gesellschaft, der die Immobilie

Geldanlagen im Ausland

gehört. Vorteil für den Käufer ist, dass nach spanischem Recht dabei nicht 6 Prozent, sondern nur 1 Prozent des Kaufpreises an Steuer fällig werden.

Wichtig: Zwischen Einbringen der Immobilie in eine Gesellschaft und deren Weiterverkauf muss mindestens ein Jahr vergangen sein, auch darf das gesamte Vermögen der Gesellschaft zu maximal 50 Prozent aus Immobilien bestehen.

Um diese Einschränkung zu umgehen, schalten Experten beim Erwerb einfach zwei Gesellschaften zwischen. Häufig eine ausländische (Liechtenstein, Gibraltar, Kanalinseln o. Ä.) und eine spanische GmbH. Gehört beispielsweise einer Gesellschaft in Liechtenstein eine mallorquinische Gesellschaft, deren gesamtes Vermögen aus einer einzigen Immobilie besteht, kann der Käufer die Anteile der Liechtenstein-Gesellschaft völlig steuerfrei übernehmen. Mit diesem Trick erwirbt er beide Unternehmen und gleichzeitig auch die Immobilie, um die es ihm ja eigentlich geht. In Spanien erfährt somit niemand, wem die Immobilie letztlich gehört. Auch wenn die Anteile der Liechtenstein-Gesellschaft später vererbt oder verschenkt werden, bleibt das dem Fiskus sowohl in Spanien als auch in Deutschland unbekannt.

Steuerunehrliche Immobilienkäufer wählen dabei oft folgenden Weg: Käufer und Verkäufer geben offiziell nur einen Bruchteil des tatsächlichen Kaufpreises an. Der Rest wird dann direkt z. B. auf ein Konto des Verkäufers in der Schweiz eingezahlt. Ist dann in Spanien die Spekulationsfrist nach zehn Jahren abgelaufen, kann der Eigentümer seine Immobilie legal und steuerfrei zum Marktpreis verkaufen.

Wer aber auf den Kanaren mit diskretem oder legalem Geld eine Immobilie erwerben will, für den bietet sich aus steuerlichen Gründen der Immobilienkauf über eine kanarische GmbH (S.L.) an: Artikel 25 des Gesetzes 19/994 besagt, dass der Erwerb von Grundeigentum durch eine kanarische Gesellschaft für einen Zeitraum von drei Jahren seit ihrer Gründung von der Grunderwerbsteuer befreit ist. Erwirbt die kanarische Gesellschaft weitere Immobilien, so fällt weder Grunderwerbsteuer noch die alternative 4,5-prozentige Mehrwertsteuer an. Auch die bei Nichtresidenten üblicherweise an der Quelle einbehaltene 5-prozentige Kapitalgewinnsteuer bei Zwischenschalten einer Gesellschaft entfällt. Gleiches trifft bei Einkommen-, Wertzuwachs- und Erbschaftsteuer zu.

Wichtig: Wer den Immobilienkauf mit diskretem Geld finanziert, sollte immer eine Auslandsgesellschaft zwischenschalten, die Dritten gegenüber als Eigentümer in Erscheinung tritt. Damit lässt sich die Anonymität des tatsächlichen Besitzers sicherstellen. Das wird umso wichtiger, je intensiver das Informationsnetz der Finanzverwaltungen innerhalb der EU, aber auch zu den US-amerikanischen Finanzbehörden (Immobilienkauf in Florida) ausgebaut wird. Als Sitzländer für Offshore-Gesellschaften bieten sich in Europa Gibraltar, Liechtenstein sowie die Kanalinseln Guernsey und Jersey an.

6. Vermögensanlagen in Steueroasen

Steuern, Anonymität und Bankgeheimnis stehen in engem Zusammenhang. Immer geht es darum, wer die Früchte eines Vermögens kennen, ernten und konsumieren darf. Die Vor- und Nachteile der einzelnen Steueroasen sind gravierend. Manch einer, der davon träumte, mit 60 auf einer Insel unter südlicher Sonne seinen Lebensabend mit den dort steuersparend angehäuften Vermögenswerten zu beginnen, sah sich stattdessen plötzlich ohne Insel, ohne Vermögen und mit vielen Problemen konfrontiert. Damit einem das nicht widerfährt, sollte man die Vor- und Nachteile steuerfreundlicher Staaten kennen.

Warum aber „wandert" Kapital? Warum werden Vermögenswerte im Ausland angelegt?

- Die Flucht vor (zu hohen) Steuern ist nur ein Aspekt unter mehreren, zumal Auslandsguthaben ebenso zu versteuern sind.

Vermögensanlagen in Steueroasen

- Sicherheit ist ein weiterer wichtiger Grund. Krieg, Inflation, Enteignung, Devisenbestimmungen und Zwangsabgaben führen weltweit und täglich zu kleineren und größeren Vermögenseinbußen, die Anleger durch Kapitalflucht zu umgehen versuchen.

- Die Suche nach Anonymität ist ein weiterer Grund, der viel Vermögen in Bewegung setzt.

- Aber auch der Traum vom Ruhestand auf einer Trauminsel, die sich zugleich noch durch ihre Kapitalfreundlichkeit auszeichnet, kann ein Anreiz für Kapitalflucht sein.

Nicht wenige Großverdiener fliehen vor einer hohen Einkommensversteuerung und lernen dabei dann die Schattenseiten kennen, die ein rein steuerbedingter Umzug haben kann. Und wenn dann die steuersparenden Oase wie beispielsweise Monaco bezüglich Lebenshaltungskosten und Immobilienerwerb so teuer ist, dass per Saldo die vermögensvermehrende Rechnung nicht aufgeht, bleibt so manchem Steuerflüchtling mehr Frust als Nutzen.

Das „Schweizer Nummernkonto" oder die „Liechtensteiner Stiftung" sind in breiten Kreisen der Bevölkerung zum Symbol für Fluchtgeld geworden, obwohl die damit verbundenen Vorstellungen meist gar nicht zutreffen. Wer sein Vermögen oder Teile davon im Ausland anlegt, ohne Angaben an die für ihn zuständigen Finanzbehörden zu machen, muss auf der Hut sein vor den Steuerfahndern.

Ob es tatsächlich „Spione" am Bankplatz Vaduz gibt, die die Autokennzeichen von Ausländern akribisch notieren und an die interessierten Finanzämter weitergeben, mag bezweifelt werden. Sicher ist jedoch, dass es zwischen den Finanzbehörden vieler Hochsteuerländer wie Deutschland, Frankreich, Großbritannien oder den USA einen regen Daten- und Informationsaustausch über Kapitalerträge und Vermögenswerte von Ausländern gibt. Andererseits ist der Datenaustausch mit Staaten, die für ihre diskreten

Lockruf der Steueroasen

Dienstleistungen bekannt sind (Liechtenstein, Luxemburg, Schweiz etc.) von Rechts wegen oft schwer, wenn nicht sogar unmöglich.

Wesentliches Hemmnis bei der Verfolgung möglicher Rechtsverstöße ist die Notwendigkeit einer Doppelkriminalität, die besagt, dass Rechtshilfe nur dann gewährt wird, wenn der verfolgte Verstoß in beiden Ländern einen solchen darstellt. Das gilt aber für Steuerhinterziehung nicht.

Ausgewählte Bankplätze und Steuersituation in Europa

3

1. Geldhafen Liechtenstein 64
2. Finanzfestung Luxemburg 66
3. Finanzplatz Österreich mit den Exklaven Jungholz und Kleinwalsertal 69
4. Finanzplatz Schweiz 74
5. Auslandsvermögen über Stiftungen und Trusts verwalten 81
6. Verwaltung von Auslandsvermögen über Treuhänder 85
7. Stand der aktuellen Steuerdiskussion innerhalb der EU 88
8. Ohne Steuerwettbewerb geht es nicht 92

1. Geldhafen Liechtenstein

Seine Bekanntheit verdankt Liechtenstein den Kapitalflüchtlingen, die jahrzehntelang optimale Bedingungen im „Ländle" zwischen Österreich und der Schweiz vorfanden. Obwohl die einstige Fluchtburg der diskreten Financiers auf Druck der OECD in den letzten beiden Jahren eine Kehrtwende vollzogen hat, um den Vorwurf zu entkräften, man sei ein „Paradies für Geldwäscher", haben diese Vorteile mit Einschränkungen auch heute noch Gültigkeit. Folge: Der Stellenwert Liechtensteins als Paradies für Vermögen nimmt an Bedeutung zu.

Das Fürstentum ist mit seinen 17 Banken nicht gerade das, was man als Finanzplatz bezeichnet. Die Klasse der Geldinstitute ersetzt allerdings die Masse von Banken an „echten" Finanzplätzen. Dreistellige Milliarden-Schweizer-Franken-Beträge werden dort auf den Konten sicher und über Stiftungen und Trusts auch steuerfreundlich verwaltet. Die dabei involvierten rund 200 Liechtensteiner Treuhänder sind heute jedoch verpflichtet, die tatsächlichen Eigentümer der von ihnen verwalteten Briefkastenfirmen den Banken gegenüber zu benennen. Die Finanzbehörden in der Heimat der Eigentümer erfahren davon jedoch nach wie vor nichts.

Freier Devisenverkehr, ein festes Bankgeheimnis, die wirtschaftliche Stabilität und die geringe steuerliche Beanspruchung des Anlegers haben Liechtenstein eine hervorragende Stellung in der internationalen Finanzwelt verschafft. Dazu trägt auch der Verzicht auf eine eigene Währung zugunsten des Schweizer Franken bei.

In der Praxis bietet der kleine Nachbar Liechtenstein ein besseres Bankgeheimnis als die Schweiz. Die Regelungen des Fürstentums ähneln zwar den schweizerischen, sie schützen allerdings nicht nur bei Steuerhinterziehung, sondern auch bei Steuerbetrug. Gegenüber dem Wissensdurst ausländischer Behörden ist der Anleger

Geldhafen Liechtenstein

also bestens geschützt. Rechts- und Amtshilfe wird nur im Rahmen des Europäischen Rechtshilfeverfahrens bei strafrechtlichen Belangen geleistet. In Steuerfragen gibt es grundsätzlich keinen Informationsaustausch mit dem Ausland, denn ausländische Steuer- und Devisenvergehen sind nach liechtensteinischem Recht nicht strafbar. Auch sind Devisenbeschränkungen und -kontrollen unbekannt.

Ein Nachteil für steuerehrliche Anleger sind allerdings die fehlenden Doppelbesteuerungsabkommen Liechtensteins. Lediglich mit Österreich besteht ein solches, dabei ist jedoch kein Informationsaustausch vorgesehen.

Wer neben „normalen" Konten und Depots die Spezialitäten des Fürstentums näher betrachtet, stößt zwangsläufig auf die Briefkastenfirmen und Gesellschaftsformen, die zum Teil weltweit einzigartig sind. Dazu zählen liechtensteinische Stiftungen, Trusts, Aktiengesellschaften und – als Besonderheit – die Anstalt. Mitte 2002 sind beim Registergericht in Vaduz rund 100 000 dieser Gesellschaften registriert.

Für aktive Geschäftstätigkeiten sind diese Gesellschaften nicht geeignet, für die Verwaltung von Vermögen sind sie jedoch geradezu prädestiniert. Die meisten Gesellschaften werden als Sitz- oder Domizilgesellschaft gegründet. Während Trusts, Stiftungen und Anstalten fast völlig steuerbefreit sind, unterliegt die Aktiengesellschaft der normalen Besteuerung.

Ausgewählte ansässige Banken:

Liechtensteinische Landesbank, Tel.: 2 36 68 11, Fax: 2 36 88 22

Centrum Bank, Tel.: 2 35 85 85, Fax: 2 35 86 86

LGT Bank in Liechtenstein, Tel.: 2 35 11 22, Fax: 2 35 15 22

Neue Bank: Tel.: 2 36 08 08, Fax: 2 32 92 60

Verwaltungs- und Privatbank, Tel.: 2 35 66 55, Fax: 2 35 65 00

2. Finanzplatz Luxemburg – nicht mehr ganz wie früher

Hohes Ansehen genießt bei Anlegern der Finanzplatz Luxemburg. Kundeneinlagen von über 230 Milliarden EUR bei den rund 200 Banken und ein verwaltetes Fondsvermögen der knapp 6 000 Fonds von 875 Milliarden EUR sind eindeutiger Beweis dafür.

Luxemburg hilft deutschen Steuerfahndern

Der Druck auf Steuersünder, die illegales Vermögen in Luxemburg angelegt haben, wächst. Neuerdings helfen die Finanzbehörden des Großherzogtums den deutschen Steuerfahndern beim Kampf gegen die Hinterziehung von Steuern, vor allem im Umsatzsteuerbereich von Unternehmen. Grund ist ein Rechtshilfeabkommen, das jetzt konsequent angewandt wird. Auf Antrag der deutschen Steuerfahnder lassen die Luxemburger Behörden Banken durchsuchen und frieren bei den Finanzhäusern liegende Gelder ein. Das Bankgeheimnis steht damit noch nicht vor dem Aus, doch es wird nicht mehr lange dauern, bis private Schwarzgeldkonten im Großherzogtum für deutsche Ermittler gläsern werden. Wer also als Steuerpflichtiger in der Vergangenheit die Koffermethode angewandt hat, wird sich vorsehen müssen: Luxemburg wird als Steueroase immer unsicherer.

Das Großherzogtum kennt zwar keine anonymen Konten, jedoch ein strenges, gesetzlich verankertes Bankgeheimnis. Einzige Ausnahme ist die Auskunftspflicht gegenüber einem Untersuchungsrichter in einem Strafverfahren. Behörden ist es dagegen verboten, Auskünfte über einzelne Kunden oder Konten zu verlangen. Diese Regelung bzw. dieses Verbot gilt nicht nur gegenüber Banken, sondern insbesondere auch bei Investment- und Fondsgesellschaften.

Die Rechtshilfe gegenüber ausländischen Behörden ist, bezogen auf Fiskaldelikte, mit einer „Kann-Vorschrift" geregelt, die in der Praxis gegen das Ersuchen der ausländischen Behörde Anwendung findet. Eine Auslieferung wegen Steuerdelikten ist ausgeschlossen.

Finanzplatz Luxemburg

Neben dem Bankgeheimnis kommt Luxemburg auch dem Wunsch nach anonymer Anlage unter Ausschöpfung des Möglichen im Rahmen der EU nach. So kennt man in Luxemburger Banken beispielsweise Nummernkonten, die allerdings auch nur nach Identifikationsüberprüfung des Kunden zu eröffnen sind.

Für Holding- und Sitzlandschaften weist Luxemburg eine Reihe von Vorzügen auf: Entscheidend für viele Banken ist aber, dass der Staat an der Alzette als EU-Mitglied im Wirtschaftsleben eine wesentlich bessere Reputation gegenüber alternativen Sitzen, wie etwa Liechtenstein, besitzt.

Was macht Luxemburg für deutsche Zinsabschlagsteuerpflichtige so attraktiv?

- Das faktisch dichte Bankgeheimnis;
- die fehlende Mehrwertsteuer auf Edelmetalle;
- die (noch) fehlende Besteuerung von Kapitalerträgen;
- die attraktiven Vermögensverwaltungen großer europäischer Banken und
- die fehlende Erbschafts- und Schenkungssteuer auf Vermögenswerte – ausgenommen Immobilien.

Weitere Informationen und Ansprechpartner:

Association des Banques et Banquiers, 14. Boulevard Roosevelt,
L-2010 Luxemburg, Tel.: 0 03 52 - 4 63 66 01, Fax: 0 03 52 - 46 09 21

Institut Monétaire Luxembourgeois, 63. Avenue de la Liberté,
L-2983 Luxemburg, Tel.: 0 03 52 - 4 02 92 91

Fonds-Policen aus Luxemburg

In Luxemburg ist es möglich, die Prämie für eine fondsgebundene Lebensversicherung nicht in Form von Geld, sondern in Wertpapieren einzubringen. Damit behält der Anleger im Prinzip sein Portfolio bei, das jedoch in den rechtlichen Rahmen einer Lebensversicherung eingebracht wird. Das ist insbesondere dann sinnvoll, wenn es sich um Rentenwerte mit hohem Coupon oder um Akti-

Ausgewählte Bankplätze und Steuersituation in Europa

en handelt, die innerhalb der Spekulationsfrist umgeschichtet werden. Fondsgebunden heißt dabei nicht, dass das Anlagekapital ausschließlich in Investmentfonds angelegt werden muss, sondern dass der Versicherer einen internen Versicherungsfonds gründet, in dem sowohl Einzelwertpapiere als auch Fonds eingebracht werden.

Lebensversicherungen – auch fondsgebundene – werden vom deutschen Gesetzgeber unter bestimmten Bedingungen steuerlich privilegiert, d. h. die Auszahlung ist einkommensteuerfrei: Laufzeit zwölf Jahre, Beitragszahlung über mindestens fünf Jahre, wobei die Anzahl der Prämien bei Vertragsabschluss festgelegt werden muss, Todesfallschutz mindestens 60 Prozent, innerhalb der vergangenen zwölf Jahre darf keine Novation des Versicherungsvertrages vorgenommen werden.

Ein weiterer Vorteil ist die günstige erbschafts- und schenkungsteuerliche Behandlung:

- Steuersätze und Freibeträge nach dem Erbschaft- und Schenkungsteuergesetz sind abhängig vom jeweiligen Verwandtschaftsgrad und der Höhe des übertragenen Vermögens.

- Freibeträge können alle zehn Jahre genutzt werden. Während ein Bankdepot mit dem aktuellen Wert bei Übertragung bewertet wird, gibt es bei Lebensversicherungen einen günstigeren Ansatz: Der Steuerpflichtige kann wählen, ob er den Lebensversicherungsvertrag mit $2/3$ der bis dahin eingezahlten Prämien oder mit dem Rückkaufswert ansetzen möchte. Voraussetzung ist, dass der Vertrag noch nicht fällig ist (§ 12 Abs. 4 BewG).

Durch den $2/3$-Ansatz kann ein erheblicher Teil der Schenkungsteuer gespart werden, denn die gesamte Performance und ein Drittel der eingezahlten Gelder fallen aus der Bewertung heraus, wodurch der Steuerpflichtige unter Umständen in eine günstigere Steuerprogression fällt.

Finanzplatz Österreich

Weitere Vorteile:

- Vererben: Die testamentarische Übertragung von Vermögenswerten hat den Nachteil, dass das Testament teilöffentlich ist. Jeder Erbe erfährt also, was die Miterben erhalten. Vermögenden, die einer Person mehr zuwenden wollen als anderen Erben, empfiehlt sich daher die Lebensversicherung: Der Begünstigte erwirbt mit Eintritt des Versicherungsfalls einen eigenen unmittelbaren Anspruch auf die Versicherungsleistung. Im Todesfall der versicherten Person zahlt die Versicherung direkt an den Begünstigten aus, ohne gesetzliche Erben oder Miterben zu benachrichtigen.

- Widerruf: Der Versicherungsnehmer kann eine oder mehrere Personen als Begünstigte einsetzen. Will er während der Laufzeit des Vertrags den Begünstigten ändern, kann er das jederzeit durch einfache schriftliche Mitteilung an den Versicherer. Eine Änderung des Testaments oder der Gang zum Notar sind dazu nicht erforderlich.

- Pfändungs-Schutz: Auf Grund des luxemburgischen Code Civil sind luxemburgische Lebensversicherungs-Policen weitgehend pfändungssicher. Insbesondere für Selbstständige und Freiberufler, die sich ein Vermögen für die private Altersvorsorge aufbauen, ist der Pfändungsschutz ein interessanter Aspekt.

Unser Eindruck: Attraktive Zusatz-Vorteile für Vermögende. Wer im Großherzogtum Geld anlegen will, der sollte seinen Banker unbedingt auf dieses Produkt ansprechen.

3. Finanzplatz Österreich mit den Exklaven Jungholz und Kleinwalsertal

Lange galt die Alpenrepublik unter steuergestressten Deutschen als erste Adresse. Praktisch vor der Haustür locken günstige Konditionen: Bundesbürger können sich von der landesüblichen 25-pro-

Ausgewählte Bankplätze und Steuersituation in Europa

zentigen Quellensteuer auf Kapitalanlagen befreien lassen. Als „Asset", das selbst die schweigsame Schweiz nicht kannte, erwies sich jedoch ein Überbleibsel der K.-u.-k.-Monarchie: das anonyme Konto, dessen Inhaber nicht einmal der Banker kannte. Diese Anlageform übte einen solchen Reiz aus, dass Deutsche allein auf Konten in den Exklaven Jungholz und im Kleinwalsertal in den vergangenen Jahren Milliarden-Euro-Beträge gebunkert haben.

Erst als die FATF mit dem Ausschluss aus dem internationalen Zahlungsverkehrssystem drohte, sagte die Alpenrepublik der bei Ausländern so geschätzten Anonymität leise Servus:

- Seit dem 1. November 2000 können Kunden Konten und Sparbücher bei österreichischen Banken nur eröffnen, wenn sie sich ausweisen.

- Bis zum 30. Juni 2002 mussten sich Inhaber bestehender anonymer Sparbücher gegenüber der Bank geoutet haben.

Seit dem 1. Juli 2002 ist die Anonymität endgültig Geschichte. Die österreichischen Banken sind jedoch mit neuen Produkten für die ausländische Kundschaft bestens gerüstet. Und: Der Finanzplatz Österreich genießt nicht zuletzt wegen seines strengen Bankgeheimnisses international hohes Ansehen.

Besonders interessant für deutsche Anleger sowie Steuerflüchtlinge sind die Zollausschlussgebiete Jungholz (Tirol) und Kleines Walsertal (Vorarlberg). Diese Exklaven gehören seit über hundert Jahren staatsrechtlich zu Österreich, zoll- und devisenrechtlich jedoch zu Deutschland. Daraus ergeben sich für deutsche Steuerbürger und Kapitalanleger folgende Vorteile:

- Kontoführung erfolgt nach österreichischem Recht.

- Keine Grenzüberschreitung im üblichen Sinne – Vorsicht ist jedoch vor der deutschen Schleierfahndung insbesondere auf der Autobahn Ulm-Kempten-Oy-Mittelberg angebracht.

- Einzahlungen auf Konten können von Deutschland aus mittels Inlandsüberweisung getätigt werden (keine Meldepflicht der deutschen Banken beim BfF gemäß § 59 Außenwirtschaftsverordnung).

- Telefongespräche und Faxverkehr aus Deutschland werden als Inlandsgespräche geführt und sind somit nicht nur kostengünstiger, sondern auch weniger abhörgefährdet.

- Wertpapiergeschäfte in deutschen Werten werden zu den in Deutschland üblichen Konditionen abgerechnet.

- Die ansässigen Banken sind auf die Bedürfnisse deutscher Anleger spezialisiert und mit der Steuerproblematik deutscher Steuerbürger bestens vertraut.

- Nutzung eines Steuerstundungseffektes, da noch kein Zinssteuer-Abzug erfolgt.

- Deutsche Steuerfahnder haben bei den dort ansässigen Banken im Verdachtsfall keine Zugriffsmöglichkeit – etwaige Hausdurchsuchungen sind also ausgeschlossen.

- Österreichische Banken sind beim Tod eines ausländischen Kunden nicht verpflichtet, die Behörden zu informieren.

Jungholz

Abgetrennt vom österreichischen Mutterland, umgeben vom bayerischen Allgäu, ist Jungholz eine echte Exklave. Hier sind die Brötchen aus Deutschland, die Post wird von einem uniformierten österreichischen Boten gebracht und der Gendarm kommt hin und wieder über deutsche Landstraßen aus dem 40 km entfernten österreichischen Vils, um in der Exklave nach dem Rechten zu sehen.

Als Bankplatz hat Jungholz mit drei Banken die größte Bankendichte der Welt! Die Kunden kommen größtenteils aus Deutschland und wissen längst, dass die Banken hier in Sachen Diskretion keine Kompromisse machen. Dabei geht beispielsweise die Raiffeisenbank in Jungholz noch einen Schritt weiter: Mit ihrem „Goldfinger-Nummernkonto" wird Diskretion absolute Realität.

Ausgewählte Bankplätze und Steuersituation in Europa

Goldfinger-Nummernkonto

Bei dieser Kontenart werden Namen und Adresse des Konto- bzw. Depotinhabers nicht in der EDV erfasst und tauchen deshalb auch nicht auf den Konto- bzw. Depotauszügen und den jeweiligen Abrechnungen auf. Die Kundendaten sind nur ausgewählten Führungskräften und mit besonderen Vollmachten ausgestatteten Mitarbeitern zugänglich. Über das Goldfinger-Nummernkonto verfügt der Kunde durch ein von ihm gewähltes Losungswort. Zusätzlich quittiert er bestimmte Transaktionen mittels elektronischem Fingerabdruck und Pseudonym-Unterschrift. Das Goldfinger-Nummernkonto ist weltweit einmalig. Bei Kontoeröffnung wird der elektronische Fingerabdruck des Kunden gespeichert. Somit gibt es einen zusätzlichen „Sicherheits-Schlüssel" zu seinem Konto. Das System ist fälschungssicher und gewährt optimalen Schutz vor Datenveruntreuung.

Stirbt der Kontoinhaber, kommen die Erben, sofern diese sich legitimieren können und vom Konto in Jungholz wissen, an das Geld, ohne dass der deutsche Fiskus davon erfährt.

Kleinwalsertal

Was die Exklave Jungholz deutschen Anlegern bietet, erhalten diese auch bei den Banken im Kleinwalsertal. Dennoch gibt es nicht zu unterschätzende Unterschiede, wie nachfolgender Vergleich der beiden führenden Finanzinstitute am Ort zeigt:

Bankplätze im Vergleich: Raiffeisenbank in Jungholz und Raiffeisenbank im Kleinwalsertal

Jungholz

- Aus dem Raum Stuttgart (ca. 2 Stunden Fahrzeit) und München (1 1/2 Stunden Fahrzeit) schneller erreichbar.
- Verfügt sozusagen über eine direkte Autobahnanbindung (10 Minuten von der AB-Abfahrt Oy/Mittelberg, A7).

Finanzplatz Österreich

- Speziell die Raiffeisenbank in Jungholz bietet mit ihrem Zusatzstandort in Reutte/Tirol die Option, Bankgeschäfte mit den speziellen Jungholz-Vorteilen in Innerösterreich abzuwickeln (Reutte ist aus München ebenfalls in 1½ Stunden erreichbar).

- Jungholz ist nicht so bekannt wie das Kleinwalsertal und gilt daher unter Kennern als Geheimtipp.

Kleinwalsertal

- 1,8 Millionen Übernachtungen jährlich zuzüglich tausende von Tagesausflüglern – der Anleger ist hier „einer von vielen".

- Das Vermögenszentrum der Raiffeisenbank im Kleinwalsertal hat seinen Sitz im Gebäude einer größeren Ladenpassage.

- Direkter Aufzug von der Tiefgarage in die Bank.

- Im Gegensatz zu Jungholz hat Kleinwalsertal kein QI-Status, somit wasserdichte Diskretion auch gegenüber US-Behörden.

- Beratung auf Wunsch auch in den Hotels vor Ort.

- Öffentliche Verkehrsanbindung (ÖPNV) von und nach Oberstdorf. Man kann dort zum Beispiel seinen Wagen parken und mit dem öffentlichen Bus weiterfahren (20 Minuten).

- Kein Fingerprint, somit keine persönlich relevanten Daten auf Servern oder PCs – Vertrauenssache von Mensch zu Mensch.

Jungholz

- PLZ: D-87491
- Einwohner: 403
- Fläche: 7 qkm
- Währung: EUR

Ansässige Banken:

Raiffeisenbank in Jungholz, Tel.: 0 83 65 - 8 00 - 0, Fax: 0 83 65 - 8 00 - 4 99

Bank der Tiroler Sparkasse, Tel.: 0 83 65 - 82 41 - 0; Fax: 0 83 65 - 82 41 - 80 80

Volksbank Tirol Innsbruck-Schwaz AG, Tel.: 0 83 65 - 82 71 - 0,
Fax: 0 83 65 - 82 71 27

Ausgewählte Bankplätze und Steuersituation in Europa

Kleinwalsertal

- PLZ: für Hirschegg D-87568, für Mittelberg D-87569, für Riezlern D-87567
- Fläche: 96,8 qkm
- Einwohner: 5 588
- Währung: EUR

Ansässige Banken:

Raiffeisenbank Kleinwalsertal AG, Private Banking, Riezlern, Tel.: 0 83 29 - 6 58 00, Fax: 0 83 29 - 6 58 02 90

Hypothekenbank Riezlern, Tel.: 0 83 29 - 50 01, Fax: 0 83 29 - 50 01 - 29

Sparkasse Riezlern, Tel.: 0 83 29 - 5 23 30, Fax: 0 83 29 - 64 55

Dornbirner Sparkasse, Riezlern, Tel.: 0 83 29 - 65 25, Fax: 0 83 29 - 58 84

Volksbank Riezlern, Tel.: 0 83 29 - 6 76 70, Fax: 0 83 29 - 67 67 - 100

Bank Austria AG, Tel.: 0 83 29 - 32 48, Fax: 0 83 29 - 33 77

4. Finanzplatz Schweiz

Der Schweizer Finanzplatz ist traditionell auf eine internationale Kundenstruktur ausgerichtet – rund ein Drittel (3,4 Billionen CHF) des weltweiten Geldvermögens, das Inländer nicht in ihrem Heimatland halten, wird hier verwaltet. Die Schweiz ist damit vor London und den USA der mit Abstand wichtigste Finanzplatz im internationalen Privatkundengeschäft.

Das Private Banking gehört schon historisch zu den Stärken des Banken- und Finanzplatzes Schweiz. Gerade die hohe Fachkompetenz und die jahrzehntelange Erfahrung der Banken in der Anlageberatung und Vermögensverwaltung wird von Kunden aus dem Ausland geschätzt. Ein Schweizer Bankkonto zu haben, stellt für viele immer noch etwas Besonderes dar.

Doch auch in der Schweiz hat sich das Umfeld für die Banken in den 90er-Jahren beträchtlich verändert: Das wirtschaftliche und politische Stabilitätsgefälle zwischen der Schweiz und dem westlichen Umfeld hat sich eingeebnet. Die Liberalisierung nationaler Märkte – auch die Aufhebung gesamtschweizerisch wirkender

Finanzplatz Schweiz

Konventionen im Bankensektor – und die globale Konzentration haben den Wettbewerbsdruck erhöht: Zum einen hat die Erosion der Spargeld-Einlagen zugunsten attraktiverer Wertpapieranlagen, aber auch das schwierige konjunkturelle Umfeld Anfang der 90er-Jahre zu besonders starkem Anpassungsdruck bei den Regionalbanken und Sparkassen geführt, deren Zahl sich seit 1990 halbierte. Zum anderen verringerte sich die Zahl aller Banken durch Übernahmen und Zusammenschlüsse um 40 Prozent auf 369 Institute mit einer Bilanzsumme von 2,227 Billionen CHF.

Alle Kantonalbanken sowie die beiden verbliebenen Großbanken UBS und Crédit Suisse Group sind als Universalbanken präsent. Seit einer Revision des Bankengesetzes 1999 können Kantonalbanken sich von öffentlich-rechtlichen Anstalten in Aktiengesellschaften umwandeln, mit anderen Banken fusionieren oder Holdingstrukturen eingehen. Der Ausbau der Geschäftätigkeit, unter anderem im Bereich Vermögensverwaltung über die Kantons- und Landesgrenze hinaus, wird dadurch erleichtert. Derzeit sind noch 17 der 24 Kantonalbanken rein öffentlich-rechtliche Anstalten.

Gemessen an der Bilanzsumme (67 Prozent), am Bruttogewinn (53 Prozent) und an der Zahl der Beschäftigten (50 Prozent) stellen die beiden Großbanken unter den Schweizer Banken die mit Abstand größte Bankengruppe dar. Gemessen an der Börsenkapitalisierung belegen UBS und Crédit Suisse Group regelmäßig Plätze unter den globalen Top 10.

Die 17 Privatbanken gehören zu den ältesten Instituten in der Schweiz, die meisten wurden im 18. Jahrhundert gegründet. Charakterisiert sind sie durch die persönliche und uneingeschränkte Haftung der Firmeninhaber mit ihrem Vermögen. Die Privatbanken verzichten weitgehend auf Werbeaktivitäten und sind deshalb von den gesetzlichen Eigenmittelvorschriften und der Pflicht zur Veröffentlichung ihres Jahresabschlusses befreit.

Die übrigen 200 Banken umfassen 70 Handels- und Börsenbanken, die sich meist als Universalbanken betätigen, und etwa 140

Ausgewählte Bankplätze und Steuersituation in Europa

Auslandsbanken, die hauptsächlich in Emissionsgeschäft, Vermögensverwaltung und Treuhandgeschäft tätig sind. Ihre Kunden kommen mehrheitlich aus dem Ausland.

Grundsätzlich treffen Auslandsanleger bei jeder Schweizer Bank gut ausgebildete Berater, erhalten aktuelle Informationen und bekommen eine sprichwörtlich präzise Abwicklung ihrer Anlageentscheidungen. Die seit Jahrzehnten existierende Freizügigkeit der Kapitalanlagen und die vergleichsweise geringen Kosten der Vermögensverwaltung sind zusätzliche Gründe, warum ausländisches Kapital vorzugsweise Schweizer Banken und Vermögensverwaltern anvertraut wird.

In der Schweiz existiert eine Vielzahl von in- und ausländischen Banken, Finanzgesellschaften, Kapitalanlagegesellschaften und Vermögensverwaltern. Alle diese Gesellschaften bieten dem Anleger in standardisierter oder individueller Form Leistungen an, die in engerem oder weiterem Bezug zur Kapitalanlage stehen. In keinem anderen deutschsprachigen Land gibt es so viele Vermögensverwaltungsfirmen und Finanzgesellschaften wie in der Schweiz. Geografisch konzentrieren sich diese auf Zürich, Genf und Basel. Aber auch auf dem Lande bieten lokale Regional-, Kantonal- oder Raiffeisenbanken Kompetenz und Diskretion.

Die Schweiz wird immer wieder als sicherer Hafen für Schwarzgeld genannt. Dieser Ruf basiert auf zwei elementaren Eigenschaften des Schweizer Finanzmarktes: Zum einen ist das schweizerische Bankgeheimnis eines der sichersten weltweit, zum anderen verfügen Schweizer Bankiers über eine natürliche Abneigung gegen die Informationsbedürfnisse ausländischer Behörden, insbesondere ausländischer Finanzverwaltungen.

Einige Dinge sollte man als Anleger allerdings auch dann berücksichtigen, wenn man Vermögenswerte in der Schweiz anlegt oder verwalten lässt. Dazu gehört in erster Linie die natürliche Vorsicht gegenüber den potenziellen Partnern. Der weltbekannte Ruf der Schweiz zieht nämlich nicht nur seriöse und große Institutionen

Finanzplatz Schweiz

an, um hier Geschäfte zu machen, sondern wird auch von dubiosen Personen und Institutionen ausgenutzt, um leichtgläubigen Anlegern das Geld aus der Tasche zu ziehen. Immer wieder wird in den Medien über solche Finanzbetrüger berichtet:

- Gesellschaften, die sich als Briefkastenfirma bei einer Treuhandgesellschaft oder einem Rechtsanwalt eingemietet haben und über keine eigenen Räumlichkeiten verfügen.

- Hochglanzprospekte, die von Telefonverkäufern verschickt werden, ohne dass man den Partner jemals gesehen hat, sind ebenfalls mit besonderer Vorsicht zu behandeln.

- Von Chiffre-Anzeigen in den überregionalen Tages- und Wochenendzeitungen sollte man grundsätzlich die Finger lassen. Hier ist nur eins sicher: So schnell kann man als Anleger sein Geld nirgendwo sonst verlieren.

Fazit: Auch in der Schweiz ist nicht alles Gold, was glänzt. Auch hier gibt es schwarze Schafe. Der Finanzplatz ist gegen Skandale nicht gefeit. Doch wer die Schweiz – auch mit ihren Schattenseiten – kennt, der weiß, dass das Land kein Spielcasino ist.

Gebrauchsanweisung für Steuer-Pauschalisten

Schweizer Banken beobachten, dass deutsche Mittelständler vermehrt Überlegungen anstellen, Betriebe in Deutschland zu verkaufen oder zu liquidieren, um anschließend von ihrem Vermögen zu leben. Die Bank Hofmann AG hat den Ball aufgegriffen und für „Deutschland-Müde" eine „steuerliche Gebrauchsanweisung für deutsche Umsiedler" ausgearbeitet. Damit sollen wohlhabende Bundesbürger angesprochen werden, die ihren Lebensabend in der Schweiz genießen wollen. Dieser Personenkreis kann nach Schweizer Recht erhebliche Steuervorteile erzielen, die unter dem auch in Deutschland bekannten Begriff Steuer-Pauschalist zusammengefasst sind.

Ausgewählte Bankplätze und Steuersituation in Europa

Fortsetzung: Gebrauchsanweisung für Steuer-Pauschalisten

Dabei geht es im Kern darum, dass Steuerpflichtige mit einer Pauschalsteuer aufgrund „geschätzter jährlicher Lebenshaltungskosten" belegt werden. Das ist entweder das fünffache des Mietzinses einer Wohnung oder des Eigenmietwertes einer eigenen Immobilie in der Schweiz oder der doppelte Pensionspreis für Unterkunft in Hotels oder Pensionen.

Es empfiehlt sich jedoch vor einem Wegzug in die Schweiz, sich über alle steuerlichen Konsequenzen zu informieren, da sonst ein Zugriff des deutschen Fiskus im Rahmen einer Wegzugsbesteuerung nicht ausgeschlossen werden kann. Sinnvoll ist es, sowohl einen deutschen als auch einen Schweizer Steuerspezialisten zu kontaktieren.

Die Gebrauchsanweisung „Steuerliche Anreize zur Wohnsitzverlegung in die Schweiz" erhalten Sie bei: Bank Hofmann AG, Talstraße 27, CH-8001 Zürich, Fax: 0041-1-2 17 58 92

Ansässige Banken:

Banca del Gottardo, Tel.: -1- 2 15 73 11, Fax: -1- 2 15 73 16

Bank von Ernst, Tel.: -1- 2 45 61 11, Fax: -1- 2 45 66 11

Credit Suisse Private Banking, Tel.: -1- 3 33 44 44, Fax: -1- 3 33 63 30

UBS - Private Banking, Tel.: -1- 2 34 11 11, Fax: -1- 2 36 51 11

Wegelin & Co. Privatbankiers, Tel.: - 71- 42 64 64, Fax: - 71- 42 64 65

St. Gallische Credietanstalt, Tel.: - 71- 2 26 73 73, Fax: - 71- 2 26 75 00

Weitere Informationen und Ansprechpartner:

Eidgenössische Banken-Kommission
Marktgasse 37, CH-3001 Bern
Tel.: - 31- 3 22 69 11, Fax: - 31- 3 22 69 26

Verband Schweizerischer Vermögensverwalter
Bahnhofstraße 35, CH-8001 Zürich
Tel.: -1- 2 28 70 10, Fax: -1- 2 28 70 11

Finanzplatz Schweiz

Schweizerische Kammer für Bücher-, Steuer- u. Treuhandexperten
Limmatquai 120, CH-8001 Zürich
Tel.: -1- 2 67 75 75, Fax: -1- 2 67 75 85

Schweizerischer Anwaltsverband
Bollwerk 21, CH-3001 Bern
Tel.: - 31- 3 28 35 36, Fax: - 31- 3 28 35 38

„Weißes" Geld in der Schweiz

Aus deutscher Sicht stellt sich natürlich die Frage, welchen Sinn es hat, Geld und Vermögenswerte ausländischen Banken anzuvertrauen, wenn es sich dabei um ordentlich versteuertes Vermögen handelt. Denn die Möglichkeit, große Vermögenswerte hier zu Lande einfach „schwarz zu machen" und dann ins Ausland zu bringen, sind ohnehin gering geworden. Welche Vorteile kann steuerlich legales Kapital, das im Ausland verwaltet wird, also haben? Am Beispiel Schweiz zeigt sich:

- Basis für die Vermögensverwaltung kann der Schweizer Franken sein, eine souveräne Währung in einer Währungsexklave im Euro-Raum.

- Die Einkünfte aus Zinsen (Ausnahme: schweizerische Schuldner) bleiben in der Schweiz steuerfrei. Bei großen Vermögen spielt dieser Vorteil eine erhebliche Rolle, weil die Erträge aus Einkünften auf Schweizer Konten erst bei der nächstfälligen Einkommen- und Körperschaftsteuer in Deutschland der Besteuerung unterliegen. Ein Grund, warum auch deutsche Unternehmen Vermögen in der Schweiz parken.

- Eine effiziente Bankenaufsicht stellt sicher, dass bei den Banken auch für Auslandskunden alles „mit rechten Dingen" zugeht.

- Wer legal versteuertes Geld in die Schweiz transferiert, kann das aus dem EU-Raum ohne Genehmigung tun. Die Besteuerung erfolgt ausschließlich in Deutschland. Steuerabzüge auf Dividenden können im Rahmen des deutsch-

Ausgewählte Bankplätze und Steuersituation in Europa

schweizerischen DBA geltend gemacht werden. Anfallende Spekulationsgewinne müssen nachträglich nach deutschem Recht versteuert werden. Auch wenn schweizerische Inlandszinsen anfallen, können diese über das DBA mit deutschen Inlandssteuern verrechnet werden. Nur Inlandszinsen und Dividenden unterliegen in der Schweiz auch für Ausländer der 35-prozentigen Verrechnungssteuer, die steuerehrlichen Deutschen über das Bundesamt für Finanzen, Bonn, zurückvergütet wird.

- Bei kleineren legalen Vermögen dürfte es wenig Sinn machen, Geld zur Vermögensverwaltung in die Schweiz zu verlagern. Bei größeren Vermögen bietet sich jedoch eine Diversifikation an. Aus vielen praktischen Gründen kann es vorteilhaft sein, einen Teil des Vermögens außerhalb des Euro-Raums verwalten zu lassen. So absurd ist die Gefahr nicht, dass eines Tages im Euro-Raum Transferrestriktionen eingeführt werden müssen, wenn es die wirtschaftliche und politische Situation erfordern sollte. Mit der Vermögensverwaltung in der Schweiz wird bei größeren Vermögen auch das Währungsrisiko „Euro" gemindert.

- Mit einer Bankbeziehung in die Schweiz erwirbt der Deutsche das traditionelle Know-how der Schweizer Banken, das so manche Vorteile bieten kann.

- Vermögenswerte in der Schweiz können beliehen werden, auf Wunsch in Schweizer Franken, wobei dann die günstigeren Schweizer Sollzinsen gelten.

- Das Risiko von größeren Wechselkursschwankungen zwischen Schweizer Franken und Euro wird eher geringer. Die Schweizerische Nationalbank versucht, ausgleichend zu wirken, sodass der Wechselkurs zwischen Franken und Euro stabil gehalten wird.

- Deutsche bleiben vor den „Schnüffeleien" ihrer Finanzbehörde in der Schweiz (noch) sicher. Es gibt keine Rechts-

Auslandsvermögen über Stiftungen und Trusts verwalten

hilfe in Steuersachen – ausgenommen im Steuerstrafverfahren wegen Betrugs oder eines anderen Delikts.

- Ein Konto in der Schweiz berechtigt auch zur Nutzung anderer Dienstleistungen, die die Schweizer Banken bieten (Schließfächer, in denen persönliche Dokumente einschließlich Testamente diskret aufbewahrt werden, juristische Beratungsdienste, Stiftungserrichtungen). Wer will, kann sein „weißes" Vermögen in einen Trust, also in eine juristische Person, einbringen. Dies kann Verwaltungs- und Erbschaftsvorteile mit sich bringen.

5. Auslandsvermögen über Stiftungen und Trusts verwalten

Banken in Liechtenstein, der Schweiz und den österreichischen Exklaven Jungholz und Kleinwalsertal bieten steuergestressten Vermögen aus dem Ausland innerhalb ihrer Vermögensverwaltung auch die Möglichkeit, Vermögenswerte beispielsweise in eine liechtensteinische Privatstiftung einzubringen, um damit Diskretion und Erbvorteile bestmöglich zu gestalten und gleichzeitig den Schutz vor dem Fiskus in der Heimat langfristig zu sichern. Nachteil: Unter 500 000 EUR Kapitaleinsatz geht gar nichts.

Vorteil für den Stifter: Er bestimmt den Zweck der Stiftung.

Dabei ist er in der Wahl des Zweckes völlig frei. So kann er beispielsweise Ausschüttungen und Gewährung sonstiger wirtschaftlicher Vorteile an Angehörige, bestimmte Familienangehörige, sonstige Dritte (Geliebte) etc. vornehmen. Er kann aber auch – was auch das Übliche ist – vorsehen, sich als Stifter zeit seines Lebens als alleinigen Begünstigten der Stiftung einzusetzen.

Die Gründung einer liechtensteinischen Stiftung wird in aller Regel nicht vom Bankkunden selbst vorgenommen, sondern von einer Treuhandgesellschaft, die im eigenen Namen jedoch für Rechnung

Ausgewählte Bankplätze und Steuersituation in Europa

des Bankkunden die Stiftung errichtet. Vorteil: Der Name des Bankkunden taucht nicht in den Stiftungsdokumenten als Stifter auf. Gleichzeitig erfolgt die Begünstigungsregelung nicht in den Stiftungsstatuten, sondern in einem Beistatut. Vorteil: Nur die Stiftungsstatuten müssen beim Öffentlichkeitsregisteramt in Vaduz eingereicht werden, das Beistatut, das die Begünstigungsregelung enthält, jedoch nicht.

Mit der Übertragung seines Vermögens auf eine liechtensteinische Stiftung scheidet das Vermögen aus dem Privatvermögen des Bankkunden aus und bildet fortan Stiftungsvermögen. Doch trotz der Vermögensübertragung auf die Stiftung braucht die Verfügungsgewalt über dieses Vermögen nicht eingeschränkt zu werden, da der Bankkunde alleiniger Begünstigter der Stiftung ohne jegliche Einschränkung werden kann. Er kann damit jederzeit die von ihm benötigten Beträge beziehen, da die Ausschüttung aus der Stiftung ohne Vorliegen besonderer Voraussetzungen in beliebiger Höhe erfolgen können.

In einer solchen Stiftung können sämtliche Vermögenswerte zusammengefasst werden: Bankkonten, Depots, Immobilien, Kunstobjekte etc. Das Fürstentum Liechtenstein gewährt in Steuersachen ausländischen Finanzbehörden keine Rechtshilfe, gleichgültig, ob es sich dabei um Steuerhinterziehung oder Steuerbetrug handelt. Die Einkünfte aus Kapitalvermögen müssen im Sitzland des Auslandskunden zwar deklariert werden, doch wer die Meldung an den Fiskus im Heimatland unterlässt, muss das nur mit seinem Gewissen vereinbaren.

Was die Liechtenstein-Stiftung kostet

- Einmalige Gründungskosten: Treuhänder ca. 3 000 bis 5 000 CHF, Gebühren ca. 750 CHF.
- Jährliche Kosten: Stiftungsrat ca. 2 500 CHF, Kapitalsteuer 1 Promille, mindestens 1 000 CHF, Domizilhonorar 600 CHF.

Auslandsvermögen über Stiftungen und Trusts verwalten

Privatstiftungen in Österreich

Für die Privatstiftung in Österreich interessieren sich schon eher steuerehrliche Vermögende in geordneten Familienverhältnissen. Die ist zwar nicht steuerfrei und ohne Wohnsitzwechsel zu haben, für Reiche mit einem Vermögen von 1,5 bis 2 Millionen EUR jedoch bietet die österreichische Stiftung steuerliche Vorteile – obwohl das Heimat-Finanzamt bei Gründung darüber informiert wird. Karl Friedrich Flick, die Unternehmensfamilie Piech und rund 2 000 weitere Vermögende aus Deutschland nutzen diesen Steuervorteil bereits. Einzige Voraussetzung: Der Stifter muss bei Gründung bereits seit fünf Jahren in Österreich sesshaft sein. Erst dann fällt keine deutsche Steuer mehr an. Das gilt auch im Erbfall, wenn die Erben des Stifters ebenfalls bereits seit fünf Jahren ihr Domizil in der Alpenrepublik aufgeschlagen haben.

Was den Stifter erwartet

- Bei Stiftungsgründung werden 5 Prozent des Vermögens fällig,
- Zinsen werden anschließend mit 12,5 Prozent versteuert,
- Dividenden bleiben steuerfrei,
- eine spätere Auflösung oder ein Erbfall ebenfalls.

Der EU-Kommission ist die Privatstiftung wegen des möglichen steuerfreien Beteiligungsverkaufs und des Wegfalls der Erbschaftsteuer ein Dorn im Auge. Doch wer den Wohnsitzwechsel erst vornimmt und dann zeitversetzt stiftet, handelt auch für die deutsche Finanzverwaltung legal.

Trusts

Ähnlich wie die Stiftung funktioniert ein Trust: Wird er auf den Kanalinseln Guernsey oder Jersey installiert, gilt angelsächsisches Recht. Verwaltet wird der Trust in der Regel über eine Bank, bei-

Ausgewählte Bankplätze und Steuersituation in Europa

spielsweise in der Schweiz. Begünstigte sind meist Verwandte oder der Gründer selbst. Dieser legt fest, was mit dem Trustvermögen geschieht. Faktisch ist der Trust somit eine Vermögensverwaltung unter fremden Namen. Steuern fallen vor Ort nur an, wenn der Begünstigte auch auf den Inseln wohnt. Das ist aber die Ausnahme.

Insbesondere Schweizer Banken arbeiten bei der Vermögensverwaltung häufig mit dem Trustmodell: Ob Credit Suisse, UBS oder das Bankhaus Julius Bär – ihre Niederlassungen auf den Kanalinseln betreiben aktiv das Trustgeschäft.

Vorteile von Trusts:

- Im Falle des Ablebens des Trust-Eigentümers ermöglicht diese Gesellschaftsform Angehörigen oder zuvor bestimmten dritten Personen, die vorhandenen Nachlasswerte schnell und steuerfrei zu übernehmen.

- Auch lässt sich darüber beispielsweise ein Nießbrauchrecht zugunsten des noch lebenden Ehegatten sichern.

Doch Vorsicht! Deutsche Steuerpflichtige sollten beachten, dass die testamentarische Errichtung eines Trusts wegen des zwingend anzuwendenden deutschen Erbrechts grundsätzlich nicht möglich ist; eine Ausnahme besteht lediglich in Einzelfällen hinsichtlich im Ausland gelegenem Grundvermögen. Darüber hinaus unterliegt aber auch die lebzeitige Errichtung eines Trusts strengen Restriktionen: Da das deutsche Recht die gespaltene Rechtsinhaberschaft des Trusts nicht zulässt, können zum Beispiel in Deutschland gelegene Grundstücke, Beteiligungen an deutschen Personengesellschaften und Anteile an Kapitalgesellschaften mit Sitz in Deutschland nicht wirksam auf einen Trust übertragen werden.

Weiter bestimmt das neue Erbschaft- und Schenkungsteuergesetz, dass auch die Errichtung so genannter Vermögensmassen, deren Zweck auf die Bindung von Vermögen gerichtet ist, entsprechend der Errichtung einer rechtsfähigen Stiftung erbschaft- und schenkungsteuerpflichtig ist.

Die Errichtung eines Trust, der in diesem Sinne als Vermögensmasse anzusehen ist, wird damit in der ungünstigen Steuerklasse III (Steuersatz 17 Prozent bei Zuwendung von ca. 50 000 EUR und 50 Prozent bei Zuwendung von über ca. 25 Millionen EUR) besteuert.

Da der Trust bei Gründung und im Erbfall hier zu Lande mit der höchsten Steuerklasse belegt wird, kann man davon ausgehen, dass dieses Rechtskonstrukt wohl nur für Vermögende mit großen Schwarzgeldbeträgen geeignet erscheint. Trust-Kosten für Schwarzgeld-Millionäre und/oder Unverbesserliche sind individuell vereinbar, liegen jedoch höher als jene für eine Liechtenstein-Stiftung.

6. Verwaltung von Auslandsvermögen über Treuhänder

In der Schweiz und vielen anderen Geldhäfen kann sich jeder „Treuhänder" nennen, denn der Titel „Treuhänder" ist nicht geschützt. Sie sollten also bei der Wahl Ihres Treuhänders mit größter Vorsicht vorgehen. Dabei haben Sie die Qual der Wahl: Eine Heerschar von Steuerberatern, Rechtsanwälten, Wirtschaftsprüfern, Vermögensverwaltern oder eben schlicht und einfach „Treuhändern" bietet bankexterne Treuhandtätigkeit an. Als Grundregel für die Auswahl gilt: Vertrauen ist gut, Kontrolle ist besser.

Nicht nur, aber vor allem Personen oder Gesellschaften, die staatlichen Kammern angeschlossen sind, sind als zuverlässige Treuhänder anzusehen. Aber auch so manch pensioniertem Banker können Sie Ihr Geld anvertrauen. Denn da Sie in der Regel weit vom Schuss sind, sollten Sie – insbesondere bei größeren, im Ausland liegenden Vermögenswerten – jemanden vor Ort haben, der dort Ihre Interessen vertritt.

Unterschieden werden das so genannte einfache und das qualifizierte Treuhandverhältnis:

Ausgewählte Bankplätze und Steuersituation in Europa

- Einfaches Treuhandverhältnis: Beim einfachen Treuhandverhältnis wird das Konto bei der Auslandsbank auf Ihren Namen – ob nun als „normales" Konto oder als Nummernkonto, bei dem Ihr Name und Ihre Adresse nur einigen wenigen Mitarbeitern bei der Bank bekannt sind – eingerichtet: Dem Treuhänder werden lediglich Verwaltungs- und Verfügungsbefugnisse an Ihrem Kundenkonto eingeräumt. Von den unbestreitbaren Vorteilen der effizienteren Kontoüberwachung und Anlagedisposition durch einen Vertrauensmann „vor Ort" einmal abgesehen, ist für Sie als Kontoinhaber wichtig, dass Sie als Kontoinhaber nach außen hin durch diese Treuhandkonstruktion nur geringen zusätzlichen Schutz genießen.

- Qualifiziertes Treuhandverhältnis: In diesem Fall erhalten Sie kein eigenes Konto bei der Bank. Vielmehr errichtet der Treuhänder im eigenen Namen das Bankkonto. Ihr Name ist der Bank somit nicht bekannt. In der Regel muss der Treuhänder dem Geldinstitut nur bestätigen, dass er den Kunden, für den er das Konto im eigenen Namen eingerichtet hat, kennt. Diese Konstruktion bietet dem tatsächlichen Eigentümer zusätzlichen Diskretionsschutz.

Beim qualifizierten Treuhandverhältnis empfiehlt sich jedoch, die Treuhandfunktionen aufzuteilen: Auf der einen Seite Ihr Treuhänder im engeren Sinne (zum Beispiel Rechtsanwalt), der lediglich das Bankkonto für Sie (im eigenen Namen) einrichtet und die laufende Abwicklung übernimmt, jedoch ohne spezielle Kontobetreuung (Vermögensverwaltung) – das schon allein deswegen, da viele Rechtsanwälte zur eigentlichen Vermögensverwaltung mangels spezieller Kompetenz auf dem Kapitalanlagesektor gar nicht in der Lage sind. In diesem Fall können Sie mit einem tatsächlichen Vermögensverwalter Ihrer Wahl (Treuhänder im weiteren Sinne) problemlos einen zusätzlichen Treuhandvertrag speziell über die Vermögensverwaltung schließen.

Verwaltung von Auslandsvermögen über Treuhänder

Selbstverständlich ist es auch möglich, dass der Vermögensberater sämtliche Treuhandfunktionen für Sie ausübt. Aber vergessen Sie nie: Über jeder Treuhandkonstruktion schwebt das Veruntreuungsrisiko. Beugen Sie diesem Risiko weitgehend vor. Geben Sie keine umfassende Verfügungsvollmacht, denn Vermögensverwalter, die über Ihr Geld verfügen, können sich damit auch absetzen. Geben Sie in solch einem Fall also immer nur eine Verwaltungsvollmacht. Ihr Treuhänder kann dann zwar mit Ihrem Kapital arbeiten, es umschichten etc., er kann aber nicht selbst an Ihr Geld kommen.

Wichtig: Lassen Sie sich auf keine lange Kündigungsfrist ein. Ist der Treuhänder seriös, wird er Ihnen ein jederzeitiges Kündigungsrecht einräumen.

Legen Sie schriftlich spezielle Anlagerichtlinien fest, nach denen der Vermögensverwalter Ihr Konto/Depot managen soll: Ob Sie beispielsweise eine konservative oder eine zumindest teilweise spekulative Depotführung (insbesondere Anlage in Fremdwährungen, Optionsgeschäfte, Depotbeimischung mit Edelmetallen, Kreditengagements für Wertpapierkäufe etc.) wünschen, sollte in einem Vermögensverwaltungsvertrag fest umrissen werden. In diesem sollte grundsätzlich vereinbart werden, dass der Vermögensverwalter in regelmäßigen Zeitabständen über die Entwicklung der betreuten Konten/Depots selbstständig zu berichten hat.

Wichtig: Ob und wieweit diese Berichterstattung zu Ihren Händen geschehen soll, ist eine Frage des gewünschten und/oder erforderlichen Diskretionsschutzes. Ist ein zusätzlicher Treuhänder eingeschaltet, sollten Sie Ihren Vermögensverwalter zu Händen Ihres Treuhänders berichten lassen.

Was der Vermögensverwalter kosten darf

Die Gebühren am Finanzplatz Zürich beispielsweise variieren zwischen 0,5 und 1,5 Prozent des Depotwertes. Dazu gibt es häufig eine Gewinnbeteiligung, für die Beteiligungssätze zwischen 5 und 20 Prozent des effektiven Mehrwerts marktüblich sind.

Ausgewählte Bankplätze und Steuersituation in Europa

Wie Ihre Anonymisierung wasserdicht wird

Um die Anonymisierung wirklich wasserdicht zu machen, können Sie vor den Treuhänder eine zusätzliche juristische Persion vorschalten. Hierfür bieten sich beispielsweise Liechtenstein-Trusts oder – allerdings recht aufwändig – schweizerische Domizilgesellschaften an. Besser ist jedoch die treuhänderische Vorschaltung einer Panama-Gesellschaft. Die Vorteile liegen auf der Hand:

- Keine Rechtshilfe oder Doppelbesteuerungsabkommen mit irgendeinem Staat weltweit;
- Gesellschaftsgründungen mit einem Minimum an Kapital und Formalitäten in kürzester Zeit und
- keine Buchhaltung oder Bilanz.

Tipp: Panama-Gesellschaften lassen sich bequem auch über Liechtensteiner oder Schweizer Anwälte gründen.

7. Stand der aktuellen Steuerdiskussion innerhalb der EU

Die EU-Finanzminister wollen eine internationale Quellensteuer einführen. Das stößt auf großen Widerstand von Staaten außerhalb der EU, mit Großbritannien aber auch innerhalb der Gemeinschaft. Dennoch: Die Mehrzahl der Mitgliedstaaten der Europäischen Union wird voraussichtlich ab dem Jahr 2003 die Finanzbehörden im Wohnsitzland des Anlegers über dessen Zinseinkünfte informieren. Nur Belgien, Luxemburg und Österreich haben sich für die Alternative einer moderaten Besteuerung der Kapitalerträge bei Auslandskunden entschieden. Die Quellensteuer, die in diesen drei Staaten ab dem 1. 1. 2003 erhoben werden soll, wird anfänglich 15 Prozent, ab dem Jahr 2006 20 Prozent betragen. Investmentfonds mit einem Aktienanteil von 60 Prozent oder darüber sollen von dieser steuerlichen Regelung nicht betroffen sein. Vorgesehen ist, die anfallenden

Stand der aktuellen Steuerdiskussion innerhalb der EU

Besteuerungsbeträge zunächst national zu sammeln und dann nach Abzug einer Kostenpauschale für das jeweilige „Sammelland" (15–20 Prozent) in einer Gesamtüberweisung in die jeweiligen Heimatländer der Kontoinhaber ohne deren Namensnennung zu transferieren. Ab dem Jahr 2010 ist dann ein genereller Übergang zum Informationsaustausch innerhalb der EU beabsichtigt.

EU-Fahrplan für die Zinsbesteuerung

Wenn es nach den EU-Finanzministern geht, werden

- ab 2003 Dänemark, Deutschland, Finnland, Frankreich, Griechenland, Großbritannien, Irland, Italien, Niederlande, Portugal, Schweden und Spanien das Heimatland des Sparers über dessen im Ausland erzielte Zinserträge informieren;

- ab 2003 Belgien, Luxemburg und Österreich Quellensteuer auf Zinserträge von Ausländern erheben – 15 Prozent ab 2003 bis einschließlich 2005, 20 Prozent ab 2006 bis einschließlich 2009, eine Information über die Kapitalanleger an deren Heimatländer erfolgt jedoch nicht;

- ab 2010 alle EU-Mitglieder einheitlich das Heimatland des Anlegers informieren.

Quelle: EU-Kommission

Bevor aber eine Europäische Richtlinie inhaltlich tatsächlich beschlossen werden kann, müssen Gespräche mit Nachbarländern wie beispielsweise Liechtenstein, Monaco, der Schweiz und den USA aus Sicht der Europäischen Union positiv verlaufen. Das heißt, dass dort gleichwertige Maßnahmen zum selben Termin umgesetzt werden. Österreich und andere Mitgliedstaaten der EU haben ihre endgültige Zustimmung zu einer neuen, einstimmig zu beschließenden Besteuerungsrichtlinie auch davon abhängig gemacht, dass zahlreiche andere Steuerpraktiken innerhalb der Gemeinschaft, die den Wettbewerb behindern, abgeschafft werden. Experten bezweifeln deshalb, ob die EU überhaupt jemals eine Richtlinie zur Zinsbesteuerung verabschieden wird. Sie sehen eher

Ausgewählte Bankplätze und Steuersituation in Europa

ein Koexistenzmodell von Quellensteuer und Informationsaustausch – die Wahl sollte dabei jedem Land freistehen. Liechtenstein, Luxemburg, Österreich und die Schweiz sind jedenfalls nicht bereit, den Vorteil eines Finanzplatzes mit strengem Bankgeheimnis aufzugeben.

Im Visier der EU-Finanzminister

- **Belgien, Luxemburg, Österreich:** Diese Staaten versenden ab 2010 Kontrollmitteilungen an die deutschen Finanzbehörden. Zuvor kassieren sie Quellensteuer auf Zinsen und Fondserträge, 15 Prozent ab 2003 und 20 Prozent ab 2006. Diese Abgaben bleiben anonym, der deutsche Fiskus erfährt erst 2010 von den Inhabern dortiger Konten. Die Regelung gilt auch für Jungholz und das Kleinwalsertal.

- **Übrige EU-Staaten:** Zwölf Länder der EU versenden bereits ab 2003 Kontrollmitteilungen. Einige gemischte Fonds sowie Eurobonds sind bis Ende 2009 von der Meldepflicht ausgenommen.

- **Gibraltar:** Noch ist nichts geplant.

- **Andorra:** Der Pyrenäenstaat zwischen Frankreich und Spanien wird auch künftig keine Kapitalerträge an ausländische Finanzbehörden melden. Eine Quellensteuer von maximal 10 Prozent ab 2003 ist jedoch zu erwarten.

- **Kanalinseln:** Guernsey, Jersey und Sark werden ab 2003 Meldung machen. Großbritannien hat sich gegenüber der EU verpflichtet, auf assoziierte Gebiete entsprechenden Druck auszuüben.

- **Liechtenstein:** Das Fürstentum orientiert sich an der Schweiz. Um von den schwarzen Listen der OECD zu kommen, steht Liechtenstein zumindest der Quellensteuer offen gegenüber.

- **Monaco:** Frankreich wird dafür sorgen, dass das Fürstentum europaweit Kontrollmitteilungen versenden wird.

- **Schweiz:** Eine Quellensteuer ist wahrscheinlich. Diese wird bei eidgenössischen Anleihen ohnehin bereits fällig. Auf Druck der EU könnte für das Versenden von Kontrollmitteilungen sogar das Bankgeheimnis gelockert werden.

Stand der aktuellen Steuerdiskussion innerhalb der EU

Quellensteuern im internationalen Vergleich

Land	Dividenden			Zinsen		
	Quellensteuer	Ermäßigungsanspruch BRD	Anrechenbar in	Quellensteuer	Ermäßigungsanspruch BRD	Anrechenbar in
Australien	30	15	15	10	–	10
Belgien	25/15	10	15/5	25	10	10
Dänemark	25	10	15	–	–	–
Frankreich	25	25	–	15	15	–
Griechenland	45	20	25	–	–	–
Großbritannien	–	–	–	0/20	0/20	–
Irland	–	–	–	29/0	29/0	–
Israel	25	–	25	25	10	15
Italien	27	12	15	–	–	–
Japan	20	5	15	20	10	10
Kanada	25	10	15	25	10	15
Luxemburg	0/25	10	0/15	–	–	–
Niederlande	25	10	15	–	–	–
Norwegen	25	10	15	–	–	–
Portugal	25	10	15	25/20	10/5	15
Österreich	25	10	15	–	–	–
Schweden	30	15	15	–	–	–
Schweiz	35	20	15	35	35	–
Spanien	25	10	15	25	15	10
Südafrika	15	–	15	10	–	10
USA	30	15	15	30/0	30/0	–
Alle Angaben in Prozent.						

8. Ohne Steuerwettbewerb geht es nicht

Steuerwettbewerb übt Druck zur Begrenzung staatlicher Ausgaben aus und macht damit das öffentliche Leistungsangebot effizienter. Steuerharmonisierung hat oft das Ziel, diesem Druck auszuweichen und den Wettbewerb auszuschalten. Und: Harmonisierung findet aus nahe liegenden Gründen meist auf dem höchsten Niveau statt.

Angesichts hoher Staatsquoten in den meisten EU-Staaten spricht vieles dafür, dass Druck auf die öffentlichen Ausgaben in der EU eine heilsame Erscheinung ist. Denn hohe Staatsquoten und die damit verbundenen Steuer- und Abgabenlasten sind eine wesentliche Ursache für die anhaltende Beschäftigungsmisere in vielen europäischen Ländern.

Wichtig: Die Befürchtungen der Finanzminister, der Steuerwettbewerb untergrabe die Einnahmen der Staaten, ist schon deshalb unbegründet, weil beispielsweise für Standortbestimmungen von Unternehmen nicht nur die Steuerbelastung ausschlaggebend ist. Vielmehr ist – neben anderen Faktoren wie zum Beispiel „gut ausgebildete Arbeitskräfte" – auch die den Investoren gebotene Gesamtheit der staatlichen Rahmenbedingungen von Bedeutung.

> Um im Standortwettbewerb mithalten zu können, kommt es für die Staaten also primär nicht darauf an, mit möglichst niedrigen Steuern für sich zu werben, sondern zu einem ausgewogenen Verhältnis zwischen Steuerbelastung und öffentlichen Leistungen zu finden.

Bei der Harmonisierungsdiskussion sollte auch nicht vergessen werden, dass die EU keine „Insel im globalen Steuerwettbewerb" ist. Wenn in der EU Steuern auf hohem Niveau harmonisiert werden, bedeutet dies nicht das Ende des Steuerwettbewerbs, sondern eine Verschlechterung der EU-Position weltweit. Denn eine

Ohne Steuerwettbewerb geht es nicht

Harmonisierung mit dem Rest-Europa, rund um den Globus oder auch nur unter allen Industrieländern liegt fern jeder politischen Realisierungschance. Denn nur weil die EU nicht willens ist, wettbewerbsfähige Steuersysteme zu etablieren und Strukturreformen durchzuführen, werden andere Staaten nicht bereit sein, ihre oft mühselig errungenen Vorteile wieder aufzugeben.

Zu einer Steuerreform, die diesen Namen auch verdient, weil sie Investitionen, Wachstum und damit Beschäftigung in den Mittelpunkt stellt, gibt es in den EU-Staaten deshalb keine Alternative. Auch für die EU-Steuerpolitik gilt also: Wer Wettbewerb im Innern zulässt, stärkt die Union für den Wettbewerb nach Außen.

Beispiel:

Die Schweiz zeigt, dass Steuerwettbewerb funktioniert. Denn Kantone, die in den letzten Jahren zu lange an „hohen" Steuersätzen festgehalten haben, sind die guten Steuerzahler davongelaufen. Die Folge: Per Saldo fließen heute den Kantonen mit niedrigeren Steuersätzen mehr Einnahmen zu als den „Hochsteuer"-Kantonen. (Die freilich im Vergleich zu den deutschen Steuersätzen für deutsche Steuerzahler immer noch ein halbes Paradies sind.)

Wer sich als Staat also nicht den tief greifenden globalen Veränderungen anpasst, wird gnadenlos bestraft, denn das hochmobile Kapital sucht sich jenen Ort auf dem Globus, auf dem es am effizientesten eingesetzt werden kann. Steueroasen bieten sich da an.

Im Falle der Zinssteuer hat eine europäische Harmonisierung zum Glück keine gravierenden Konsequenzen. Verheerend wäre es, wenn die Regierungen sich im Fall der Unternehmensbesteuerung zu einem ähnlichen Kartell zusammenschließen würden. Europaweit einheitliche Unternehmenssteuern – das wäre das Ende des Wettbewerbs in der EU, und das würde alle Hoffnungen auf eine Mehrung des Wohlstands und höhere Wachstumsraten zunichte machen.

Ausgewählte Bankplätze und Steuersituation in Europa

Die Globalisierung des internationalen Finanzgeschäftes ist heute so weit fortgeschritten, dass ein Knopfdruck genügt, um jede Menge Geld und Kapital von einem Punkt der Welt zum anderen zu transferieren. Die moderne Kapitalflucht findet über Computer und nicht mit Koffern voller Geld statt. Dass die ganze Welt die Zinssteuerpläne der EU nachvollziehen wird, ist unrealistisch. Der Standort Europa muss aufpassen, dass er nicht zu einem Steuer-Karussell wird und Europa gegenüber den USA und Japan ins Hintertreffen gerät. Denn mit einer EU-Zinssteuer wird ein erster Schritt auf dem Weg zur europäischen Steuerunion getan. Aber dieser Weg wird in eine Sackgasse führen.

Steuerliche Behandlung von Auslandsvermögen

4

1. Finanzplätze der Zukunft 96
2. Doppelbesteuerungsabkommen nutzen 97
3. Steuervorteile durch Anrechnung fiktiver ausländischer Quellensteuer 100
4. Das Recht, Steuern zu sparen 103
5. Was Steuerpflichtige wissen sollten 106
6. Wie Auslandseinkünfte deutscher Unternehmen besteuert werden 109
7. Wo ausländische Privateinkünfte besteuert werden 111

1. Finanzplätze der Zukunft

Der Trend geht eindeutig zu Palmen, Meer und tropischen Temperaturen. Denn für vermögende Anleger, denen die noch bestehenden Schlupflöcher in Europa zu riskant werden, bleibt nur die Flucht nach Übersee. Dort werden sie bereits heute mit offenen Armen und großzügigen steuerlichen Regelungen empfangen. Hier buhlt man mehr oder weniger offen um Schwarzgeld aus aller Herren Länder, das sich derzeit noch auf Liechtensteiner, Luxemburger oder Schweizer Konten befindet und dort wegen der EU-Harmonisierungsbemühungen auf Dauer nicht mehr sicher ist.

Antigua etwa mauserte sich so zum internationalen Finanzplatz, auf dem sich „normale" Schwarzgeldhinterzieher allerdings nicht unbedingt in bester Gesellschaft befinden. Heute steht die Karibikinsel als Zentrum der Geldwäsche in der internationalen Schusslinie. Schlechte Gesellschaft schreckt jedoch normale Steuerflüchtlinge eher ab. Sie legen Wert darauf, ihr Geld nicht einer obskuren Bank anzuvertrauen, von der sie heute noch nicht wissen, ob diese morgen nicht schon aufgelöst wird. Chancen haben deshalb nur Finanzparadiese, in denen die bekannten internationalen Banken Filialen führen.

Bestens funktionieren heute bereits die 750 Kilometer südlich von Miami liegenden Cayman Islands. Sie werden insbesondere von reichen Amerikanern geschätzt. Wie Bermuda oder Anguilla gehören sie zu den britischen Überseeterritorien. Die Cayman Islands weisen mit „AAA" das höchste Kreditrating auf, 46 weltweit führende Geschäftsbanken haben sich dort bereits niedergelassen. Die Inseln haben ein strenges, gesetzlich verankertes Bankgeheimnis und mit Deutschland gibt es weder ein Doppelbesteuerungsabkommen (DBA) noch ein Rechtshilfeabkommen. Der einzige Nachteil: Die Banken nehmen kaum Bargeld von mehr als 10 000 US-Dollar an. Bei der Kontoeröffnung wird mindestens ein Empfehlungsschreiben von einer anderen Bank des Kunden verlangt.

Auch die nur 80 km vor Florida gelegene Inselgruppe der Bahamas ist wegen ihres strikten Bankgeheimnisses und als Nullsteueroase beliebt. Derzeit gibt es dort schon über 400 Banken und keine Ein- und Ausfuhrbeschränkungen von Devisen.

Doch wem die Nähe zur US-Steuerbehörde missfällt, der findet vielleicht in der Südsee seinen Geldhafen. Dort ist vor allem das 2000 km nordwestlich von Australien gelegene Vanuatu als klassische Nullsteueroase beliebt. Vor allem australische und asiatische Banken tummeln sich in der Hauptstadt Port Vila. Und da es dort keine Devisenbeschränkungen für Ausländer gibt, ist vor dem Eiland im Südpazifik auch schon so manche schwarze Mark vor Anker gegangen. Der einzige Nachteil: Mit 30 Stunden Flugzeit von Frankfurt aus müssen Sie rechnen.

2. Doppelbesteuerungsabkommen nutzen

Mit den Doppelbesteuerungsabkommen (DBA) soll die doppelte Besteuerung Steuerpflichtiger vermieden werden. Die DBA regeln, in welchem Ausmaß ein Steuerpflichtiger innerhalb der für ihn zuständigen Staaten nicht mehr besteuert werden darf. Gleichzeitig verpflichten sich die jeweiligen Vertragsstaaten zur gegenseitigen Auskunftspflicht. In der DBA-Praxis unterscheidet man zwischen der „kleinen" und der „großen" Auskunftspflicht: Die „kleine" Klausel verpflichtet nur zur Rechts- und Amtshilfe zur Durchführung des vereinbarten DBA. Die „große" Klausel ist nicht an die DBA-Durchführung gebunden, sondern berechtigt und verpflichtet die Vertragsstaaten zur allgemeinen Rechts- und Amtshilfe in Steuersachen.

Die aktuellen DBA können beim Bundesministerium der Finanzen, 10117 Berlin, Tel.: 0 30-2 24 20, Fax: 0 30-22 42 32 60, abgerufen werden.

Steuerliche Behandlung von Auslandsvermögen

Grundsätzlich lässt der Fiskus Steuerpflichtigen hier zu Lande bei ausländischen Kapitaleinkünften die Wahl zwischen dem „Anrechnungsverfahren" und dem „Abzugsverfahren": Entscheidet sich der Steuerpflichtige für die „Anrechnung" der ausländischen Quellensteuer, betrachtet der deutsche Fiskus die im Ausland gezahlten Quellensteuern als Vorauszahlung auf die in Deutschland fällige Steuerschuld.

Wichtig: Das Finanzamt akzeptiert die fremde Quellensteuer nicht immer in voller Höhe. Der maximale Anrechnungsbetrag errechnet sich nach folgender Formel:

$$\frac{\text{tariflicher Einkommensteuersatz} \times \text{ausländische Einkünfte}}{\text{Summe der Einkünfte}}$$

Beim „Abzug" wird die im Ausland gezahlte Quellensteuer bis zu einem bestimmten Höchstbetrag nicht mit der deutschen Einkommensteuer verrechnet. Bei dieser Methode kann der Anleger die Auslandssteuern direkt vom steuerpflichtigen Einkommen abziehen.

Als Steuerpflichtiger müssen Sie sich für die eine oder andere Methode entscheiden. Es kommt also darauf an, jene Methode zu wählen, bei der am meisten herausspringt. Als Faustregel gilt: Selbstständigen, die rote Zahlen schreiben, bietet die „Abzugsmethode" mehr Vorteile. Denn über den Verlustvor- bzw. -rücktrag lässt sich ein Teil der Auslandssteuern zurückholen. Bei der „Anrechnungsmethode" hingegen ist die tatsächliche Steuerschuld die Obergrenze für die Verrechnung der ausländischen Quellensteuer. Wer aber wegen erwirtschafteter Verluste dem heimischen Fiskus kein Geld schuldet, sieht von den Auslandssteuern nichts mehr. In diesem Fall ist das Geld jedoch nicht verloren. Man kann die zu viel gezahlten Steuern von den ausländischen Steuerbehörden zurückfordern. Hilfe mit entsprechendem Vordruck bekommen Sie beim Bundesministerium der Finanzen.

Doppelbesteuerungsabkommen nutzen

Besteuerung ausländischer Einkünfte nach DBA*)				
Art der ausländischen Einkünfte	Besteuerungsrecht	Steuerfrei mit Progressionsvorbehalt	Steuerpflichtig ohne Abrechnung	Steuerpflichtig mit Abrechnung
Vermietung und Verpachtung	Ausländischer Staat	X		
Dividenden	Ausnahme Spanien und Schweiz, hier Deutschland			X
	Deutschland – soweit ausl. Quellensteuer nach DBA Quellensteuer einbehalten werden darf			X
	Sonstige Fälle		X	
Zinsen	Deutschland		X	
Lizenzgebühren	Deutschland, wenn ausl. Quellensteuer nach DBA Quellensteuer einbehalten werden darf			X
	Sonstige		X	
Gewerbebetriebe	Ausländischer Betriebsstättenstaat	X		
Veräußerungsgewinne – unbewegliches Vermögen	Ausl. Belegenheitsstaat	X		
– Betriebsvermögen	Ausl. Betriebsstättenstaat	X		
– sonstiges Privatvermögen	Deutschland		X	

*) Die Regelungen in den einzelnen DBA können im Einzelfall voneinander abweichen.
 Über den jeweiligen aktuellen Stand informiert das Bundesfinanzministerium (Adresse siehe Seite 97).

Steuerliche Behandlung von Auslandsvermögen

Fortsetzung: Besteuerung ausländischer Einkünfte nach DBA

Selbstständige Arbeit	Ausl. Tätigkeitsstaat, sofern dort eine feste Einrichtung besteht	X		
Nicht selbstständige Arbeit	Ausl. Tätigkeitsstaat	X		
	Wenn nicht mehr als 183 Tage im Ausland, u. U. Deutschland		X	
Aufsichtsrats-/ Verwaltungsratsmitglieder	Meistens der Staat, in dem das Unternehmen ansässig ist	X		
Künstler/Sportler	Meistens der ausländische Tätigkeitsstaat	X		
Pensionen/ Renten	Deutschland		X	
Vergütungen aus öffentlichen Kassen	Ausl. Kassenstaat	X		
	Bei deutschen Staatsangehörigen meistens Deutschland		X	
Andere Einkünfte	Deutschland		X	

3. Steuervorteile durch Anrechnung fiktiver ausländischer Quellensteuer

Zahlreiche DBA – insbesondere die mit Entwicklungs- und Schwellenländern – enthalten die Regelung, wonach bei bestimmten Einkünften (Zinsen, Dividenden, Lizenzen) als Quellensteuer des Quellenstaates immer ein in den Abkommen festgelegter Mindestsatz ausländischer Quellensteuer auf die deutsche Steuer angerechnet wird. Das gilt auch für den Fall, wenn im Quellenstaat eine Steuer

Steuervorteile

von den Einkünften tatsächlich nicht oder nicht in der für anrechenbar erklärten Höhe einbehalten wird.

Diese fiktive Steuer kann – im Gegensatz zu einer festgesetzten und tatsächlich gezahlten Steuer – auf die deutsche Einkommen- bzw. Körperschaftsteuer angerechnet werden. Damit wird sichergestellt, dass die vom ausländischen Quellenstaat zugestandene Steuererleichterung dem deutschen Investor zugute kommt und nicht durch eine höhere deutsche Einkommen- bzw. Körperschaftsteuer absorbiert wird.

Für eine fiktive Quellensteueranrechnung müssen folgende Voraussetzungen erfüllt sein:

- Der ausländische Staat muss aufgrund nationaler Vorschriften auf die vollständige oder teilweise Erhebung von Quellensteuer verzichten.
- Mit dem Quellenstaat muss ein DBA bestehen, das eine fiktive Quellensteueranrechnung vorsieht. Das jeweilige DBA muss überprüft werden, ob bestimmte Voraussetzungen für die Quellensteueranrechnung enthalten sind oder nicht.

Die DBA Argentinien, Brasilien und Portugal beinhalten beispielsweise keine weiteren Voraussetzungen für die Quellensteueranrechnung. Nach dem DBA Südkorea muss zum Beispiel der allgemeine Quellensteuersatz in Südkorea mindestens 20 Prozent betragen. Häufigste Voraussetzung für die fiktive Quellensteueranrechnung ist, dass die Investitionen zur Förderung der wirtschaftlichen Entwicklung des jeweiligen Landes eingesetzt werden. Das gilt beispielsweise für Griechenland, Singapur und die Türkei.

Der deutsche Anleger ist abkommensberechtigt. Abkommensberechtigt sind in Deutschland ansässige Kapitalgesellschaften und natürliche Personen. Bei deutschen Personengesellschaften kommt es dagegen auf die Abkommensberechtigung eines jeden Gesellschafters an.

Ob und in welcher Höhe durch fiktive Quellensteueranrechnung ein steuerlicher Vorteil beim deutschen Anleger entsteht, hängt

Steuerliche Behandlung von Auslandsvermögen

insbesondere von der Höchstbetragsbegrenzung ab. Die Anrechnung der fiktiven Quellensteuer und damit die liquiditätsmäßige Entlastung des Investors erfolgt grundsätzlich erst im Veranlagungsverfahren.

Wichtige Ansprechpartner

Staat	Adressaten für Erstattungsanträge	Fristen
Belgien	Bureau Central de Taxation de Bruxelles-Etranger St. Lazare-Bte 1 B-1210 Bruxelles Belgien	3 Jahre
Dänemark	Told Skat Ottiliavej DK-1788 Kobenhavn V Dänemark	4 Jahre
Frankreich	Erstattungsanträge werden über die jeweilige Aktiengesellschaft eingereicht	4 Jahre
Großbritannien	Inspector of Foreign Dividends Lynwood Road Thames Ditton Surrey, KT 7 ODP, GB	6 Steuerjahre (jeweils 6. 4. – 5. 4.)
Italien	Quellensteuern auf Dividenden; Schedario Generale dei Titoli Azionari Piazza Guglielmo Marconi 14/d I-100144 Roma, Italia	18 Monate
	Quellensteuern auf Anleihezinsen: Anträge müssen über die Depotbank an das zuständige Finanzamt des Unternehmens gesandt werden, das die Anleihe emittiert hat	10 Jahre
Kanada	Revenue Canada, International Tax Services Office, 2204 Walkley Road, Ottawa ON K1A 1A8 Kanada	2 Jahre
Luxemburg	Nur bei Dividenden: Administration des Contributions Directes, Boulevard Roosevelts 45 L-2450 Luxembourg	2 Jahre

Fortsetzung: Wichtige Ansprechpartner

Niederlande	Belastingdienst/Particulieren/ Ondernemingen buitenland Postbus 2865, NL-6401 DJ Heerlen Niederlande	5 Jahre
Österreich	Nur bei Dividenden: Zuständig ist das Finanzamt der ausschüttenden Aktiengesellschaft	5 Jahre
Schweiz	Eidgenössische Steuerverwaltung Abteilung Rückerstattung Eigerstr. 62, CH-3003 Bern Schweiz	3 Jahre
Spanien	Zuständig ist das Finanzamt der AG oder des Anleihe-Emittenten	

Grundregeln: Formulare ausfüllen und Wohnsitzbestätigung vom eigenen Finanzamt geben lassen. Erstattungsantrag dann an die oben genannten Adressen schicken. Für jede Gesellschaft/Anleihe ein Formular ausfüllen und Originalbelege beifügen.

4. Das Recht, Steuern zu sparen

Mit einer Kapitalanlage bei einer ausländischen Bank haben Sie die Möglichkeit, vom Staat einen zinslosen Kredit zu erhalten. Dazu eröffnen Sie bei der Auslandsbank ein Depot, liefern effektive Stücke ein, übertragen Depotwerte bzw. kaufen aus Ihren Barreserven Wertpapiere. Die jeweiligen Zinszahlungen im laufenden Jahr können ohne Steuerabzug bis zur Fälligkeit Ihrer persönlichen Steuerschuld sofort wieder in kurzfristige Anlagen reinvestiert werden. Dadurch verfügen Sie über zusätzliche Zinseinkünfte oder bauen sich Liquidität auf. In der Regel kann sich dadurch – je nach Abgabe der Steuererklärung – ein Steuerstundungseffekt von rund 1 1/2 bis 2 Jahren ergeben.

Im Gegensatz dazu wird bei einer Zinszahlung in Deutschland sofort der Zinsabschlag-Abzug (31,65 – 36,925 Prozent) fällig. Erhält

Steuerliche Behandlung von Auslandsvermögen

also ein Anleger jährlich beispielsweise 25 564,59 EUR an Zinserträgen, würden hier zu Lande sofort an der Quelle 8 091,19 EUR abgezogen. Damit könnte der Anleger hier nur 17 473,40 EUR reinvestieren. Bei einem Konto im Ausland wird dagegen vorab keine Zinsabschlagsteuer abgezogen, dort können also die vollen 25 564,59 EUR reinvestiert werden.

Nach wie vor empfehlenswert ist die Anlage in steuerschonenden, niederverzinslichen Anleihen. Der Kursgewinn bei Verkauf während der Laufzeit (Zwölf-Monats-Frist beachten) beziehungsweise die Tilgung nach Endfälligkeit bleibt zinsabschlagsteuer- und einkommensteuerfrei. Dabei muss jedoch folgende Emissionsdisagio-Staffel beachtet werden:

- Unter 2 Jahren Restlaufzeit maximal 1 Prozent,
- 2 bis 4 Jahre maximal 2 Prozent,
- 4 bis 6 Jahre maximal 3 Prozent,
- 6 bis 8 Jahre maximal 4 Prozent,
- 8 bis 10 Jahre maximal 5 Prozent,
- ab 10 Jahre maximal 6 Prozent.

Zur Depotstreuung ist aus steuerlicher Sicht auch die Anlage in Investmentfonds und Aktien interessant, da Kursgewinne (Substanzgewinne) außerhalb der zwölfmonatigen Spekulationsfrist steuerfrei bleiben. Darüber hinaus können die Banken im Ausland im Rahmen geschlossener Doppelbesteuerungsabkommen auch Anleihen offerieren, die Ihre persönliche Steuerschuld aus Kapitaleinkünften senken.

Alternativ für Anleger

Trust: Anlegern bleibt auch weiterhin die Möglichkeit, ein Nummernkonto auf den Namen eines Trusts zu eröffnen. Steueroasen mit angelsächsischem Common Law-Rechtssystem wie zum Beispiel die Kanalinseln, Cayman-Islands oder die Bahamas und als

Das Recht, Steuern zu sparen

Sonderform Liechtenstein ermöglichen die Errichtung so genannter Trusts. Dabei spielt die Bank in der jeweiligen Steueroase die Rolle des Trustees, der das Vermögen verwaltet. Das Vermögen wird so offizielles Vermögen der Bank – die Bank wird also rechtlicher Eigentümer.

Der Anleger gibt damit zwar das rechtliche Eigentum am Vermögen auf (steuerlich durchaus gewollt), behält sich aber das „wirtschaftliche Eigentum" zurück. Vorteil: Er muss der Bank gegenüber nicht als Kontoinhaber registriert und auch nach außen nicht als Besitzer dieses entsprechenden Vermögens auftreten, kann jedoch jederzeit darüber unbeschränkt verfügen.

Stiftung: In Liechtenstein werden Stiftungen in der Regel durch liechtensteinische Rechtsanwälte oder Treuhänder gegründet, die dann als rechtliche Stifter fungieren und in der Eigenschaft als Stiftungsrat und Repräsentant beim Stiftungsregister die Stiftungs-Statuten einreichen. Die Diskretion wird weiter vervollständigt, dass für vermögensverwaltende Familienstiftungen die bloße Hinterlegung beim Stiftungsregister genügt. Anfragen ausländischer Finanzbehörden über Liechtenstein-Stiftungen werden regelmäßig negativ beantwortet.

An Steueroasen dürfte es auch künftig nicht mangeln. Selbst die OECD musste mittlerweile einsehen, dass es nicht möglich ist, die Spar- und Anlagekultur von völlig unterschiedlichen Staaten auf einen Nenner zu bringen. So gab die Institution Mitte 2000 ihre Absicht, alle 29 Mitgliedsländer in die Quellensteuerpläne einzubeziehen, wieder auf.

Wichtig: Gelingt es der OECD aber nicht, beispielsweise die Kanalinseln oder die Schweiz mit „ins Boot" zu nehmen, können Geldanleger mit Wohnsitz im Teilnehmergebiet nach wie vor die in einer Steueroase erzielten Kapitalerträge steuerfrei vereinnahmen.

Der volkswirtschaftliche Effekt wäre, dass es langfristig zwar zu einer Angleichung der Rendite nach Steuern für Geldanlagen in

Steuerliche Behandlung von Auslandsvermögen

den Teilnehmerstaaten mit der Bruttorendite für Geldanlagen in den Steueroasen kommt. Dasjenige Investitionskapital, das dann jedoch in die „Steuerwüsten" fließt, wäre wohl so gering, dass das ganze System sehr schnell wieder auseinander brechen würde.

5. Was Steuerpflichtige wissen sollten

Wer als Globetrotter in Sachen Geldanlage sein Erspartes im Ausland für sich arbeiten lässt, wird früher oder später feststellen, dass sich auch die Finanzbehörden jenseits der Grenzen an den erzielten Erträgen mittels Quellensteuer schadlos halten. „Sorgenfrei" dürfen daher eigentlich nur jene Anleger leben, die ihr Vermögen im Kapitalmekka Liechtenstein oder in anderen Steueroasen bunkern, die den Begriff Quellensteuer nicht kennen und das Bankgeheimnis praktizieren.

Grenzgänger in Sachen Kapitalinvestition tun also gut daran, die steuerlichen Spielregeln bei Investments im Ausland wenigstens halbwegs zu beherrschen. Denn wer nicht aufpasst, dem fassen gleich zwei Steuerbehörden in die Tasche. Viele steuerpflichtige Anleger wissen nicht, dass die deutsche Finanzverwaltung in den letzten Jahren eine Reihe von Vorschriften erlassen hat, um die im Ausland erzielten Kapitalerträge auch hier zu Lande steuerwirksam zu erfassen.

Erhöhte Mitwirkungspflicht bei Auslandssachverhalten

Bei Auslandssachverhalten sind dem Fiskus hier in der Regel die Hände gebunden. § 90 Abs. 2 AO erlegt dem Anleger daher eine erhöhte Mitwirkungspflicht auf. Ist danach ein Sachverhalt zu ermitteln, der sich auf Vorgänge außerhalb des Geltungsbereichs der AO bezieht, hat der Steuerpflichtige diesen Sachverhalt aufzuklären und die erforderlichen Beweismittel zu beschaffen.

Was Steuerpflichtige wissen sollten

Kommt der Steuerpflichtige seinen erhöhten Mitwirkungspflichten nicht nach und kann die Finanzbehörde die Verhältnisse nicht auf andere Weise ermitteln, erfolgt in der Regel eine Schätzung der Besteuerungsgrundlagen nach § 162 Abs. 2 AO.

Vorschriften des EU-Amtshilfe-Gesetzes

Eine andere Möglichkeit, sich über Auslandsanlagen zu informieren, erhalten die Finanzbehörden über die zwischenstaatliche Rechts- und Amtshilfe in Steuersachen (§ 117 AO):

- Um Rechtshilfe handelt es sich, wenn Auskünfte oder sonstige strafprozessuale Maßnahmen für Zwecke des Steuer-Strafrechts benötigt werden. Rechtsgrundlage hierfür ist das Gesetz über Internationale Rechtshilfe in Steuersachen (IRG).

- Amtshilfe erhalten die Finanzbehörden bei Maßnahmen für Zwecke des Besteuerungsverfahrens. Dazu gehört vor allem der Informationsaustausch zwischen den staatlichen Finanzverwaltungen verschiedener Staaten (DBA, EU-Amtshilfe-Gesetz). Danach kann die deutsche Finanzverwaltung bei der Finanzbehörde eines anderen EU-Mitgliedstaates für die Besteuerung wichtige Auskünfte anfordern.

Kontrollmitteilungen über ausländische Kapitalerträge

Inzwischen erfolgen zwischen den Finanzbehörden zwischenstaatlich über Kontrollmitteilungen immer öfter automatische Auskünfte über die Erzielung ausländischer Kapitalerträge. Derzeit erteilen über ausländische Anleger Großbritannien, Irland, Spanien und die USA Kontrollmitteilungen. Belgien, Dänemark, Luxemburg, Italien und die Schweiz dagegen geben keine Kontrollmitteilungen heraus.

Mit der zunehmenden Auslandsverflechtung kommt der Ermittlung von Auslandsbeziehungen im Steueraufsichts- und Steuerer-

Steuerliche Behandlung von Auslandsvermögen

mittlungsverfahren, vor allem bei der Anwendung des Außensteuergesetzes, wachsende Bedeutung zu. Das BfF fasst in seiner Informationszentrale Ausland (IZA) alle Informationen zusammen, die zur intensiven Zusammenarbeit und zeitnahen Unterrichtung aller Finanzbehörden notwendig sind. Diese Erkenntnisse werden bei Bedarf den Finanzbehörden oder auch den Strafverfolgungsorganen übermittelt.

- **Lizenzkartei:** Hier werden alle Lizenzverträge ausgewertet. Mit dem Ziel, Vergleichsmaterial für die Prüfung der Angemessenheit zu gewinnen.

- **Oasendokumentation mit Domizilkartei:** Erfasst werden alle Daten über inländisch beherrschte Gesellschaften in Steueroasen, die als Basis- oder Domizilgesellschaften angesehen werden können.

- **Konzernkartei:** Erfasst werden alle Konzerne, deren Hauptsitz im Ausland liegt.

- **Sonstige Informationen:** Hier werden unter anderem Kapital- und Gewinnbeteiligungen mit Bezug zum Ausland vermerkt.

- **Bundeskartei für beschränkt Steuerpflichtige:** Registriert werden ausländische Unternehmen, die im Inland umsatzsteuerpflichtig sind, und beschränkt Steuerpflichtige. Also beispielsweise Deutsche, die im Ausland leben, hier zu Lande aber noch Einkünfte haben.

- **Auswertung ausländischer Veröffentlichungen:** Ausgewertet werden in- und ausländische Presseveröffentlichungen, dazu Nachschlagewerke wie Telefon- und Adressbücher, Handelsregisterauszüge und anderes mehr.

Weitere Informationen:

Bundesamt für Finanzen
53225 Bonn
Tel.: 02 28-40 60, Fax: 02 28-40 62 661

6. Wie Auslandseinkünfte deutscher Unternehmen besteuert werden

Zunächst die gute Nachricht: Wenn deutsche GmbHs oder Aktiengesellschaften Anteile an ausländischen Kapitalgesellschaften halten, werden seit 1. 1. 2001 Dividenden und Veräußerungsgewinne steuerfrei gestellt. Bisher galt dies nur, wenn Doppelbesteuerungsabkommen bestanden und die Firmen mit mindestens 10 Prozent an ihren Auslandstöchtern beteiligt waren.

Werden die Gewinne an deutsche Anteilseigner ausgeschüttet, unterliegen sie dem neuen Halbeinkünfteverfahren. Sie werden also beim Dividendenempfänger nur zur Hälfte mit Einkommensteuer belegt. Damit werden die Gestaltungsmöglichkeiten bei Auslandstochtergesellschaften deutscher GmbHs und AGs deutlich erweitert. Dies gilt auch für OHGs, KGs und Einzelunternehmen, wenn diese nach dem Optionsmodell eine Besteuerung wie bei einer Kapitalgesellschaft wählen.

> GmbHs und AGs, die Filialen im Ausland unterhalten, sollten prüfen, ob es vorteilhaft ist, diese in selbstständige Tochtergesellschaften umzuwandeln. Sind die Gewinne von Auslandsniederlassungen aufgrund von DBAs bei den deutschen Gesellschaften schon jetzt steuerfrei, so bringt dies nicht viel. Besteht allerdings keine Steuerfreiheit für Gewinne aus Auslandsniederlassungen, so kann sich die Umwandlung in eine Tochtergesellschaft lohnen.

Auch bei Auslandsinvestitionen deutscher OHGs, KGs oder Einzelunternehmen gibt es Neues. Gehören zum Privatvermögen Beteiligungen an Auslands-Kapitalgesellschaften, so werden auch deren Ausschüttungen bei den deutschen Beteiligten nur zur Hälfte steuerpflichtig. Einkommen aus Auslandsbetrieben bleiben in der Regel steuerfrei. Wenn nicht, sollte auch bei OHGs und KGs überlegt werden, ob man nicht die Auslandsfiliale in eine echte Tochtergesellschaft umwandelt.

Steuerliche Behandlung von Auslandsvermögen

Schlechte Nachrichten bringen die Änderungen jedoch beim Außensteuergesetz. Hier geht es um die Hinzurechnungsbesteuerung, mit der Gewinne ausländischer Töchter deutscher Firmen in Deutschland steuerpflichtig werden, selbst wenn sie nicht ausgeschüttet werden und in der Auslandsgesellschaft verbleiben. Voraussetzungen dafür sind:

- Die Gewinne der ausländischen Gesellschaften sind in ihrem Land mit einer Steuer von weniger als 25 Prozent belastet.

- Die Anteile der Auslandsgesellschaft müssen zu mehr als 10 Prozent deutschen Privaten oder Unternehmen gehören.

- Die ausländische Gesellschaft muss so genannte passive Einkünfte erwirtschaften. Dieses Risiko besteht immer dann, wenn die Auslandsgesellschaft nicht aktiv am Markt teilnimmt, etwa wenn sie Beteiligungen hält. Partnergesellschaften fallen hierunter, aber auch Auslandsgesellschaften, die nur für verbundene Unternehmen tätig sind.

„Unverdächtig" sind produzierende Gewerbe und Gesellschaften mit eigenem Betrieb.

Sind die Voraussetzungen für die Hinzurechnungsbesteuerung gegeben, werden die Gewinne der Auslandsgesellschaften den Einkünften der deutschen Anteilseigner zugerechnet. Das heißt, bei den deutschen GmbHs und AGs werden sie mit 25 Prozent Körperschaftsteuer und bei deutschen OHGs, KGs und Einzelunternehmen mit Einkommensteuer, wenn auch nur auf den halben Hinzurechnungsbetrag, belastet.

Soweit die Auslandsgesellschaften auf die Gewinne vor Ort bereits Steuern gezahlt haben, werden diese auf die deutsche Steuer angerechnet. Wenn die Auslandsgesellschaften jedoch in Ländern liegen, mit denen ein DBA besteht, kann die Hinzurechnungsbesteuerung entfallen, falls die Beteiligung von deutschen GmbHs oder AGs gehalten wird.

Unternehmen mit Auslandsbeteiligungen sollten ihre Auslandsgeschäfte daraufhin analysieren, ob durch die steuerliche Neuregelung die Gefahr der Hinzurechnungsbesteuerung droht.

7. Wo ausländische Privateinkünfte besteuert werden

Für die steuerliche Beurteilung muss geprüft werden, ob Kapitalerträge tatsächlich aus ausländischen Quellen stammen und in welchem Staat diese Quellen anfallen, denn die Quelle der Kapitalerträge ist unter anderem entscheidend für die Berechtigung zur Anrechnung fiktiver ausländischer Steuern nach einem Doppelbesteuerungsabkommen (DBA).

Nach § 34 d Nr. 6 Einkommensteuergesetz (EStG) liegen ausländische Einkünfte aus Kapitalvermögen vor, wenn der Schuldner Wohnsitz, Geschäftsleitung oder Sitz in einem ausländischen Staat hat oder das Kapitalvermögen durch ausländischen Grundbesitz gesichert ist. Diese Quellenbestimmung ist in den Fällen wichtig, in denen zwischen dem Quellenstaat und Deutschland als Ansässigkeitsstaat des Investors kein DBA besteht. Besteht dagegen ein DBA, so enthält dies regelmäßig folgende Regelung:

- Nach Art. 11 Abs. 5 Satz 1 OECD-Musterabkommen (OECD-MA) gelten Zinsen als aus dem Quellenstaat stammend, wenn der Schuldner dieser Staat selbst, eine seiner Gebietskörperschaften oder eine in diesem Staat ansässige juristische Person ist.

- Hat der Schuldner unabhängig davon, ob er in einem Vertragsstaat ansässig ist oder nicht, in einem Vertragsstaat eine Betriebsstätte und ist die Schuld, für die die Zinsen gezahlt werden, für Zwecke der Betriebsstätte eingegangen worden und trägt die Betriebsstätte die Zinsen, so gelten diese Zinsen als aus dem Vertragsstaat stammend, in dem die Betriebsstätte gelegen ist.

Ertragsteuerbelastung im Ausland

Nationales Recht des Quellenstaates: Vor einer Kapitalinvestition im Ausland muss ein steuerpflichtiger Deutscher zunächst prüfen, ob der Quellenstaat eine materielle Steuerpflicht für Kapitalerträge ausländischer Investoren vorsieht, und falls ja, wie diese Steuer erhoben wird. Dies richtet sich allein nach dem nationalen Steuerrecht des Quellenstaates. Besteht eine materielle Steuerpflicht im Quellenstaat, so wird diese in aller Regel als Kapitalertragsteuer erhoben. Um jedoch internationales Kapital anzuziehen, verzichten zahlreiche Staaten auf ihren Steueranspruch bzw. schränken diesen für ausländische Anleger ein. In anderen Staaten unterliegen Kapitalerträge dann nicht der Besteuerung, wenn sie auf bestimmte Kapitalanlagen (zum Beispiel von Gebietskörperschaften emittierte Schuldverschreibungen) ausgezahlt werden oder der Schuldner in steuerbegünstigten Standorten ansässig ist. Darüber hinaus kann durch rechtzeitigen Antrag über die depotführende Bank bei Staaten wie Kanada, Japan oder den USA ein erhöhter Steuerabzug vermieden werden. Einbehalten wird dann nur der in Deutschland anrechenbare Steuersatz. Wichtig: Dänemark, die Niederlande und die USA haben ein lückenloses Meldesystem der Banken bei Kapitalerträgen an ihre nationale Finanzverwaltung. Folge: Über Kontrollmitteilungen erfährt das Bundesamt für Finanzen von Kapitalerträgen aller dort investierenden deutschen Anleger. Weitere Quellensteuerermäßigungen können sich aufgrund von DBA ergeben.

Erstattungs- und Freistellungsverfahren

Neben der Höhe der Quellensteuerbelastung spielt auch das Verfahren der Quellensteuerermäßigung bzw. Quellensteuerbefreiung

Wo ausländische Privateinkünfte besteuert werden

für deutsche Anleger im Ausland eine wichtige Rolle. In zahlreichen Staaten ist der Schuldner der Kapitalerträge zum Einbehalt der Kapitalertragsteuer nach nationalem Recht unabhängig vom Empfänger der Kapitalerträge verpflichtet. In diesem Fall erreicht der Anleger die Freistellung von der ausländischen Steuer oder deren Ermäßigung nur im Rahmen eines Erstattungsverfahrens. Andere Staaten gewähren ausländischen Investoren die Freistellung oder Ermäßigung der nationalen Steuer bereits bei der Auszahlung der Erträge (Großbritannien, USA). Dabei müssen jedoch bestimmte Antragserfordernisse erfüllt werden. Darüber hinaus gewähren einzelne Staaten (Frankreich) ausländischen Anlegern das bei Dividenden anfallende Körperschaftsteuerguthaben. Gewinne aus der Veräußerung von Wertpapieren werden im Ausland dagegen regelmäßig nicht besteuert.

Wichtig: Sowohl im nachträglichen Erstattungsverfahren als auch beim Freistellungsverfahren muss die Identität des deutschen Investors gegenüber der ausländischen Finanzverwaltung offen gelegt werden. Im Einzelfall verlangen die ausländischen Finanzbehörden auch eine Bestätigung über die Ansässigkeit des deutschen Investors von der deutschen Finanzverwaltung.

Ertragsteuerbelastung in Deutschland

Die im Ausland erzielten Kapitalerträge unterliegen aufgrund des Welteinkommensprinzips beim deutschen Anleger uneingeschränkt der deutschen Ertragsbesteuerung. Dies gilt sowohl für Einkünfte aus Kapitalvermögen als auch für Spekulationsgewinne.

Werden ausländische Anleihen oder sonstige verbriefte Kapitalforderungen durch inländische Banken verwahrt und die ausländischen Kapitalerträge von diesen an Steuerinländer ausgezahlt, so unterliegen die Kapitalerträge der 30-prozentigen (bei Tafelgeschäften der 35-prozentigen) deutschen Zinsabschlagsteuer – unabhängig davon, ob im Quellenstaat bereits eine Kapitalertragsteuer erhoben wurde.

Steuerliche Behandlung von Auslandsvermögen

Anrechnung ausländischer Steuern

Bei ausländischen Kapitalerträgen wird in der Regel die Anrechnungsmethode angewandt, um eine Doppelbesteuerung zu vermeiden. Das gilt sowohl für den Fall, dass die Kapitalerträge aus einem Staat stammen, mit dem Deutschland ein DBA abgeschlossen hat, als auch für den Fall, dass die ausländischen Kapitalerträge aus einem „Nicht-DBA-Staat" stammen (§ 34c Abs. 1 EStG bzw. § 26 Abs. 1 Körperschaftsteuergesetz).

Dabei ist grundsätzlich Folgendes zu beachten: Besteht ein DBA, können die im DBA genannten Steuern auf die hiesige Einkommen- bzw. Körperschaftsteuer angerechnet werden.

Besteht kein DBA, kann eine ausländische Steuer nur dann auf die deutsche Einkommen- bzw. Körperschaftsteuer angerechnet werden, wenn sie dem System und der Bestimmung der deutschen Einkommen- bzw. Körperschaftsteuer entspricht. Anrechnungsvoraussetzung ist unter anderem, dass die ausländische Steuer im Quellenstaat keinem Ermäßigungsanspruch mehr unterliegt.

Der deutsche Investor muss den Nachweis über die ausländische Steuer durch Vorlage geeigneter Unterlagen (Steuerbescheid, Zahlungsbeleg der Banken) erbringen, aus denen insbesondere die Art (Dividenden oder Zinsen) und die Höhe der Erträge je Land sowie die Höhe der ausländischen Steuern je Ertragsart ersichtlich ist. Erzielt ein steuerpflichtiger Anleger Einkünfte aus mehreren ausländischen Staaten, so erfolgt die Ermittlung der anrechenbaren ausländischen Steuern nach dem Prinzip der „Per-Country-Limitation" für jeden Staat gesondert.

Die Höchstbetragsbegrenzung macht somit eine länderweise getrennte Berechnung der Höchstbeträge erforderlich. Die Anrechenbarkeit ausländischer Steuern setzt voraus, dass diese vom Quellenstaat erhoben wurde (§ 34d EStG).

Der Steuerfahndung ein Schnippchen schlagen

5

1. Vertrauen ist gut, Kontrolle ist besser 116
2. Letzter Ausweg: Selbstanzeige 117
3. Verjährung der Steuerhinterziehung 119
4. Im Visier der Steuerfahnder: Handys, Laptops und PCs 120
5. Hausbesuch von der Steuerfahndung 121
6. Aus Schwarz mach Weiß – wie sich diskretes Geld recyclen lässt 132

1. Vertrauen ist gut, Kontrolle ist besser

Kontrollmitteilungen sind ein besonders effizientes Instrument in der Hand der Finanzbehörden beim Aufspüren von Schwarzgeld. Dabei wird das steuerliche Kontrollmitteilungssystem immer engmaschiger. Während sich bisher die Finanzbehörden damit begnügten, anlässlich einer Außenprüfung vom Prüfer Kontrollmitteilungen ausschreiben und von Finanzamt zu Finanzamt weiterleiten zu lassen, ermöglicht es die so genannte Mitteilungsverordnung, seit 1.1.1994 auch Kontrollmitteilungen an die Finanzbehörden durch andere Behörden und öffentlich-rechtliche Rundfunkanstalten gelangen zu lassen.

Internationale Kontrollmitteilungen

Nach Auffassung des BMF sind bei Auslandsbeziehungen Kontrollmitteilungen derzeit für folgende Staaten grundsätzlich zulässig: Belgien, Dänemark, Finnland, Frankreich, Großbritannien, Irland, Kanada, Luxemburg, Niederlande, Norwegen, Österreich, Schweden, USA.

Neuerdings wird auch hinsichtlich der EU-Mitgliedstaaten Griechenland, Italien, Portugal, Spanien beim Austausch von Spontanauskünften von der Gewährung der Gegenseitigkeit ausgegangen.

Im Rahmen der EU hat Deutschland mit allen Staaten die große Auskunftsklausel, also nicht nur die Möglichkeit, Auskünfte über einzelne Besteuerungsrechte auszutauschen, sondern auch im Rahmen der jeweiligen Besteuerung. Dagegen gilt mit der Schweiz nur die kleine Auskunftsklausel, d. h. allenfalls ein Informationsaustausch betreffend des Besteuerungsrechts des einzelnen Staates, niemals jedoch über die Einkünfte und die Steuer als solche.

Innerhalb der EU jedenfalls müssen Steuerpflichtige beim Geldverdienen im Ausland künftig verstärkt mit Spontanauskünften rechnen. Doch nach wie vor dürfen deutsche Steuerbeamte im Ausland nicht dienstlich tätig werden oder ermitteln. Im Übrigen steht es der deutschen Finanzverwaltung jedoch frei, bei der Aufdeckung von Steuersünden beispielsweise auch Privatdetektive einzusetzen. Betroffen sind insbesondere Unternehmen mit Auslandsbeziehungen, die im Verdacht stehen, im Ausland Briefkastenfirmen zur „Gewinnabschöpfung" zu unterhalten.

Bestens funktioniert der Auskunftsverkehr zwischen Deutschland und den USA. Entsprechendes gilt mittlerweile für Dänemark, Skandinavien und – mit Einschränkungen – auch Großbritannien. Denn ausgenommen sind die Kanalinseln, die Isle of Man und Gibraltar.

2. Letzter Ausweg: Selbstanzeige

Selbstanzeigen reumütiger Steuersünder haben seit den ersten Durchsuchungs- und Beschlagnahmeaktionen bei Filialen der Dresdner Bank im Januar 1994 in Deutschland Hochkonjunktur. Nachdem auch weitere Banken von den Steuerfahndern unter die Lupe genommen wurden, sind bei den Finanzämtern waschkörbeweise Selbstanzeigen von steuerunehrlichen Bankkunden eingegangen. Sie haben sich selbst angezeigt, um sich gewissermaßen vorsorglich Strafbefreiung zu sichern.

Wie Einzelfälle zeigen, scheint ihre Rechnung zumindest bei Anlagebeträgen bis zu 500 000 EUR und nicht versteuerten Zinsen von weniger als 50 000 EUR aufzugehen. Sie sind nicht verfolgt worden und gingen straffrei aus.

In vielen Fällen bedarf es dabei gar keiner belastenden Aussagen von Bankmitarbeitern. Denn die Reiserouten des Geldes nach Luxemburg oder in andere Länder ist für die Fahnder häufig leichter nachzuzeichnen, als Bankkunden sich träumen lassen. Die Spur wird regelmäßig auf Verrechnungskonten gelegt, die Auslandstöchter deutscher Kreditinstitute bei ihren Muttergesellschaften unterhalten. Entscheidende Hinweise liefert oft ein Abgleich zwischen Verrechnungskonto-Bewegungen und Kassenstreifen.

Der Steuerfahndung ein Schnippchen schlagen

Wer bis heute noch nicht entdeckt ist, sollte sich dennoch nicht zu früh freuen. Um Zeit zu gewinnen, hat der Gesetzgeber 1998 die Aufbewahrungsfristen unter anderem für Buchungsbelege von sechs auf zehn Jahre erhöht (§ 147 AO). Deshalb können jetzt noch Steuerflüchtlinge enttarnt werden, die vor Einführung der Zinsabschlagsteuer im Jahr 1993 im Ausland Geld vor dem Fiskus versteckt haben.

Doch wie kommen die ertappten Steuersünder aus der Klemme? Auf den Zeitpunkt kommt es an. Als Rettung bietet sich die Selbstanzeige an. Wird also eine Bank durchsucht, werden ihre Kunden davon informiert, um ihnen Gelegenheit zu geben, sich selbst anzuzeigen. Dabei ist es ratsam, diese Selbstanzeige direkt an die Fahnder statt zum Wohnsitzfinanzamt zu schicken, um Zeit zu sparen. Von Selbstanzeigen ins Blaue ist dringend abzuraten.

Um straffrei auszugehen, muss ein Steuerhinterzieher unbedingt einem Besuch der Fahnder oder der Einleitung eines Verfahrens zuvorkommen. Um ein Strafverfahren kommt er auch nur dann herum, wenn er die Steuern einschließlich Zinsen nachzahlt. Wer Steuern für mehrere Jahre hinterzogen hat, aber nur mit der Hinterziehung in einem Jahr aufgeflogen ist, kann sich für die nicht entdeckten Jahre noch strafbefreiend selbst anzeigen.

Für die angestrebte Straffreiheit nach Steuerhinterziehung genügt es, dass der Steuerpflichtige seine Berichtigungserklärung abgibt und die hinterzogenen Steuern nachzahlt. Dazu wird ihm vom Finanzamt gem. § 371 Abgabenordnung sogar noch eine Nachfrist eingeräumt. Er geht auch dann straffrei aus, wenn er nicht aus Reue, sondern aus Angst vor einer Anzeige von Mitwissern oder Beteiligten Selbstanzeige erstattet.

Die Straffreiheit ist ausgeschlossen, wenn

- ein Außenprüfer oder Steuerfahnder zur steuerlichen Prüfung oder zur Ermittlung einer Steuerstraftat oder einer Steuerordnungswidrigkeit erschienen ist,

- dem Steuerpflichtigen oder seinem Vertreter vor Abgabe der Selbstanzeige die Einleitung eines Straf- oder Bußgeldverfahrens wegen der Tat bekannt gegeben worden ist,
- die Tat zum Zeitpunkt der Berichtigung, Ergänzung oder Nachholung der Angaben ganz oder zum Teil bereits entdeckt war und der Steuerpflichtige dies wusste oder bei verständiger Würdigung der Sachlage damit rechnen musste.

Kommt es zum Strafverfahren, kann versucht werden, eine Einstellung des Verfahrens gegen Geldauflage nach § 153 a Strafprozessordnung zu erreichen. Das ist im Einzelfall teurer, verhindert aber einen Eintrag ins Strafregister.

3. Verjährung der Steuerhinterziehung

Unterschieden werden mehrere Verjährungsfristen, die

- strafrechtliche,
- steuerliche Festsetzungsverjährung und
- absolute Verjährung (zehn Jahre für Steuerschuld und Vergehen).

Weiter stellt sich die Frage nach der Verjährung, wenn jemand überlegt, eine so genannte strafbefreiende Selbstanzeige zu erstatten.

Bei allen Steuerdelikten ist der Beginn der Verjährungsfrist maßgeblich. Bei einem einmaligen Tatbestand läuft die Frist ab dem Zeitpunkt, zu dem Einkünfte nicht erklärt, also hinterzogen wurden. Wurden dagegen laufend Steuern verkürzt, beträgt die strafrechtliche Verjährungsfrist fünf Jahre. Diese beginnt mit der Bekanntgabe des (falschen) Steuerbescheids.

Der Steuerfahndung ein Schnippchen schlagen

Die Festsetzungsverjährung (§ 169 AO) beträgt vier Jahre. Sie verlängert sich bei leichtfertiger Verkürzung auf fünf Jahre und bei Hinterziehung auf zehn Jahre.

Eine Selbstanzeige schützt nur vor Strafverfolgung. Sie hat keinerlei Auswirkung auf die Festsetzungsverjährung.

Strafrechtlich gilt eine absolute Verjährungsfrist von zehn Jahren. Diese Frist gilt auch für die Verjährung hinterzogener Steuern.

4. Im Visier der Steuerfahnder: Handys, Laptops und PCs

Elektronische Medien sind als Kommunikationsmittel aus dem täglichen Leben nicht mehr wegzudenken. Deshalb rücken Handys, Laptops und PCs immer mehr in den Blickpunkt der Steuerfahndung. Die dort gespeicherten Daten können somit Steuersündern zum Verhängnis werden. Denn die Fahnder stellen bei Haus- und Betriebsdurchsuchungen auch immer Computer, Notebooks, Festplatten und Disketten sicher. Dabei forschen sie nach allen gespeicherten Daten, die mit der vorgeworfenen Steuerstraftat im Zusammenhang stehen. Meist mit Erfolg, denn nur allzu oft finden sie in den Dateien detaillierte Auflistungen über Kontenstände und Depotvermögen bei Auslandsbanken.

Und seitdem die Mobilfunkbetreiber ihren Handy-Kunden den so genannten Short Message Service (SMS) anbieten, nehmen die Fahnder zunehmend auch Handys unter die Lupe. Die SMS-Funktion ermöglicht es, auf dem Handy Texte zu versenden oder zu empfangen. Botschaften können so an alle SMS-tauglichen Geräte in den verschiedenen Netzen und an alle E-Mail-Adressen versandt werden. Solange die Nachrichten nicht gelöscht werden, bleiben sie bis zur Ausschöpfung der Speicherkapazität für den

Nutzer – und somit auch für die Steuerfahnder – abrufbar. Dabei werden sowohl der Sendetag als auch die Sendezeit im Display angezeigt. Bei komplizierten Sachverhalten können die Fahnder durch Auswertung dieser Daten unter Umständen wichtige Rückschlüsse für ihre weiteren Ermittlungen ziehen.

Darüber hinaus bietet jedes moderne Handy eine umfangreiche Telefonbuchfunktion. Aus dem elektronischen Verzeichnis können Fahnder deshalb Rückschlüsse über Firmen und Personen ziehen, mit denen der Beschuldigte geschäftlich oder privat in engem Kontakt steht. Weiterer Ansatzpunkt: Rufumleitungen auf andere Apparate können wichtige Hinweise auf der Steuerfahndung bisher nicht bekannte Adressen und Büroräume geben.

Ebenso nützlich wie verräterisch kann für Handybesitzer die Wahlwiederholungstaste sein. Die Liste der ausgewählten Rufnummern legt den Fahndern eine Fährte zu möglichen Mittätern und Beteiligten. Darüber hinaus speichern moderne Handys in einem eigenen Verzeichnis die Liste der letzten Anrufer, einschließlich der nicht angenommenen Gespräche.

5. Hausbesuch von der Steuerfahndung

Wenn die Fahnder klingeln, tun sie das morgens zwischen 7 Uhr und 9 Uhr. Betroffene reagieren darin auf zweierlei Weise:

- **Sie lassen die Tür zu:** Die Fahnder holen den Schlüsseldienst. Das dauert meist eine halbe Stunde. Die Fahnder machen dabei immer wieder die Erfahrung, dass in dieser Zeitspanne diskrete Unterlagen vernichtet werden. Bedenken Sie: Ist niemand anwesend (Urlaub, externer Arbeitsplatz), wird die Tür notfalls mit dem Schlüsseldienst auch gewaltsam aufgebrochen.

    Bedenken Sie: Es gibt keine Wartepflicht für die Steuerfahnder!

Der Steuerfahndung ein Schnippchen schlagen

- **Sie öffnen die Tür freiwillig:** Jetzt sollten Sie als Erstes Ihren Anwalt informieren. Das darf Ihnen in keinem Fall versagt werden. In aller Regel sind die Fahnder bereit, ca. 15 Minuten zu warten. Ist der rechtliche Beistand nicht erreichbar, versuchen Sie, Ersatz zu bekommen. Ist überhaupt kein steuerlicher Berater zeitnah zu erreichen, beginnen die Fahnder sofort mit den Durchsuchungsmaßnahmen.

Bei den Fahndungstrupps handelt es sich meistens um eingespielte Teams mit unterschiedlicher Funktion der einzelnen Fahnder. Sie lassen sich in zwei Kategorien unterteilen:

- **Der „bad guy":** Er geht lautstark, aggressiv und provokativ los, beschimpft den Steuerpflichtigen als Steuersünder und sagt, dass man ihn aufgrund bereits vorgenommener Ermittlungen überführt habe und im Rahmen der Durchsuchung noch die letzten Beweise finden wird. Sein Auftreten dient der Einschüchterung des zumeist hilflosen und verängstigten Steuerpflichtigen, der oft gar nicht weiß, wie er reagieren soll.

- **Der „good guy":** Er stößt genau in dieses psychologische Vakuum. Sein Auftreten ist zurückhaltend, sogar entschuldigend. Er zeigt Verständnis für die Situation des Steuerpflichtigen, versucht ihn zu beruhigen und dabei auch menschliche Wärme zu vermitteln.

Sein Ziel: Der in die Enge getriebene Steuerpflichtige wird in ein Gespräch verwickelt. Und hier droht die eigentliche Gefahr. Denn meist ist der Steuerpflichtige erleichtert darüber, dass er in dieser Situation scheinbar doch noch einen freundlichen Ansprechpartner hat. Der Steuerpflichtige plaudert dann oft freiwillig Fakten aus und gibt Unterlagen heraus, die die Steuerfahndung interessieren.

Jeder Betroffene sollte seinen Anwalt hinzuziehen und schweigen, also von seinem Aussageverweigerungsrecht strikt Gebrauch machen. Denn der Steuerpflichtige weiß in der Regel nicht, welche Verdachtsquellen den Steuerfahndern vorliegen.

Was Steuerfahnder dürfen

- Beschuldigte, Mittäter und Beteiligte vernehmen
- Unterlagen, Gegenstände, Fotos, Datenverarbeitungsmaterial und Dokumente beschlagnahmen
- Beweismittel aller Art sicherstellen
- Zeugen vernehmen
- Strafanzeigen entgegennehmen
- Behörden, Versicherungen, Banken, Kunden, Geschäftspartner etc. um Auskunft ersuchen
- Hausdurchsuchungen von Privat- und Betriebsräumen
- (Vorläufige) Festnahmen bei Fluchtgefahr/Gefahr im Verzug und bei Störungen der Durchsuchungen
- Sich Zutritt zu Räumen von Verdächtigen verschaffen (ggf. gewaltsam), wenn Gefahr im Verzug/Verdunkelungs- oder Fluchtgefahr besteht
- Sicherung von zu durchsuchenden Gebäuden und Grundstücken durch Abschließen, Verriegeln oder Aufstellen von Wachen
- Aufbrechen von Türen, Behältnissen, Fußböden und Verschlägen, Ablassen von Flüssigkeiten, Ausleeren von Gruben etc.

Vorsicht! Zufallsfunde

Darüber hinaus hat die Steuerfahndung ein weiteres Risiko. Häufig finden die Fahnder gar nicht das, was sie finden wollten (beispielsweise die Kontoauszüge aus Luxemburg). Dafür werden jedoch

Der Steuerfahndung ein Schnippchen schlagen

andere, nicht erklärte Steuerquellen aufgespürt. Auch diese Zufallsfunde, die gar nicht Gegenstand der Durchsuchung waren, dürfen im Rahmen des laufenden Steuerstrafverfahrens verwertet werden.

Der Tag der Durchsuchung ist der Tag der Steuerfahndung. Der Steuerpflichtige und sein Berater haben erfahrungsgemäß keine effektiven Möglichkeiten zu reagieren. Theoretisch können Rechtsbehelfe an das Amtsgericht eingereicht werden. Das Amtsgericht hilft jedoch regelmäßig nicht ab. Die Angelegenheit wird beim Landgericht zumeist verworfen.

Paralleldurchsuchungen

Bei Angeschuldigten, die durch einen Steuerberater vertreten werden (ist den Steuerakten zu entnehmen), wird dieser meist zeitgleich durchsucht. Dabei soll dann der Steuerberater (er ist nicht Beschuldigter, sondern „Dritter") sogleich die Unterlagen seines Mandanten auf den Tisch legen. Tut er dies, ist die Durchsuchung kurzfristig zu Ende.

Was Sie bei einer Steuerfahndung erwartet

Sind die Steuerfahnder im Haus, läuft der Tag nach den Regeln der Steuerfahndung ab:
- Sie dürfen sich nicht mehr alleine anziehen.
- Sie dürfen sich mit Ihren Familienangehörigen nur in Gegenwart eines Fahnders unterhalten.
- Sie dürfen nicht mehr allein telefonieren.
- Sie dürfen sich im eigenen Haus nur noch in Begleitung eines Fahnders bewegen.
- Sie dürfen nicht mehr alleine die Toilette aufsuchen.
- Sofern Sie Ihren Steuerberater oder Anwalt hinzuziehen wollen, wählt der Fahnder für Sie die Telefonnummer und ist beim Telefonat zugegen.

Hausbesuch von der Steuerfahndung

Was die Steuerfahndung anlockt

- Vollmachten: Wer Geld auf Konten von Verwandten verteilt und sich per Vollmacht den Zugriff sichert, muss aufpassen, da Banken ein alphabetisches Verzeichnis der Verfügungsberechtigten (Alpha-Liste) herausgeben müssen.

- Wer Börsen-Fachliteratur und hohe Depotgebühren absetzen will, aber geringe Erträge angibt, stößt Fahnder auf heimliche Spekulationsgewinne.

- Kontoauszüge, Kreditkartenbelege, Visitenkarten oder Werbe-Kugelschreiber (X-Bank, Zürich) verraten an der Grenze viel über Auslandsgeschäfte.

- Der Lebensstil des Steuerpflichtigen sollte mit dem deklarierten Einkommen übereinstimmen.

- Wer geschäftliche Telefonkosten absetzen will und diese mit einem Verbindungsnachweis belegt, auf dem auch Privatgespräche nach Luxemburg etc. gelistet sind, stößt Beamte auf dort angelegte Gelder.

- Spurensuche: Experten des Zollkriminalamts können anhand von Tintenproben bestimmen, ob das Alter eines Schriftstücks mit dem aufgedruckten Datum übereinstimmt. Sie vergleichen auch Unterschriften, Drucktypen und entlarven so gefälschte Dokumente.

- Software: Spezielle Software-Programme der Fahnder durchleuchten die Buchführung nach ungewöhnlichen Häufungen bestimmter Beträge. Per Suchprogramm können auch auf Sonn- und Feiertage datierte Belege herausgefischt werden.

- Festplatte: Eine beschlagnahmte Festplatte kann, auch wenn die Dateien von der Oberfläche gelöscht sind, wiederhergestellt werden.

- Internet: Wer Passwörter abspeichert, gibt sie Fahndern frei Haus. Auch Nutzer des Internet-Explorers legen unsichtbare kleine Merkposten für häufig frequentierte Internet-Seiten ab.

- Internet-Provider: Steuerfahnder können Auskunftsersuchen stellen. Die Provider speichern ähnlich wie Telefongesellschaften die Dauer der Einwahl und die Adresse, die der Kunde anklickte.

Der Steuerfahndung ein Schnippchen schlagen

Fortsetzung: Was die Steuerfahndung anlockt

- E-Mails in der Mailbox sind für Fahnder von der Festplatte abrufbar.
- Bearbeitete Belege erwecken immer Misstrauen.
- Unzureichende Mitwirkung des Steuerpflichtigen während einer Außenprüfung.
- Feststellungen des Außenprüfers – nicht erklärte Einnahmen/Umsätze, „fingierte" Ausgaben/Aufwendungen, ungeklärte Verwendung von Entnahmen, ungeklärte Herkunft von Einlagen.
- Kontrollmaterial – beispielsweise von ausländischen Steuerbehörden sowie aus Betriebsprüfungen oder Steuerfahndungsprüfungen bei Geschäftspartnern.
- Selbstanzeigen
- Denunzierungen – zum Beispiel von ausgeschiedenen Mitarbeitern, bedrängten Marktkonkurrenten, geschiedenen Ehefrauen, ehemaligen Geliebten, entzweiten Familienmitgliedern, missgünstigen Nachbarn, verkrachten Freunden u. a. m.
- Mitteilungen im Rundfunk, Fernsehen oder in der Presse – kein Pressegeheimnis für Chiffre-Anzeigen von beispielsweise einem Immobilien- oder Yachtverkauf im Ausland.
- Eintragungen in der bei Ihrer Hausbank geführten Kreditakte.
- Unzureichende Nachweise der Finanzierung von insbesondere privaten Investitionen, beispielsweise Kauf oder Renovierung einer Immobilie.
- Dauernde Nichtabgabe von Steueranmeldungen oder Jahressteuererklärungen.
- Mitteilungen von Gerichten und Behörden (§ 116 AO) oder von Kreditinstituten und Versicherungsunternehmen anlässlich von Todesfällen.

Hausbesuch von der Steuerfahndung

Verhaltensregeln beim Besuch der Steuerfahndung

Wichtig: Der Zustand Ihrer Akten sollte zu jedem Zeitpunkt eine Durchsuchung Ihrer Privat- und Geschäftsräume erlauben!

- Schweigen Sie! Weisen Sie auch Ihre Familienangehörigen darauf hin, zu schweigen und nicht mitzuwirken! Das gilt auch für Mitarbeiter.
- Notieren Sie die Personalien der Ermittler.
- Lassen Sie sich den Durchsuchungsbeschluss zeigen.
- Fechten Sie den Durchsuchungsbefehl nachträglich an.
- Bewahren Sie Ruhe!
- Führen Sie mit den Fahndern ein vorbereitendes Gespräch, um Ziel und Umfang der Durchsuchung abzustecken.
- Behindern Sie die Durchsuchung auf keinen Fall!
- Stellen Sie einen Schatten für die Fahnder ab (vertrauenswürdige Mitarbeiter).
- Schicken Sie alle nicht benötigten Mitarbeiter sofort nach Hause.
- Lassen Sie Ihren Anwalt/Steuerberater sofort kommen.
- Schaffen Sie keine Unterlagen zur Seite!
- Kooperieren Sie im Einzelfall. Sucht die Fahndung nach Umsatzsteuerbelegen, händigen Sie besser sofort die Umsatzsteuerunterlagen aus. Ansonsten könnte als Nebenprodukt beispielsweise weiteres belastendes Material über Kapitaleinkünfte etc. gefunden werden. Die Durchsuchung ist dann sofort beendet.
- Fallen Sie nicht auf Versprechungen der Fahnder rein!
- Erläutern Sie durchsuchte Unterlagen nicht!
- Familienmitglieder und (Geschäfts-)Freunde brauchen sich von den Fahndern nicht unter Druck setzen zu lassen.

Der Steuerfahndung ein Schnippchen schlagen

- Lassen Sie eine genaue Liste der Unterlagen erstellen, die von den Ermittlungsbeamten mitgenommen werden.
- Geben Sie Unterlagen nur unter Protest heraus.
- Lassen Sie Kundenunterlagen nur gegen Ihren Willen beschlagnahmen.
- Prüfen Sie das Protokoll der Fahnder auf Richtigkeit und Vollständigkeit, bevor Sie es unterschreiben. Das Protokoll sollte nicht nur Ihre Antworten enthalten, sondern auch die Fragen der Fahnder.
- Erkennen Sie zunächst nichts an!
- Führen Sie vor Beendigung der Durchsuchung ein Abschlussgespräch.
- Äußern Sie sich erst nach Akteneinsicht und anwaltlicher Beratung.
- Lassen Sie die Unterlagen vor dem Abtransport durch die Fahnder verpacken und versiegeln.
- Beauftragen Sie einen in Steuersachen erfolgreichen Steuerstrafverteidiger mit Ihrer Interessenvertretung.

Auf Steuerberater ist kein Verlass

Der Steuerberater befindet sich häufig in einer delikaten Situation:

- Hat er bei der Erstellung der Steuererklärung bei Vorhandensein von Schwarzgeldern mitgewirkt, macht er sich der Beihilfe zur Steuerhinterziehung schuldig.
- Erklärt er erstmalig anlässlich der Durchsuchungsmaßnahme, dass Schwarzgeld existiert, kann er zwar mangels Kenntnis nicht belangt werden. Er hat dann allerdings ein Problem für die Zukunft. Er darf nicht mehr an Steuererklärungen mitwirken, ohne Schwarzgelder zu erklären.

Hausbesuch von der Steuerfahndung

Oder er muss – was er aus kaufmännischen Gründen natürlich nicht will – das Mandat niederlegen.

In dieser Situation gerät so mancher Steuerberater selbst in Panik. Viele versuchen dann, ihren Mandanten zur Selbstanzeige zu veranlassen, damit der eigene Status sichergestellt ist. Die Rechnung ist allerdings für den Mandanten teuer: Er bezahlt nicht nur die Steuern plus Hinterziehungszinsen, seinen eigenen Berater, sondern auch noch eine saftige Geldstrafe, falls bereits ein Steuerstrafverfahren eingeleitet worden ist. Überlegen Sie in solchen Fällen, den Steuerberater beim Verfahren außen vor zu lassen!

Darüber hinaus können weitere Durchsuchungsmaßnahmen durchgeführt werden, zum Beispiel neben den Wohnräumen auch in den Geschäftsräumen oder bei beteiligten Dritten (geschiedene Ehefrau, Lebensgefährten, nahe Angehörige, inländische Kreditinstitute). Dazu muss jedoch ein konkreter Verdacht bestehen, dass dort relevante Unterlagen aufbewahrt sein könnten.

- Bei einem laufenden Steuerstrafverfahren sollte die Anlage KSO nicht ausgefüllt werden. Das kann mit dem laufenden Steuerstrafverfahren begründet werden. Damit Sie für die den strafbefangenen Zeiträumen folgenden Anschlusszeiträumen dem Vorwurf der Steuerhinterziehung durch Nichtabgabe der Steuererklärungen entgehen, sollten Sie zwar Erklärungen, Bilanzen und GuV-Rechnungen abgeben. Jedoch sollten die Positionen, die Bezug zu den strafrechtlichen Vorwürfen aufweisen, offen bleiben.

- Lässt sich keine Bilanz erstellen, ohne die vom Finanzamt im Strafverfahren eingenommene Rechtsposition zu akzeptieren, kann die Abgabe der Bilanz verweigert werden.

Der Steuerfahndung ein Schnippchen schlagen

Paragraphen, die Sie kennen sollten!

§ 30 AO – Schutz von Bankkunden: Bei Ermittlungen „haben die Finanzbehörden auf das Vertrauensverhältnis zwischen den Kreditinstituten und deren Kunden besonders Rücksicht zu nehmen". Für Auskunftsersuchen gilt § 93 AO.

§ 93 AO – Auskunftspflicht der Beteiligten und anderer Personen: Steuerpflichtige („Beteiligte") und andere Personen sowie Behörden und Betriebe müssen über einen „für die Besteuerung erheblichen Sachverhalt" Auskunft erteilen.

§ 147 AO – Aufbewahrungsvorschriften: Buchungsbelege sind zehn Jahre lang aufzubewahren. Die Aufbewahrungsfrist läuft nicht ab, solange die Unterlagen für Steuern von Bedeutung sind, für die die Festsetzungsfrist noch nicht abgelaufen ist.

§ 227 AO – Erlass: Finanzbehörden können Steuerschulden ganz oder teilweise erlassen, wenn deren Einziehung nach Lage des Einzelfalles „unbillig wäre".

§ 370 AO – Steuerhinterziehung: Mit Freiheitsstrafen bis zu fünf Jahren oder mit Geldstrafen wird bestraft, wer „über steuerlich erhebliche Tatsachen" falsche oder unvollständige Angaben macht oder sie verschweigt. Auch der Versuch ist strafbar.

§ 371 AO – Selbstanzeige bei Steuerhinterziehung: Wer gegen § 370 AO verstoßen hat und später falsche, unvollständige oder unterlassene Angaben berichtigt, geht straffrei aus. Die Straffreiheit tritt nicht ein, wenn er die richtigen Angaben erst macht, wenn ein Steuerprüfer oder -fahnder erschienen ist oder ein Straf- oder Bußgeldverfahren eingeleitet wurde. Das Gleiche gilt, wenn die Tat zu diesem Zeitpunkt bereits entdeckt war und der Täter dies wusste „oder bei verständiger Würdigung der Sachlage damit rechnen musste". Straffrei bleibt, wer die hinterzogenen Steuern in einer ihm vorgegebenen „angemessenen Frist" nachzahlt.

Hausbesuch von der Steuerfahndung

§ 378 AO – Leichtfertige Steuerverkürzung: Wer Straftaten nach § 370 AO leichtfertig begeht, begeht eine Ordnungwidrigkeit, die mit einer Geldbuße bis zu 50 000 EUR geahndet werden kann. Die Bedingungen für eine Straffreiheit entsprechen sinngemäß denen des § 370 AO.

Anwaltshilfe bei einer Steuerfahndung

Fundierte fachliche Beratung ist für Steuersünder bei einer Steuerfahndung unentbehrlich. Das gilt für den gesamten Komplex der Selbstanzeige, erst recht aber, wenn ein Strafverfahren ins Haus steht. In beiden Fällen sollte man einen auf Steuerstrafrecht spezialisierten Anwalt einschalten. Nachfolgend einige renommierte Experten:

Danckert/Ignor/Bärlein
10787 Berlin; Tel.: 0 30-2 54 59 10

Peter Feldhausen
40237 Düsseldorf; Tel.: 02 11-68 51 52, Fax: 02 11-66 18 64

Brigitte Gast-de Haan
24768 Rendsburg; Tel.: 0 43 31-2 31 44, Fax: 0 43 31-2 86 12

Dr. Werner Göggerle
70597 Stuttgart; Tel.: 07 11-76 50 53, Fax: 07 11-7 65 61 46

Prof. Dr. Wolfgang Joecks
17493 Greifswald; Tel.: 0 38 34-84 49 60

Prof. Bernhard Kramer
78056 Villingen-Schwenningen; Tel.: 0 74 25-47 80, Fax: 0 74 25-2 17 66

Dr. Wilhelm Krekeler
44135 Dortmund; Tel.: 02 31-5 57 10 40, Fax: 02 31-52 96 61

Rainer Kullen & Partner
71063 Sindelfingen; Tel.: 0 70 31-86 35 01, Fax: 0 70 31-86 35 99

Ingram Lohberger
80333 München; Tel.: 0 89-5 45 99 70; Fax: 0 89-54 59 97 98

Dr. Thomas Marx
22085 Hamburg; Tel.: 0 40-22 92 80, Fax: 0 40-22 92 81 00

Der Steuerfahndung ein Schnippchen schlagen

Prof. Dr. Egon Müller
66111 Saarbrücken; Tel.: 06 81-4 10 10, Fax: 06 81-4 10 12 79

Prof. Dr. Franz Salditt
56564 Neuwied; Tel.: 0 26 31-2 90 90, Fax: 0 26 31-35 33 10

Prof. Dr. Erich Samson
24229 Kiel; Tel.: 0 43 49-91 96 67

Eberhard Simon
80538 München; Tel.: 0 89-2 90 81 70, Fax: 0 89-29 08 17 11

Dr. Michael Streck & Partner
50858 Köln; Tel.: 0 22 34-94 66 50, Fax: 0 22 34-4 70 09

Sven Thomas
40213 Düsseldorf; Tel.: 02 11-86 50 60

Wolfgang Wannemacher
81379 München; Tel.: 089-7 48 22 30, Fax: 0 89-74 82 23 99

6. Aus Schwarz mach Weiß – wie sich diskretes Geld recyclen lässt

Wer Schwarzgeld im Ausland geparkt hat, der will es häufig auch in der Heimat verwenden können, ob für den gehobenen Konsum, beim Immobilienkauf oder als Liquiditätsspritze für sein Unternehmen. Doch die Vorschriften des Geldwäschegesetzes, die Kontrollmitteilungen der Betriebsprüfer oder etwa die Meldepflicht der Notare machen da oft einen Strich durch die Rechnung:

Nach der jetzt anstehenden GwG-Änderung sollen künftig beispielsweise auch Schmuck- oder Antiquitätenhändler hier zu Lande bei Verdacht auf Geldwäsche verpflichtet sein, gegenüber den Strafbehörden Meldung zu erstatten (siehe S. 47). Nun, zunächst einmal wird jeder Händler auch weiterhin versuchen, das Geschäft zu machen. Doch Vorsicht ist angebracht. Insbesondere dann, wenn man mit seinem schwarzen Euro-Bargeld dem hiesigen Händler nicht bekannt ist.

Leichter ist es da heute, sich mit Designer-Klamotten, Kameras, Rolex, Schmuck und alten oder neuen Meistern im benachbarten

Aus Schwarz mach Weiß

Ausland einzudecken. Zürichs Bahnhofstraße oder Luxemburgs Grand Rue sind für schwarze Euros erste Adressen. Doch Vorsicht, die deutschen Beamten an den Grenzübergängen Basel-Autobahn und am Bodensee sollten Sie nicht unterschätzen, ebenso die Schleierfahnder an der luxemburgischen Grenze bei Wasserbillig. Mit Vorliebe durchsuchen sie jetzt nach dem erfolgten DM-/Euro-Umtausch Deutsche auf der Heimreise nach mitgebrachten Luxusartikeln. Mit unangenehmen Fragen müssen Sie also rechnen.

Das Verhalten der Beamten wird vom Hauptzollamt Singen so begründet:

> „Nach dem Finanzverwaltungsgesetz sind die Zollbediensteten heute berechtigt, Fahrzeuge, Ladungen und Umschließungen einschließlich mitgeführten Taschen- und Geldbeutel nach Zahlungsmitteln zu durchsuchen. Ein Verdacht der Geldwäsche oder einer anderen Straftat ist hierfür nicht Voraussetzung. Es genügt vielmehr, dass der Reisende eingereist ist oder in einen anderen Staat (Schweiz etc.) ausreisen möchte. Die Auswahl der Reisenden erfolgt nach dem Zufallsprinzip. Dabei lässt es sich nicht vermeiden, dass auch unbescholtene Bürger von Durchsuchungen betroffen werden, da der Wahrheitsgehalt der Angaben der Reisenden gegenüber Zollbeamten letztlich nur durch solche Maßnahmen ermittelt werden kann. Darüber hinaus können Personen bei Vorliegen tatsächlicher Anhaltspunkte, welche die Beförderung einer größeren Geldmenge vermuten lassen (und diese auf Anfrage angemeldet worden ist), körperlich durchsucht werden, um – zum Beispiel auch in Hosentaschen befindliche Gegenstände – zu ermitteln. Zusätzliche Anhaltspunkte sind insbesondere dann gegeben, wenn an dem Ort, an dem der Beteiligte angetroffen wird (Grenzübergang), mit der Beförderung von anzeigepflichtigen Zahlungsmitteln in besonderem Maße zu rechnen ist. Nach § 12a, Abs. 3 Satz 3 des Zoll-VG ist die Übermittlung personenbezogener Daten an die zuständigen Finanzbehörden der Reisenden zulässig (Kontrollmitteilungen), soweit ihre Kenntnis zur Durchführung eines Verwaltungsverfahrens in Steuersachen von Bedeutung sein kann. Dies ist beim Auffinden von Unterlagen oder Gegenständen, die auf Geldanlagen im Ausland hindeuten, stets der Fall …"

Der Steuerfahndung ein Schnippchen schlagen

Hauptzweck der „Filzaktionen" an den Grenzen ist es, deutsche Reisende nach Luxemburg, in die Schweiz oder etwa in die österreichischen Exklaven Jungholz und Kleinwalsertal zu verunsichern. Reisen Sie daher besser

über Österreich in die und von der Schweiz bzw.

über die deutsch-belgische Grenze bei Aachen von und nach Luxemburg.

Wenn es nach Jungholz oder ins Kleinwalsertal geht, sollten Sie kurz vorher vom Auto aus Ihren dortigen Banker anrufen. Der wird Ihnen sagen, ob vor Ort gerade mal wieder „gefilzt" wird. Falls ja, wird er Ihnen sicherlich einen anderen Treffpunkt vorschlagen.

Schwarzgeld wird auch gerne für Reisen ausgegeben, schnell sind da 10 000 und mehr EUR für eine längere Kreuzfahrt in der Karibik oder eine größere Weltreise ausgegeben. Doch ebenso schnell sind die Prüfer der Finanzbehörde im Reisebüro vor Ort im Rahmen turnusmäßiger Betriebsprüfungen. Exotische Luxusreisen der Kunden sind ihr Steckenpferd, Kontrollmitteilungen an deren zuständiges Finanzamt das Ergebnis. Steuerpflichtige kommen da bei ihrer nächsten Einkommensteuererklärung gegenüber ihrem Finanzbeamten in Erklärungsbedarf und häufig auch in Erklärungsnöte. Denn stimmen versteuertes Einkommen und Verhältnismäßigkeit der gebuchten Reise nicht überein, sind Fragen nach der Finanzierung unausweichlich.

Sinnvoller ist es da, die Reise bei einem Reisebüro im benachbarten Ausland zu buchen. Das hat bei Luxusreisen in der Regel die gleichen Veranstalter – und vom Heimatflughafen geht es gegen ein kleines Aufgeld trotzdem los.

Wer schwarze Euro im Ausland deponieren kann, der ist geschäftlich meist viel auf Achse. Schnell kommt man da als Steuerpflichtiger auf die Idee, auch die Besuche bei der ausländischen Bank in der Heimat als Geschäftsreise zu deklarieren. Wenn das Reiseziel dann auch noch mehrmals im Jahr Jersey im Ärmelkanal, die Cay-

Aus Schwarz mach Weiß

man Islands in der Karibik oder eine andere bekannte Steueroase ist, wird Ihr Mann im zuständigen Finanzamt mit Sicherheit stutzig werden. Das gilt auch für seine Kollegen in der Betriebsprüfung, wenn die mal wieder ein Reisebüro und die darüber abgewickelten Reisen unter die Lupe nehmen – und über das Sie die Flüge gebucht haben. Kontrollmitteilungen sind da sicher. Deshalb gilt auch hier: Buchen Sie vom Ausland aus, beispielsweise über Ihre Auslandsbank, und lassen Sie sich das Ticket am Abflugschalter in der Heimat hinterlegen. Oder buchen Sie bei der Fluggesellschaft direkt und zahlen das Ticket bei Abholung am Schalter bar – mit Ihren schwarzen Euro. Das Ticket sollten Sie nach der Reise steuerlich sofort vergessen. Genießen Sie ganz einfach den Flug ins (Steuer-)Paradies.

Schwer haben es auch jene, die sich mit ihren schwarzen Euro in der Heimat eine Immobilie anschaffen wollen – gleich, ob sie diese selbst bauen oder kaufen wollen. Da dauert es nicht lange, bis das Finanzamt kommt und etwas über die Herkunft der Finanzierung wissen möchte, denn § 18 GrEStG schreibt vor, dass Gerichte, Behörden (Grundbuchamt) und Notare den zuständigen Finanzbehörden bei Veränderungen im Immobilienbereich automatisch Meldung machen müssen – das betrifft Kauf/Verkauf, Eigentümerwechsel durch Erbschaft, Zuschlag bei einer Zwangsversteigerung, Bestellung von Erbbaurechten, Übertragung von Immobilien im Unternehmensvermögen.

Warum also nicht die schwarzen Euro in eine ausländische Gesellschaft einbringen (beispielsweise in eine Schweizer AG), die ihrerseits dann ganz offiziell die in Deutschland gelegene Immobilie kauft und an Sie vermietet. Das ist legal und steuerlich anerkannt (Auslandsgesellschaften können in Deutschland Immobilien erwerben) und hat darüber hinaus einen nicht zu verachtenden steuerlichen Nebeneffekt: Die zu zahlende Miete fließt offiziell zu „Ihrem Vermieter" ins Ausland und steht Ihnen dort schwarz zur Verfügung.

Der Steuerfahndung ein Schnippchen schlagen

Eine Auslandsgesellschaft kann auch dann zum Einsatz kommen, wenn es etwa darum geht, ein im Ausland verwaltetes Wertpapierdepot oder Edelmetalle im Safe beleihen zu lassen, um das Geld bei der Finanzierung eines Immobilienkaufs in der Heimat einzusetzen. Ließ man sich dazu in der Vergangenheit von der Depotbank im Ausland einen entsprechenden Kredit einräumen, ist das heute nicht mehr ratsam: Ihr zuständiges Finanzamt würde Sie automatisch nach den Sicherheiten für den Kredit fragen. Denn längst wissen auch deutsche Finanzbeamte, dass keine Bank der Welt einen Kredit ohne Sicherheiten gibt, schon gar nicht an einen Kreditnehmer im Ausland. Gängiger Ausweg: Der Kredit fließt in eine (Ihre) Auslandsgesellschaft, die diesen zur Finanzierung der Immobilie nutzt und Letztere dann an Sie vermietet. Mit Ihren Mietzahlungen wird dann der Auslandskredit getilgt, das (schwarze) Safe oder Wertpapierdepot steht Ihnen nach Kredittilgung wieder zur Verfügung.

Nicht wenige Deutsche haben in den letzten Jahren nach der Wiedervereinigung ihr Geld im Immobilienbereich eingesetzt. Mit versteuertem Geld haben sie marode Ost-Immobilien gekauft, mit schwarzem Geld haben sie diese dann anschließend saniert. Behält der Investor dann sein Prunkstück, können – mit etwas Geduld – entsprechende Mieteinnahmen erzielt werden. Verkauft er es dagegen, kann sich der Mehrerlös meist sehen lassen. In beiden Fällen aber wird so auch hier zu Lande Schwarzgeld wieder weiß. Doch Vorsicht! Kontrollmitteilungen im Rahmen von Betriebs- oder Jahresabschlussprüfungen, die bei den die Renovierungsarbeiten ausführenden Handwerksbetrieben ausgeschrieben werden, weisen dem Fiskus den Weg zum Eigentümer der renovierten und instandgesetzten Immobilie. Dabei interessiert die Finanzverwaltung, ob die Renovierungsaufwendungen aus versteuertem Einkommen oder Vermögen geflossen sind.

Lässt eine Vermögenzuwachsrechnung für den Finanzbeamten/Prüfer den Schluss zu, dass unter Berücksichtigung der sonstigen Privatausgaben des Steuerpflichtigen die versteuerten Einkünfte

Aus Schwarz mach Weiß

oder das Vermögen nicht zu so hohem Renovierungs- oder Instandsetzungsaufwand ausreichen konnte, wird daraus automatisch geschlossen, dass versteckte Guthaben eingesetzt wurden. Der Investor hat dann Erklärungsbedarf. Da ist es häufig sinnvoller, das Schwarzgeld für einen Immobilienkauf im Ausland einzusetzen.

Versicherungspolicen haben Schwarzgeldbesitzer schon immer magisch angezogen. Denn ist die Ablaufleistung fällig, gaben sich die Finanzbeamten bisher meist mit der Auszahlungsbestätigung der Versicherung zufrieden. Statt nachzuhaken, woher die zuvor gezahlten Beiträge stammen, reichte in der Regel der Nachweis, dass die Auszahlungshöhe und das Alter des Steuerpflichtigen ein stimmiges Bild ergeben. Dazu wurden mit deutschen Versicherern Verträge mit Beitragsdepot, Verträge mit laufend gezahlten Beiträgen oder Rentenversicherungsverträge abgeschlossen. Doch da für Versicherungsgesellschaften in Deutschland das Bankgeheimnis nicht gilt, ist für die Finanzbehörden auch jeder Versicherungsnehmer überprüfbar.

Um das zu vermeiden, zieht es Schwarzgeldbesitzer heute in Versicherungsfragen vorrangig zu Anbietern jenseits der deutschen Landesgrenze – häufig nach Luxemburg oder in die Schweiz. Schwarzgeld, was dort auf der Bank liegt, wird in jährlichen Raten in eine Lebensversicherungspolice einer dort ansässigen Versicherungsgesellschaft einbezahlt. Nach zwölf Jahren steht diese Lebensversicherung steuerfrei zur Auszahlung. Gleichzeitig sind Steuerdelikte hier zu Lande verjährt. Der Versicherungsnehmer kann dann straf- und steuerfrei über das gesamte Geld verfügen – auch in Deutschland. Weißer geht die Wäsche von Schwarzgeld nicht.

Aktuell operieren Schweizer Initiatoren auf dem deutschen Markt mit vorbörslichen Aktien beispielsweise von Immobilien-Gesellschaften. Sobald das Emissionsvolumen erreicht ist, wird die Gesellschaft mit einer größeren, börsennotierten Immobilien-AG fusioniert. Gleichzeitig erhalten die Anteilseigner im Austausch zu

Der Steuerfahndung ein Schnippchen schlagen

ihren vorbörslichen Papieren börsennotierte Aktien, die sie dann entweder ins Depot legen oder verkaufen können. Um den Deal zu erleichtern, werden die schwarzen Euro von den Initiatoren hier zu Lande bar eingesammelt und mit Geldkurier in die Schweiz transportiert.

Betriebliches Schwarzgeld

Wird Schwarzgeld dem betrieblichen Finanzkreislauf entzogen, bedeutet das gleichzeitig auch den Entzug von Liquidität. Eine fortgesetzte Entnahme kann sogar fatale Folgen haben. Denn immer dann, wenn Investitionen mit teurem Fremdkapital finanziert werden müssen oder das Unternehmen sogar in einen akuten Liquiditätsengpass gerät, rächt sich die Bildung von Schwarzgeld. Für Unternehmer stellt sich dann die Frage, wie sie das dringend benötigte Schwarzgeld wieder in den betrieblichen Finanzkreislauf bringen, ohne erneut gegen steuerliche Bestimmungen zu verstoßen?

Die Rückführung kann nur in Form einer Einlage erfolgen, die offen oder verdeckt für den Fiskus vorgenommen wird. Offenes Recycling erfolgt entweder durch eine Kapitaleinlage des Unternehmers persönlich oder – wenn er bohrenden Fragen der Finanzbehörde nach dem Woher entgehen will – über Strohmänner oder über die Beteiligung einer (eigenen) Auslandsgesellschaft.

Bei Einzelunternehmen bietet sich auch die Umwandlung in eine OHG oder KG an. Dabei werden beispielsweise Familienangehörige mit einem echten Geldzufluss am Unternehmen beteiligt.

Soll die Einlage aber vor den Finanzbehörden verdeckt erfolgen, bieten sich unter anderem folgende Alternativen an:

- Ein fingierter Kredit, durch den dem Unternehmen scheinbar Fremdkapital zugeführt wird. In der Regel treten dabei Angehörige als Kreditgeber auf.

- Ein Kredit einer ausländischen Bank (siehe oben).

Aus schwarz mach weiß

- Der Abschluss einer Lebensversicherung. Liegt der Finanzbedarf zum Beispiel bei 500 000 EUR, wird mit schwarzen Euro eine Lebensversicherung in gleicher Höhe abgeschlossen. Gleichzeitig wird ein Prämiendepotkonto bei der Versicherungsgesellschaft oder ein Guthabenkonto bei einer Bank errichtet. Dabei dient das Schwarzgeldkonto einerseits der Kreditsicherung, zum anderen der laufenden Beitragszahlung an die Versicherung. Bei dieser Variante werden Schwarzkonto und Lebensversicherung an den Kreditgeber abgetreten. Durch die Beitragszahlungen aus dem Schwarzkonto an die Versicherung wird dann eine ordnungsgemäße Darlehenstilgung nachgewiesen.

- Verdeckte Einlagen: Hier wird durch Schwarzgeldeinzahlung auf die betriebliche Aktivseite die Tilgung einer Forderung an einen Kunden durch Gutschrift in gleicher Höhe vorgetäuscht. Zahlt der Kunde dann tatsächlich, muss diese Zahlung hinter einer neuen Fantasieforderung versteckt werden.

- Schwarze Waren: Zuvor nicht inventarisierte Warenbestände können mit den Verbuchungen „Waren an Kapital" oder „Waren an Kreditoren" in den betrieblichen Kreislauf eingeschleust werden.

- Mit Kettenbuchungen über unklar bezeichnete Konten wie „Interimskonto", „Auszahlungskonto", „Konsortialkonto", „Verrechnungskonto" oder „Konto pro Diverse". Doch Vorsicht – Betriebsprüfer werden bei diesen Kontenbezeichnungen immer hellhörig. In der Regel erzielt man damit nur den gegenteiligen Effekt – die Manipulation mit dem Schwarzgeld fliegt auf.

Die Variante „Auslandspartner", der sich über eine Beteiligung in das Unternehmen einkauft und – bei weiterem Finanzbedarf – später auch noch Kredite zur Verfügung stellt, ist aus Unternehmersicht die interessanteste. Zwar muss der Unternehmer diese „Be-

Der Steuerfahndung ein Schnippchen schlagen

teiligung" versteuern, die Rückführung möglicher Kredite kann er aber steuerlich auch in Ansatz bringen. Mit anderen Worten: Hier zu Lande bei den Kreditzinsen Steuern sparen und gleichzeitig das Geld anschließend sukzessive wieder ins Ausland schaffen.

Wichtig dabei ist, dass diese (eigene) Auslandsgesellschaft nicht in Liechtenstein ansässig ist. Da wittert der deutsche Fiskus sofort Verdacht. Eine AG in der Schweiz ist da für die Kapitalbeschaffung schon Vertrauen erweckender. Man sollte als Unternehmer anschließend auch nicht vergessen, mit dieser Gesellschaft einen regen Schriftverkehr zu führen, in dem man hin und wieder ruhig unterschiedliche Standpunkte über die angestrebten Unternehmensziele dokumentieren sollte.

Doch auch hier gilt: Bei Geldflüssen aus dem Ausland ist der deutsche Fiskus besonders wachsam. Der Kapitalgeber aus dem Ausland sollte also als Firma tatsächlich existent sein, ein Büro und Mitarbeiter unterhalten und zumindest über einen Telefon- und Faxanschluss verfügen. Das zu überprüfen ist für das Bundesamt für Finanzen ein Leichtes.

Kaum Chancen hat das Amt dagegen bei den Praktiken international operierender Unternehmen und Konzerne. Die haben in ihren Zentralen Steuerspezialisten sitzen, die bei der Suche nach Lücken in nationalen und länderübergreifenden Steuersystemen immer abenteuerlichere Konstruktionen austüfteln, um – meist ganz legal – sowohl am Sitz der Zentrale als auch am Sitz ihrer Niederlassungen Steuern zu sparen und zusätzliche Liquidität zu beschaffen – im Einzelfall Milliardenbeträge. Dazu werden häufig in Niedrig- oder Null-Steuerstaaten Finanzgesellschaften installiert, über die am deutschen Fiskus vorbei Gewinne von Auslandstöchtern oder weltweite Erlöse aus Patenten und Lizenzen geleitet werden. Die dort geparkten Gelder werden dann beispielsweise der Zentrale als Darlehen zur Verfügung gestellt oder fließen in Auslandsinvestitionen.

Steueroasen auf dem Prüfstand: Wo sie liegen, was sie bieten und kosten

6

1. Europa unter Einfluss der
   Weltkonjunktur 143
   Andorra 143 – Belgien 147 – Dänemark 150 – Färöer-Inseln und Grönland 153 – Frankreich 153 – Freihandelszone Genf 156 – Gibraltar 157 – Großbritannien 164 – Irland und die Freihandelszone Shannon 165 – Isle of Man 171 – Italien mit Campione 175 – Kanalinseln 179 – Liechtenstein 184 – Luxemburg 192 – Malta 196 – Monaco 200 – Niederlande 204 – Nordirland 207 – Österreich mit den Exklaven Jungholz und Kleinwalsertal 207 – Polen 216 – Portugal mit Madeira und der Azoreninsel Santa Maria 218 – Schweiz 222 – Spanien 231 – Svalbord-Inseln 233 – Ungarn 233 – Zypern 236

2. Amerika im Gesamtüberblick 240
3. Nordamerika 240
   Kanada: New Brunswick und die Prince-Edward-Insel 240 – USA 242

4. Mittel- und Südamerika 246
   Belize 246 – Costa Rica 248 – Panama 252 – Paraguay 254 – Uruguay 256

5. Karibik 256
   Anguilla 258 – Antigua und Barbuda 259 – Aruba 262 – Bahamas 264 – Barbados 269 – Britische Jungferninseln (Britisch Virgin Islands, B.V.I.) 271 – Cayman-Inseln 274 – Dominikanische Republik 279 – Grenada 281 – Guadeloupe und Martinique 282 – Jamaika 283 – Montserrat 284 – Niederländische Antillen 285 – Puerto Rico 290 – Saint Kitts-Nevis 291 – Saint Lucia 292 – Saint Vincent/Grenadinen 294 – Trinidad und Tobago 295 – Turks- und Caicos-Inseln 296

6. Atlantik 297
   Ascension 297 – Bermudas 298 – Falkland-Inseln 302

7. Afrika 303
   Ceuta und Melilla 304 – Ciskei 305 – Dschibuti 306 – Liberia 307 – Malediven 308 – Mauritius 308 – Réunion 311 – Seychellen 312 – Tunesien 314

8. Naher Osten 315
   Bahrain 316 – Iran 317 – Kuwait 318 – Vereinigte Arabische Emirate 320

9. Asien 322
   Hongkong 323 – Indien 327 – Indonesien 330 – Labuan 331 – Macao 333 – Malaysia 335 – Pakistan 337 – Philippinen 338 – Singapur 340 – Sri Lanka 343 – Südkorea 345 – Taiwan 348

10. Ozeanien 351
    Brunei 351 – Cook-Inseln 352 – Fidschi-Inseln 354 – Französische Pazifikinseln 355 – Marshall-Inseln 356 – Mikronesien - Palau 357 – Nauru 358 – Pitcairn-Inseln 360 – Samoa 360 – Tonga 361 – Vanuatu - Neue Hebriden 363

11. Australien 365

12. Steueroasen auf See 366

13. Steueroase Internet 369

14. Schnell-Check: Steueroasen für Privatpersonen und Unternehmen 376

15. Maildrop-Adressen für alle Fälle 380

1. Europa unter Einfluss der Weltkonjunktur

Der Internationale Währungsfonds (IWF) hat im September seine Prognosen für das Wirtschaftswachstum in der Welt im Jahr 2003 deutlich verringert:

- Für den Euroraum sagt der IWF ein Wachstum von 2,3 Prozent voraus,
- für Deutschland sogar nur 2,0 Prozent.
- Das amerikanische Bruttoinlandsprodukt (BIP) soll um 1,4 Prozent steigen.

Gleichzeitig weist der Währungsfonds darauf hin, dass eine Reihe von Risiken den konjunkturellen Aufschwung belasten könnten:

- Die Fortsetzung des Kursrutsches an den Weltbörsen;
- eine Ölpreiserhöhung, sollte sich die Lage im Nahen Osten und im Irak zuspitzen.
- Auch der US-Dollar bereitet den Währungshütern Sorgen. Er ist angesichts des hohen amerikanischen Leistungsbilanzdefizits zu hoch bewertet. Sollte es hier in den kommenden Monaten zu einer größeren Korrektur kommen, werden internationale Investoren das Vertrauen in die US-Währung verlieren und ihr Kapital abziehen. In der Folge müssten die führenden Notenbanken die Zinsen weiter senken, um einen weltweiten Konjunktureinbruch zu verhindern.

Andorra

- Fläche: 453 qkm
- Hauptstadt: Andorra la Vella
- BSP je Einw.: 17 500 $
- Arbeitslosigkeit 0,0 Prozent
- Inflation: keine Angaben
- Einwohner: 66 800
- Sprache: Katalanisch
- Währung: Franz. Franc; span. Peseta; Euro

Steueroasen auf dem Prüfstand

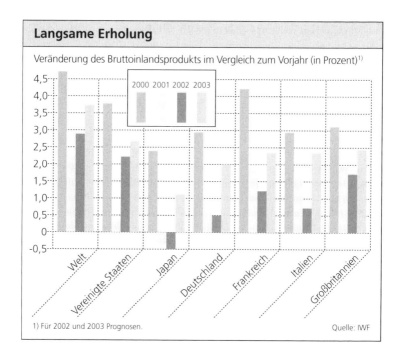

Das Fürstentum steht seit 1278 unter gemeinsamer Schutzherrschaft von Frankreich und Spanien und liegt in den Ost-Pyrenäen zwischen Spanien und Frankreich. Die beiden „Lehnsherren" von Andorra sind der spanische Bischof von Urgel und der französische Staatspräsident. Der Zwergstaat ist für seine fremdenfeindliche Einstellung bekannt. Dort ansässige Ausländer klagen über Benachteiligungen und eine gewisse Rechtlosigkeit gegenüber den nur 9 000 „echten" Andorranern.

Privatpersonen bietet die quirlige Hauptstadt Andorra La Vella Anreize hauptsächlich wegen der Möglichkeit, steuerfrei einkaufen zu können, denn das versteckt gelegene Fürstentum hat sich zwischenzeitlich zum größten Duty-Free-Shop Europas entwickelt. Rund zwölf Millionen Tagestouristen strömen jährlich in die Hauptstadt Andorra la Vella, um dort preiswert einkaufen zu können.

Europa – Andorra

Die fürstliche Exklave in den Pyrenäen könnte sich zu einer Steueroase für Private und Unternehmen entwickeln, wenn, ja wenn der Freistaat nicht unter fremder Oberherrschaft stünde. Denn die Lehnsherren würden es sicherlich nicht begrüßen, uferte Andorra als Steueroase aus. Der Gefahr nämlich, dass insbesondere Franzosen sich hier steuerliche Privilegien zu Nutze machen könnten, würde die französische Regierung – wie ja bereits im Falle Monaco praktiziert – schnell ein Ende setzen.

Devisenkontrollen: Keine

Bankkonto: Problemlos, Nummernkonten sind möglich

Fiskalische Auslieferungsabkommen: Keine

Politische Risiken: Keine

Rechtssystem: Katalanisches Recht, Verträge durch zwei Notare beurkundet

Patentschutz: Entsprechend den französischen internationalen Verträgen

Wohnsitznahme: Zurückhaltend, für ältere Personen aber möglich. Voraussetzungen: ausreichendes Einkommen und Besitz, keine Vorstrafen.

Steuern: Es gibt keine direkte Besteuerung. Das Fürstentum erhebt weder von natürlichen noch von juristischen Personen Einkommen-, Körperschaft-, Kapitalertrag-, Grund- oder Erbschaftsteuern, es gibt auch keine Mehrwertsteuer. Lediglich indirekte Abgaben auf Bankeinlagen (0,25 Prozent), Versicherungsprämien (0,5 Prozent) und Hotelkosten. Importe werden zwischen 3 Prozent (wichtige Rohmaterialien) und 25 Prozent (Luxusgüter) besteuert.

Doppelbesteuerungsabkommen: Keine

Lebenshaltungskosten: Entsprechen dem Niveau Spaniens, jedoch hohe Immobilienpreise

Steueroasen auf dem Prüfstand

Kommunikation: Gut

Verkehrsverbindungen: Auto: über Barcelona; Bahn: über La Tour/Frankreich; Flug: über Barcelona, dann zum Regionalflughafen La Seu d'Urgel

Gesellschaften: Für Ausländer besteht nur die Möglichkeit, für einen horrenden Preis von 2 500 bis 15 000 EUR eine bestehende Firma zu kaufen und – glücklichenfalls – dabei auch die Mehrheit zu behalten, denn der andorranische Patron behält sich eine Zwei-Drittel-Beteiligung vor. Ausländer selbst dürfen keine Posten bekleiden. Der Verwaltungsratspräsident muss natürlich ein Andorraner sein oder einer der wenigen Ausländer, die es mindestens 20 Jahre dort ausgehalten haben. Üblich ist die spanische S.A. oder S.L., die dann weltweit tätig sein kann.

Nach dem Motto: „Warum arbeiten, wenn dumme Ausländer das für einen tun und dafür auch noch bezahlen", lassen die andorranischen Gesellschafter sich ihre „Tätigkeit" sowohl in bar als auch in Aktien bezahlen. Das hat in der Regel zur Folge, dass Ausländer neben einem überteuerten Preis für die Gesellschaftsgründung vielleicht noch nicht einmal die Mehrheit ihrer eigenen Gesellschaft halten.

Dennoch: Kein Finanzamt und keine Buchhaltungspflicht – da kann so mancher Bundesbürger nicht widerstehen.

Wichtig: Andorras Zukunft ist gesichert. In Verträgen mit der EU – der Andorra nicht angehört – wurde der steuerliche Sonderstatus festgeschrieben.

Weitere Informationen und Ansprechpartner:

Botschaft von Spanien
Schöneberger Ufer 89-91; 10785 Berlin
Tel.: 0 30-25 40 07-0
Fax: 0 30-25 79 95 57

Ministeri de Finances
Govern d'Andorra
Carrer Prat de la Creu
Andorra la Vella
Tel.: 0 03 76-86 53 45
Fax: 0 03 76-86 09 62

EXPEDRA Construcció, S.L.
Aldosa/Andorra
Tel.: 0 03 76-83 54 76
Fax: 0 03 76-83 72 55

Fènix d'Andorra S.A.
Andorra la Vella,
Tel.: 0 03 76-86 89 88
Fax: 0 03 76-86 89 88

PICI, S.L. Oraino/Andorra
Tel.: 0 03 76-73 79 79
Fax: 0 03 76-83 96 21

Internet: www.andorra.ad/govern

Internet: www.andorra-intern.com

Belgien

- Fläche: 32 545 qkm
- Einwohner: 10,3 Millionen, darunter 5,9 Millionen Flamen, 3,3 Millionen Wallonen und rund 70 000 Einwohner deutschen Ursprungs im Osten
- Hauptstadt: Brüssel
- Sprachen: Niederländisch, Französisch, Deutsch
- BSP je Einw.: 24 540 $
- Währung: Belg. Franc; Euro
- Arbeitslosigkeit: 6,6 Prozent
- Inflation: 2,4 Prozent

Belgien, seit 1831 eine parlamentarische Demokratie, ist Sitz zahlreicher internationaler Organisationen. Vorteile bietet Belgien vor allem deutschen Unternehmen, die dort ein so genanntes Coordinations-Center gründen, um darüber Aktivitäten in anderen Ländern zu koordinieren und zu finanzieren. Da diese Gesellschaften nicht der 39-prozentigen belgischen Körperschaftsteuer unterliegen und nicht der Gewinn, sondern nur ein bestimmter Prozentsatz der belgischen Betriebskosten besteuert wird, sinkt die Steuerbelastung auf normalerweise 10 oder weniger Prozent. Die dort erzielten Gewinne können dann abgabenfrei nach Deutschland transferiert werden.

Darüber hinaus mausert sich unser Nachbar zu einem Zufluchtsland für deutsches Kapital. Und da die grenznahen Banken auch kleinere Beträge nicht verachten, hat sich insbesondere der deutschsprachige Osten Belgiens im Raum Eupen/Malmédy zum Finanzmagnet für den nahen Ballungsraum Rhein/Ruhr entwickelt.

Dazu kommt, dass deutsche Anleger in Belgien den Status gebietsfremder Anleger einnehmen. Sie sind damit von der 10-prozentigen Quellensteuer auf Zinsen und der 25-prozentigen auf Dividenden befreit. Auch Lizenz- und Patenteinnahmen sind von der Quellensteuer ausgenommen.

Verkehrsverbindungen: Bahn und Pkw: über Aachen; Flug: nach Brüssel

Kommunikation: Sehr gut

Politische Risiken: Keine

Devisenkontrollen: Keine

Fiskalische Auslieferungsabkommen: Belgien leistet umfassende Rechts- und Amtshilfe. Banken erteilen den Finanzbehörden Auskunft

- bei Einspruch gegen einen Steuerbescheid, sofern Bankunterlagen als Beweismittel erforderlich sind;
- bei steuerlichen Ermittlungsverfahren, wenn die Finanzbehörden konkrete Anhaltspunkte auf Beihilfe der Bank zur Steuerhinterziehung haben.

Kontrollmitteilungen an ausländische Steuerbehörden erfolgen nicht.

Gesellschaftsrecht: Als Offshore-Gesellschaften bieten sich seit 1983 Coordination Centers an. Dabei handelt es sich um Aktiengesellschaften oder GmbHs, die reinen Holding-Charakter haben und hauptsächlich mit Finanzgeschäften für ihre Auslands-Mütter beschäftigt sind. Ziel: Steuerpflichtige Gewinne von der in einem Hochsteuerland ansässigen Mutter abzuziehen und in Belgien mit einem Steuersatz zu versteuern, der nahe Null liegt.

Prominentes Beispiel: Volkswagen-Konzern. Sein Brüsseler „Coordination Center Volkswagen N.V.S.A." hat in den vergangenen

Europa – Belgien

Jahren rund 1,5 Milliarden DM Gewinn an sich gezogen. Steuerersparnis für die Konzern-Mutter in Deutschland: Rund 1 Milliarde DM.

Weitere Informationen und Ansprechpartner:

Botschaft des Königreichs Belgien
– Handelsabteilung –
Jägerstraße 52-53; 10117 Berlin
Tel.: 0 30-2 06 42-0
Fax: 0 30-2 06 42-2 20

Deutsch-Belgisch-Luxemburgische
Handelskammer
Cäcilienstraße 46; 50667 Köln
Tel.: 02 21-2 57 54 77
Fax: 02 21-2 57 54 66

Internet: www.fed-parl.be

Banken: In Belgien haben viele Banken auch samstags geöffnet. Geschlossen sind sie am 21. 7. (Nationalfeiertag), 15. 8. (Mariä Himmelfahrt), 1. 11. (Allerheiligen), 2. 11. (Allerseelen) und am 11. 11. (Waffenstillstand 1918).

Commerzbank AG
Boulevard Louis Schmidt
B-1040 Brüssel
Tel.: 0 03 22-7 43 18 11
Fax: 0 03 22-7 43 18 00

Deutsche Bank AG
100, Boulevard du Souverain
B-1170 Brüssel
Tel.: 0 03 22-6 74 37 11
Fax: 0 03 22-6 74 38 11

Nach dem Werbeslogan der Eupener Gemeindekredit-Bank, Tel.: 00 32-87-33 85 51, „Hier bringen Ihre Anlagen völlig anonym mehr ein" bietet in Eupen in Sachen Geldanlage auch eine Filiale der Aachener Bank ihre Dienste an:

Ihr Vorteil gegenüber der belgischen Konkurrenz vor Ort: Als Tochter einer deutschen Bank ist sie dem Einlagensicherungsfonds des deutschen Kreditgewerbes angeschlossen – und als belgische Bank ist sie gegenüber deutschen Finanzbehörden nicht meldepflichtig. Die Bank bietet sich nicht nur für Anlageüberlegungen an; auch im Kreditbereich winken deutliche Zinsvorteile. Vorteil aller Banken im Raum Eupen/Malmédy: Man spricht Deutsch.

Aachener Bank
Aachener Straße 24a; B-4700 Eupen
Tel.: 00 32-87-59 35 70, Fax: 00 32-87-55 65 63

Steueroasen auf dem Prüfstand

Dänemark

- Fläche: 43 094 qkm
- Hauptstadt: Kopenhagen
- BSP je Einw.: 32 280 $
- Arbeitslosigkeit: 4,7 Prozent
- Einwohner: 5,3 Millionen
- Sprache: Dänisch
- Währung: Dänische Krone; Euro
- Inflation: 2,1 Prozent

Nicht aus steuerlichen Gründen, sondern weil die Anonymität gewahrt bleibt, hat sich das Königreich in den letzten Jahren zu einem Zufluchtsort so mancher schwarzen deutschen Mark entwickelt. Und wenn einem dann als Anleger von den dänischen Banken auch noch höhere Zinsen als in der Heimat geboten werden, ist es nicht verwunderlich, wenn insbesondere unsere norddeutschen Bundesbürger ihre Vermögenswerte gen Norden schaffen.

Dabei macht sich so mancher Kontoinhaber zu Nutze, dass es bei den dänischen Finanzinstituten eine Vollmacht für den Todesfall gibt. Sie legt unabhängig von der Ausstellung eines Erbscheins fest, wer nach dem Tod des Kontoinhabers über dessen Guthaben bis auf schriftlichen Widerruf der Erben verfügen kann. Davon ausgenommen bleiben lediglich vom Vollmachtgeber angemietete Schrank- und Schließfächer.

Seit 1.1.1999 ist in unserem nördlichen Nachbarland ein Gesetz in Kraft, das es auch deutschen Unternehmen erlaubt, Gewinne steuerfrei über eine dänische Holdinggesellschaft auszuschütten. So kann zum Beispiel eine deutsche GmbH eine dänische Holding-GmbH gründen, die als Muttergesellschaft mindestens 25 Prozent an der deutschen Tochtergesellschaft hält. Die deutsche Produktions-GmbH schüttet die Gewinne an die dänische Holdinggesellschaft aus. Nach dem DBA Deutschland/Dänemark bleibt die Gewinnausschüttung meistens steuerfrei.

Die dänische Holding kann ihrerseits wiederum von einer ausländischen Muttergesellschaft beherrscht werden. Die Muttergesellschaft der Holding-GmbH kann ihren Sitz ebenfalls im Land der Produktions-GmbH haben. Auch dieser Ausschüttungsvorgang

Europa – Dänemark

beurteilt sich nach dem jeweiligen DBA, so dass auch hier Gewinnausschüttungen in der Regel steuerfrei bleiben.

Abgerundet werden die günstigen steuerlichen Rahmenbedingungen für Holdinggesellschaften in Dänemark durch ein dichtes Netz abgeschlossener DBA, das Fehlen einer Transaktionssteuer, wie es sie beispielsweise in den Niederlanden gibt, und einem Körperschaftsteuersatz von nur 32 Prozent.

Unternehmensteuern in Europa in Prozent

Länder	Körperschaftsteuer	Mehrwertsteuer	AG-Anteil an der Sozialversicherung
Belgien	40,2	21,0	30,8
Dänemark	32,0	25,0	6,1
Deutschland	42,2	16,0	23,6
Finnland	28,0	22,0	22,7
Frankreich	41,7	20,6	29,2
Griechenland	35,0	18,0	22,9
Irland	28,0	21,0	13,6
Italien	37,0	20,0	31,0
Luxemburg	31,2	15,0	14,8
Niederlande	35,0	17,5	22,8
Österreich	34,0	20,0	25,3
Portugal	37,4	17,0	20,8
Schweden	28,0	25,0	29,7
Spanien	35,0	16,0	25,0
Großbritannien	30,0	17,5	0,0*

Quelle: BMF

Steueroasen auf dem Prüfstand

Aber auch die Einnahmen aus dem Verkauf von Aktien oder Anteilen unterliegen gleichermaßen den Steuerfreistellungsvorschriften. Einbehaltene deutsche Quellensteuer fällt entweder nicht an oder kann zurückverlangt werden.

Grundkapital der dänischen Holding-Gesellschaft in der Rechtsform der GmbH: 15 000 EUR. Dauer der Gesellschaftsgründung: wenige Wochen.

Das Bemühen des dänischen Gesetzgebers, das nationale Steuerrecht der stetig fortschreitenden Internationalisierung der Märkte anzupassen, zeigt, dass in Dänemark eine grenzüberschreitende Organschaft anerkannt wird. Infolgedessen können Verluste ausländischer Tochtergesellschaften die körperschaftsteuerliche Bemessungsgrundlage und damit die Steuerbelastung der dänischen Muttergesellschaft vermindern, während spätere Gewinne grundsätzlich zu einer Nachversteuerung führen. Wichtig auch, dass dänische Arbeitnehmer in puncto Flexibilität und Qualifikation Weltspitze sind. Über 75 Prozent der in Dänemark Beschäftigten sprechen Englisch, knapp 50 Prozent eine weitere Fremdsprache. Ausgesprochen investitionsfreundlich wirkt sich auch das dänische Sozialversicherungssystem aus, das Arbeitgeber von jeglichen Sozialversicherungsabgaben freistellt.

Weitere Informationen und Ansprechpartner:

Königlich Dänische Botschaft
– Handelsabteilung –
Rauchstraße 1
10787 Berlin
Tel.: 0 30-5 05 02 00-0
Fax: 0 30-50 50 21 50

Jyske Bank Copenhagen
Tel.: 00 45-33-78 78 78
Fax: 00 45-33-78 78 11

Sydbank, Graûsten
Tel.: 00 45-74-65 19 32
Fax: 00 45-74-65 19 83

Internet: www.stm.dk

Internet: www.folketinget.dk

Färöer-Inseln und Grönland

- Fläche: 1 398,9 qkm
- Sprachen: Färöisch, Dänisch
- Währung: Färöische Krona
- Einwohner: 47 500
- Hauptstadt: Tórshavn

Die 24 Inseln im Nordmeer zwischen Schottland und Island und die unwirtlichen Eiswüsten Grönlands gehören zu Dänemark. Ihre Bewohner leben hauptsächlich von den Einnahmen aus Fischfang und Fischverarbeitung. Davon leben sie allerdings nicht schlecht. Ihr Pro-Kopf-Einkommen liegt mittlerweile über dem der Einwohner Dänemarks.

Steuerlich bieten sie bei der Einkommen- und Körperschaftsteuer Sätze zwischen 15 – 25 Prozent. Darüber hinaus können Unternehmen der Färöer-Inseln und Grönlands die Vorteile der vom königlichen Mutterland geschlossenen Doppelbesteuerungsabkommen in vollem Umfang nutzen. Dem stehen weite Wege und die frostigen Temperaturen vor Ort entgegen – sie lassen sehr schnell auch kühnste Steuerersparnis-Konstruktionen abkühlen.

Weitere Informationen und Ansprechpartner:

Königlich Dänische Botschaft
– Handelsabteilung –
Rauchstraße 1; 10787 Berlin
Tel.: 0 30-5 05 02 00-0, Fax: 0 30-50 50 21 50

Internet: www.folketinget.dk

Frankreich

- Fläche: 543 965 qkm
- Hauptstadt: Paris
- BSP je Einw.: 24 090 $
- Arbeitslosigkeit: 8,9 Prozent
- Einwohner: 59,5 Millionen
- Sprache: Französisch
- Währung: Franc; Euro
- Inflation: 1,7 Prozent

Frankreichs Charme ist potenziellen Emigranten nicht entgangen. Und da es problemlos möglich ist, Chalets, Appartements oder alte Bauernhäuser zu kaufen, erlebt Frankreich eine friedliche Invasion

Steueroasen auf dem Prüfstand

von Engländern, Niederländern, Skandinaviern, Schweizern und Deutschen.

Dabei können die Neuankömmlinge, selbst wenn sie eine Immobilie besitzen, in den ersten beiden Jahren als nicht ansässig behandelt werden. Nach französischem Recht gelten Ausländer als ansässig, wenn sie ihr Domizil in Frankreich haben, dort überwiegend ihre Einkünfte verdienen oder Frankreich das Zentrum ihrer Wirtschaftsinteressen ist.

Ausländer mit Wohnsitz und Domizil in Frankreich müssen ihr weltweites Einkommen dort versteuern. Man genießt also die Vorteile des Splitting. Die Einkommen des Steuerpflichtigen, seiner Frau und seiner Kinder werden addiert und dann durch einen bestimmten Faktor dividiert – Ehepaar Faktor 2, für jedes abhängige Kind zuzüglich 0,5. Die anfallende Steuer wird mit der Gesamtzahl multipliziert, woraus sich die tatsächliche Steuerlast zwischen 5 und max. 54 Prozent ergibt.

In der Praxis zahlen die neu Ansässigen in den ersten Jahren überhaupt keine Steuern, wenn sie abseits von den Zentren ein unauffälliges Leben führen. Steuerprüfungen sind dann sehr schnell zu erwarten, wenn der geführte Lebensstandard das versteuerte Einkommen erkennbar übersteigt. Privatpersonen mit Grundbesitz unterliegen einer lokalen Grundsteuer, die anteilsweise auf dem Einkommen basiert.

Daneben gibt es für Ansässige seit 1989 eine Vermögensteuer. Hier kommen für nicht Ansässige nur französische Werte in Betracht, die einen Grundfreibetrag von 4,7 Millionen Franc übersteigen. Dann: 0,55 – 1,8 Prozent. Für nicht Ansässige gibt es weitere Ausnahmen:

- Betriebsvermögen oder Anteile an Personengesellschaften, sofern der Steuerpflichtige/Teilhaber vorrangig für die Gesellschaft arbeitet; Anteile an Kapitalgesellschaften sind befreit, wenn dem Steuerpflichtigen mindestens 25 Prozent des Kapitals gehören und er im Unternehmen tätig ist;

Europa – Frankreich

- Antiquitäten, Kunstobjekte, Patente, Urheberrechte, Renten, Pensionen sowie langfristig gepachtete Forst- und Agrarflächen;
- Finanzanlagen, außer Aktien von Gesellschaften, deren Vermögen zu über 50 Prozent aus inländischen Immobilien besteht;
- Immobilienbesitz in bestimmten Staaten, mit denen Steuerabkommen bestehen.

Entschließt man sich zum Kauf einer Immobilie, muss der Vertrag notariell geschlossen werden. Hierfür fallen 5 Prozent des Kaufpreises an Kosten an.

Darüber hinaus wird eine Grunderwerbsteuer fällig. Diese beträgt bei Immobilien seit Anfang 2000 maximal 6,33 Prozent, für gewerbliche Immobilien 4,89 Prozent. Bei Neubauten entfällt die Grunderwerbsteuer, dagegen wird eine Mehrwertsteuer von 5 Prozent fällig.

Internet: www.senat.fr

Berater vor Ort:

Spezialisten für Steuerrecht sowie französisches und internationales Erbrecht: Cabinet Hohl Avocaty, 156, av. Victor Hugo, F-75116 Paris
Tel.: 00 33-01-47 55 01 00 00; Fax: 00 33-01-47 55 98 25

Frankreich erhebt also in der Praxis für Ausländer, auch wenn sie dort ansässig sind, gar nicht so hohe Steuern, wie viele meinen. Daher ist es zur Wohnsitznahme – auch als Alterssitz – unbedingt empfehlenswert. Empfehlenswert aber auch für Grenzgänger, die beispielsweise im Saarland ihrer Arbeit nachgehen und die Nacht jenseits der Grenze auf französischem Gebiet verbringen. Das ist nicht nur wegen der niedrigen Steuersätze sinnvoll, auch die Mieten und Grundstückspreise sind in Frankreich günstiger. Bevorzugte Wohngegend der saarländischen Steuerflüchtigen ist Spicheren.

Heute schlagen sich die Grenzgänger mit dem deutschen Fiskus. Denn der achtet durch ein Grenzgängerabkommen peinlichst da-

Steueroasen auf dem Prüfstand

rauf, dass man als „steuerflüchtiger" Arbeitnehmer mindestens 45 Tage im laufenden Steuerjahr im Saarland seinem Broterwerb nachgeht. So erhält jeder Arbeitnehmer, den das Finanzamt Saarbrücken von der Zahlung der Lohnsteuer freistellt, das Merkblatt „Anlage zur Freistellungsbescheinigung Grenzgängerregelung". Darin wird klipp und klar angekündigt, was die zu erwarten haben, die gegen die 45-Tage-Regel verstoßen: „Überschreiten die Tage der Nichtrückkehr oder der Tätigkeit außerhalb der Grenzzone 45 Arbeitstage im Jahr, so steht das Besteuerungsrecht für die Arbeitseinkünfte dem Staat der Arbeitsausübung zu."

Seit Januar 1997 gewährt Frankreich Investoren auf der Mittelmeerinsel Korsika umfangreiche Steuervergünstigungen, um Arbeitsplätze zu schaffen. Informationen dazu erhalten Sie bei der Handelsabteilung der französischen Botschaft.

Weitere Informationen und Ansprechpartner:

Kanzlei der Botschaft der Französischen Republik
– Handelsabteilung –
Pariser Platz 5; 10117 Berlin
Tel.: 0 30-20 63 90 00, Fax: 0 30-8 83 33 10

Deutsch-Französische Industrie- und
Handelskammer
18, rue Balard; F-75015 Paris
Tel.: 0 03 31-40 58 35 35
Fax: 0 03 31-45 75 47 39

Freihandelszone Genf

Die Freihandelszone Genf hat eine Besonderheit zu bieten, die bereits während des Wiener Kongresses festgelegt und 1934 nochmals durch den Haager Gerichtshof bestätigt wurde: Danach bekommt man nach sechsmonatiger Anwesenheit in der Freizone automatisch die Arbeitsbewilligung auch für die Stadt Genf. Die Ausländerzuzugsbeschränkung gilt damit nicht für die Stadt Genf.

Als Freiberufler in Deutschland beispielsweise kann man dies nutzen, indem man eine Firma in Genf gründet und sich von dieser anstellen lässt.

Daneben bietet die Freihandelszone Vorteile im Immobilienbereich. Denn für den Immobilien- und Grundbesitz gilt auf Grund des deutsch-französischen Doppelbesteuerungsabkommens die wesentlich günstigere französische Steuergesetzgebung: Keine Vermögensteuer auf Wohnungs- und Hausbesitz unter 3 Millionen französischen Franc. Die Spekulationsfrist beträgt fünf Jahre, danach ist der Verkaufsgewinn steuerfrei. Von den Mieten sind sowohl eine 25-prozentige Pauschale als auch sämtliche Zinsen, Verwaltungskosten, Reparaturen und die AfA abzugsfähig. Darüber hinaus gibt es Familiengrundfreibeträge.

Weitere Informationen und Ansprechpartner:

Handelskammer Genf; Tel.: 00 41-22-8 19 91 11; Fax: 00 41-22-8 19 91 00

Gibraltar

- Fläche: 6,5 qkm
- Sprachen: Englisch, Spanisch
- Währung: Gibraltar Pfund
- Arbeitslosigkeit: 13,9 Prozent
- Einwohner: 27 000
- Hauptstadt: City of Gibraltar
- BSP je Einw.: 12 126 $

Gibraltar ist seit dem Vertrag von Utrecht, mit dem 1713 der spanische Erbfolgekrieg endete, britische Kronkolonie. Seit 1963 besitzt die Kolonie am südlichsten Punkt Europas, nur eineinhalb Fährstunden vom marokkanischen Mittelmeerhafen Ceuta entfernt, eine Selbstverwaltung. Nach wie vor müssen jedoch alle vom Council of Ministers erlassenen Gesetze von der englischen Königin bestätigt werden, um in Gibraltar rechtskräftig zu werden. Die Kolonie zählt mittlerweile über 75 000 Gesellschaften, die sich vornehmlich aus dem englischen und asiatischen Raum dort niedergelassen haben.

Steueroasen auf dem Prüfstand

Gibraltar bietet vor allem Investoren aus Asien die Möglichkeit, sich über die Kronkolonie den Zugang zum EU-Binnenmarkt zu verschaffen.

Mitte 2002 haben aber auch bereits über 100 000 Kapitalanleger Teile ihrer Vermögenswerte in Höhe von rund 11 Milliarden US-Dollar auf die über 30 Banken umgeschichtet, um Zinszahlungen steuerfrei kassieren zu können. Aber nicht nur sie nutzen die Steuervorzüge des „Affenfelsens". Auch die Mafia soll dort in den letzten Jahren über illegale Finanzgeschäfte Milliardenbeträge gewaschen haben.

Devisenkontrollen: Keine

Fiskalische Auslieferungsabkommen: Keine

Politische Risiken: Derzeit keine, Spanien erhebt jedoch Hoheitsansprüche

Rechtssystem: Englisches Common Law, ergänzt durch lokale Verordnungen

Patentschutz: Muss über Großbritannien registriert werden

Wohnsitznahme: Alle EU-Einwohner zunächst sechs Monate, dann kann um fünf Jahre bzw. unbeschränkt verlängert werden.

Steuern: Ansässige Personen Einkommensteuer zwischen 20 und 45 Prozent, Erbschaftsteuer bis zu 25 Prozent, Exempted Companies können eine 25-jährige Steuerfreiheitsgarantie erhalten. Ansonsten 2 Prozent Körperschaftsteuer und 27 Prozent auf die nach Gibraltar überwiesenen Erträge.

Nicht ansässige Personen: Keine Steuern auf Kapitalanlagen. Limited Company: Pauschal 225 Pfund (IGIP = 1 £ = 2,85 DM) jährlich. Exempted Company: Steuer- und konzessionsfrei, wenn sie in Gibraltar nur mit außerhalb der Kronkolonie angelegten Vermögenswerten handelt oder diese verwaltet. Generell gilt: Keine Erbschaft-, Vermögen- und Mehrwertsteuer.

Europa – Gibraltar

Doppelbesteuerungsabkommen: Keine

Lebenshaltungskosten: Niveau wie Großbritannien, teurer Immobilienmarkt

Kommunikation: Gut

Verkehrsverbindungen: Direktflüge über London

Gesellschaften: Für ausländische Investoren ist die Exempted Company die einzig sinnvolle Gesellschaftsform. Sie ist von Steuern und Konzessionen befreit, wenn sie im Inland nur mit außerhalb der Kronkolonie angelegten Vermögenswerten handelt oder diese verwaltet.

Voraussetzungen für die Exempted Company:

- Staatsbürger Gibraltars oder Ansässige dürfen keine Anteilseigner sein.
- Es dürfen keine Geschäfte in Gibraltar oder mit in Gibraltar Ansässigen getätigt werden.
- Es dürfen keine Anteilsübertragungen ohne vorliegende Genehmigung vorgenommen werden.

Die Exempted Company kann durch zwei Personen, von denen jede mindestens einen Gesellschaftsanteil halten muss, gebildet werden. Die Gründung selbst wird über einen Barrister oder Solicitor of the Supreme Court abgewickelt. Die Namen der Gesellschafter – maximal 50 – müssen offen gelegt und alle späteren Anteilsverkäufe behördlich genehmigt werden.

Neben die nicht stimmberechtigten Anteilsinhaber treten die nicht offen gelegten, stimmberechtigten Gesellschafter, die allein über die Gewinnverteilung entscheiden, und schließlich die wirtschaftlichen Eigentümer. Die beiden letztgenannten Gruppen genießen völlige Anonymität. Diese Gesellschaftsform eignet sich also insbesondere für Trusts, da die Geheimhaltungsinteressen der Begünstigten gewahrt bleiben.

Steueroasen auf dem Prüfstand

- Gesellschaftskapital: 100 Pfund

- Gründungsdauer: 1 Woche

- Gründungskosten:
  Registrierung: 1 300 EUR
  Jährliche Verwaltungsgebühr: 950 EUR
  Antrag auf Steuerbefreiung: 250 EUR
  Jährliche Steuer im Voraus: 280 EUR
  Generalvollmacht (pro Person): 230 EUR

- Laufende Kosten:
  Jährliche Steuerbefreiungsgebühr: 280 EUR
  Jährliche Verwaltungsgebühr: 750 – 1 000 EUR
  Stellung eines nominellen Direktors: 750 – 1 000 EUR
  Notarisierte Geschäftsführungsvollmacht: 230 EUR
  Treuhänder, falls erforderlich: 1 000 EUR

Um die Direktive 90/435 der EU ausnutzen zu können – sie besagt, dass Dividenden, die eine EU-Tochtergesellschaft an eine EU-Muttergesellschaft entrichtet, nicht der Quellenbesteuerung unterliegen, solange die empfangende Muttergesellschaft keinen steuerbefreiten Status besitzt –, wurde 1992 die Rechtsform der Holding Company ins Leben gerufen. Sie zahlt eine Körperschaftsteuer in Höhe von 35 Prozent auf sämtliche Gewinne mit Ausnahme der erhaltenen Dividenden. Für auszuzahlende Dividenden wird eine Quellensteuer von 1 Prozent erhoben.

Exempted Companies können sich insbesondere für Holdinggesellschaften u. a. in Belgien, Luxemburg, den Niederlanden oder Österreich auszahlen, da diese auf Erträge, die ihnen von Offshore-Tochtergesellschaften zufließen, erheblich weniger Steuern zahlen, sofern sie nachweisen, dass die Tochtergesellschaft in ihrem Sitzland einer – wenn auch geringeren – Einkommensteuer unterlag.

Gänzlich von den Steuern befreit sind Non Resident Companies und Trusts, solange

Europa – Gibraltar

- die jeweiligen Einkünfte aus ausländischen Quellen stammen,
- bei Non Resident Companies Anteilseigner und Direktoren nicht Ansässige sind und
- bei Trusts Settlor und Beneficaries nicht Ansässige sind.

Um nicht als Gründungsgesellschafter im Gründungsregister erfasst zu werden, bietet es sich an, die Gesellschaft über eine dort ansässige Bank gründen zu lassen und sich die Anteile dann nach Gründungsvorgang übertragen zu lassen.

Trotz aller Bemühungen, sich als Offshore-Oase zu profilieren, ist die Kronkolonie derzeit noch ein Hochsteuerland mit Ausnahmeregelungen für ausländisch kontrollierte Gesellschaften.

Für natürliche Personen ist es eigentlich nur prüfenswert, von Gibraltar aus zu operieren, solange Spanien seine restriktive Immobilienpolitik gegenüber Ausländern fortsetzt. Denn zwischen der Kronkolonie und Spanien gibt es keinen Informationsaustausch. So könnte die Zahlung der Quellensteuer auf Zinsen bei einer Geldanlage in Spanien über Gibraltar vermieden werden.

Gibraltar bietet Arbeitnehmerüberlassungs- und Montagefirmen eine drastische Reduzierung der Lohnnebenkosten, da in der Kronkolonie für Auslandstätigkeiten keine Lohnsteuern erhoben werden. Darüber hinaus braucht nur ein fester Grundbetrag an die Sozialversicherung abgeführt zu werden, nämlich monatlich 120 EUR als Arbeitnehmeranteil und 150 EUR als Arbeitgeberanteil. Voraussetzung: Der Arbeitgeber ist eine lizensierte gibraltäische Kapitalgesellschaft, die in Gibraltar ein eigenes Büro unterhält, in dem die Lohnkonten geführt werden, die jederzeit für eine Prüfung durch die zuständigen Behörden bereitgestellt werden müssen.

Deutsche Unternehmen können sich an einer Gibraltar-Kapitalgesellschaft, die die vorgeschriebene Tätigkeit ausübt, beteiligen, ohne dass die Hinzurechnungsbesteuerung nach dem Außensteuergesetz eintritt. Die im Übrigen auch körperschaftsteuerfreien Ge-

Steueroasen auf dem Prüfstand

winne der Gibraltar-Gesellschaft können dann thesauriert und später gegebenenfalls durch einen einkommensteuerfreien Anteilsverkauf realisiert werden. Voraussetzung ist jedoch, dass die Gibraltar-Gesellschaft eine eigene Struktur besitzt und nicht als Briefkastengesellschaft abqualifiziert werden kann.

Diese Vorteile können nicht nur Montagefirmen, sondern auch Handels- und Dienstleistungsunternehmen in Anspruch nehmen!

Spanische Immobilien über Gibraltar finanzieren und verwalten

Wer einen (Zweit-) Wohnsitz in Südspanien, beispielsweise an der Costa del Sol, hat, für den bietet sich eine Kontoverbindung in Gibraltar an. Und wer dann seine Bankgeschäfte auch noch in der Muttersprache erledigen möchte, ist bei der Hispano Commerzbank gut aufgehoben, hier wird deutsch gesprochen. Doch alle dort ansässigen Banken geben umfassende Hilfestellung und Beratung bei Immobilienanlagen und deren Finanzierung.

Darüber hinaus sind die Finanzinstitute darauf spezialisiert, bei der Errichtung und Verwaltung von Treuhandvermögen über Trusts behilflich zu sein. Die Trusts müssen nicht amtlich registriert sein. Darüber hinaus lassen sich über Offshore-Gesellschaften mit Sitz in der Kronkolonie nicht nur steuerfreie Erträge und Kapitalgewinne aus Wertpapieren erzielen. Über sie lassen sich unter anderem auch Immobilienkäufe und -verkäufe abwickeln. Das garantiert dem Eigentümer nicht nur ein Höchstmaß an Vertraulichkeit, er erzielt dadurch zudem Steuervorteile bei der Vermögens-, Grunderwerbs-, Wertzuwachs-, Erbschafts- und Schenkungsteuer.

Inhaber größerer Vermögen sollten prüfen, ihren Steuerwohnsitz in Gibraltar zu nehmen (High Network Individual Tax Status). In diesem Fall müssen sie jährlich pauschal zwischen 10 000 und 19 750 Pfund Einkommensteuer bezahlen. Dafür sind sie dann aber auch von Erbschafts-, Schenkungs- und Vermögenssteuer befreit.

Europa – Gibraltar

Die Mindesteinlage bei Kontoeröffnung liegt bei 10 000 Pfund oder dem entsprechenden Gegenwert in anderer Währung. Bei Kontoeröffnung ist neben der Identifizierung des Kontoinhabers eine Bankreferenz oder eine gleichwertige Bestätigung erforderlich. Bei Anlagen in Fonds sollte die Mindesteinlage 40 000 Pfund betragen, für eine standardisierte Anlageberatung in Aktien oder festverzinslichen Wertpapieren 100 000 Pfund, erst ab 200 000 Pfund übernehmen die Banken die Vermögensverwaltung.

Da Gibraltar – ähnlich wie Liechtenstein – ein Magnet für Briefkastenfirmen ist, tummeln sich dort naturgemäß auch ein Reihe Finanzhaie – vor diesen sollte man sein Geld gut sichern und es stattdessen nur Niederlassungen international angesehener Banken anvertrauen.

Abzuwarten bleibt, wie sich der künftige Status der Kronkolonie entwickelt. Derzeit verhandeln Großbritannien und Spanien über die Zukunft des Affenfelsens und seiner Bewohner. Ein Referendum ist geplant.

Weitere Informationen und Ansprechpartner:

Kanzlei der Botschaft des Vereinigten Königreichs Großbritannien und Nordirland
Wilhelmstr. 70/71; 10117 Berlin
Tel.: 0 30-2 04 57-0, Fax: 0 30-2 04 57-5 94

Deutsche und Schweizerische Schutzgemeinschaft für Auslandsbesitz
79753 Waldshut-Tiengen
Tel.: 0 77 41-21 31, Fax: 0 77 41-16 62

Financial Services Commission
Europort, Gibraltar
Tel.: 0 03 50-4 02 83
Fax: 0 03 50-4 02 82

Ministry for Trade and Industry
Suite 751, Europort
Tel.: 0 03 50-5 20 52
Fax: 0 03 50-7 14 06

Banken:

ABN AMRO BANK (Gibraltar) LTD
P.O. Box 100; 2-6 Main Street
Tel.: 0 03 50-7 92 20
Fax: 0 03 50-7 85 12

Credit Suisse (Gibraltar) LTD
P.O. Box 556, Neptune House
Marina Bay
Tel.: 0 03 50-7 83 99
Fax: 0 03 50-7 60 27

Steueroasen auf dem Prüfstand

Großbritannien

- Lage: West-Europa
- Einwohner: 59,5 Millionen
- Sprache: Englisch
- Währung: Pfund Sterling
- Inflation: 1,6 Prozent
- Fläche: 242 900 qkm
- Hauptstadt: London
- BSP je Einw.: 24 430 $
- Arbeitslosigkeit: 3,7 Prozent

Für ständig oder vorübergehend in Großbritannien ansässige Ausländer, die nicht ihr gesamtes Einkommen von der Insel beziehen, kann Großbritannien unter anderem wegen der Unterscheidung zwischen Kapitaleinkommen und Kapitalverzehr ein Niedrigsteuerland bis hin zur Nullsteueroase sein. Denn wer im britischen Königreich lebt und „keine besonders engen Bindungen zu Land und Leuten hat" – das trifft für alle Wahlbriten zu –, streicht jeden im Ausland verdienten Euro brutto für netto ein.

Umzugswillige sollten sich aber in jedem Fall vor einem geplanten Wohnsitzwechsel von einer der großen britischen Steuerberatungsfirmen beraten lassen, um später keine bösen Überraschungen zu erleben.

Großbritannien lockt ausländische Investoren mit einem milden Investitionsklima. Neben den im EU-Vergleich niedrigen Standortkosten und einem stark deregulierten Arbeitsmarkt wurde im April 1999 der Körperschaftsteuersatz auf 30 Prozent gesenkt. Firmen mit einem Jahresgewinn von unter 300 000 Pfund zahlen sogar nur 20 Prozent Körperschaftsteuer.

Als Offshore-Gesellschaften eignen sich die Rechtsformen der „Non Resident Company" sowie der „International Headquarter Company" (IHC). Bei einer Non Resident Company müssen Geschäftsführer und Eigentümer in einem Land ansässig sein, mit dem Großbritannien ein DBA unterhält. Das kann dann im Einzelfall zu einer Steuerbefreiung sämtlicher ausländischer – „Non-UK" – Einkünfte führen. Beispiel: Großbritannien unterhält mit Portugal ein DBA. Wird nun eine britische Non Resident Company von Madeira aus gesteuert, ist diese weder auf Madeira noch in Großbritannien steuerpflichtig.

Bei einer International Headquarter Company, bei der mindestens 80 Prozent der Unternehmensanteile von nicht Ansässigen gehalten werden müssen, werden beispielsweise ausländische Dividendeneinnahmen steuerlich begünstigt, da die im Ausland entrichteten Steuern voll gegen die UK-Steuer angerechnet werden können.

Weitere Informationen und Ansprechpartner:

German-British Chamber of Industry
and Commerce
16 Buckingham Gate
GB-London SW I E 6 LB
Tel.: 00 44-71-2 33 56 56
Fax: 00 44-71-2 33 78 35

Britisches Generalkonsulat
– Handelsabteilung –
Bürkleinstraße 10
80538 München
Tel.: 0 89-21 10 90
Fax: 0 89-21 10 91 44

Internet: www.parliament.uk

Irland und die Freihandelszone Shannon

- Fläche: 70 273 qkm
- Hauptstadt: Dublin
- Währung: Irisches Pfund; Euro
- Inflation: 4,3 Prozent
- Einwohner: 3,8 Millionen
- Sprachen: Irisch, Englisch
- Arbeitslosigkeit: 4,3 Prozent
- BSP je Einw.: 22 660 $

Boom ohne Ende: Irlands Konjunktur steht seit Jahren unter Volldampf. Das anhaltende Wachstum macht die einst armen Iren heute reich; ausländische Investoren machen Irland zur Speerspitze in Europa. Allen voran die Internetbranche und der Finanzdienstleistungssektor.

Die Republik Irland umfasst die südlichen 26 der insgesamt 33 Counties der irischen Insel. Das einstige „grüne" Agrarland mit einem durch den Golfstrom beeinflussten milden Klima versucht durch Schaffung neuer Arbeitsplätze, der extrem hohen Auswan-

Steueroasen auf dem Prüfstand

derung – in den letzten 100 Jahren fast 8 Millionen Einwohner – entgegenzuwirken. Hierfür wurden umfangreiche Steuervergünstigungen eingeführt. Nach einem Beschluss der irischen Regierung gelten diese bis zum Jahre 2025.

Devisenkontrollen: Ja; für Non Resident Companies, Industrieansiedlungen oder Wohnsitznahmen von Ausländern werden jedoch Sondergenehmigungen erteilt.

Fiskalische Auslieferungsabkommen: Keine

Politische Risiken: Derzeit keine; sollte sich Großbritannien aus Nordirland zurückziehen und es zu einer Wiedervereinigung zwischen Nord- und Südirland kommen, sind Risiken möglich.

Rechtssystem: Basiert auf dem britischen Common Law, mit weiteren nationalen Gesetzen, die seit der Unabhängigkeit im Jahr 1922 erlassen wurden.

Patentrecht: Basiert auf dem britischen Patentrecht. Werden die Entwicklungsarbeiten für ein Patent in Irland durchgeführt, bestehen dafür Steuervergünstigungen.

Wohnsitznahme: Für EU-Angehörige problemloses Aufenthaltsrecht und Arbeitsgenehmigung

Steuern: Natürliche Personen werden beim Einkommen progressiv zwischen 20 und 60 Prozent besteuert. Das trifft in der Regel auch auf Ausländer zu, die in Irland einen festen Wohnsitz – auch zur Miete – haben. Gänzliche Steuerfreiheit bleibt den Künstlern vorbehalten: Schriftstellern, Komponisten, Malern oder Bildhauern, wenn die Finanzbehörde ihre Arbeiten als original und kreativ anerkennt.

Für Gesellschaften bietet Irland erhebliche Steuererleichterungen und Steuerfreiheiten bei Ansiedlung neuer Industrien zur Arbeitsplatzbeschaffung, bei Patenteinnahmen sowie für bestimmte Finanz- und Non-Resident-Gesellschaften.

Europa – Irland und die Freihandelszone Shannon

Bis Ende Dezember 2005 gilt eine Körperschaftsteuer von 10 Prozent, zwischen 2006 und 2025 ein Satz von 12,5 Prozent. Werden bei Patenten die Entwicklungsarbeiten auf der Insel durchgeführt, sind alle daraus entstehenden Lizenzerlöse steuerfrei.

Für Finanzgesellschaften gilt ebenfalls bis Ende des Jahres 2005 eine Körperschaftsteuer von jährlich 10 Prozent, danach bis 2025 ein Satz von 12,5 Prozent. Vorausgesetzt, dass bei einer Gesellschaft das Management und die Aktionäre außerhalb Irlands ansässig sind, sämtliche Managemententscheidungen im Ausland getroffen werden und keinerlei geschäftliche oder gewerbliche Tätigkeiten in Irland stattfinden, wird sie als Non-Resident-Gesellschaft eingestuft und ist von der Körperschaftsteuer befreit.

Um diese steuerlichen Vorzüge zu nutzen, muss ein Unternehmen in Irland ansässig sein, d. h., Geschäftsleitung und Kontrolle müssen sich auf der Insel befinden. In der Praxis wird ein Unternehmen als „steuerlich ansässig" qualifiziert, wenn sich die Unternehmensleitung in Irland befindet. Dabei ist der Ort der Unternehmensgründung ohne Bedeutung.

Über 200 deutsche Unternehmen und ca. 1 000 Unternehmen aus anderen Staaten haben Irland inzwischen als Basis für internationale Produktion und Dienstleistungen gewählt.

Ausschlaggebend dafür sind: Der niedrige Steuersatz, das hoch entwickelte Kommunikations- und Transportsystem, die finanziellen Unterstützungen für Investitionen in Form von Zuschüssen sowie Qualität und Ausbildungsstand der Arbeitskräfte.

Unter dem deutsch-irischen Doppelbesteuerungsabkommen (DBA) sind die Gewinne einer irischen Zweigniederlassung oder Tochtergesellschaft eines deutschen Unternehmens von der deutschen Besteuerung befreit. Diese Steuerbefreiung wird aber nicht an die deutschen Anteilseigner weitergegeben, wenn die Gewinne von der deutschen Muttergesellschaft ausgeschüttet werden. Es ist also sinnvoll, diese im deutschen Unternehmen zu thesaurieren.

Steueroasen auf dem Prüfstand

Unter bestimmten Umständen werden Gewinne, die in Irland einer 10-prozentigen Steuer unterlagen, beim Anteilseigner in Deutschland jedoch nicht mehr besteuert. Man erreicht das über eine deutsche Personengesellschaft, die als Muttergesellschaft für ein deutsches Unternehmen mit einer irischen Tochtergesellschaft fungiert.

Wenn dann ein Gewinnabführungsvertrag zwischen der Personengesellschaft und der Kapitalgesellschaft besteht, wird das Einkommen der irischen Niederlassung des deutschen Unternehmens den Gesellschaftern der Personengesellschaft so zugerechnet, als ob die Personengesellschaft selbst die Aktivitäten in Irland durchführte.

Um sicherzustellen, dass ein Gewinnabführungsvertrag steuerlich anerkannt wird, muss das beherrschte Unternehmen finanziell, wirtschaftlich und organisatorisch in das herrschende Unternehmen eingegliedert sein. Dabei muss sichergestellt sein, dass die Kapitalgesellschaft nach irischem Steuerrecht nicht als in Irland ansässig beurteilt wird und die Niederlassung eine aktive Tätigkeit ausübt, die zu aktiven Einkünften führt, oder passive Einkünfte ohne Kapitalanlagecharakter erwirtschaftet, damit die Hinzurechnungssteuer nicht greift.

§ 12a der deutschen Gewerbeordnung ermöglicht es, dass sich eine irische Non-Resident-Gesellschaft auch von Deutschland aus geschäftlich betätigen kann. Allerdings dürfte nach der deutschen Gewerbeordnung und dem GmbH-Gesetz die Rechtsfähigkeit einer solchen Gesellschaft in Deutschland nur gegeben sein, wenn das Stammkapital den deutschen Vorschriften entspricht.

Die Freihandelszone Shannon bietet die gleichen Steuererleichterungen auch für Exportgewinne, die nicht nur von Industriebetrieben, sondern auch von Handels- und Dienstleistungsbetrieben erzielt werden.

Europa – Irland und die Freihandelszone Shannon

> **Irlands Spezialität: Call Center**
>
> Immer mehr international orientierte Unternehmen installieren auf der „Grünen Insel" ihr Call Center. Von dort verbindet eine einzige Rufnummer über eine hoch spezialisierte, rund um die Uhr besetzte Zentrale alle Unternehmensbereiche und Filialen oder nimmt eingehende Gespräche beispielsweise für Reservierungen oder Bestellungen auf. Dafür hat Irland den Unternehmen einiges zu bieten.
>
> - Eines der modernsten und variabelsten Telekom-Netze weltweit.
> - Fernsprechgebühren, die zu den niedrigsten in Europa gehören, Sonderkonditionen und Extrarabatt für Call Center-Großkunden.
> - Großzügige, zinsfreie Staatskredite für den Aufbau.
> - Eine bis ins Jahr 2010 garantierte nur 10-prozentige Gewerbesteuer auf den Unternehmensgewinn.
> - Lohn- und Lohnnebenkosten, die um 50 Prozent unter den deutschen, 25 Prozent unter den französischen und 15 Prozent unter den britischen liegen.
>
> Derzeit arbeiten von dort europa- und weltweit bereits über 40 Call Center, unter anderem von Lufthansa, American Airlines, Air Lingus, Korean Air, United Parcel Service (UPS), die Hotelketten Best Western, ITT-Sheraton, ICT-Eurotel, Global und Radisson, die Bertelsmann-Tochter American-Online oder die Unternehmen Compaq Point, Gateway, Dell, Electrolux, Entex, Maxtor, Platium, Quaterdeck, Rand McNally, Software Spectrum oder US Robities.

Doppelbesteuerungsabkommen: Ja, davon ausgenommen sind Non Resident Companies.

Lebenshaltungskosten: Erheblich unter deutschem oder Schweizer Niveau

Kommunikation: Gut

Verkehrsverbindungen: Auto: Fährverbindungen ab Großbritannien; Flug: drei Internationale Flughäfen – Dublin, Shannon und Cork – mit guten Anbindungen nach Großbritannien und zu den europäischen Zentren auf dem Festland

Steueroasen auf dem Prüfstand

Gesellschaften: Für Ausländer kommt nur die Limited Liability Company und hier die Form der Private Limited Company in Frage. Die Aktien können zu 100 Prozent in ausländischem Besitz sein. Die Gesellschaft hat mindestens zwei Direktoren, die im Ausland ansässig sein können.

- Minimumaktienkapital: 4 EUR
- Gründungsdauer: ein bis zwei Tage
- Gründungskosten: Stempelgebühr 65 EUR sowie 1 Prozent des 6 350 EUR übersteigenden Kapitals
- Kosten des örtlichen Beraters: 130 – 3 200 EUR
- Laufende Kosten:
  Domizilierungsgebühr: 470 EUR
  Berater: 130 – 3 200 EUR

Für Industrieniederlassungen sind Irland und Shannon wegen der Steuererleichterungen interessant und empfehlenswert.

Empfehlenswert ist die „Smaragdinsel" in jedem Fall zur Wohnsitznahme für Künstler; andere Private kann die Insel wegen der hohen Steuerbelastung nur zu erholsamen Urlaubstagen locken.

Von den „Schmalspur-Limiteds" mit 100 Pfund Aktienkapital sollte man hier zu Lande die Finger lassen. Denn derartige Limiteds werden in Deutschland nach einem Finanzamtserlass nicht als Körperschaft, sondern als Personengesellschaft betrachtet. Irische Limiteds sollten also nur außerhalb Deutschlands und ohne deutsches Management benutzt werden.

Weitere Informationen und Ansprechpartner:

Kanzlei der Botschaft von Irland
– Handelsabteilung –
Friedrichstraße 200
10117 Berlin
Tel.: 0 30-2 20 72-0
Fax: 0 30-22 07 22 99

Irische Handelsstelle (IDA)
Rolandstraße 44
40476 Düsseldorf
Tel.: 02 11-51 89 99-0
Fax: 02 11-43 36 54

Europa – Isle of Man

German-Irish Chamber of Industry
and Commerce
46, Fitzwilliam Square; Dublin 2
Tel.: 00 35 31-6 76 29 34
Fax: 00 35 31-6 76 25 95

Central Bank of Ireland
Dame Street Dublin 2
Tel.: 00 35 31-67 16 66
Fax: 00 35 31-6 71 65 61

Internet: www.irlgov.ie

Ausgewählte Banken: Westdeutsche Landesbank, ABN AMRO Bank, Allied Irish Bank, Barclays Bank, Citibank, Kreditbank, Morgan Grenfell.

Berater vor Ort:

Overseas Company Registration Agents Ltd.
Tel.: 0 44-1 71-3 55 10 96, Fax: 0 44-1 71-4 95 30 17

Isle of Man

- Fläche: 572 qkm
- Sprachen: Englisch, Manx
- Währung: Pfund Sterling (eigene Geldzeichen)
- Einwohner: 76 000
- Hauptstadt: Douglas
- Inflation: 3 Prozent
- Arbeitslosigkeit: 1,6 Prozent

Das Kleinod in der Irischen See zwischen Irland und Großbritannien steht unter der Schirmherrschaft der britischen Krone. In Fragen der Außenpolitik und Verteidigung verlassen sich die Insulaner auf das knapp 100 Kilometer entfernte britische Festland.

Tourismus und Landwirtschaft waren bis vor einigen Jahren die Haupteinnahmequelle der Insulaner. Heute dagegen erwirtschaften über 45 000 vornehmlich britische Gesellschaften mit ihren Offshore-Aktivitäten bereits 50 Prozent des Bruttosozialprodukts. Die Regierung setzt daher verstärkt auf den Ausbau der Insel zum Finanzzentrum.

Mitte 2002 haben sich dort rund 70 Banken und Finanzgesellschaften sowie fast 200 Versicherungen niedergelassen. Die Bankeinlagen stiegen in den vergangenen zehn Jahren um über 400

Steueroasen auf dem Prüfstand

Prozent auf rund 25 Milliarden Pfund. Aber auch das Schifffahrtsregister in Douglas kann sich sehen lassen. Steuerfreiheit, niedrige Kosten und eine nur einmalige Anmeldegebühr lockten ausländische Reeder an. Über 200 Schiffe mit einer Tonnage von 5,2 Millionen Tonnen tragen inzwischen die Manx-Flagge.

Steuerliche Vergünstigungen, die Mitgliedschaft im Sterling-Währungsgebiet und gute Verbindungen nach Großbritannien sind Motor dieser Entwicklung. Die Insel gehört der EU-Freihandelszone an und ist mit Ausnahme der Außenpolitik von allen Aspekten der Römischen Verträge ausgenommen; sie hat das Recht, Steuern selbst festzulegen und einzuteilen.

Devisenkontrollen: Keine

Fiskalische Auslieferungsabkommen: Keine

Politische Risiken: Keine

Rechtssystem: Entspricht dem britischen Common Law, Gesellschafts- und Steuerrecht werden durch die Company Acts von 1931 und 1974 geregelt.

Patentschutz: Entspricht den britischen Gesetzen

Wohnsitznahme: Für EU-Angehörige problemlos. Man muss etwa 50 000 Pfund bares Einkommen nachweisen. Gewünschtes Steueraufkommen sind 10 000 Pfund pro Jahr. Jeder Ausländer, der auf der Insel eine Immobilie kauft, muss zusätzlich 50 Prozent des Kaufpreises auf zehn Jahre in unbeleihbaren Regierungsanleihen anlegen.

Steuern: Für Ansässige bestehen keine Vermögen-, Erbschaft-, Schenkung- oder Veräußerungsgewinnsteuern. Falls auf Vermögenswerte von Ansässigen außerhalb der Insel Quellensteuern erhoben werden, können diese auf die Insel-Steuern angerechnet werden. Die Einkommensteuer für ansässige natürliche und juristische Personen beträgt 15 bis 20 Prozent des Nettogewinns. Non Resident Companies zahlen eine Pauschalsteuer von 20 Prozent auf ihre Gewinne.

Europa – Isle of Man

Verluste können ohne zeitliche Begrenzung vorgetragen oder innerhalb einer Gruppe weitergereicht werden, und abnutzbares bewegliches Anlagevermögen kann sofort abgeschrieben werden. Seit 1984 gilt ein Gesetz über befreite Gesellschaften. Damit gibt man Unternehmen, die bisher nur Offshore-Geschäfte tätigen, zusätzliche Anreize, von der Insel aus Handel zu treiben oder zu investieren.

Die Isle of Man erhebt keine Steuern auf Vermögen, Kapital, Kapitalgewinne, Schenkungen oder Erbschaften. Eine Stempelsteuer ist ebenfalls unbekannt. Die Mehrwertsteuer liegt bei stattlichen 17,5 Prozent.

Doppelbesteuerungsabkommen: Nur für natürliche Personen aus Großbritannien

Lebenshaltungskosten: Entsprechen dem Niveau Großbritanniens

Kommunikation: Gut

Verkehrsverbindungen: Auto: über Liverpool. Im Sommer gibt es weitere Verbindungen zu anderen Häfen auf der britischen Insel. Flug: über London direkt zum Insel-Flughafen Ronaldsway

Gesellschaften: Empfehlenswert ist die Gründung einer pauschal besteuerten Non Resident Limited Company.

- Mindest-Aktienkapital: 2 Pfund

- Üblich ist ein Aktienkapital von 2 000 Pfund

- Gründungsdauer: zwei Wochen

- Gründungskosten: 250 – 1 000 Pfund
  Eingetragener Firmensitz: 100 Pfund
  Sekretariat: 100 Pfund
  Bearbeitungsgebühr: 200 Pfund
  Regierungssteuer: 600 Pfund

Steueroasen auf dem Prüfstand

- Laufende Kosten:
  Firmensitz: 100 Pfund
  Sekretariat: 100 Pfund
  Bearbeitungsgebühren: 200 Pfund
  Erstellung des Jahresausweises: 100 Pfund
  Regierungssteuer: 600 Pfund
  Treuhänder, falls gewünscht: 500 Pfund
  Postweiterleitung, Telefon, Fax: 500 Pfund

In den letzten Jahren hat sich die Insel zu einem der führenden Captive-Zentren weltweit entwickelt. Hochinteressant für Versicherungen, von denen sich – gegen Zahlung einer Lizenzgebühr von jährlich 2 000 Pfund und bei völliger Steuerfreiheit – mittlerweile weit über 100 Gesellschaften dort niedergelassen haben.

Mit weiteren steuerlichen Vergünstigungen versucht die Regierung, bestehende nicht ansässige Unternehmen, die bislang nur Offshore-Geschäfte tätigen, fest auf die Insel zu holen.

In jedem Fall erwähnenswert sind die im Vergleich zu anderen Steueroasen niedrigen Gebührensätze der örtlichen Berater. Daran sollten sich unter anderem die Kollegen in Liechtenstein ein Beispiel nehmen.

Alles in allem ist die Gründung der pauschal besteuerten Non Resident Limited Company empfehlenswert.

Die Isle of Man bietet eine reizvolle Alternative zu den teuren Kanalinseln. Im Gegensatz zu ihnen ist die Auswahl an Immobilien groß, und einige gute Restaurants gibt es mittlerweile auch. Nicht zu vergessen das inseltypische Frühstück mit geräucherten Heringen, den Manx Kippers.

Weitere Informationen und Ansprechpartner:

Britisches Generalkonsulat
– Handelsabteilung –
Bürkleinstraße 10; 80538 München
Tel.: 0 89-21 10 90, Fax: 0 89-21 10 91 44

Financial Supervision
1-4 Goldie Terrace
Douglas, Isle of Man I
Tel.: 00 44 16 24-62 44 87
Fax: 00 44 16 24-62 93 42

Ansässige Banken: Allied Irish Bank, Anglo Irish Bank Corporation, Bank of Bermuda, Bank of Ireland, Barclays Bank, Celtic Bank, Commercial and Development Bank, Couths & Co., Dunbar Bank, Isle of Man Bank, Jardine Fleming Bank, Lloyds Bank, Midland Bank, National Westminster Bank, Royal Bank of Scotland, Standard Chartered Bank, Ulster Bank.

Berater vor Ort:

Overseas Company Registration Agents Ltd.
Tel.: 00 44-16 24-81 55 44
Fax: 00 44-16 24-81 55 48

Aston Corporate Trustees Ltd.
Tel.: 00 44-16 24-62 65 91
Fax: 00 44-16 24-62 51 26

Italien mit Campione

- Fläche: 301 323 qkm
- Hauptstadt: Rom
- BSP je Einw.: 20 160 $
- Währung: Lira; Euro
- Arbeitslosigkeit: 10,0 Prozent
- Einwohner: 57,5 Millionen
- Sprachen: Italienisch, Deutsch (reg.), Französisch (reg.)
- Inflation: 2,8 Prozent

Auch Italien steht vor einer Steuerreform. Ab 2002 soll die Steuerbelastung fünf Jahre lang um jeweils einen Prozentpunkt auf dann maximal 33 Prozent abgesenkt werden. Gleichzeitig sollen die Körperschaftsteuer von 37 Prozent auf 33 Prozent verringert und die Erbschaft- und Schenkungsteuer gänzlich abgeschafft werden. Parallel hierzu rückt der italienische Fiskus Steuersündern auf den Leib, um die Staatseinnahmen kräftig zu steigern. Zeit wird es. Denn nach einer Studie des Finanzministeriums erklärt ein Drittel aller Händler, Bauunternehmer, Restaurants, Bars und sonstiger Kleinunternehmer einen Jahresumsatz von unter 9 000 EUR. Da also fast alle Steuern hinterziehen, ist der italienische Fiskus im vergangenen Jahr dazu übergegangen, die Einkünfte von Gewerbetreibenden und Freiberuflern anhand von Branchenstudien ganz einfach zu schätzen. Weicht der deklarierte Umsatz dann zu stark vom errechneten Durchschnittswert ab, werden die Unternehmen

Steueroasen auf dem Prüfstand

zur Zahlung höherer Steuern aufgefordert oder müssen penible Kontrollen über sich ergehen lassen. Auch die Überprüfung von Zahlungseingängen auf den Bankkonten von Immobilienbesitzern ist ab sofort kein Tabu mehr.

Ausländern, die in Italien ansässig werden wollen, stehen viele Möglichkeiten offen, von alten Bauernhöfen in der Toskana bis zu Etagenwohnungen in Florenz oder den Palazzi von Venedig. Hat man sich für den Kauf eines bestimmten Objektes entschieden, braucht man einen geometra, der als Sachverständiger fungiert. Nur so kann der Käufer sicher sein, von den tatsächlichen Eigentümern ein lastenfreies Objekt zu erwerben. Die Kauf-Nebenkosten liegen inklusive Notarkosten bei etwa 10 Prozent der Kaufsumme.

Nach zwölfmonatigem ununterbrochenem Aufenthalt in Italien gelten Ausländer als ansässig. Danach müssen sie ihr Einkommen versteuern (nicht Ansässige nur das italienische). Dabei liegen die Sätze Ende 2001 zwischen 10 Prozent (bis 7,2 Millionen Lire) und 51 Prozent (bei über 300 Millionen Lire). Hinzu kommt auf alle italienischen Einkünfte eine 16,2-prozentige Kommunalsteuer, die angerechnet wird. Eine Schenkung- und Erbschaftsteuer gibt es nicht.

Und dann gibt es da noch die 2 700 Einwohner zählende (rund 600 davon sind Ausländer), 2,62 Quadratkilometer große Landinsel am Luganer See – Campione. Der Ort gehört politisch zu Italien, ist jedoch uneingeschränkt Schweizer Zoll- und Währungsgebiet. Für die Einwohner des früheren Fischerstädtchens bedeutet diese Zwitterstellung: Da alle Geldgeschäfte über Schweizer Banken abgewickelt werden, hat die Finanzbehörde in Como keinen Einblick in die Geschäfts- und Vermögensverhältnisse der „Steuerpflichtigen". Und da es zwischen Italien und der Schweiz auch kein Amtshilfeabkommen gibt, ist es für den italienischen Fiskus praktisch unmöglich, genaue Überprüfungen in Campione vorzunehmen. Ausländer in Campione sind somit bei Finanzgeschäften von Steuerseite nicht kontrollierbar.

Europa – Italien mit Campione

Was die Steueroase Campione bietet:

- Sie ist Nutznießerin des Schweizer Bankgeheimnisses.
- Weder Mehrwert- und Erbschaftsteuern noch kommunale Abgaben werden erhoben. Die „fehlenden" Einnahmen werden durch das örtliche Spielcasino erwirtschaftet.
- Faktisch gilt ein Fast-Nullsteuersatz.
- Devisenfreiheit
- Politische Stabilität
- Ausgezeichnete Kommunikationsverbindungen
- Obwohl Italienisch Amtssprache ist, wird die deutsche Sprache überall verstanden.
- Günstige Erreichbarkeit. Bahn- und Pkw-Verbindungen führen über Lugano. Per Flugzeug geht es über Mailand oder regional nach Agno bei Lugano.
- Problemlose Wohnsitznahme. Zu beachten ist eine Meldefrist von 48 Stunden bei der so genannten Fremdenpolizei.

Die Lebenshaltungskosten entsprechen denen der Schweiz und zählen damit zu den höchsten Europas. Dafür zahlt man als Einwohner von Campione kaum Steuern. Unabhängig von den italienischen Gesetzen wirkt sich die Ineffizienz der italienischen Finanzbehörde (Bezirk Como) so aus, dass in der Praxis nur sehr geringe Pauschalen als Steuern verlangt werden. Diese richten sich nach dem Lebensstandard (Haus, Pkw etc.). Damit erhalten Einwohner einen erheblichen Abschlag auf ansonsten zu zahlende Steuern. Erfahrungsgemäß fallen 8 000 bis 10 000 SFr Steuern jährlich an. Beim Erwerb von Immobilien wird eine Grunderwerbsteuer (4 Prozent) und beim Verkauf eine Veräußerungssteuer fällig.

Da Campione fremdenfreundlich eingestellt ist, Aufenthaltserlaubnisse und -verlängerungen problemlos erteilt, verkehrstechnisch zentral liegt, kann ein Wohnsitz für Privatpersonen nur empfohlen

Steueroasen auf dem Prüfstand

werden. Firmenrechtlich bietet sich dort jedoch nur der Verwaltungssitz bereits in anderen Ländern bestehender Unternehmen an, da es ausschließlich italienischen Firmen erlaubt ist, ihren Gesellschaftssitz dort zu haben.

Als Gesellschaftsform bietet sich aus steuerlicher Sicht die Domizilgesellschaft an, die von der Schweiz aus verwaltet wird. Dabei handelt es sich um eine Schweizer Gesellschaft, die tatsächlich von Campione aus verwaltet wird, ihren Sitz jedoch in einem Kanton mit niedrigen Steuern, zum Beispiel Chur oder Zug, hat.

Weitere Informationen zu Campione: Bei den Filialen der schweizerischen Großbanken in Lugano.

Ansässige Banken:

Banca del Gottardo
CH 6901 Lugano
Tel.: 00 41-91-8 08 11 11
Fax: 00 41-91-8 08 24 45

Banca della Svizzera Italiana
CH 6901 Lugano
Tel.: 00 41-91-9 10 78 11
Fax: 00 41-91-9 10 78 09

BDL Banco die Lugano
CH 6901 Lugano
Tel.: 00 41-91-9 10 81 11
Fax: 00 41-91-9 23 26 31

UBS
CH 6901 Lugano
Tel.: 00 41-91-8 01 71 11
Fax: 00 41-91-8 01 75 64

Finanzaufsicht: Eidgenössische Bankenkommission, CH 3001 Bern, Tel.: 00 41-31-3 22 69 11, Fax: 00 41-31-3 22 69 26

Darüber hinaus versucht Italien, mit steuerbegünstigten Sonderzonen in Triest und im Süden des Landes ausländische Investoren anzuziehen.

Weitere Informationen und Ansprechpartner:

Botschaft der Italienischen Republik
vorläufige Anschrift:
Dessauer Str. 28/29, 10963 Berlin
Tel.: 0 30-2 54 40-0, Fax: 0 30-2 54 40-1 20

Internet: www.parlamento.it

Kanalinseln

- Gesamtfläche: 198 qkm –
  davon Guernsey: 65 qkm –
  Jersey: 116,2 qkm –
  Alderney: 7,9 qkm –
  Sark: 5,5 qkm – Herm: 2 qkm –
  Jethou: 0,2 qkm
- Währung: Pfund Sterling –
  eigene Geldzeichen im Umlauf
- Einwohner: 148 000 –
  davon Guernsey: 58 661 –
  Jersey: 85 150 –
  Alderney: 2 086 – Sark: 550
- Sprache: Englisch
- Hauptstadt:
  Guernsey: St. Peter Port –
  Jersey: St. Helier

Jersey, Guernsey, Alderney, Sark und ein paar weitere, zum Teil unbewohnte Eilande gehören zu einer insgesamt 198 qkm großen Inselgruppe, von der aus an klaren Tagen die Küste Frankreichs deutlich zu sehen ist. Die Inseln sind politisch unabhängig, selbst Jersey und Guernsey zusammen mit Alderney, Sark und Herm sind voneinander unabhängige Staaten mit eigenem Geld und eigenen Verkehrsregeln. Was alle Inseln miteinander verbindet, ist neben der englischen Sprache die Loyalität zur englischen Krone.

Und weil London den Insulanern seit Jahrhunderten die Steuerhoheit garantiert, gehören diese heute zu den reichsten Bewohnern unseres Erdballs. Aufgrund ihrer Nähe zu den Finanzzentren London und Paris konnten sich die Inseln Jersey und Guernsey zu einem Zentrum für Offshore-Aktivitäten entwickeln. Die Insel Sark bietet zwar den Vorteil völliger Steuerfreiheit – deshalb existiert dort auch kein Finanzamt –, ist jedoch nur mäßig erschlossen und für internationale Finanzaktivitäten kaum geeignet.

Auf Jersey und Guernsey haben sich mittlerweile über 40 000 Gesellschaften niedergelassen, davon allein 20 000, denen die Vorteile von Offshore-Gesellschaften eingeräumt wurden. Ihr Beitrag zum Bruttosozialprodukt liegt heute auf Jersey bei 55 Prozent und auf Guernsey bereits bei 59 Prozent. Sie machen sich Privilegien zu Nutze, die 1972 bei den EG-Beitrittsverhandlungen Großbritanniens von den übrigen EG-Mitgliedern in einem Zusatzprotokoll ausdrücklich akzeptiert wurden: keine Erbschaft-, Umsatz-, Kapitalertrag- oder Einkommensteuer für Ausländer. Von Vorteil ist auch die

Steueroasen auf dem Prüfstand

strenge Schweigepflicht der Banken, die nur durch Gerichtsbeschluss und auch dann nur in sehr begrenztem Umfang aufgehoben werden kann.

Das Finanzgeschäft wurde zur großen Erfolgsstory der Kanalinseln. Während sie vor 20 Jahren noch mit Steuerkonzessionen locken mussten, ist heute das Fachwissen ausschlaggebend. 76 Banken haben sich allein auf Guernsey niedergelassen, nur ein paar weniger als auf der größeren Nachbarinsel Jersey. Hinzu kommen 352 Versicherungsunternehmen. Damit liegt Guernsey weltweit nach den Bermudas und den Cayman-Inseln an dritter Stelle.

Devisenkontrollen: Keine

Fiskalische Auslieferungsabkommen: Keine

Politische Risiken: Keine

Rechtssystem: Das Rechtssystem lehnt sich an das britische Common-Law-System an, hat jedoch viel vom alten Gewohnheitsrecht der Normandie übernommen.

Patentschutz: Jersey: Patent Law von 1957 und das Tradework Law von 1958; Guernsey: Loi Ayant Rapport Aux Patentes, Dessins et Marques de Fabrique von 1922 sowie das Patents, Designs and Trade Marke Law von 1959

Wohnsitznahme: Praktisch kaum möglich, auch nicht empfehlenswert, da das mit einem jährlichen Mindesteinkommen von 150 000 Pfund und mehr verbunden ist. Dazu ist das Angebot für den internationalen Markt sehr gering; die Immobilienpreise haben astronomische Höhen erreicht. So bleiben die Inseln für die meisten „nur" eine hochinteressante Basis für internationale Anlagen.

Steuern: Natürliche Personen und Gesellschaften, die auf den Inseln geschäftlich tätig sind und von dort kontrolliert und verwaltet werden, unterliegen einer 20-prozentigen Einkommen- bzw. Körperschaftsteuer. Corporate Tax Companies, die von außerhalb der Inseln kontrolliert und verwaltet werden, zahlen pauschal jährlich 300 Pfund.

Europa – Kanalinseln

Die Insel Sark kennt keine Besteuerung, hat aber auch kein Gesellschaftsrecht.

Quellensteuer: 20 Prozent auf Dividenden

Doppelbesteuerungsabkommen: Die Inseln untereinander und separate Abkommen mit Großbritannien

Lebenshaltungskosten: Etwas höher als in Großbritannien

Kommunikation: Gut; Post via London ca. vier bis sechs Tage

Verkehrsverbindungen: Auto: Durch Frankreich nach St. Malo, von dort mit oder ohne Kfz per Fähre übersetzen; Bahn: Mit der Bahn nach St. Malo, von dort per Fähre übersetzen; Flug: Lufthansa ab Düsseldorf, Eurowings ab Dortmund und München. Oder täglich über London. Insel-Hopping: Stündlich mit dem Flugzeug, mehrmals täglich mit einem High-Speed-Katamaran.

Gesellschaften: Jersey und Guernsey kennen zwei Gesellschaftsformen: zum einen die von den Inseln aus kontrollierte Local Company, die der 20-prozentigen Steuer unterliegt, zum anderen die Exempted Company, die nicht auf den Inseln ansässig sein darf. Sie bezahlt eine Pauschalsteuer. Die Gesellschaften können als Holding-, Handels- oder Investment-Gesellschaften eingesetzt werden.

- Mindestaktienkapital: 100 Pfund
- Gründungsdauer: ein bis zwei Wochen
- Gründungskosten: 600 bis 700 Pfund einschließlich einer 0,5-prozentigen Stempelgebühr auf das Kapital
- Laufende Kosten: Registriergebühr von 100 Pfund sowie Pauschalsteuer von 650 Pfund für Exempted Companies plus 300 – 700 Pfund für ein Registered Office

In dem Maße, wie die Steuerprivilegien Luxemburgs abgebaut und das Bankgeheimnis dort durchlöchert wird, werden die Kanalinseln an Bedeutung gewinnen. Dies wird umso schneller geschehen, je

Steueroasen auf dem Prüfstand

mehr internationale – auch deutsche – Banken dort Tochtergesellschaften installieren.

Für die Gründung steuerpauschalierter Oasenfirmen sind die Inseln ein Magnet. Das gilt insbesondere für die Einrichtung von Vermögenstrusts auf Jersey. Um ihr Vermögen vor der Steuer zu retten, machen auch viele Briten davon Gebrauch – allen voran die Queen. Bevor sie in aller Öffentlichkeit verkündete, von nun an Steuern zu zahlen wie jeder andere Brite auch, gründete sie schnell noch einen Trust auf den Inseln, der große Teile ihrer Gemäldesammlung umfasst. Damit spart auch sie horrende Beträge an Vermögen- und Erbschaftsteuer.

Beträchtlichen Unmut hat sich in jüngster Zeit jedoch die 550-Seelen-Insel Sark zugezogen. Denn die USA, die EU, die UNO und die OECD halten Mini-Territorien wie Sark für mit verantwortlich dafür, dass Drogenkartelle ihre Gelder waschen, Waffenhändler sich hinter Schwindelfirmen verstecken oder allzu geschäftstüchtige Unternehmen ihre Gewinne vor dem Fiskus in Sicherheit bringen können.

Auf dem Papier ist das ländliche Sark, auf dem es keine Autos gibt, ein internationales Unternehmenszentrum von außergewöhnlichem Rang: Nachgewiesenermaßen geben mindestens 15 000 Firmen einen Einwohner von Sark als ihren Direktor an – inoffiziell sollen es sogar über 100 000 Firmen sein. Bis auf 3 000 Direktorenposten haben es umtriebige Multi-Manager auf Sark bereits gebracht.

Dabei sind diese Gesellschaften ganz überwiegend auf der Isle of Man in der Irischen See, in der Republik Irland, auf den Virgin Islands oder in Panama registriert. Mit Firmendirektoren, die nicht am Registrationsort leben – also auf Sark –, lassen sich dort schöne Steuervorteile herausschinden. Darüber hinaus bieten die nominellen Direktoren auf der Insel etwas, was manchen Firmen ebenso viel wert ist wie Steuervorteile: Tarnung für schmutzige Geschäfte.

Europa – Kanalinseln

Die wirklichen Geschäfte der Firmen, denen sie ihre Namen leihen, bleiben jeder Kontrolle und meist auch den Finanzämtern entzogen. In den Heimatländern ihrer wahren Inhaber gelten sie als ausländische Unternehmen, dort, wo sie registriert sind, tätigen sie keine Geschäfte, und die braven Sark-Bewohner wissen von nichts. Denn nur selten erfahren die Schwindel-Direktoren, was sie tatsächlich anrichten. Doch was für viele Sark-Direktoren eine „inseltypische Offshore-Serviceleistung" ist, wird in einem UNO-Bericht als „Verschleierung von Gewinnen aus kriminellen Unternehmungen" angeprangert.

Als Konsequenz hat nun das Londoner Innenministerium eine Studie erstellt, die das Offshore-Geschäft im Ärmelkanal und auf der Isle of Man durchleuchtet. Das Ergebnis kann sich sehen lassen: Rund 230 Milliarden EUR sind auf den Inseln steuergünstig angelegt.

Neue Inselgesetze sollen nun auf Guernsey und Sark festschreiben, dass Direktoren künftig die wahren Eigentümer ihrer Firmen sowie deren Geschäfte und die Herkunft der Gelder kennen müssen. Sie sollen darüber hinaus verpflichtet werden, „sicherzustellen, dass eine Firma keinen unrechtmäßigen Handel treibt oder auf andere Art Gesetze bricht".

Weitere Informationen und Ansprechpartner:

Financial Services Department
Cyril Le Marquand House
The Parade, St. Helier
Jersey JE 4 8 TP; Channel Islands
Tel.: 00 44-15 34-60 36 00
Fax: 00 44-15 34-8 91 55

Guernsey Financial Service Commission
Valley House
Hirzel Street; St. Peter Port
Guernsey; Channel Islands 6 YI 2 NP
Tel.: 00 44-97 97-71 27 06
Fax: 00 44-97 97-71 20 10

Incom Tax Department
Cyril Le Marquand House
The Parade, St. Helier
Jersey JE 4 8 PF; Channel Islands
Tel.: 00 44-15 34-60 33 00, Fax: 00 44-15 34-8 91 42

Liechtenstein

- Fläche: 160 qkm
- Hauptstadt: Vaduz
- BSP je Einw.: über 39 000 $
- Arbeitslosigkeit: 2 Prozent
- Einwohner: 33 000
- Sprache: Deutsch
- Währung: Schweizer Franken
- Inflation: 1,5 Prozent

Das Fürstentum ist mit 25 Kilometern Länge und 6 Kilometern Breite eine der flächenmäßig kleinsten Monarchien Europas. Es liegt im Rheintal zwischen der Schweiz und Österreich, rund 40 Kilometer südlich vom Bodensee, umgeben von Zweitausendern: im Osten die Liechtensteiner Berge Galivakopf, Ochsenkopf und Noofkopf, im Westen das majestätische Panorama der Schweizer Bergkette mit Gauschla, Alvier, Morgelkopf und Säntis. Ein kleines landschaftliches Paradies – bis vor zwei Jahren aber auch ein Paradies für private Geldanleger, Unternehmer, Mafiosi und russische Großkriminelle, denn der Zwergstaat hatte sich über viele Jahre hinweg zur idealen Spielwiese für den weltweiten Geld- und Ganovenadel entwickelt. Schützenhilfe erhielten jene von den dort ansässigen Treuhändern, über die nach Schätzungen des Bundesnachrichtendienstes (BND) mindestens 200 Milliarden Schweizer Franken fast spurlos in den rund 100 000 Liechtensteiner Briefkastengesellschaften verschwunden waren. Auf Druck der OECD und ihrer FATF hat Liechtenstein aber einen radikalen Kurswechsel vorgenommen, um vom Ruf des „Geldwäscher-Paradieses" wegzukommen.

Liechtensteins Kampf gegen Geldwäsche und das organisierte Verbrechen

- Im Januar 2001 gab das US-Finanzministerium die Zustimmung, den liechtensteinischen Banken den so genannten „QI-Status" (Qualified Intermediary) zu ermöglichen.

- Im Juni 2001 wurde Liechtenstein von der schwarzen Liste der FATF gestrichen. Die Regierung machte unter anderem die bindende Zusage, dass bis zum 31. Dezember 2001 alle liechtensteinischen Banken (17) den wirtschaftlich Berech-

Europa – Liechtenstein

tigten und das Kundenprofil bei allen Depots und Konten kennen ("know your customer rule").

- Die von der liechtensteinischen Regierung gegenüber der FATF eingegangenen Verpflichtungen konnten von den Banken im Fürstentum zu über 97 Prozent eingehalten werden.
- Im November 2001 wurde ein Gesetz erlassen, wonach es den liechtensteinischen Banken ab dem 1. Januar 2002 nicht mehr erlaubt ist, bei jenen Konten und Depots Vermögensabschlüsse zu gestatten, deren wirtschaftlich berechtigte Person einschließlich des Kundenprofils nicht bekannt ist.

Devisenkontrollen: Keine

Fiskalische Auslieferungsabkommen: Keine

Politische Risiken: Keine

Rechtssystem: Anlehnung an das schweizerische und österreichische Rechtssystem. Für Gesellschaften gilt das Personen- und Gesellschaftsrecht (PGR) vom 20. 1. 1926 sowie das Gesetz über das Treuunternehmen vom 10. 4. 1928.

Patentschutz: Abkommen mit der Schweiz. Danach sind Patente durch Eintragung in der Schweiz automatisch auch in Liechtenstein geschützt.

Markennamen, Muster, Modelle: Können direkt in Liechtenstein registriert werden

Wohnsitznahme: Daueraufenthaltsbewilligung äußerst schwierig

Steuern: Natürliche Personen zahlen mit Gleitzuschlägen für Fürstentum und Kommune derzeit etwa 19 Prozent Einkommensteuer und circa 0,9 Prozent Vermögensteuer.

Bei Gesellschaften wird zwischen Holding- und Sitzgesellschaften sowie Gesellschaften, die nicht diese Bedingungen erfüllen, unterschieden.

Steueroasen auf dem Prüfstand

Bei Holding- und Sitzgesellschaften:

- 3 Prozent Emissionsstempel auf das einbezahlte Kapital
- Stiftungen zahlen nur 0,2 Prozent, mindestens 200 SFr
- Aktiengesellschaften bezahlen darüber hinaus 2 Prozent Kapitalsteuer
- jährlich 1 Promille des einbezahlten Kapitals und der Reserven beziehungsweise des Unternehmenskapitals, mindestens 1 000 SFr
- Aktiengesellschaften bezahlen auf alle ausgeschütteten Dividenden 4 Prozent Kuponsteuer.

Alle anderen Gesellschaften zahlen:

- die erhöhte Kapitalsteuer von 2 Promille
- eine Ertragsteuer von 7,5 – 15 Prozent des Reinertrags und
- bis zu 20 Prozent, wenn die Dividenden höher als 8 Prozent sind.

Steuern für ansässige Ausländer: Wenn sie nicht in Liechtenstein arbeiten, eine Pauschaleinkommensteuer von 12 Prozent auf ein fiktives Einkommen, das mit dem fünffachen Mietwert eines Wohnhauses angesetzt wird.

Quellensteuer: Keine

Doppelbesteuerungsabkommen: Nur mit Österreich, jedoch nicht für Oasengesellschaften

Lebenshaltungskosten: Entsprechen dem schweizerischen Niveau

Kommunikation: Sehr gut, Postlaufzeit innerhalb Europas zwei bis drei Tage

Verkehrsverbindungen: Auto: über Bregenz; Bahn: über Buchs/Schweiz, dann etwa zehn Minuten Taxifahrt; Flug: Zum Flughafen Zürich bieten Lufthansa und Swissair von fast allen deutschen Städten aus direkte Verbindungen an.

Europa – Liechtenstein

Mitte 2002 sind im Fürstentum Liechtenstein nicht nur knapp 33 000 Einwohner, sondern auch rund 100 000 Aktiengesellschaften, Trusts, Stiftungen und Holdinggesellschaften registriert. Sie bieten den steuergebeutelten EU-Bürgern jede nur denkbare Art von Problemlösung an.

Folgende Einkünfte bleiben ganz oder teilweise steuerfrei: Einkünfte aus aktiver Tätigkeit, Handel und Beratung, aus Rechte-, Lizenz- und Patentverwertung sowie aus Dividenden, Zinsen und Finanzspekulation. Als weitere Boni gelten Einfuhrfreiheiten, Niedrigzölle, Haftungsbeschränkungen sowie ein intaktes Bankgeheimnis (Europas strengstes), Anonymität und kaum Publizität im Unternehmensbereich.

So können Liechtensteiner Unternehmen zu 100 Prozent Ausländern gehören und jederzeit unbegrenzt Kapital einbringen oder rücktransferieren. Alle eingetragenen Gesellschaften sind zu „ordnungsgemäßer" Buchführung verpflichtet, nicht aber zum Publizieren ihrer Zahlen. Anteilsverkäufe bleiben anonym. Außerdem gibt es im Gegensatz zur EU keine Fusionskontrollen, und Kartelle werden nur dann untersagt, wenn sie „volkswirtschaftlich schädlich" sind.

Vorerst sind diese klassischen Standortvorteile durch die dynamische Rechtsentwicklung in den Nachbarländern der EU und deren Ausstrahlung auf den EWR nicht tangiert.

Da Liechtenstein in den letzten Jahren mehrfach in Geldwäscheaffären verwickelt war, wurde zwischen den Banken, der Regierung des Fürstentums, dem Landtag und dem Bankenverband eine Vereinbarung über die Sorgfaltspflicht der Banken erlassen, um den guten Ruf des Finanzplatzes im In- und Ausland aufrechtzuerhalten. Seitdem wird mangelnde Sorgfalt bei Geldgeschäften sowie bei Geldwäsche unter Strafe gestellt (§ 299a, 299b Liechtensteiner Strafgesetz).

Liechtensteiner Holding- und Domizilgesellschaften wurden in der Vergangenheit in so viele Finanzskandale verwickelt, dass der Ruf

Steueroasen auf dem Prüfstand

der Gesellschaften im Ausland angeschlagen ist. Einige ausländische Gerichte haben Anstalten, Treuhandunternehmen und Stiftungen die Rechtsfähigkeit aberkannt, wenn nicht gewisse Voraussetzungen, wie beispielsweise mehrere Gründer, erfüllt waren.

Gesellschaften: Für ausländische Gesellschaften sind die liechtensteinischen Anstalten und Stiftungen nicht empfehlenswert. Dafür ist die AG vorzuziehen. Für reine Vermögensverwaltungen hingegen bieten sich Stiftungen und Trusts an.

- Gründungskapital: Bei den Gesellschaftsformen – Anstalt, Stiftung und Trust: 30 000 SFr. Bei der Aktiengesellschaft: 50 000 SFr, die praktisch nur für die Gründungszeit durch entsprechende Bankbestätigung eingezahlt sein müssen.

- Gründungsdauer: ein bis zwei Wochen

- Gründungskosten: Je nach örtlichem Helfer zwischen 5 000 – 10 000 SFr. Hinzu kommen Registergebühren von 500 SFr auf die ersten 100 000 SFr Gesellschaftskapital zuzüglich 100 SFr auf jede weiteren 100 000 SFr.

- Laufende Kosten: Jährliche Pauschalsteuer sowie für die Stellung des vom Gesetz vorgeschriebenen Liechtensteiner Repräsentanten und Verwaltungsrats 3 000 – 10 000 SFr. Hinzu kommen je nach Anfall die Kosten für die Buchhaltung.

Bei den Gesellschaftskonstruktionen kommen vorrangig Stiftungen zum Einsatz.

Dabei wurden in der Vergangenheit die mit der Stiftung einhergehenden hohen Qualitätsanforderungen – wohl auf Drängen der ausländischen Kunden – verletzt. Denn die Stiftungssatzungen wurden, dem Stiftungsrecht widersprechend, zu Fremdzwecken „gebogen":

- Die Stiftungskonten werden zum Zweck privater Ein- und Auszahlungen – wie Girokonten – benutzt. Dem Stifter fließen dabei Mittel aus Geschäften zu. Er lässt sich Provisionen und andere Zuwendungen auf das Stiftungskonto überweisen. Oder der Stifter entnimmt zu stiftungsfremden Zwecken Kapital aus dem Stiftungsvermögen.

- Der Stifter verfügt über das Stiftungsvermögen zum Zweck der Kapitalanlage. Diese Verfügungen hinterlassen Spuren bei den Vermögensverwaltungsbanken der Stiftung (Aktenvermerke, Kopien von Kauf- und Verkaufsanweisungen) und könnten in fremde Hände geraten, zumal, wenn Stiftungen außerhalb Liechtensteins gehalten werden.

- Die Verwendung der Erträge und des Stiftungskapitals entspricht nicht den Stiftungssatzungen. Das kann zu Komplikationen führen.

Verstöße gegen den Stiftungszweck erhöhen das Risiko, dass Unbefugte Kenntnis von einer Stiftung erhalten. Und wenn dann auch noch Mitarbeiter einer Treuhandkanzlei Daten nutzen, um „Stifter" zu erpressen oder diese Daten den Finanzbehörden ihres Heimatlandes mitzuteilen, dann ist der „Stifter" sehr schnell zur Strecke gebracht.

Liechtensteinische Treuhänder

In den letzten Jahren hat man nicht nur Positives von den Liechtensteiner Treuhändern gehört. Von Beihilfe zur Geldwäsche und Steuerhinterziehung sowie von verschwundenen Mandantendaten war die Rede – nicht gerade ehrenwert für diese ehrenwerte Gesellschaft mit gefährlichen Mitarbeitern, die ihre anonymisierten Vermögensinhaber an die publizistische Glocke hängen.

Einen solch vernichtenden Tiefschlag musste beispielsweise der höchstrenommierte Freund von Ex-Bundeskanzler Helmut Kohl Dr. Dr. Herbert Batliner einstecken. Zwei Namen auf seiner Opferliste: Walter Röller, Ex-Vorstandsvorsitzender der Dresdner Bank AG, und der „schwarze" Reiter Paul Schockemöhle. Die deutschen Steuerfahnder amüsierten sich gemeinsam mit der Weltpresse und schritten bei den Angeschwärzten prompt zum Inkasso.

Steueroasen auf dem Prüfstand

Die rund 200 „verschwiegenen" Treuhänder haben einige Zeit gebraucht, um ihr „sauberes" Image aufzubessern. Denn nur unter massivem Druck der mittlerweile 17 Banken im Fürstentum konnten die Verwalter der rund 100 000 Briefkastenfirmen, der Trusts und der Stiftungen, dazu gebracht werden, ihre Kunden zu benennen. Jetzt kennen die Banken bei 98 Prozent der Konten die Personen oder Firmen, denen das Geld tatsächlich gehört.

Damit hat die einstige Fluchtburg der Steuerflüchtlinge und diskreten Financiers eine Kehrtwende vollzogen, um den Vorwurf zu entkräften, man sei ein „Paradies der Geldwäscher".

Dabei war es nicht nur die „schwarze Liste" der Financial Action Task Force on Money Laundering (FATF), die den Finanzplatz zu einer Säuberung nötigte. Andere peinliche Schlagzeilen kamen hinzu, so zum einen ein Bericht des Bundesnachrichtendienstes (BND), zum anderen die Verwicklungen des Treuhänders Batliner in die CDU-Parteispenden-Affäre.

Wird Liechtenstein, wenn es ähnlich streng ist wie andere Finanzplätze, dadurch weniger attraktiv? Können die Banken auf den nur 160 qkm des Fürstentums ohne den diskreten Charme eines Geldverstecks überleben? Nun, derzeit werden dort von den Geldhäusern rund 110 Milliarden CHF an Privatvermögen sicher verwaltet. Und um den Finanzplatz für ausländische Anleger noch attraktiver zu machen, wollen die Banken die Qualität ihrer Dienstleistungen weiter verbessern: Wenn die Kunden das Geld nicht mehr nach Vaduz bringen, wollen es die Banken – ähnlich wie die Schweizer Institute – künftig häufiger in ausländischen Filialen abholen. Schon jetzt werden daher Niederlassungen in Luxemburg eröffnet.

Doch was machen die Treuhänder in Vaduz, wenn sie kein sicheres Versteck mehr bieten können? Nun, sie bieten Anlegern nach wie vor ihre Dienste an, Vermögenswerte im Ausland möglichst steuerfreundlich anzulegen. Wer als Vermögender wissen will, wem er sein Geld anvertrauen kann, der sollte sich an einen Banker vor Ort wenden, der schon weiß, was im Fürstentum läuft und wem man dort über den Weg trauen kann. Eine Liste aller Treuhänder kann unter folgender Adresse abgerufen werden:

Liechtensteinische Treuhandvereinigung
FL-Vaduz, Tel.: 0 04 23-2 35 45 40, Fax: 0 04 23-2 33 45 41

Liechtenstein bietet In- und Ausländern wegen der liberalen Steuergesetzgebung und der Tatsache, dass es – mit Ausnahme zu Österreich – keine Doppelbesteuerungsabkommen und auch keine Quellensteuer gibt, für Schweizer Franken- oder Fremdwährungs-Anlagen echte Vorteile. Nachteilig ist, dass aufgrund fehlender Doppelbesteuerungsabkommen (Ausnahme Österreich) Erträge aus ausländischen Beteiligungen der jeweiligen ausländischen Besteuerung unterliegen.

Der Reiz des Fürstentums als Steuerparadies beruht auf der günstigen Steuerstruktur, der Flexibilität gegenüber Unternehmens- und Trustgründungen, seiner politischen Stabilität, der zentralen Lage in Mitteleuropa, den ausgezeichneten Serviceleistungen und dem Bankgeheimnis. Das Weltzentrum der Briefkastenfirmen ist immer noch ein empfehlenswerter Zufluchtsort für Steuersparer.

Diplomatische Vertretung:

Botschaft der Schweiz
Otto-von-Bismarck-Allee 4a; 10557 Berlin
Tel.: 0 30-3 90 40 00, Fax: 0 30-91 10 30

Internet: www.firstlink.li

Weitere Informationen zu Rechts- und Patentanwälten, Treuhändern und Buchprüfern:

Liechtensteinische Treuhändervereinigung
Aeulestraße 5; FL-9490 Vaduz
Tel.: 0 04 23-2 37 34 34, Fax: 0 04 23-2 37 34 60

Steueroasen auf dem Prüfstand

Luxemburg

- Fläche: 2 586 qkm
- Hauptstadt: Luxembourg
- Währung: Luxemb. Franc; Euro
- BSP je Einw.: über 42 060 $
- Inflation: 2,7 Prozent
- Einwohner: 442 000
- Sprachen: Letzeburgisch, Deutsch, Französisch
- Arbeitslosigkeit: 2,5 Prozent

Das alte Luxemburg war zwischen dem 15. und 19. Jahrhundert wegen seiner zentralen Lage und seiner als uneinnehmbar geltenden Festung ein Spielball zwischen Burgundern, Franzosen, Spaniern, Österreichern und Preußen. Die von Vauban, einem Baumeister und Marschall Ludwigs XIV., erbauten stolzen Wehrtürme, trutzigen Zinnen und mächtigen Festungswälle hielten dem Ansturm der Fremden jahrhundertelang stand.

Eine Festung anderer Art ist heute mehr und mehr dabei, diesem Bollwerk Vaubans den Rang abzulaufen: Eine Finanzfestung mit beeindruckenden Palästen aus Glas, Eisen und Beton, denn die Finanzwelt hat die 2 586 qkm des Großherzogtums zu einer ihrer Hochburgen erklärt. Rund 200 Banken, darunter fast ein Drittel deutsche Finanzinstitute, tragen ein sattes Drittel zum luxemburgischen Staatshaushalt bei.

Luxemburg – eine Hochburg für Kapitalanleger und Investmentfonds. Doch seit den Steuerfahndungsaktionen im Jahr 1994 ist der Zustrom deutschen Geldes abgebrochen. Irland, die Kanalinseln und die Schweiz wurden zu neuen Geldhäfen erkoren.

Auch Luxemburg gibt künftig dem Drängen der EU nach und will eine Abgeltungsteuer auf Kapitalanlagen einführen. Damit werden die Erträge dem Anleger zwar nicht mehr ungekürzt zufließen, das Bankgeheimnis wird jedoch (noch) gewahrt.

Devisenkontrollen: Keine

Fiskalische Auslieferungsabkommen: Keine

Politische Risiken: Keine

Rechtssystem: Die Gesetzgebung auf dem Gebiet des Gesellschaftsrechts ist vor allem durch das belgische Gesetz von 1913 beeinflusst: Gesellschaftsrecht vom 10. 8. 1915 mit Änderungen. Holdinggesellschaften werden gemäß Gesetz vom 31. 7. 1929 steuerlich begünstigt. Ihnen ist jedoch jede eigene industrielle oder kaufmännische Aktivität untersagt.

Patentschutz: Eintragungen erfolgen für Warenzeichen seit dem 1. 1. 1972 im Benelux-Warenzeichengesetz. Seit 1. 1. 1975 gilt zudem das Benelux-Musterschutzgesetz.

Wohnsitznahme: Für EU-Angehörige keine Beschränkungen, wegen der hohen Besteuerung jedoch nicht empfehlenswert.

Steuern:

- Ansässige: Progressive Einkommensteuer, vergleichbar der deutschen.
- Gesellschaften: Für Holdinggesellschaften keine Einkommen- oder Körperschaftsteuer, keine Quellensteuer – stattdessen eine jährliche Abonnementgebühr von 0,2 Prozent.
- Ausländer: Keine Erbschaftsteuer für nicht Ansässige

Quellensteuer: Keine

Doppelbesteuerungsabkommen: Ja, finden aber keine Anwendung auf die Holdinggesellschaften.

Lebenshaltungskosten: Niveau wie Bundesrepublik

Kommunikation: Sehr gut

Verkehrsverbindungen: Auto: über Trier; Bahn: über Koblenz – Trier; Flug: von fast allen deutschen Flughäfen, sonst über Frankfurt

Gesellschaften: Bei der Entwicklung des Offshore-Bankwesens im Großherzogtum spielten die deutschen Banken eine Schlüsselrolle. Wegen der günstigen Lage und fehlender Reservepflich-

Steueroasen auf dem Prüfstand

ten bei Auslandseinlagen bot sich Luxemburg für deutsche Bankniederlassungen geradezu an.

Die holdingfreundlichen Gesetze üben trotz der mittlerweile entstandenen europäischen Konkurrenz eine magnetische Anziehungskraft auf Investmentgesellschaften und Eurobonds aus. Während Luxemburg persönliches und Firmeneinkommen, Veräußerungsgewinne, Vermögen, Kapitalübertragungen, Erbschaften und Schenkungen ähnlich hoch wie die Nachbarländer besteuert, werden den Holdinggesellschaften steuerliche Privilegien eingeräumt. Holdings sind als Gesellschaften definiert, die nur Anteile an In- oder Auslandsunternehmen halten oder Sicherheiten und Patente verwalten.

Holdings zahlen weder Körperschaftsteuer auf Dividenden noch auf Gebühren und sind von der Steuer auf Veräußerungsgewinne sowie von der Quellensteuer auf Dividendenausschüttungen befreit. Und auch Darlehenszinsen bleiben steuerfrei. Dagegen unterliegen Holdings den ausländischen Quellensteuern auf empfangene Dividenden, Zinsen und Patentgebühren, da sie nicht von den Doppelbesteuerungsabkommen Luxemburgs profitieren. Holdings, die von der Zinsbesteuerung befreit sind, zahlen lediglich eine einmalige Eintragungsgebühr von 1 Prozent des Nettovermögens sowie eine jährliche Emissionssteuer von 0,2 Prozent auf den Ausgabewert. Notierte Gesellschaften werden auf Basis ihres durchschnittlichen Börsenwertes des Vorjahres veranlagt.

In der Regel wird die Holding in Form der Aktiengesellschaft (Société Anonyme – SA) gegründet. Die Aktionäre und Geschäftsführer können von beliebiger Nationalität sein. Die Gesellschaft muss in Luxemburg ein Büro unterhalten, und das Gesellschaftskapital muss bei normalen Holdings voll eingezahlt sein. Eine Ausnahme gilt für reine Finanzierungsholdings mit einem Mindestkapital von 50 Millionen lfr, von dem 25 Prozent bei Gründung und der Rest innerhalb von fünf Jahren eingezahlt sein müssen.

Das Luxemburger Recht fordert ein hohes Verhältnis von Fremd- zu Eigenkapital, im Normalfall 3 : 1.

Ausgenommen sind Gesellschaften, die Emissionen wie Eurobonds auflegen. Hier liegt das Verhältnis bei 10 : 1.

Neuerdings können Holdings auch als Treuhandgesellschaften gegründet werden. Das nutzen viele Auslandsbanken, indem sie ihren Kunden einen Treuhandservice anbieten, den sie über die Kanalinseln abwickeln.

Soll der Eigentümer einer Holdinggesellschaft anonym bleiben, bieten die Banken am Ort folgende Dienste an: Der spätere Eigentümer einer zu gründenden Holdinggesellschaft hinterlegt bei der Bank ausreichende Eigenmittel, um später das Aktienkapital der Holding zu erwerben. Die Bank zeichnet mit eigenen Mitteln das Aktienkapital der zu gründenden Gesellschaft und erscheint im öffentlichen Anzeiger sowie in der notariellen Urkunde als Gründer. Nachträglich überträgt die Bank die Aktien der Holding in Form von Inhaberzertifikaten an den Eigentümer gegen Zahlung.

Neben der Diversifikation im Bankwesen fördern die Luxemburger Behörden mit speziellen Steueranreizen für Investitionen in Wagniskapitalunternehmen mit Sitz in Luxemburg.

Nicht-Holding-Gesellschaften, also die eigentlich in Luxemburg voll steuerpflichtigen Handelsgesellschaften, sind nur dann interessant, wenn durch Ausnutzung von Doppelbesteuerungsabkommen erhebliche Steuervorteile erzielt werden können, beispielsweise bei Immobiliengeschäften in der Bundesrepublik Deutschland, sofern die tatsächliche Geschäftsführung nicht in Deutschland sitzt. Hierüber muss man sich im Einzelfall vor Ort genauestens beraten lassen.

Gründungsdauer: Je nach Gesellschaftsform ein bis vier Wochen.

Die Gründungskosten sind mit rund 5 000 EUR anzusetzen, die Domizilisation liegt jährlich bei rund 3 800 bis 5 000 EUR, die Kosten für die jährliche Testierung richten sich nach der Abschlusshöhe.

Grundsätzlich wird die Steuerharmonisierung innerhalb Europas – trotz allen Luxemburgischen Widerstandes – im Endeffekt dazu

Steueroasen auf dem Prüfstand

führen, dass eine Reihe von Steuerprivilegien Luxemburgs abgeschafft werden und das Bankgeheimnis durch Kontrollmitteilungen erheblich durchlöchert wird. Denn in Zeiten leerer Staatskassen blasen die Finanzminister zum Angriff auf die Festung Luxemburg. Ihr Ziel: eine europaweite Zinssteuer.

Trotzdem: Luxemburg bleibt für Gesellschaftsgründungen in Holdingform und für Kapitalanleger derzeit noch empfehlenswert, denn das Bankgeheimnis ist intakt. Ein entscheidender Standortvorteil, denn für viele Anleger sind Diskretion und Schutz des Privateigentums entscheidend.

Weitere Informationen und Ansprechpartner:

Kanzlei der Botschaft des Großherzogtums Luxemburg
Klingelhöferstr. 7; 10785 Berlin
Tel.: 0 30-26 39 57-0, Fax: 0 30-26 39 57-27

Deutsch-Belgisch-Luxemburgische Handelskammer
Rue Aleide de Gasperit; L-1615 Luxemburg-Kirchberg
Tel.: 0 03 52-43 58 53, Fax: 0 03 52-43 83 26

Internet: www.gouvernement.lu

Malta

- Fläche: 315,6 qkm
- Landessprache: Maltesisch; Geschäftssprache: Englisch
- BSP je Einw.: 9 120 $
- Inflation: 2,4 Prozent
- Einwohner: 388 000
- Währung: Maltesisches Pfund (£ M)
- Arbeitslosigkeit: 4,5 Prozent

Die Maltesische Inselgruppe, zu der Malta, Gozo, Comino, Cominetto, Filfla und St. Paul's Island gehören, liegt rund 90 Kilometer südlich Siziliens und bietet eine Mischung aus arabischen, italienischen und englischen Elementen, über denen ein Hauch von Orient schwebt.

Seit Anfang der 80er-Jahre versucht sich die kleine Inselgruppe als Steueroase zu profilieren. Der Durchbruch kam jedoch erst 1988

Europa – Malta

mit dem Malta International Business Act. Seitdem bietet Malta ein Bündel von Förderungsmaßnahmen an, unter anderem mit totaler zehnjähriger Steuerbefreiung für Exportunternehmen sowie teilweiser Steuerbefreiung für so genannte Trading Companies (Banken, Versicherungen, Handelsgesellschaften – jährlich 5 Prozent Steuern), und für Non Trading Companies (Vermögen- und Immobilienverwaltung) keine Steuern. Diese steuerbegünstigten Gesellschaften sind von jeglicher Devisenrestriktion befreit.

Förderungswürdige Unternehmen aus Zukunftsbranchen (Software, Telekommunikation, Biotechnologie) werden in den ersten sieben Jahren mit 5 Prozent pauschal besteuert. Der Steuersatz steigt bis auf moderate 15 Prozent im 14. Jahr.

Alle Produktionsmittel und Erzeugnisse können zollfrei ein- beziehungsweise ausgeführt werden, und die Lohnkosten liegen bei nur etwa 30 Prozent der deutschen.

Devisenkontrollen: Ja, Ausnahme bei Non Trading Companies

Fiskalische Auslieferungsabkommen: Keine

Politische Risiken: Keine

Rechtssystem: Kombination aus römischem Recht und britischem Recht. Das Gesellschaftsrecht entspricht dem britischen.

Wohnsitznahme: Ist möglich; hängt davon ab, ob genügend Kapital nach Malta fließt. Jährlich mindestens 6 000 £ M oder ein Kapital von 150 000 £ M, das ganz oder teilweise in eine Immobilie in Malta angelegt werden muss. Für ein Dauerwohnrecht muss entweder ein Haus für mindestens 30 000 £ M oder eine Wohnung für 20 000 £ M erworben werden. Bei Miete Mindestmiete pro Jahr 1200 £ M.

Steuern: Ansässige 15 Prozent, mindestens 3 000 US-Dollar pro Jahr.

Vermögensteuer, Grundsteuer und Steuern auf Veräußerungsgewinne gibt es nicht. Dividenden, die von örtlichen Unterneh-

Steueroasen auf dem Prüfstand

men gezahlt werden, werden als normale Gewinne besteuert. Die gezahlte Steuer wiederum kann vom Einkommen abgesetzt werden.

Es gibt keine Erbschaft- und Schenkungsteuern. Stattdessen wird eine Verwaltungsabgabe von 3,5 – 7 Prozent erhoben.

Gesellschaften: Für Exportunternehmen zehn Jahre steuerfrei. Für Trading Companies jährlich 5 Prozent, für Non Trading Companies, deren Zweck Vermögen- oder Immobilienverwaltung ist, keine Steuern.

Quellensteuer: Keine

Doppelbesteuerungsabkommen: Ja

Kommunikation: Akzeptabel

Verkehrsverbindungen: Gute Flug- und Schiffsverbindungen

Gesellschaften: Limited Liability Company

- Die Gründung einer Gesellschaft ist zur Erlangung der Niederlassungsgenehmigung unumgänglich.
- Mindestens zwei Anteilseigner.
- Kapital: 500 £ M. Bei nicht in Malta Ansässigen 5 000 £ M, davon müssen bei Gründung 20 Prozent eingezahlt werden.

Die Gründungskosten liegen bei 1 000 £ M und die der jährlichen Domizilisation bei 3 000 £ M. Die testierten Jahresabschlüsse müssen bei den Behörden eingereicht werden.

Malta liegt strategisch günstig für Geschäfte mit Kontinentaleuropa, Nordafrika und den Ländern im Nahen Osten. Es bietet einen zollfreien EU-Zugang, garantiert den freien Transfer von Gewinnen, Gebühren, Dividenden und Zinsen und verfügt über gut ausgebildete Arbeitskräfte. Man versucht deshalb verstärkt, produzierende Industrien ausländischer Investoren ins Land zu holen. Mit Erfolg: Rund 300 internationale Unternehmen produzieren auf

Europa – Malta

den Inseln, unter anderem Rodenstock, Bogner, Loden Frey oder der Playmobil-Hersteller Brandstätter.

Die Wohnsitznahme auf Malta ist empfehlenswert, wenn die DBA ausgenutzt werden können und die Abgeschnittenheit von Kontinental-Europa kein Hemmnis mehr darstellt.

Weitere Informationen, auch zu den finanziellen Zuschüssen, die bei Unternehmensgründung und für den Aufbau von Produktionsanlagen gewährt werden:

Botschaft von Malta
Klingelhöferstr. 7; 10785 Berlin
Tel.: 0 30-26 39 11-0, Fax: 0 30-26 39 11-23

Malta Development Corporation
P.O. Box 571; Valetta CMR 01/Malta
Tel.: 0 03 56-66 71 00, Fax: 0 03 56-66 71 11

Repräsentanz Deutschland
Kapuziner Straße 5; 80337 München
Tel.: 0 89-54 40 48 97, Fax: 0 89-54 40 49 01

The Malta Chamber of Commerce
Exchange Buildings, Republic Street; Valetta VLT 05/Malta
Tel.: 0 03 56-23 38 73, Fax: 0 03 56-24 52 23

Malta Financial Services
Attard, Malta; Valetta CMR 01

Central Bank of Malta
Castille Place, Valetta CMR 01
Tel.: 0 03 56-24 74 80, Fax: 0 03 56-24 30 51

Ansässige Banken: APS Bank, Bank of Valetta International, First International Merchant Bank, Investment Finance Bank, Lombard Bank, Mid-Med Bank, First Austria Bank, Valetta Investment Bank, Volksbank Malta.

Informationen zur Wohnsitznahme auf Malta:

Ministry of Finance
Floriana-Malta
Tel.: 0 03 56-23 63 06, Fax: 0 03 56-22 43 77
Internet: www.magnet.mt

Steueroasen auf dem Prüfstand

Monaco

- Fläche: 1,95 qkm
- Landessprache: Französisch
- Währung: Französischer Franc (FF); Euro
- Einwohner: 32 000, davon 5 000 Monegassen
- BSP je Einw.: ca. 40 000 $

Das von den Phöniziern gegründete und seit dem Mittelalter zum Einflussbereich der genuesischen Adelsfamilie Grimaldi gehörende souveräne Fürstentum bietet – seit Mai 1963 Frankreich ausgenommen – allen Bürgern anderer Staaten absolute Steuerfreiheit.

Das Fürstentum ist zwar das kleinste Land Europas, aber es ist der einzige Staat, der ständig wächst. In den 51 Regierungsjahren des Fürsten Rainier hat sich das Territorium durch Aufschüttungen im Mittelmeer um rund 20 Prozent vergrößert. Denn Wohnflächen werden immer knapper und teurer: Der Quadratmeter kostet mittlerweile bis zu 20 000 EUR.

Monaco ist eine Geldpumpe. 44 Banken und 20 Investmentgesellschaften haben sich in dem winzigen Staat niedergelassen, bei denen rund 400 000 Konten geführt werden, deren Inhaber zu 65 Prozent keinen Wohnsitz in Monaco haben. Das Bankgeheimnis ist entsprechend dem französischen Recht geschützt, Verstöße gegen die Geheimhaltungspflicht werden geahndet. Die diskrete Behandlung von Bankdaten findet jedoch dort ihre Grenzen, wo es um Steuerangelegenheiten geht. Werden Konten eröffnet oder geschlossen, muss die Bank die Finanzverwaltung darüber automatisch informieren. Und bei Verdacht eines Steuervergehens müssen die Banken Auskünfte erteilen und verlangte Unterlagen aushändigen.

Während vor 20 Jahren noch 97 Prozent der Staatseinnahmen aus den Gewinnen der Spielbank kamen, steuert die Société des Bains de Mer (SBM) heute nur noch 4 Prozent bei: Dienstleistungen, Bodenspekulationen, Kapitalflucht und Geldwäsche haben das Hasardspiel ersetzt und nach Monaco dubiose Leute gebracht. Doch mit Geldwäsche will der für die Reichen dieser Welt so angenehme Zwergstaat nichts zu tun haben.

Europa – Monaco

Aber – Monaco ist auch ein perfekter Überwachungsstaat, zur Sicherheit des einen, zum Leid des anderen. Die Monegassen begrüßen es, dass die Polizistendichte sieben Mal höher ist als im benachbarten Nizza. 85 Videokameras zoomen den Ort bei Tag und Nacht ab und dank Infrarot ist auch nachts jedes Nummernschild problemlos erkennbar. Die ganze kleine Monaco-Welt wird live ins Polizeipräsidium übertragen. Von dort kann Europas Hochsicherheitstrakt im Ernstfall innerhalb von 109 Sekunden hermetisch abgeriegelt werden.

Ausländer werden strikt überwacht, ob sie auch mindestens 180 Tage im Fürstentum verbringen, um die eingeräumten Steuervorteile tatsächlich genießen zu können. Geschlossene Rolläden, nicht geleerte Briefkästen, verdächtige Strom-, Gas- und Telefonrechnungen sowie geschwätzige Intendantinnen – Hausmeister heißen im Fürstentum nicht Concierge – führen sehr schnell zur Aberkennung einmal eingeräumter Steuerprivilegien und nur zu oft zur Ausweisung.

Für vermögende Ruheständler mag es ein Paradies sein. Sie profitieren davon, dass bereits 1869 Fürst Charles III. alle direkten Einkommensteuern abgeschafft hatte. Und wenn es dann irgendwann um den Eigentumsübergang inklusive Wertpapiere durch Erbgang geht, ist dieser zwischen Eheleuten steuerfrei; zwischen Geschwistern fallen nur 8 Prozent und zwischen nicht Verwandten nur 16 Prozent Erbschaftsteuer an. Für Geldanleger jedoch ist Monaco nicht empfehlenswert.

Anders sieht es für Unternehmen aus. Fürst Rainier ist es gelungen, das Fiskalparadies für Vermögende in den letzten Jahrzehnten zu einem Banken- und Finanzplatz zu entwickeln. Denn an Steuern fallen nur an:

- 33 1/3 Prozent auf alle Gewinne für in Monaco tätige Unternehmen. Diese Besteuerung entfällt bei Firmen-Neugründungen innerhalb der ersten beiden Geschäftsjahre. Darüber hinaus gilt für die drei Folgejahre eine reduzierte Gewinnbesteuerung.

Steueroasen auf dem Prüfstand

- 8 Prozent auf Gewinne von Verwaltungen, die sich auf die Geschäftsführung, Koordinierung bzw. Kontrolle ausländischer Unternehmen beschränken.

Über 6 000 Unternehmen profitieren davon.

Größten Wert legt Monaco darauf und tut auch alles dafür, um international nicht als Steueroase zu gelten. Tatsächlich betreffen die Steuervorteile des Fürstentums auch nur private Einkommen. Offshore-Gesellschaften, die ihre Einkünfte außerhalb des Landes erzielen und darauf keine Steuern zahlen, sind in Monaco unbekannt.

Devisenkontrollen: Entsprechend den französischen Devisenvorschriften. In Monaco ansässige Ausländer können nur für eine Übergangsfrist Devisenkonten führen.

Fiskalische Auslieferungsabkommen: Keine

Politische Risiken: Keine

Rechtssystem: Basiert auf dem französischen Rechtssystem mit eigenem Code Civil, Code de Commerce, Code Pénal und Code de Procédure Civil.

Patentschutz: Gemäß Gesetz vom 20. 6. 1955 sowie Dekret vom 29. 10. 1975

Wohnsitznahme: Grundsätzlich ja. In der Praxis wird jedoch verlangt, dass eine der teuren Wohnungen gekauft wird. Oft ist auch eine teure Fürsprache einer monegassischen Familie erforderlich. Arbeitsbewilligung muss gesondert beantragt werden. Aber: Monegassische Immobilien sind Mangelware. Immer mehr Prominente und Reiche wünschen sich Eigentum im Fürstentum, doch der Platz im Klein-Staat ist begrenzt.

Steuern: Keine Einkommensteuer, Sondersteuer auf Bank- und Finanzgeschäfte von 17,6 Prozent, dafür Befreiung von der Mehrwertsteuer, Körperschaftsteuern liegen bei 35–40 Prozent.

Doppelbesteuerungsabkommen: Mit Frankreich

Lebenshaltungskosten: Hoch, hohe Mieten und Kaufpreise für Immobilien

Kommunikation: Gut, Post über Frankreich

Verkehrsverbindungen: Flug: über Nizza

Gesellschaften: Es eignet sich nur die AG. Hierfür ist eine Regierungsbewilligung notwendig. Die AG muss mindestens zwei Gründungsgesellschafter sowie ein Grundkapital von 75 000 EUR aufweisen, das zu 25 Prozent einbezahlt sein muss. Ein Verwaltungsrat sollte im Fürstentum ansässig sein.

- Gründungsdauer: vier bis sechs Wochen
- Gründungskosten: Inklusive Eintragung, Stempelgebühr, Notar- sowie Publikationskosten etwa 3 800 EUR
- Laufende Kosten: Steuern sowie mindestens 1 500 EUR für örtliche Berater und Buchführung

Finanzaufsicht:

Direction du Budget et du Trésor
Place de la Mairie; 98000 Monaco
Tel.: 0 03 77-93 15-80 00, Fax: 0 03 77-93 15-84 26

Ansässige Banken: American Express Bank, Banque Générale du Commerce, Banque Nationale de Paris, Banque Paribas, Barclays Bank, Citibank, Crédit du Nord, Crédit Lyonnais, Crédit Suisse, National Westminster Bank, Société de Banque Suisse, Société Générale, Union Bank of Switzerland.

Weitere Informationen und Ansprechpartner:

Direction du Commerce, de l'Industrie et de la Propriété Industrielle
98000 Monaco, Tel.: 0 03 77-93 15 88 53, Fax: 0 03 77-92 05 75 20

Direction des Services Fiscaux
98000 Monaco, Tel.: 0 03 77-93 15 80 00, Fax: 0 03 77-93 15 81 55

Kanzlei der Botschaft des Fürstentums Monaco
Klingelhöferstr. 7; 10785 Berlin, Tel.: 0 30-2 63 90 33, Fax: 0 30-26 39 03 44

Steueroasen auf dem Prüfstand

Niederlande

- Fläche: 41 865 qkm
- Hauptstadt: Amsterdam
- Sprache: Niederländisch, Friesisch (regional)
- Arbeitslosigkeit: 2,5 Prozent
- Einwohner: 15,9 Millionen
- Regierungssitz: Den Haag
- BSP je Einw.: 24 970 $
- Währung: Holländ. Gulden; Euro
- Inflation: 4,6 Prozent

Das flache Land hinter den Deichen zwischen Nordsee und Niederrhein, das Land der Kanäle, Seen, Strände und Radfahrwege, kann für Kapitalanleger eine Alternative zu Luxemburg sein. Niederländische Holding- und Finanzgesellschaften sind nur im Einzelfall interessant.

Dazu sollten die niederländische Muttergesellschaft und die ausländische Tochtergesellschaft in jedem Fall aktiv sein. Eine Geschäftstätigkeit wird angenommen, wenn die niederländische Gesellschaft bei einem mehrstöckigen Firmenaufbau die oberste Gesellschaft oder ein Glied in der Gesellschaftskette darstellt. Steuerlich interessante Möglichkeiten ergeben sich durch den Fortfall oder eine Ermäßigung der Quellensteuer auf Dividenden sowohl bei Dividendenausschüttungen ausländischer Gesellschaften an die niederländische Mutter als auch bei Dividendenausschüttungen niederländischer Gesellschaften an ausländische Muttergesellschaften. Dabei ist vor allem das Doppelbesteuerungsabkommen mit den Niederländischen Antillen wichtig, das die Quellensteuer auf 0 Prozent reduziert. Nach dem Muster der Niederländischen Antillen hat das holländische Königreich umfangreiche Steuererleichterungen für Finanzgesellschaften erlassen. Für sie wurde die Effektivbesteuerung auf maximal 10 Prozent begrenzt.

Darüber hinaus werden in den Niederlanden Quellensteuern nur auf Dividenden fällig, noch nicht aber auf Tantiemen und Zinsen. Auch gelten die Finanzbehörden im Umgang mit ausländischen Unternehmen als flexibel und entgegenkommend. Finanzbeamte erörtern Steuerfragen im Voraus. Diesen Umstand machen sich allein im Großraum Amsterdam bereits mehr als 30 000 ausländische Holdinggesellschaften zu Nutze.

Europa – Niederlande

Für private Auslandskunden bieten die holländischen Banken Nummernkonten sowie auf Kennwort geführte Konten an. Auch werden die Erträge festverzinslicher Wertpapiere und Investmentfonds ohne Zinsabschlag ausgezahlt. Für deutsche Anleger sind die Niederlande besonders attraktiv: Bis zu 130 000 EUR können deutsche Ehepaare steuerfrei und legal in Holland anlegen.

Man sollte jedoch wissen, dass innerhalb der Niederlande eine Meldepflicht der Kreditinstitute über alle Zinszahlungen an ihre Kunden besteht. Da das DBA mit Deutschland jedoch vorsieht, dass deutsche Steuerbehörden sich jederzeit Informationen über in den Niederlanden unterhaltene Konten von in Deutschland Steuerpflichtigen beschaffen können, müssen Anleger immer damit rechnen, dass der hiesige Fiskus etwa nicht gemeldete Guthaben bei Banken in unserem Nachbarland aufspürt.

Verkehrsverbindungen: Bahn und Pkw: über Groningen, Arnheim oder Venlo; Flug: nach Amsterdam

Kommunikation: Sehr gut

Wohnsitznahme: Als EU-Mitglied besteht Niederlassungsfreiheit

Politische Risiken: Keine

Lebensqualität: Entspricht der Bundesrepublik

Devisenbeschränkungen: Ja, werden jedoch seitens der Zentralbank liberal gehandhabt. Geregelt durch das bürgerliche Gesetzbuch (Burgerlijk Wetboek) und Handelsgesetzbuch (Wetboek van Koophandel) sowie EG-Übereinkommen vom 27. 9. 1968.

Fiskalische Auslieferungsabkommen: Ja

Patentschutz: Ja, Patenteintragungen erfolgen beim Bureau voor de Industriele Eigendom, Rijswijk. Warenzeichen werden im Benelux-Warenzeichenamt in Den Haag, Muster im Büro der Muster und Modelle in Den Haag eingetragen.

Besonderheit für Kapitalanleger: Für Auslandskunden gibt es Nummernkonten sowie auf Kennwort geführte Konten.

Steueroasen auf dem Prüfstand

Wie in Luxemburg erhalten deutsche Anleger auch in den Niederlanden die Erträge festverzinslicher Wertpapiere und Ausschüttungen von Investmentfonds ohne Zinsabschlag ausgezahlt.

Gesellschaften:

- Gründungsdauer: ein bis zwei Monate

- Gründungskosten:
  Aktienkapital: 22 700 EUR
  Notarkosten: 250 EUR
  Handelsregistereintrag: 55 EUR
  Kapitalsteuer: 1 Prozent des Aktienkapitals
  Örtl. Berater: 2 270 EUR

- Laufende Kosten: Da die steuerlichen Vorteile nur genutzt werden können, wenn die Gesellschaft von den Niederlanden aus verwaltet wird, muss in der Regel ein örtlicher „Direktor" eingeschaltet werden, Kosten: jährlich 2 270 EUR.

Banken: Geschlossen an den meisten deutschen Feiertagen, zusätzlich am 30.4. (Nationalfeiertag)

Commerzbank AG
Heerengracht 571-579; NL-1017 CD Amsterdam
Tel.: 00 31 20-55 74-9 11, Fax: 00 31 20-6 27 24 46

Deutsche Bank Tochtergesellschaft
H. Albert de Bary & Co. N.V.
Heerengracht 450-458; NL-1017 CA Amsterdam
Tel.: 00 31 20-5 55 49 11, Fax: 00 31 20-5 55 44 28

Weitere Informationen und Ansprechpartner:

Königlich Niederländische Botschaft
Friedrichstraße 95; 10117 Berlin
Tel.: 0 30-20 95 60, Fax: 0 30-20 95 64 41

Nederlands – Duitse Kamer van Koophandel
Nassauplein 30; NL-2585 EC Den Haag
Tel.: 00 31 70-3 11 41 14, Fax: 00 31 70-3 63 22 18

Internet: www.postbus51.nl

Nordirland

Der Nordteil der grünen irischen Insel, die Provinz Ulster, gehört mit einer Fläche von 14 121 qkm und 1,7 Millionen Einwohnern zum Vereinigten Königreich Großbritannien. Hohe Einkommensteuern (30 bis 60 Prozent) und Körperschaftsteuern (42 bis 52 Prozent) sowie die nach wie vor instabile Situation zwischen Protestanten und Katholiken machen das Land im Gegensatz zur südlich angrenzenden Republik Irland zur Wohnsitznahme nicht empfehlenswert.

Dennoch kann Nordirland für Produktionsansiedlungen interessant sein. Denn ausreichend gute Fachkräfte sind vorhanden, und Produktionsansiedlungen werden massiv gefördert. So gibt es für Fabrikbauten und Produktionsanlagen finanzielle Zuschüsse von bis zu 50 Prozent, und Abschreibungen im ersten Jahr von 54 bis 100 Prozent sind zugelassen. Für die Ausbildung von Arbeitern werden wöchentlich pro Person bis zu 30 Pfund gezahlt. Dazu kommen wöchentliche Lohnzuschüsse, Zuschüsse von bis zu 50 Prozent für Forschungs- und Entwicklungsarbeiten, Exportversicherungen sowie eine 50-prozentige Steuerermäßigung für ausländische Arbeitskräfte.

Weitere Informationen und Ansprechpartner:
Britisches Generalkonsulat
– Handelsabteilung –
Bürkleinstraße 10; 80538 München
Tel.: 0 89-21 10 90, Fax: 0 89-21 10 91 44

Österreich – mit den Exklaven Jungholz und Kleinwalsertal

- Fläche: 83 858 qkm
- Hauptstadt: Wien
- BSP je Einw.: 27 920 $
- Währung: Österreichische Schilling; Euro
- Arbeitslosigkeit: 6,0 Prozent
- Einwohner: 8,1 Millionen
- Sprachen: Deutsch, Slowenisch (reg.), Kroatisch (reg.)
- Inflation: 2,6 Prozent

Steueroasen auf dem Prüfstand

Millionen von Touristen genießen Jahr für Jahr die landschaftlichen und kulturellen Besonderheiten der Alpenrepublik. Darüber hinaus machen wirtschaftliche, politische und monetäre Stabilität, ein verfassungsrechtlich abgesichertes Bankgeheimnis, ein liberalisierter Devisenverkehr und Steuervergünstigungen Österreich auch für Leute, die sich dort zur Ruhe setzen oder Steuern sparen wollen, interessant.

Für viele Reiche sind die pauschalisierte Kapitalertragsteuer von 22 Prozent (anstelle der Gewerbe-, Vermögen- und Erbschaftsteuer) und ein Wohnrecht in der Alpenrepublik hier zu Lande interessant. Auch steht eine große Auswahl von Immobilien zum Verkauf; einfache Bauernhäuser wie teure Bergchalets oder malerische Seestudios. Ab etwa 50 000 EUR aufwärts ist man dabei.

Bei Immobilien im Wert von über 7 270 EUR fallen 8 Prozent Grunderwerbsteuer, 0,5 Prozent Grundbuchgebühren und etwa 3 Prozent sonstige Nebenkosten an. Österreich erhebt eine Steuer von jährlich 1 Prozent auf das weltweite Vermögen. Dazu gehören auch von den Eigentümern selbst bewohnte Immobilien. Es gibt jedoch recht komplizierte, aber hohe Abzugsmöglichkeiten. Dazu sollte man sich vor Ort beraten lassen. Hinzu kommt eine Grundsteuer, die je nach Kommune zwischen 0,2 und maximal 0,84 Prozent variiert.

Veräußerungsgewinne werden nur besteuert, wenn Grundbesitz innerhalb von fünf Jahren nach Erwerb, oder, wenn es sich um den Hauptwohnsitz des Steuerpflichtigen handelt, innerhalb von zwei Jahren wieder verkauft wird. Dann kann der Steuersatz bis zu 50 Prozent betragen, wenn die Gewinne 50 870 EUR übersteigen. Dazu wird eine Grunderwerbsteuer in Höhe von 3,5 Prozent des Verkaufspreises erhoben, die auf 2 Prozent reduziert wird, wenn der Verkauf zwischen Eheleuten oder Eltern und Kindern erfolgt. Die sonstigen Kosten liegen zwischen 2 und 3 Prozent. Wird Grundsteuer gezahlt, fällt keine Mehrwertsteuer an.

Wohnsitz in Österreich: Die Alpenrepublik ist Mitglied der EU und hat damit eine ganze Reihe von restriktiven Vorschriften zum

Europa – Österreich

Grunderwerb von Ausländern aufgehoben oder entschärft. Die Ansiedlung von Deutschen ist sogar willkommen – vorausgesetzt, man bringt genügend Geld mit. Damit ist der Immobilienerwerb von Ausländern heute praktisch frei. Das gilt sowohl für gewerbliche Objekte als auch für private Anwesen. Der Kauf von „reinen Ferienhäusern" allerdings ist noch reglementiert. Es bedarf im Einzelfall der Genehmigung des jeweiligen Bundeslandes und wird im Westen Österreichs restriktiver gehandhabt als im Osten.

Wer sich im Rentenalter in Österreich ansiedelt, kann auf jeden Fall Erbschaftsteuern sparen, denn die gibt es in der Alpenrepublik nicht. Es gibt auch keine Vermögensteuer, und die Behandlung von Zinseinkünften ist wesentlich günstiger als hier zu Lande.

Die Alpenrepublik ist und bleibt wegen ihrer landschaftlichen, kulturellen und kulinarischen Schmankerln sowie der Diskretion in Sachen Geld mit gleichzeitiger Möglichkeit, auch noch Steuern zu sparen, in jeder Hinsicht für Anleger und Wohnwillige empfehlenswert.

Wissenswert: Spitzensportler werden in der Alpenrepublik steuerlich bevorzugt behandelt. Ausländer kommen seit Ende 2000 in den Genuss einer „Zuzugsbegünstigung", inländische Topstars werden mit 33 Prozent pauschal besteuert. Mit dieser Zuzugsbegünstigung (§ 103 ÖEKStG) kann die in Österreich fällige Einkommensteuer bis auf jenen Betrag gemindert werden, den ein steuerlicher Neo-Österreicher in seinem bisherigen Steuer-Domizil zu zahlen hatte. Formel-1-Fahrer Ralf Schumacher hat davon Gebrauch gemacht und sein Domizil von Monaco nach Österreich verlagert und dort mit der österreichischen Finanzbehörde eine Pauschalbesteuerung vereinbart.

Einkommensteuerpflicht in Österreich:

- Unbeschränkte Steuerpflicht bei:
  - Wohnsitz – ist dort, wo jemand eine Wohnung innehat unter Umständen, die darauf schließen lassen, dass die Wohnung beibehalten und benutzt werden soll.

Steueroasen auf dem Prüfstand

- Gewöhnlichem Aufenthalt im Inland – Aufenthalt unter Umständen, die erkennen lassen, dass eine Person an diesem Ort oder in diesem Land nicht nur vorübergehend verweilt.
- Tatsächlicher Aufenthalt länger als sechs Monate.

Die Steuerpflicht erstreckt sich auf alle in- und ausländischen Einkünfte (Welteinkommen).

Ausnahmen:

- So weit DBA bestehen, weisen diese die einzelnen Einkünfte einem der beiden Vertragsstaaten zur Besteuerung zu und beschränken damit das Besteuerungsrecht des anderen Staates.
- Abgabenhoheit mehrerer Staaten + kein DBA.

- Beschränkte Steuerpflicht für inländische Einkünfte aus:
  - Land- und Forstwirtschaft
  - selbstständiger Arbeit, die im Inland ausgeübt und verwertet wird
  - Gewerbebetrieb bei Betriebsstätte oder ständigem Vertreter im Inland
  - kaufmännischer und technischer Beratung im Inland
  - der Gestellung von Arbeitskräften zur inländischen Arbeitsausübung
  - gewerbliche Tätigkeit als Sportler, Artist
  - bestimmtem Kapitalvermögen (Erträge aus inländ. Aktien, GmbH-Anteilen, Zuwendungen von Privatstiftungen)
  - Vermietung und Verpachtung, wenn Grundstück im Inland gelegen ist
  - Veräußerung von Beteiligungen, wenn Kapitalgesellschaft Geschäftsführung oder Sitz im Inland hat

Europa – Österreich

Steuerbelastung in Österreich: Bei unseren Nachbarn hat sich der politische Wille durchgesetzt, nicht nur für Unternehmen, sondern auch für vermögende Privatpersonen steuerliche Nischen zu schaffen. Für Inhaber größerer Geldvermögen gibt es steuerliche Erleichterungen. Die Vermögensteuer wurde abgeschafft.

- Besteuerung und Vererbung von Anleihen und Bankguthaben: Kapitalerträge unterliegen einer Abgeltungssteuer in Höhe von 25 Prozent. Mit dieser Steuer, die direkt von den Banken abgeführt wird, gilt sowohl die Einkommen- als auch die Erbschaftsteuer als abgegolten. Die Erben zahlen – unabhängig vom Verwandschaftsgrad – also keine Erbschaftsteuer. Sind die Erben in Deutschland ansässig, fallen auf Grund des DBA ebenfalls keine Erbschaftsteuern an.

- Besteuerung und Vererbung von Aktienfonds: Die laufende Besteuerung von Aktienfonds ist derzeit für europaweit zugelassene Fonds in Österreich sehr günstig, weil de facto bei den weitgehend thesaurierenden Fonds die Kursgewinne steuerfrei bleiben. In der Diskussion ist allerdings eine Besteuerung der Kursgewinne in Höhe von 5 Prozent. Die Spekulationsfrist wurde auf zwei Jahre verlängert. Wenn ein Aktienfonds nicht länger als zwei Jahre gehalten wird, sind dann für 20 Prozent der realisierten Kursgewinne 25 Prozent Steuern abzuführen. Damit gilt die Einkommensteuer als abgegolten, nicht aber die Erbschaftsteuer.

- Privatstiftung: Mit der Gründung einer Stiftung kann durch die Möglichkeit des Steueraufschubs die jährliche Steuerlast sogar gegen null gedrückt werden. Das in die Stiftung eingebrachte Vermögen unterliegt einer Einstiegsteuer von 2,5 Prozent. Damit entfällt nach dem Ableben des Stifters eine weitere Erbschaftsteuer. Eine Privatstiftung kann maximal 200 Jahre bestehen. Aufgrund der laufenden Verwaltungskosten rechnet sich die Gründung jedoch erst ab 1 Million EUR.

Steueroasen auf dem Prüfstand

Steuerbelastung in Österreich

Vermögen	1,0 Mio. €	5,0 Mio. €	10,0 Mio. €
(Umrechnungskurs 1 € = 13,76 öS)	13,76 Mio. öS	68,80 Mio. öS	137,60 Mio. öS
Zinsertrag vor Steuer (mutmaßlich 4 %)	40 000 €	200 000 €	400 000 €
Einkommensteuer (endbesteuert)	25 %	25 %	25 %
Vermögensteuer	0 %	0 %	0 %
Gesamtsteuerbelastung pro Jahr	**10 000 €**	**50 000 €**	**100 000 €**
In % des steuerbaren Einkommens	**25 %**	**25 %**	**25 %**
Erbschaftsteuer*)	0 %	0 %	0 %

Quelle: Hypo Investment Bank

*) Die Nullbesteuerung bleibt unabhängig vom Verwandtschaftsgrad gewahrt. Daher können die Erben Kinder, der überlebende Ehegatte, Neffen und Nichten, Lebensgefährten etc. sein. Sind die Erben nicht in Österreich ansässig, ist das jeweilige Doppelbesteuerungsabkommen zu beachten.

Die österreichische Privatstiftung nach Wegzug aus Deutschland aus steuerlicher Sicht:

Will man als Deutscher in Österreich eine Privatstiftung einrichten, um dadurch steuersparende Effekte zu erzielen, sollte man wissen:

Grundsätzlich: Ende der unbeschränkten Steuerpflicht in Deutschland mit Wegzug.

Sonderregelungen:

1. Erweiterte unbeschränkte ErbSt-Pflicht, Ende der unbeschränkten Steuerpflicht fünf Jahre nach Wegzug.

2. Erweiterte beschränkte ESt-Pflicht, Ende der beschränkten Steuerpflicht zehn Jahre nach Wegzug.

Voraussetzung: Deutsche Staatsbürgerschaft des Weggezogenen.

Aber bei deutschem Inlandsvermögen: Beispielsweise

- mindestens 10-prozentige Beteiligung an deutscher Kapitalgesellschaft,
- Beteiligung an Personengesellschaft mit deutscher Betriebsstätte,
- deutschem Grundvermögen

gilt die deutsche Schenkungsteuer.

Bei Übertragung von Anteilen an deutscher Kapitalgesellschaft bis zu 25 Prozent an eine österreichische Kapitalgesellschaft, deren Anteile von einer österreichischen Privatstiftung gehalten werden:

- Wegzugbesteuerung mit Anrechnung von Schenkungsteuer.
- Verringerung der deutschen Quellensteuerbelastung auf 5 Prozent durch das DBA Ö/D.
- Keine österreichische Körperschaftsteuer auf Grund des „internationalen Schachtelprivilegs".
- Weiterleitung der Dividenden steuerfrei auf Grund des „nationalen Schachtelprivilegs" an die österreichische Privatstiftung.
- Steuerfreie Thesaurierung von Kapitalerträgen in der österreichischen Privatstiftung ist möglich.
- Belastung von Zuwendungen aus der Privatstiftung mit 25 Prozent KESt mit Endbesteuerungswirkung.

Schenkungssubstituierende Veräußerung an österreichische Privatstiftung – mit dem Ziel, GmbH-Anteile, KG-Anteile oder Immobilien in eine Privatstiftung steuergünstig einzubringen:

- Man sollte keine Schenkung, sondern den Verkauf an eine zuvor gegründete Privatstiftung vornehmen.
- Besonders geeignet ist eine Liegenschaft mit Einkünften aus Vermietung und Verpachtung (nicht gewerblich), weil ein steuerfreier Verkauf nach zwei Jahren möglich ist.

Steueroasen auf dem Prüfstand

- Eventuell sollte diese Liegenschaft vorher belastet oder ein Kauf durch die Privatstiftung fremdfinanziert werden (als Sicherheit dienen die Immobilien).

- Die dadurch anfallenden Zinsen sind in Deutschland abzugsfähig. Die laufende Steuerbelastung wird in Deutschland verringert. Liegenschaft bzw. Betriebsstätte bleibt in Deutschland steuerverhaftet.

- Erforderlich ist eine Eigenkapitalausstattung der Privatstiftung.

- Der Erlös aus dem Verkauf der Liegenschaft bzw. Betriebsstätte nach Wegzug sollte wieder in die Privatstiftung eingebracht werden (Nachstiftung). Dabei sollte man unbedingt die 5-jährige Wartefrist einhalten, um die deutsche Schenkungsteuer zu vermeiden.

Mit dem Einbringen von Unternehmensanteilen und/oder Immobilien in die Privatstiftung lassen sich für einen deutschen Steuerpflichtigen somit folgende Vorteile erzielen:

- Es fällt keine Schenkungsteuer an. Eine Besteuerung erfolgt nur für den um die Anschaffungskosten verringerten Veräußerungserlös.

- In Deutschland fällt eventuell nur der halbe Einkommensteuer-Satz an.

- Im Einzelfall ist die Transaktion sogar gänzlich steuerfrei.

- Es erfolgt keine Wegzugbesteuerung.

- Die Veräußerung von GmbH-Anteilen aus der Privatstiftung ist steuerfrei.

- Der Veräußerungspreis kann durch die vorherige Belastung (Schuldenaufnahme) verringert werden, dadurch ergibt sich eine niedrigere Bemessungsgrundlage für die Einkommensteuer.

Europa – Österreich

Steuervorteile für ausländische Unternehmen:

Aber auch für ausländische Unternehmen ist die Alpenrepublik ihrer Steuervorteile wegen interessant:

- Halber Steuersatz für den Verkauf von GmbH-Anteilen, die Verwertung von Patenten durch natürliche Personen, inländische Einkünfte aus Kapitalvermögen.

- Forschungsfreibetrag zwischen 12 und 18 Prozent für die Entwicklung von Patenten sowie für volkswirtschaftlich wertvolle Erfindungen.

- Investitionsfreibetrag zwischen 6 und 9 Prozent für Anschaffungen abnutzbarer Anlagegüter.

- Körperschaftsteuersatz von 34 Prozent.

- Wegfall der Gewerbesteuer.

Weitere Informationen und Ansprechpartner:

Österreichische Botschaft
Stauffenbergstr. 1; 10785 Berlin
Tel.: 0 30-2 02 87-0, Fax: 0 30-2 29 05 69

Deutsche Handelskammer in Österreich
Wiener Hauptstraße 142; A-1050 Wien
Tel.: 0 04 31-5 45 14 17, Fax: 0 04 31-5 45 22 59

Austrian Business Agency
Opernring 3; A-1010 Wien
Tel.: 00 43-1-5 88 58, Fax: 00 43-1-5 86 86 59

Wirtschaftstreuhänder Johann Eder
Rablstraße 31; A-4601 Wels
Tel.: 00 43-72 42-6 74 38-0, Fax: 00 43-72 42-4 36 06

Österreichisches Generalkonsulat, Handelsabteilung
Promenadeplatz 12; 80333 München
Tel.: 0 89-22 52 88, Fax: 0 89-22 52 87

Internet: www.austria.gr.at

Steueroasen auf dem Prüfstand

Polen

- Fläche: 312 685 qkm
- Hauptstadt: Warschau
- BSP je Einw.: 4 190 $
- Arbeitslosigkeit: 16,9 Prozent
- Einwohner: 38,6 Millionen
- Sprachen: Polnisch
- Währung: Zloty
- Inflation: 5,5 Prozent

Vom einstigen Armenhaus Europas hat sich unser östlicher Nachbar längst zum Europa-Tiger entwickelt. Die polnische Wirtschaft, einst Synonym für Schlamperei und Schlendrian, ist heute ein Erfolgsmodell für den konsequenten Umbau einer Staatswirtschaft in eine Marktwirtschaft. Motor des kräftigen Aufschwungs war und bleibt die starke Expansion der privaten Wirtschaft, die über die Branchen sehr breit gestreut ist und sich auf die Bildung eines dynamischen Mittelstandes sowie einer kreativen Unternehmerschaft stützen kann. Die Aufbruchstimmung hat – trotz russischem Dämpfer – der polnischen Wirtschaftsentwicklung eine hohe Eigendynamik verliehen.

Diese wird von einem kräftigen Zufluss ausländischer Direktinvestitionen gestärkt (35 Millionen US-Dollar). So gab es Mitte 2002 bereits knapp 10 000 Unternehmen mit deutscher Kapitalbeteiligung, die mehrheitlich in Warschau, Posen, Kattowitz, Breslau, Stettin und Danzig angesiedelt sind. Auf der Firmenliste finden sich Namen wie Villeroy & Boch, Strabag, STEAG, Preussag Noell, Obi, Keramag, Gelsenwasser, Eckes oder Commerzbank.

Um weitere Auslandsinvestoren ins Land zu holen, wurden Sonderwirtschaftszonen eingerichtet, die Steuerbefreiung von bis zu zehn Jahren garantieren. Für das nächste Jahrzehnt gilt für dort angesiedelte Unternehmen der halbe Steuersatz. Daneben gibt es eine Grundsteuerbefreiung sowie Verfahrensvereinfachungen beim Immobilienerwerb. Diese Zonen entstehen vorwiegend in strukturschwachen Gebieten mit hoher Arbeitslosigkeit. Weitere Garantien:

- Freier Transfer von Gewinnen und Dividenden;
- Sicherheitsgarantien vor Enteignung;

Europa – Polen

- keine Branchenbeschränkung sowie
- der genehmigungsfreie Grunderwerb.

Darüber hinaus können Investitionsausgaben vom zu versteuernden Einkommen abgesetzt werden.

Künftig sollen ausländischen Investoren neben der Kapitalgesellschaft auch die bisher gesperrten Rechtsformen der polnischen OHG und Kommanditgesellschaft offen stehen. Außerdem wird die Errichtung von Niederlassungen möglich. Damit hat Polen eine wesentliche Forderung der EU-Assoziierungsabkommen eingelöst. Die neue Regelung bringt für deutsche Unternehmen deutliche Erleichterungen:

- Bisher unterliegen die zumeist mittelständischen deutschen Investoren in Polen einer zweifachen Steuerlast, die auch durch die bestehenden DBA mit Deutschland nicht aufgehoben wird. Denn wurde ein deutsches Einzelunternehmen oder eine deutsche Personengesellschaft über eine polnische Tochter-Kapitalgesellschaft in Polen tätig, so führte dies zu einer doppelten Besteuerung der durch die polnische Gesellschaft erwirtschafteten Gewinne. Besteuert wurde bisher nicht nur auf der Ebene der polnischen Tochterkapitalgesellschaft, sondern außerdem noch ein weiteres Mal in Polen und in Deutschland auf der Ebene der deutschen Gesellschafter (Dividendenbesteuerung mit Quellensteueranrechnung).

- Beteiligt sich künftig der deutsche Gesellschafter oder die deutsche Personengesellschaft an einer polnischen Personengesellschaft, die mit ihrer Betriebsstätte den so genannten Aktivitätsvorbehalt erfüllt, so werden die in Polen erzielten Gewinne in Deutschland von der Besteuerung freigestellt.

Attraktiv für ausländische Investoren sind insbesondere die Regionen mit den jeweiligen Zentren Warschau, Kattowitz, Posen, Breslau, Danzig, Stettin, Lodz und Krakau.

Steueroasen auf dem Prüfstand

Polen – eine Steueroase für Unternehmen mit zeitlichem Vorbehalt!

Weitere Informationen und Ansprechpartner:

Kanzlei der Botschaft der Republik Polen
Lassenstr. 19–20; 14193 Berlin
Tel.: 0 30-2 23 13-0; Fax: 0 30-2 23 13-1 55

Polnische Investitionsförderungsagentur (PAIZ)
Warschau
Tel: 00 48-22-6 21 07 06; Fax: 00 48-22-6 21 84 27

Deutsche Bank Polska S.A.
Plac Grzybowski 12/14/16; 00-104 Warszawa
Tel.: 00 48-22-6 52 50 00; Fax: 00 48-22-6 24 12 03

MHB Mitteleuropäische Handelsbank
PL 00-688 Warszawa
Tel.: 00 48-22-6 30 39 36; Fax: 00 48-22-6 30 39 38

Internet: www.poland.pl

Portugal mit Madeira und der Azoreninsel Santa Maria

- Fläche: 92 345 qkm, davon Azoren 2 355 qkm, Madeira 795 qkm
- Hauptstadt: Lissabon
- BSP je Einw.: 11 120 $
- Arbeitslosigkeit: 4,1 Prozent
- Einwohner: 10,0 Millionen
- Amtssprache: Portugiesisch
- Währung: Escudo; Euro
- Inflation: 4,3 Prozent

Madeira, die 795 qkm große Hauptinsel der Madeiragruppe, mit nordafrikanischem Klima, portugiesischer Nationalität und engen Bindungen an Großbritannien, bezaubert durch ihre üppige Vegetation sowie beschauliche Berg- und Fischerdörfer.

Auf Madeira und dem kleineren Porto Santo leben rund 260 000 Einwohner mit dem niedrigsten Pro-Kopf-Einkommen innerhalb der EU. Um Offshore-Unternehmen und deren Kapital anzulocken, wurden Grund-, Körperschaft-, Schenkung-, Erbschaft-, Kapitalertragsteuern und Steuern auf Veräußerungsgewinne abgeschafft. Von Vorteil sind auch die niedrigen Lohnkosten, ausreichend vorhandene Arbeitskräfte, die neben Portugiesisch in der Regel auch Englisch sprechen, niedrige Mieten, Büroflächen in großer Auswahl, gute Fluganbindungen zu den europäischen Zentren, eine gute Kommunikation und die Tatsache, dass auf Madeira ansässige Firmen von den Doppelbesteuerungsabkommen Portugals in vollem Umfang profitieren.

Vorgeschriebene Gesellschaftsform eines Offshore-Unternehmens ist die AG-Rechtsform mit mindestens fünf Gesellschaftern und einem Minimumkapital von 25 000 EUR. Die Gründungskosten liegen zwischen 1 500 und 2 500 EUR. Da gesetzliche Steuerfreiheit besteht, verzichten die örtlichen Steuerbehörden auf Einsicht in die Buchführung und in die Jahresabschlüsse, die nicht geprüft sein müssen.

Zur Errichtung einer Offshore-Gesellschaft ist ein Antrag an die Sociedade de Desenvolviento Madeira S.A. erforderlich. Das Vorhaben muss dann vom Regionalsekretär für Wirtschaftsplanung, von der portugiesischen Zentralbank und vom Finanzministerium genehmigt werden.

Banken, Versicherungen und Investoren aus Europa, den USA und Südamerika haben sich bereits auf Madeira niedergelassen. Dabei ist von Vorteil, dass Aufenthaltsgenehmigungen für Bürger aus EU-Ländern problemlos erhältlich sind. Der Nachteil: Die „Perle im Atlantik" liegt weitab von den großen Geschäftsregionen.

Um die steuerlichen Vergünstigungen Madeiras zu nutzen, muss man dort jedoch nicht als Unternehmen vertreten sein. So parken beispielsweise deutsche Großunternehmen bei den auf Madeira ansässigen Banken hohe Geldbeträge, um anschließend die darauf erhaltenen Zinsen steuerfrei kassieren zu können. Denn die dort zu „entrichtenden" Kapitalsteuern sind fiktiv und können bei den Steuerlasten in der Heimat in Abzug gebracht werden.

Steueroasen auf dem Prüfstand

Geldwerte Vorteile für Unternehmen auf Madeira und Santa Maria

Offshore-Finanzgesellschaft	Offshore-Trust	Tätiges Offshore-Unternehmen
Gründungslizenz: US-Dollar 750 Jahreslizenz: US-Dollar 25 000	Gründungslizenz: US-Dollar 750 Jährliche Betriebskosten – je nach Tätigkeitsart: US-Dollar 1 500 – 25 000	Gründungslizenz: US-Dollar 750 Jährliche Betriebsgebühr: US-Dollar 13,50 pro qm
■ Keine Körperschaftsteuer bis 2011 ■ Keine Kapitalgewinnsteuer ■ Keine Quellensteuer ■ Keine Devisenkontrolle ■ Keine Stempelgebühr ■ Keine Mehrwertsteuer	■ Keine Quellensteuer und Einkommensteuer auf Dividenden, auf Zinsen aus Darlehen von Teilhabern und auf alle anderen Einkommen, die die Investoren dieser Unternehmen erhalten ■ Keine Steuer auf Kapitalgewinne bei Kapitalaufstockung ■ Keine Steuern bei Eigentumsübertragung, Schenkung und Erbschaft von Anleihen oder anderen Kapitalbeteiligungen dieser Unternehmen	■ Alle Steuerbefreiungen wie Offshore-Trusts ■ Befreiung eventueller Steuerschulden bei Eigentumsübertragung, Schenkung oder Erbschaften von Immobilien ■ Keine Einkommensteuer auf Unternehmensgewinne bis 2011 ■ Keine Gebühren und örtlichen Steuern ■ Keine Quellensteuer auf Zinsen für ausländische Bankdarlehen und Obligationen, vorausgesetzt, das aufgenommene Kapital wird für Investitionen oder zur Finanzierung der auf Madeira ausgeübten Tätigkeit verwendet ■ Keine Quellensteuer auf Tantiemen oder Lizenzen auf Technologietransfers

Europa – Portugal

Weitere Informationen und Ansprechpartner:

Portugiesisches Handelsbüro
Kreuzstraße 34; 40210 Düsseldorf
Tel.: 02 11-13 85 70, Fax: 02 11-32 09 68

Madeira Development Company
P.O. Box 41 64; P-9052 Funchal
Tel.: 0 03 51 91-25 44 66, Fax: 0 03 51 91-2 89 50

Madeira Management Compania LDA
Rua das Murcos No. 68; P-9000 Funchal/Portugal
Tel.: 0 03 51 91-22 06 66, Fax: 0 03 51 91-22 71 44

Kanzlei der Botschaft der Portugiesischen Republik
Zimmerstraße 56; 10117 Berlin
Tel.: 0 30-59 00 63 50-0, Fax: 0 30-59 00 63-6 00

Camara de Commercio e Industria
Luso – Alemana
Av. da Liberdade 38-2; P-1200 Lisbao
Tel.: 0 35 11-3 47 27 24, Fax: 00 35 11-3 46 71 50

Internet: www.pcm-gov.pt

Ansässige Banken: Deutsche Bank, ABN AMRO Bank, Banco Commercial Portugués, Banco Espirito Santo e Commercial de Lisboa, Banco International do Funchal, Banco Nacional Ultramarino, Bank of Lisbon International, Crédit Lyonnais Portugal, Caixa General de Depositos.

Auf den Azoren wird nicht nur das Wetter gemacht. Die neun zu Portugal gehörenden 2 355 qkm großen Atlantikinseln haben weitaus mehr zu bieten: Unverfälschte Natur und die Gastfreundschaft ihrer 240 000 Bewohner machen sie zu einem Urlaubsparadies für Individualisten.

Schweiz

- Fläche: 41 284,5 qkm
- Hauptstadt: Bern
- BSP je Einw.: 45 400 $
- Währung: Schweizer Franken
- Arbeitslosigkeit: 1,9 Prozent
- Einwohner: 7,3 Millionen
- Sprachen: Deutsch, Französisch, Italienisch, Rätoromanisch
- Inflation: 1,0 Prozent

Seit Jahrtausenden macht die zentrale Lage das Land der Helvetier zur Drehscheibe Europas. Es gilt heute mit seinen 27 Kantonen als Sinnbild für Geldsicherheit und Anonymität. Eine Drehscheibe für die internationalen Kapitalströme mit dem wohl positivsten Image der Finanzwelt. Rund 40 Prozent des gesamten Offshore-Weltvermögens und mehr als 4,2 Billionen SFr Wertpapiervermögen sind Mitte 2002 in diesem Geldhafen angelegt.

Und da das Bankgeheimnis noch weitgehend intakt ist, ist die Schweiz als Fluchtburg für Auslandskapital beliebt. Rund 1 Billion Schweizer Franken aus dem Ausland hat sich dort bei den Banken angesammelt. Denn gerade in Fiskalfragen gilt das Land als verschwiegen.

Devisenkontrollen: Keine

Fiskalische Auslieferungsabkommen: Keine – Ausnahme USA. Hier ist Rechtshilfe bei Steuerdelikten mit Geldern vereinbart, die aus organisiertem Verbrechen, Rauschgift- oder Waffengeschäften stammen.

Politische Risiken: Keine

Rechtssystem: Schweizerisches Zivilrecht vom 10. 12. 1907 und Obligationenrecht vom 30. 3. 1911, das auch das Recht für Handelsgesellschaften umfasst. Beide Gesetze bis 1995 mit mehrfachen Revidierungen.

Patentschutz: Patentrecht vom 1. 1. 1956 mit mehreren Ergänzungsverordnungen

Warenzeichenschutz: Markenschutzgesetz vom 26. 9. 1980 mit Ergänzungen

Muster und Modelle: Bundesgesetz vom 30. 3. 1900 in der Fassung vom 1. 6. 1962

Urheberrechte: Bundesgesetz vom 7. 12. 1922 sowie vom 25. 9. 1964 mit mehreren Änderungen

Wohnsitznahme: Ist an bestimmte Bedingungen gebunden: Aufenthaltsbewilligung erhalten Ausländer, die bereits pensioniert sind oder aus gesundheitlichen Gründen in der Schweiz wohnen möchten. Es wird ein Mindesteinkommen vorausgesetzt, Gleiches gilt für den Ehegatten, nicht aber für Kinder.

Aufenthalts- und Arbeitsbewilligungen gibt es nur für Spitzenkräfte im industriellen oder handwerklichen Bereich, nicht aber für Kaufleute, Unternehmer oder Freiberufler.

Ausnahme: Sie schaffen in einem unterentwickelten Gebiet neue Arbeitsplätze für Schweizer.

Bewilligung zur Wohnsitznahme in der Schweiz:

Um sich als Ausländer in der Schweiz niederlassen zu können, müssen im Einzelfall folgende Kriterien erfüllt werden:

- Nicht erwerbstätiger Ausländer:
    - Aufenthaltsbewilligung
    - älter als 55-jährig
    - enge Beziehungen zur Schweiz
    - weder in der Schweiz noch im Ausland erwerbstätig
    - Verlegung des Mittelpunktes der Lebensverhältnisse in die Schweiz
    - notwendige finanzielle Mittel
    - unterschiedliche kantonale Bewilligungspraxis

Steueroasen auf dem Prüfstand

- Erwerbstätiger Ausländer:
  - Aufenthaltsbewilligung nur im Zusammenhang mit einer Arbeitsbewilligung
  - kantonale Bewilligungspraxis
- Niederlassungsbewilligung:
  - für deutsche Staatsangehörige nach fünf Jahren Aufenthalt in der Schweiz
- Beschränkte Steuerpflicht:
  - Erwerbstätigkeit in der Schweiz
  - Betriebsstätte oder Geschäftsbetrieb – Personengesellschaft in der Schweiz
  - Grundstück in der Schweiz
    Eigentum oder Nutznießung
    Vermittlung

Einkommen aus einer Tätigkeit oder aus einem Grundstück in der Schweiz unterliegt der schweizerischen Besteuerung.

Deutscher Geldadel in der Schweiz: Wann immer deutsche Finanzpolitiker höhere Erbschaftsteuern fordern, die Vermögensteuer wieder einführen wollen oder gar das Bankgeheimnis infrage stellen, packen Superreiche hier zu Lande diskret ihre Koffer und brechen auf ins Schweizer Steuerparadies. Derzeit leben dort an die hundert deutschstämmige Multimillionäre und Milliardäre: Neben dem Babykostfabrikanten Claus Hipp und Großgrundbesitzer sowie Mövenpick-Hauptaktionär August Baron von Finck, dem ausgestiegenen Gea-Anlagenbauer Otto Bernhard Happel oder der Quelle-Erbin Madeleine Herl-Schickedanz unter anderem auch der Präsident des Metro-Konzerns Erwin Conradi, der Jacobs-Erbe Klaus J. Jacobs, der Konzernerbe Friedrich Christian Flick, der Formel-1-Star Michael Schumacher, Tetra-Pack-Chefmanager Gad Rausing, die Erben der deutsch-niederländischen C&A-Dynastie Brenninkmeyer, die Teilhaberin der Brauerei Krombacher Barbara Lambrecht-Schadeberg, der Fichtel&Sachs-Erbe Gunter Sachs, die

Witwe des Ex-Boehringer-Mannheimer-Pharmafabrikanten Peter Engelhorn, die ehemaligen Mehrheitsaktionäre der Grohe AG, Bernd und Charles R. Grohe, Bestseller-Autor Johannes Mario Simmel, der Metro-Milliardär Michael Schmidt-Ruthenbeck, der ehemalige Metro-Finanzchef Hans-Dieter Cleven, der Metro-Gründer Otto Beisheim oder der Versicherungserbe Rolf Gerling.

Das Schöne in der Schweiz: Dort erklärt sich jeder Steuerzahler selbst gegenüber der Finanzverwaltung. So mancher deutsche Multimillionär kennt jeden legalen Trick, mit seinem Wegzug in die Schweiz dann keine persönlichen Steuern mehr zu zahlen. Denn die Steuerbelastungen sind von Gemeinde zu Gemeinde höchst unterschiedlich.

Des Steuerrätsels Lösung

Aber wie kommt es, dass reiche Ausländer in der Schweiz so unglaublich niedrige Steuern zahlen? Das liegt an der so genannten Besteuerung nach dem Lebensaufwand. Die ursprüngliche Idee: Weil zugezogene Ausländer, die in der Schweiz nicht erwerbstätig sind, nicht nach ihrem Einkommen besteuert werden können, sollten sie nach ihrem Lebensaufwand eingeschätzt werden – also nach den privaten Kosten für Verpflegung, Bekleidung, Unterkunft, Personal und Fahrzeuge. Doch mit dem Lebensaufwand ist das so eine Sache: Niemand kann kontrollieren, ob sich jemand von Schnitzel oder Hummer ernährt und ob die Kleider aus dem Warenhaus oder aus einer Designerboutique stammen. Deshalb suchte die Steuerbehörde nach einem möglichst einfachen Rezept: Man nehme mindestens das Fünffache des jährlichen Mietzinses oder Eigenmietwertes und lege diesen als zu versteuernden Betrag fest.

Wer als Reicher in den Genuss einer solchen Steuerpauschale kommt, ist von der Pflicht befreit, seine ausländischen Vermögen und Einkünfte anzugeben. Das gesamte weltweit erwirtschaftete und angelegte Vermögen wird demzufolge nicht in die Berech-

Steueroasen auf dem Prüfstand

nung einbezogen und darf den Schweizer Fiskus auch nicht interessieren. Um Missbräuche bei der Besteurung nach dem Lebensaufwand zu verhindern, setzt das Gesetz immerhin ein unteres Steuerlimit fest. Im Kanton Tessin ist das zum Beispiel ein geschätztes „Einkommen" von 130 000 SFr, das auf jeden Fall versteuert werden muss; in Nidwalden sind es 150 000 SFr, im benachbarten Schwyz immerhin 500 000 SFr.

Vor allem wohlhabende deutsche Staatsbürger wählen den Steuerwohnsitz häufig in der Schweiz, obwohl es für EU-Bürger einfacher wäre, sich in Großbritannien niederzulassen, wo es ähnliche Pauschalregelungen bei der Besteuerung gibt. Die britische Insel kommt aber für viele Deutsche nicht in Frage, weil sie es vorziehen, in einem Land zu leben, das von der alten Heimat nicht allzu weit entfernt ist und dessen Sprache und Kultur sie verstehen.

Steuern: Die Schweiz gehört nicht zu den Steueroasen, auch wenn die bundesdeutschen Finanzbehörden sie nach dem Steueroasenerlass als solche ansehen.

- Ansässige: zwischen 30 und 40 Prozent – je nach Kanton
- Gesellschaften: zwischen 18 und 34 Prozent – je nach Kanton
- Ausländer: zwischen 30 und 40 Prozent – je nach Kanton
- Kapitalertragsteuer: 35 Prozent

Das Steuersystem der Schweiz ist dreistufig. Es unterteilt sich in Bundes-, Kantons- und Kommunalsteuern. Der direkten Bundessteuer unterliegen die Einkommen von Privaten sowie Gewinne und Vermögenswerte von Kapitalgesellschaften. Die Sätze liegen für Unternehmen zwischen 3,63 und 9,8 Prozent. Der Satz der Vermögensteuer liegt bei 0,0825 Prozent. Die Einkommensteuer für Private ist gestaffelt und beträgt höchstens 13,2 Prozent. Die einzelnen Steuergruppen werden der jährlichen Inflationsentwicklung angepasst.

Europa – Schweiz

Alle Kantone erheben eine Gewinnsteuer auf die Veräußerung von Grundbesitz, die sich nach der Höhe des Gewinns und der Dauer des Eigentums richtet. Dividenden und Zinsen, die aus Schweizer Anleihen oder Bankeinlagen stammen, unterliegen einer Quellensteuer von 35 Prozent. Diese Steuer entfällt bei Interbank-Einlagen mit einer Laufzeit von mehr als zwölf Monaten. Zinsen auf Anleihen, die Ausländer in der Schweiz auflegen, sind steuerfrei. Einkünfte aus Versicherungen und Pensionen unterliegen einer Quellensteuer von 15 Prozent. Tantiemen sind quellensteuerfrei. Sofern keine Doppelbesteuerungsabkommen bestehen, zahlen nicht Ansässige die volle Quellensteuer.

Die Kantons- und Kommunalsteuern schwanken erheblich. Dabei sind Einkommensteuer, Vermögensteuer – einschließlich der Sondersteuern auf Veräußerungsgewinne – und, in geringem Maße, Schenkung- und Erbschaftsteuern wichtig. Im Gegensatz zum Bund erheben Kantone und Gemeinden viel höhere Steuern. Bei Unternehmenseinkommen liegen ihre Höchstsätze zwischen 20 (Zug) und 40 Prozent (Neuchâtel). Dabei werden jedoch innerhalb der Kantone bzw. Gemeinden unterschiedliche Freibeträge und Abzüge berücksichtigt. Die Vermögensteuer reicht von 0,5 (Obwalden) bis zu 29 Prozent (Basel-Stadt). Die persönliche Vermögensteuer hat Höchstsätze zwischen 0,5 (Obwalden) und 9 Prozent (Basel-Stadt).

Grundlage des ganzen Schweizer Steuersystems ist das Territorialitätsprinzip. Jede juristische und natürliche Person, die ihren Sitz oder ihren Wohnsitz in der Schweiz hat, muss ihr gesamtes Einkommen und Kapital dort auch versteuern. Ausgenommen sind Erträge aus Grundstücken oder Niederlassungen im Ausland. Das Prinzip der Territorialität erklärt, warum Holdings und Domizilgesellschaften steuerlich begünstigt werden. Holdings, die als Gesellschaften definiert sind, die primär Anteile halten, genießen auf allen drei Steuerebenen Vorteile. Holdings werden anerkannt, wenn mindestens 75 Prozent ihres Einkommens aus Anteilen stammen und 75 Prozent ihres Vermögens in Anteile investiert

Steueroasen auf dem Prüfstand

sind. Besteht ihr gesamtes steuerpflichtiges Einkommen aus solchen Anteilen, bleibt es steuerfrei. Darüber hinaus kann sich die Vermögensteuer reduzieren. Für Holdings eignen sich insbesondere die Kantone Fribourg, Tessin und Zug.

Domizilgesellschaften, die nur ihren Rechtsstand in der Schweiz haben, dort aber keine Geschäfte tätigen, können wie Holdings behandelt werden. Auch können Hilfsunternehmen, deren Geschäfte in der Schweiz nur knapp über dem Minimum für Domizilgesellschaften liegen, bei der Einkommensteuer Vergünstigungen gewährt werden.

Steuerbelastung in der Schweiz

für eine verheiratete Person mit Wohnsitz im Kanton St. Gallen

Vermögen	1,0 Mio. €	5,0 Mio. €	10,0 Mio. €
(Umrechnungskurs 1 € = 1,60 SFr)	1,6 Mio. SFr	8,0 Mio. SFr	16 Mio. SFr
Zinsertrag vor Steuer (mutmaßlich 4 %)	40 000 €	200 000 €	400 000 €
Vermögensteuer (2 ‰ x 300 %)	6 000 €	30 000 €	60 000 €
Einkommensteuer (progress. Steuertarif x 300 %)	6 337 €	51 422 €	108 000 €
Kantons- u. Gemeindesteuern gesamt:	12 337 €	81 422 €	168 000 €
Direkte Bundessteuer	538 €	19 291 €	45 291 €
Gesamtsteuerbelastung pro Jahr	**12 875 €**	**100 713 €**	**213 291 €**
In % des steuerbaren Einkommens	**32,2 %**	**50,4 %**	**53,3 %**
Erbschaftsteuer	*)	*)	*)

Quelle: Hypo Investment Bank

*) Die Erbschaftsteuer ist je nach Verwandtschaftsgrad abgestuft und variiert von Kanton zu Kanton. Faustregel: nahe Verwandte 0 – 5 Prozent, entfernte Verwandte 10 – 30 Prozent, Dritte 30 – 50 Prozent.

Quellensteuer: siehe Doppelbesteuerungsabkommen

Doppelbesteuerungsabkommen: Bestehen mit fast allen Industrie- und vielen Entwicklungsländern. Allerdings hat der schweizerische Bundesrat Maßnahmen gegen die ungerechtfertigte Inanspruchnahme von Doppelbesteuerungsabkommen erlassen. Dadurch können Ausländer für ihre Schweizer Gesellschaften die

Europa – Schweiz

Vorteile der schweizerischen Doppelbesteuerungsabkommen nicht oder nur teilweise in Anspruch nehmen. Bei deutschen Gesellschaften, die zu mindestens 25 Prozent durch eine Schweizer Gesellschaft beherrscht werden, werden statt der üblichen 15 vom deutschen Fiskus 25 Prozent Quellensteuer von den Dividenden einbehalten. Deutsche, die in die Schweiz verziehen, können die Vorteile des deutsch-schweizerischen Doppelbesteuerungsabkommens erst nach Ablauf von fünf Jahren nach dem Wegzug in Anspruch nehmen.

Lebenshaltungskosten: Gehören zu den höchsten in Europa

Kommunikation: Sehr gut

Verkehrsverbindungen: Flug: Zu den Flughäfen Zürich und Genf bieten Lufthansa und Swissair von fast allen deutschen Städten aus direkte Verbindungen an.

Gesellschaften: Bevorzugte Gesellschaftsform – auch bei Familienunternehmen – ist die Aktiengesellschaft. Das Mindestkapital beträgt 100 000 SFr, wobei mindestens 50 000 SFr in bar oder durch Sacheinlagen eingezahlt werden müssen.

Zur Gründung sind mindestens drei natürliche oder juristische Personen als Gründungsaktionäre erforderlich, davon muss mindestens einer Schweizer Bürger mit Wohnsitz in der Schweiz sein, der später vertretungsberechtigter Verwaltungsrat wird. Jedes Mitglied des Verwaltungsrats muss mindestens eine Aktie der Gesellschaft halten, die jedoch im Innenverhältnis an den Ausländer = Eigentümer zediert und vom Verwaltungsrat treuhänderisch gehalten werden kann. Die Mehrheit des Verwaltungsrats muss aus Schweizer Bürgern bestehen.

Als Steueroasen-Gesellschaft kommen folgende Gesellschaftsformen in Frage:

- Die Holdinggesellschaft: Deren Geschäftätigkeit liegt ausschließlich oder hauptsächlich in der Beteiligung an anderen Gesellschaften. Sie genießt steuerliche Privilegien, zum Bei-

Steueroasen auf dem Prüfstand

spiel durch Ermäßigung des ordentlichen Steuerbetrages oder des steuerpflichtigen Kapitals oder durch eine reduzierte proportionale Steuer auf das Kapital, verbunden mit Steuerfreiheit des Ertrages.

- Die Domizilgesellschaft: Sie hat in der Schweiz nur ihren rechtlichen Sitz. Sie genießt in 17 Kantonen das so genannte „Domizilprivileg", das reduzierte oder keinerlei Ertragsteuern vorsieht.

- Beteiligungs-Aktiengesellschaft: Sie ist mit mindestens 20 Prozent am Grund- oder Stammkapital anderer schweizerischer oder ausländischer Gesellschaften beteiligt. Sie hält Beteiligungen mit mindestens 1 Million SFr Steuerwert. Der Bund und 15 Kantone haben für diese Gesellschaftsform „Schachtelprivilegien" erlassen, die Ertrag- oder Kapitalsteuern mindern.

- Gründungsdauer: vier bis sechs Wochen

- Gründungskosten: Steuerabgaben von 3 Prozent des Aktienkapitals zuzüglich Gebühren für die Handelsregistereintragung. Gründungsurkunde und Statuten zwischen 1 500 und 10 000 SFr.

- Laufende Kosten: Steuern sowie Stellung des Domizils, ca. 1 000 bis 2 000 SFr, sowie Stellung des Verwaltungsrats, 1 500 bis 8 000 SFr.

Zu den Vorzügen des Finanzplatzes Schweiz zählen die zentrale geographische Lage, gute Verkehrsverbindungen, politische Stabilität, eine stabile Währung und ein gesetzlich verankertes Bankgeheimnis. Für die Banken gelten zudem strenge Liquiditätsvorschriften.

Weitere Informationen und Ansprechpartner:

Botschaft der Schweiz
Otto-von-Bismarck-Allee 4a; 10557 Berlin
Tel.: 0 30-3 90 40 00, Fax: 0 30-3 91 10 30

Handelskammer Deutschland Schweiz
Talacker 41; CH-8001 Zürich
Tel.: 0 04 11-2 21 37 02, Fax: 0 04 11-2 21 37 66

Eidgenössische Steuerverwaltung
Abtlg. für internationales Steuerrecht und Doppelbesteuerungssachen
Eigerstraße 65; CH-3303 Bern
Tel.: 00 41 31-3 22 71 29, Fax: 00 41 31-3 22 73 49

Oberzolldirektion
Monbijoustraße 40; CH-3303 Bern
Tel.: 00 41 31-61 65 11, Fax: 00 41 31-61 78 72

Schweizerische Kammer für Bücher, Steuer und Treuhandexperten
Limmatquai 120; CH-8001 Zürich
Tel.: 00 41-1-2 67 75 75, Fax: 00 41-1-2 67 75 85

Schweizerischer Anwaltsverband
Bollwerk 21; CH-3001 Bern
Tel.: 00 41-31-3 12 25 05
Fax: 00 41-31-3 12 31 03

Internet: www.admin.ch

Spanien

- Fläche: 504 782 qkm
- Hauptstadt: Madrid
- BSP je Einwohner: 15 080 $
- Währung: Peseta; Euro
- Arbeitslosigkeit: 13,3 Prozent
- Einwohner: 39,9 Millionen
- Sprachen: Spanisch, Katalanisch, Galicisch, Baskisch
- Inflation: 3,7 Prozent

Das spanische Königreich bietet all jenen, die mit einem Immobilienkauf schwarzes Geld waschen wollen, die Möglichkeit, mit dem Einsatz einer kanarischen GmbH (S.L.) oder über den Umweg über Gesellschaften in Steueroasen wie Gibraltar oder den Kanalinseln Steuern zu sparen. Ein solches Steuermodell kann – vom Schwarzgeldeinsatz einmal abgesehen – jedoch nur im Hinblick auf zu erwartende Erbschaftsteuern interessant sein, da im Erbfall dem spanischen wie dem deutschen Fiskus die Gesellschafter und damit tatsächlichen Eigentümer verborgen bleiben und somit für diese zu einer Steuerersparnis führen. Wer solche Gesellschaftskonstruktionen einsetzen will, um sowohl die Grunderwerbsteuer als auch eine spätere Erbschaftsteuer zu umgehen, der sollte sich immer anwaltlich beraten lassen. In jedem Fall aber ist es wichtig, dass die Erben Handlungsvollmacht besitzen. Denn obwohl in Spanien eine Vollmacht nach dem Tod keine Gültigkeit mehr hat, entzieht es sich häufig der Kenntnis der Behörden, ob der Vollmachtgeber noch lebt oder nicht.

Steuerparadies Mallorca?

Die hier zu Lande von vielen Steuer- und Rentenpolitikern geforderte nachgelagerte Besteuerung von Alterseinkünften könnte dazu führen, dass sich immer mehr wohlhabende Rentner in den „sonnigen Süden" absetzen. Grund: Nach geltendem Recht ist der Rentner, der seinen Wohnsitz ins Ausland verlagert, mit seinen in Deutschland erzielten Einkünften, also etwa Kapitaleinkünften oder Mieten, nur beschränkt steuerpflichtig. Diese inländischen Einkünfte werden mit 25 Prozent pauschal besteuert.

Für Rentner überlegenswert: Sich auf ein Segelboot nach Mallorca zu begeben und die nachgelagerte Besteuerung mit der spanischen Finanzbehörde auszuhandeln. Der deutsche Fiskus dürfte dann weitgehend leer ausgehen. Nachgelagerte Besteuerung bedeutet, dass die Beträge zur Alterssicherung steuerfrei gestellt und die Rückflüsse besteuert werden.

„Abtauchen leicht gemacht": Der deutsche Fiskus mutmaßt, dass auf den eingedeutschten Inseln Mallorca, Teneriffa und in anderen spanischen Gegenden zunehmend deutsche Steuersünder untertauchen. Zu Recht, denn in Spanien existiert kein dem deutschen vergleichbares Meldesystem. Darüber hinaus erteilen die spanischen Behörden, beispielsweise das Ausländeramt, auch den Konsulaten aus datenschutzrechtlichen Gründen keine Auskünfte über gesuchte Personen, unabhängig von deren Staatsangehörigkeit.

Europa – Ungarn

Weitere Informationen und Ansprechpartner:

Botschaft von Spanien
Schöneberger Ufer 89 – 91; 10785 Berlin
Tel.: 0 30-2 54 00 70, Fax: 0 30-25 79 95 57

Internet: www.la-moncloa.es

Svalbord-Inseln

Norwegens nördlichste Inseln am Rande des arktischen Eises besteuern Unternehmensgewinne mit 10 Prozent und Einkommen natürlicher Personen mit nur 4 Prozent.

Die Freude daran ist allerdings geschmälert, wenn man wegen der schlechten Verkehrsanbindungen nördlich des Polarkreises festsitzt und dann auch noch vier Monate des Jahres in völliger Dunkelheit und vier weitere Monate bei ständigem Tageslicht verbringen muss.

Weitere Informationen und Ansprechpartner:

Königlich Norwegische Botschaft
– Handelsabteilung –
Rauchstraße 1; 10787 Berlin
Tel.: 030-50 50 50, Fax: 030-50 50 55

Norsk-Tysk Handelskammer
Drammensveien 40; N-0255 Oslo
Tel.: 0 04 72-2 44 70 79, Fax: 0 04 72-2 83 08 88

Internet: odin.dep.no

Ungarn

- Fläche: 93 030 qkm
- Hauptstadt: Budapest
- BSP je Einw.: 4 710 $
- Arbeitslosigkeit: 5,7 Prozent
- Einwohner: 10,1 Millionen
- Sprache: Ungarisch
- Währung: Forint
- Inflation: 9,2 Prozent

Steueroasen auf dem Prüfstand

Neben Pusztaromantik und paprikascharfer Küche ist das Land der Magyaren vor allem durch den Plattensee – auch Balaton genannt – bekannt. Seit 1989 nimmt das Land zwischen seinen Grenznachbarn Österreich, Slowenien, Kroatien, Serbien, Rumänien, der Ukraine und der Slowakei innerhalb der ehemaligen europäischen Ostblockstaaten in seiner politischen und wirtschaftlichen Entwicklung eine Vorreiterrolle ein. Das unterstreicht auch der Antrag auf volle Mitgliedschaft in der Europäischen Union.

Um das Land für die EU fit zu machen, will Ungarn verstärkt ausländische Investoren ins Land holen. Dazu sollen

- Investitionen auf der grünen Wiese in den weniger entwickelten Regionen gefördert werden, da derartige „Greenfield"-Investitionen bereits jetzt rund die Hälfte des Wirtschaftswachstums ausmachen;

- bereits in Ungarn tätige Auslandsinvestoren ermutigt werden, ihre bisherigen Investitionsstandorte auszubauen, und

- wird sich Ungarn verstärkt um die Ansiedlung von Forschungs- und Entwicklungszentren bemühen.

Im Bemühen, ausländische Investoren und Kapitalanleger ins Land zu holen, wurden 1994 eine Reihe von Gesetzen erlassen, um die dafür erforderlichen Voraussetzungen zu schaffen. Dazu gehören unter anderem:

- Lockerung der Devisenbestimmungen; danach können seit 1.6.1995 Ausländer ihre auf ungarischen Konten eingezahlten Beträge frei in Devisen umtauschen und ausführen;

- Gründung von Offshore-Gesellschaften als KFT (entspricht der deutschen GmbH mit Grundkapital von 1 Million Forint) oder RT (entspricht der deutschen AG mit Grundkapital von 5 Millionen Forint).

Voraussetzungen dafür sind, dass

- die Gesellschaft zu 100 Prozent in ausländischem Besitz ist,
- sie nur Einkünfte außerhalb Ungarns erwirtschaftet,
- die Mehrheit der Direktoren und Angestellten Ungarn sind,
- sich die Hauptbankverbindung in Ungarn befindet und
- vom Finanzministerium eine Erlaubnis vorliegt, Devisenkonten zu führen.

Darüber hinaus sind Offshore-Gesellschaften verpflichtet, ihre Bücher und Bankkonten in einer Fremdwährung zu führen. Das Ergebnis kann sich dann sehen lassen – das Unternehmen zahlt im Gegensatz zu rein ungarischen Gesellschaften statt 36 Prozent effektiv insgesamt nur 5,4 Prozent Steuern.

Gängigste Offshore-Gesellschaftsform ist die KFT, die der deutschen GmbH entspricht. Das Haftungskapital beträgt mindestens 1 Million Forint (ca. 7 500 EUR), wovon 50 Prozent bei Gründung eingezahlt sein müssen. Die Gesellschaft hat mindestens einen Direktor und ist verpflichtet, jährlich einen testierten Abschlussbericht vorzulegen.

Gründungskosten: Zwischen 150 und 400 EUR.

Für reine Kapitalanlagen bietet Ungarn die Möglichkeit geheimer und steuerfreier Devisenkonten. Dabei entspricht die Verzinsung der internationalen Zinsentwicklung. Allerdings können Anleger in Ungarn noch keine erstklassige Anlageberatung erwarten. Wenn man beispielsweise Engagements in ungarischen Wertpapieren tätigen will, dann eignet sich hierfür derzeit besser eine Bankverbindung in Wien.

Steueroasen auf dem Prüfstand

Weitere Informationen und Ansprechpartner:

Kanzlei der Botschaft der
Republik Ungarn
Unter den Linden 76; 10117 Berlin
Tel.: 0 30-20 31 00
Fax: 0 30-2 29 13 14

Német-Magyar Ipori és Hereskedelmi Kamara
Stéfania út. 99; H-1143 Budapest XIV
Tel.: 0 03 63-2 52 24 78
Fax: 0 03 61-1 63 24 27

Deutsche Bank AG
Váci utca 7; H-1052 Budapest
Tel.: 0 03 61-1 18 93 22
Fax: 0 03 61-1 18 50 18

Dresdner Bank Tochtergesellschaft
BKD Bank Budapest
Houvéd utca 20; H-1055 Budapest
Tel.: 0 03 61-2 69 31 31

Landessparkasse Ungarn
Nador u. 6; H-1051 Budapest
Tel.: 00 36-1-1 17 20 16
Fax: 00 36-1-1 17 20 95

OCR Eastern Europe Ltd.
Varmegye St. 3-5
H-1052 Budapest
Tel.: 00 36-1-2 66 36 20
Fax: 00 36-1-2 66 36 19

Internet: www.kancelloria.gov.hu

Zypern

- Fläche: 9 251 qkm
- Hauptstadt: Levkosia
- BSP je Einw.: über 12 370 $
- Arbeitslosigkeit: 3,0 Prozent
- Einwohner: 790 000
- Sprachen: Griechisch, Türkisch
- Währung: Zypern-Pfund
- Inflation: 2,0 Prozent

Zypern ist die drittgrößte Insel im Mittelmeer, nur 65 Kilometer von der türkischen Südküste entfernt. Bereits während der Jungsteinzeit, um 6800 v. Chr., ließen sich die ersten Bewohner dort nieder. Neben baulichen Zeugnissen der griechischen und römischen Kultur haben Venezianer, Byzantiner und die Kreuzritter hier ihre historischen Spuren hinterlassen. Die Landschaft bietet vom schneebedeckten Troodos-Gebirge bis hin zu malerischen Sonnenstränden viele Kontraste. Politisch ist die Insel seit 1974 in den türkischen Norden und den griechischen Süden geteilt. Die Grenze verläuft mitten durch Nikosia, das von beiden Seiten als Hauptstadt beansprucht wird.

Europa – Zypern

Während der türkisch-zypriotische Staatsteil in geringem Umfang steuerliche Vergünstigungen, insbesondere für Transportunternehmen oder aber für Firmen, die im Freihafen und in der Freihafenzone arbeiten, bietet, versucht der Süden mit zahlreichen Steueranreizen, Investoren im Firmenbereich sowie privates Kapital anzulocken.

Landessprache: Griechisch, als Geschäftssprache auch Englisch

Währung: Zyprisches Pfund (C £)

Devisenkontrollen: Ja, nicht aber für Offshore-Companies

Fiskalische Auslieferungsabkommen: Keine

Politische Risiken: Sind nicht auszuschließen

Rechtssystem: Entspricht dem Common-Law-System

Patentschutz: Zypern hat kein eigenes Patentamt. Patente werden zunächst in Großbritannien registriert und dann innerhalb von drei Jahren in Zypern eingetragen.

Wohnsitznahme: Wird erteilt, wenn ein Einkommen außerhalb Zyperns nachgewiesen werden kann. Der Erwerb von Immobilien bedarf jedoch der Zustimmung des Ministerrates. In jedem Fall darf pro Person bzw. Familie nur ein Grundstück mit maximal 2 500 qm für den Eigenbedarf erworben werden. Die Insel bietet von reizvollen neuen Küstenbungalows bis hin zu abgelegenen Bauernhäusern an den Hängen des Troodos eine große Auswahl zu attraktiven Preisen von 25 000 bis 60 000 C £.

Steuern: Niederlassungen von Auslandsunternehmen, die nur Offshore-Geschäfte tätigen und nicht auf Zypern verwaltet und kontrolliert werden, zahlen keine Einkommensteuer. Das gilt auch für Reedereien. Alle anderen auf Zypern eingetragenen ausländischen Offshore-Gesellschaften zahlen während der ersten zehn Jahre auf ein Zehntel reduzierte Steuern, maximal also 4,25 Prozent. Teilhaberschaften bleiben steuerbefreit; Firmentöchter zahlen keine Steuern, wenn sie nicht von Zypern aus geführt werden.

Steueroasen auf dem Prüfstand

Kapitalgewinnsteuern entfallen, mit Ausnahme von Verkaufsgewinnen zyprischer Immobilien.

Anfang 1998 hat die Mittelmeerinsel die Investitionsbestimmungen liberalisiert. Im Groß- und Einzelhandel, bei Golfplätzen, Yachthäfen sowie Dienstleistungen, im Gesundheits-, Ingenieur-, Finanz- und Computergeschäft können deutsche Investoren hundertprozentige Beteiligungen eingehen. Bis zu 49 Prozent sind möglich bei Hotel- und Appartementunternehmen, Restaurants, Freizeitzentren und Produktionsunternehmen.

Bankkonten mit frei konvertierbarer Währung können sowohl auf Zypern als auch im Ausland geführt werden. Ausländische Beschäftigte von steuerbefreiten Unternehmen bleiben ebenfalls steuerfrei, solange sie außerhalb Zyperns arbeiten und über ein Bankkonto auf der Insel bezahlt werden. Ist das nicht der Fall, zahlen sie maximal 4 Prozent Steuern. Offshore-Gesellschaften und ansässige Privatpersonen sind von der Quellensteuer befreit.

Nutzen zypriotische Unternehmen Patente und Lizenzen von Nichtansässigen, werden diese mit 10 Prozent besteuert. Auf Tantiemen aus Film- und Fernsehrechten wird eine Quellensteuer von 5 Prozent erhoben.

Doppelbesteuerungsabkommen: Ja – im Abkommen mit der Bundesrepublik sind Offshore-Gesellschaften in die Abkommensvorteile einbezogen.

Lebenshaltungskosten: Wesentlich niedriger als in der Bundesrepublik. Wohnungen können problemlos angemietet werden.

Kommunikation: Sehr gut

Verkehrsverbindungen: Flug: über Frankfurt; Schiff: über Marseille, Triest, Venedig und Piräus

Gesellschaften: Als Steueroasengesellschaft ist nur die Company Limited by Shares interessant, davon wiederum die Sonderform der Exempted Private Company.

Europa – Zypern

Kapital: Minimum-Kapital ist nicht vorgeschrieben; es muss nur ein Direktor bestellt zu werden, der nicht in Zypern ansässig sein braucht.

- Gründungsdauer: zwei Wochen
- Gründungskosten: Je nach Höhe des Aktienkapitals (100 – 100 000 C £): 25 – 370 C £
- Jahressteuer: 4,25 Prozent des ausgewiesenen Gewinns; testierte Abschlüsse müssen bei den Behörden eingereicht werden.
- Laufende Kosten: Je nach örtlichem Berater: 150 – 800 C £

Steueroasengesellschaften sollten in Südzypern nur gegründet werden, wenn dadurch die Vorteile des Doppelbesteuerungsabkommens ausgenutzt werden. Will man seinen Alterssitz dorthin verlegen, profitiert man vom Doppelbesteuerungsabkommen, Pensions- und Rentenzahlungen bleiben steuerfrei: Insgesamt also eine Überlegung wert.

Weitere Informationen und Ansprechpartner:

Botschaft der Republik Zypern
– Handelsabteilung –
Wallstr. 27; 10179 Berlin
Tel.: 0 30-3 08 68 30, Fax: 0 30-27 59 14 54

Central Bank of Cyprus
35 Metochion Avenue; Nicosia, Cyprus
Tel.: 00 35 72-39 42 25, Fax: 00 35 72-37 81 64

Auswahl ansässiger Banken: Arab Bank, Bank of Cyprus Group, Banque Nationale de Paris, Barclays Bank, Chartered Bank, Commercial Bank of Greece, Co-operative Central Bank Ltd, Cyprus Popular Bank, Lombard Netwest Bank, National Bank of Greece Ltd, Swiss Bank Corporation, Universal Bank.

2. Amerika im Gesamtüberblick

Zu Amerika gehören nicht nur die Steueroasen-Klassiker der Karibik. Auch Nord-, Mittel- und Südamerika ziehen immer wieder Investoren an – manchmal in die Falle.

Mit Steuervergünstigungen locken:

- Nord: New Brunswick und Prince-Edward-Insel (Kanada); die US-Bundesstaaten Delaware, Florida, Montana, Nevada, Texas, Utah und Wyoming;

- Mittel: Belize, Costa Rica, Panama, Paraguay und Uruguay;

- Karibik: Anguilla, Antigua/Barbuda, Aruba, Bahamas, Barbados, British Virgin Islands, Cayman-Inseln, Dominikanische Republik, Grenada, Guadeloupe und Martinique, Jamaica, Montserrat, Niederländische Antillen, Puerto Rico, Saint Kitts-Nevis, Saint Lucia, Saint Vincent, Trinidad und Tobago sowie die Turks- und Caicos-Inseln;

- Südatlantik: Ascension, Bermuda und die Falkland-Inseln.

3. Nordamerika

Kanada: New Brunswick und die Prince-Edward-Insel

- Fläche: 9 958 319 qkm
- Hauptstadt: Ottawa
- BSP je Einw.: 21 130 $
- Arbeitslosigkeit: 7,3 Prozent
- Einwohner: 31,0 Millionen
- Sprache: Englisch, Französisch
- Währung: Kanad. Dollar (CAD)
- Inflation: 2,5 Prozent

Zwei Provinzen an der kanadischen Atlantikküste bieten Interessierten legale Möglichkeiten, sich über nationale Treuhandgesellschaften in einer politisch sicheren Umgebung anzusiedeln. Denn durch Gesetzesbeschluss der Provinzregierungen werden Treu-

Nordamerika – Kanada

handunternehmen von kanadischer Seite als Offshore-Gesellschaften betrachtet.

Sie unterliegen damit keinerlei Berichts- oder Offenlegungspflichten, solange sie außerhalb Kanadas verwaltet werden, keine kanadischen Einkommensquellen und keine kanadischen Entscheidungsträger oder Begünstigte haben. Treuhandvermögen, das von einer internationalen kanadischen Treuhandgesellschaft verwaltet wird, kann von außerhalb Kanadas liegenden Niederlassungen in einem niedrig oder gar nicht besteuerten Gebiet verwaltet werden. Es wird dann, weil nur kanadische Einkommensquellen besteuert werden, steuerlich behandelt wie solches von Nichtansässigen.

Immer mehr deutsche Unternehmen nutzen diese steuerlichen Vergünstigungen. Für sie ist Kanada das ideale Sprungbrett in die Märkte der NAFTA-Staaten, ihnen ist der zollfreie Zugang zu den NAFTA-Märkten garantiert, sie erreichen von dort 60 Prozent der US-amerikanischen Verbraucher innerhalb von zehn Stunden per Lkw, die Bau- und Betriebskosten sind um bis zu 15 Prozent günstiger als in den USA, und von allen G7-Staaten bietet Kanada die besten Steuervergünstigungen für F&E. Damit ist das Land als europäischer Brückenkopf in der NAFTA prädestiniert.

Weitere Informationen:

Botschaft von Kanada
– Handelsabteilung –
Friedrichstraße 95; 10117 Berlin
Tel.: 0 30-20 31 20, Fax: 0 30-20 31 21 15

Canadian German Chamber of Industry and Commerce Inc.
480 University Ave., Suite 1410; Toronto, Ont. M 56 IV 2
Tel.: 00 1 4 16-5 98 33 55, Fax: 00 1 4 16-5 98 18 40

Commerzbank AG
Royal Bank Plaza, South Tower, Suite 3190; Toronto, Ontario M 5 J 2 J 4
Tel.: 00 1 4 16-8 65 04 92, Fax: 00 1 4 16-3 67 10 90

Deutsche Bank Canada
2 First Canadian Place, Suite 3600; Toronto, Ontario M 5 X I E 3
Tel.: 00 1 4 16-3 69 88 00, Fax: 00 1 4 16-3 67 32 87

Steueroasen auf dem Prüfstand

Banque Dresdner du Canada
Suite 1700, Exchange Tower, 2 First Canadian Place; Toronto, Ontario
Tel.: 00 14 16-3 69 83 00

Internet: www.gc.ca

USA

- Fläche: 9 809 155 qkm
- Hauptstadt: Washington
- BSP je Einw.: 34 100 $
- Währung: US-Dollar
- Inflation: 1,6 Prozent
- Einwohner: 285,9 Millionen
- Sprachen: Englisch, Spanisch (regional)
- Arbeitslosigkeit: 4,8 Prozent

Steueroasen in den USA

Innerhalb der US-Bundesstaaten gibt es erhebliche Steuerunterschiede. Besonders attraktiv sind Delaware, Florida, Montana, Nevada, Texas, Utah oder Wyoming – Bundesstaaten, die immer wieder als Steueroasen bezeichnet werden. Sie unterliegen jedoch wie alle anderen 43 Bundesstaaten den vollen Einkommen- bzw. Körperschaftsteuern der USA. Insbesondere Delaware mit seiner niedrigen Konzessionssteuer und einem unkomplizierten Gesellschaftsrecht ist bei vielen Ausländern für Gesellschaftsgründungen beliebt.

Kommt es zur Gründung, erhält der Investor vom örtlichen Helfer neben der Rechnung in der Regel 50 Blatt Briefpapier in US-Norm, eine goldbedruckte Gesellschaftsurkunde mit 20 Aktienzertifikaten, Metallsiegel mit allen Dokumenten, das Protokoll der ersten Aufsichtsratssitzung und die juristische Abfassung eines Aufsichtsratsbeschlusses, der den Investor zum Präsidenten oder Bevollmächtigten der Gesellschaft ernennt. Und damit kann man, so die Aussage der örtlichen Helfer, überall auf der Welt Niederlassungen gründen, Bankkonten eröffnen und Geschäfte ohne jegliche persönliche Haftung im Namen der Gesellschaft ausüben.

Nordamerika – USA

Mit folgenden Kosten muss man rechnen (in US-Dollar):

- Gründungskosten: 2 500 – 10 000, jährliche Kosten: 1 200 – 2 500, Telefon- und Faxdienst: 500 – 1 500, Spezial-Business-Dienst, zum Beispiel Nutzung eines Konferenzzimmers beim örtlichen Berater: 3 000, Bankkonto mit Scheckbuch: 2 000 zuzüglich Mindesteinlage von 1 000, Jahresgebühr eines „Stroh"-Präsidenten: 500, weitere Adresse mit Postnachsendedienst zum Beispiel in New York, Miami, Los Angeles, Beverly Hills, Hollywood oder anderen Städten: 1 500.

Wenn eine derartige Gesellschaft nicht nur als Aushängeschild dient, sondern darüber tatsächliche Geschäfte abgewickelt werden, unterliegt man automatisch den vollen US-Steuern. Steuerfreiheit besteht nur, solange unter anderem keine Geschäfte in den USA abgewickelt, keine Handelslizenzen und keine Bundessteuernummer beantragt und die Gewinne der Gesellschaft nicht in den USA ausgeschüttet werden.

Großes hat Montana, der mit nur 800 000 Einwohnern drittgrößte Staat der Vereinigten Staaten, vor: Er möchte eine amerikanische Schweiz werden und hat dazu das „Offshore-Banking" legalisiert. Damit können ausländische Anleger ihr Geld ungestört und weitgehend unkontrolliert deponieren, denn Montanas Banken garantieren strikte Diskretion. Nur US-Amerikaner und verurteilte Straftäter werden vom Offshore-Banking ausgeschlossen.

Die Anleger müssen eine Mindesteinlage von 200 000 US-Dollar leisten. Das Geld kommt auf ein so genanntes „Foreign Capital Depositary", eine Art Briefkastenfirma. Jeder Anleger kann sein Konto selbst bestimmen – Investment oder Nummernkonto. Der Staat Montana kassiert eine Gebühr von 1,5 Prozent der Einlage.

Aber Anleger, Vorsicht ist angesagt: Zwar kann Washington nach amerikanischem Bundesgesetz den Alleingang Montanas weder stoppen noch später aufheben. Eine einzige Auflage kann die Administration der Hauptstadt jedoch machen: Jede Bargeldeinzahlung über 10 000 US-Dollar muss der FED (amerikanische Bundesbank) gemeldet werden.

Steueroasen auf dem Prüfstand

In letzter Zeit werden zunehmend US-Gesellschaften angeboten, die unter „Zwangsverkauf" stehen. Dabei wird damit geworben, dass deren Übernahme günstiger sei als eine Neugründung, da die Gründungsgebühren und fast alle Sonderleistungsgebühren der zwischengeschalteten Anwälte größtenteils bereits von den ursprünglichen Gesellschaftsgründern bezahlt sind. Weitere Vorteile: Haftpflichtschutz – Steuerminderung – Anonymität – Vermögensschutz – Entfall von Erbschaftsteuern – Erleichterte US-Immigration – Geschäftlicher Neustart für jemand, der einmal Pech gehabt hat – Kapitalisierung durch Aktienverkauf an Venture-Capital-Geber oder die Öffentlichkeit – Keine Zweckgebundenheit – Keine Stammkapitalpflicht.

Alle Gesellschaften sind natürlich rechtsgültig im Handelsregister der jeweiligen US-Staaten eingetragen und in ihren Tätigkeiten nicht zweckgebunden. Und falls der neue Eigentümer „planen sollte, eine Corporation mit einem bankähnlichen Namen neu zu gründen, ist zu beachten, dass es nicht mehr möglich ist, die Neugründung einer Corporation mit einem bankähnlichen Namen wie Bank, Banking, Bancorp, Bankers ... ohne Banklizenz bewilligt zu bekommen. Diese Einschränkung trifft allerdings auf die auf unserer Liste aufgeführten Corporations mit bankähnlichen Namen nicht zu, da sie bereits handelsgerichtlich eingetragen und bewilligt sind".

Wer sich interessiert, kann sich „eine Corporation für ein nicht zurück erstattbares Deposit von 3 000 US-Dollar für 14 Tage reservieren lassen. Sie können aber auch gerne die Unterlagen persönlich abholen, um die Corporation sofort in Betrieb zu nehmen. Falls mehrere Bestellungen für dieselbe Corporation eingehen, sind Uhrzeit und Datum der zuerst eingegangenen Bestellung & Zahlung ausschlaggebend." Eile ist also angebracht!

In der Wildnis des Bundesstaates Montana haben Schwarzfuß-Indianer ein Geldinstitut eröffnet, das Geldanlegern paradiesische Zustände verspricht: Neben hohen Zinsen keine Steuern und absolute Anonymität. Die „Glacier International Depository" will wohl-

Nordamerika – USA

habende Ausländer ansprechen. Die Voraussetzungen dafür sind gut. Da das Institut im souveränen Indianerreservat seinen Sitz hat, unterliegt es weder den strengen Bestimmungen der US-Bankenaufsicht, noch müssen Investoren den Fiskus fürchten. Das Institut, das mit fünf Mitarbeitern auskommt, ist wie die Konkurrenz auf den Bahamas oder Cayman Islands eine klassische „Offshore-Bank" mit wenig Service, dafür aber absoluter Anonymität.

Wenn es aber nur um eine Adresse in den USA geht, genügt ein „Mail Drop" in New York. Der Briefkasten ist in jedem Fall günstig und völlig risikolos.

Weitere Informationen und Ansprechpartner:

Kanzlei der Botschaft der Vereinigten Staaten von Amerika
– Handelsabteilung –
Neustädtische Kirchstraße 4/5; 10117 Berlin
Tel.: 0 30-2 38 51 74, Fax: 0 30-2 38 62 90

German American Chamber of Commerce, Inc.
40 West, 57th Street, 31st Floor; New York, N.Y, 10019-4092
Tel.: 00 12 12-9 74-88 30, Fax: 00 12 12-9 74-88 67

Overseas Company Registration Agents
3501 Jambosee Road, Suite 2100; Newport Beach CA 92660
Tel.: 0 01-7 14-8 54 33 44, Fax: 0 01-7 14-8 54 69 67

Commerzbank AG
Two World Financial Center; New York, N.Y. 10281-1050
Tel.: 00 12 12-2 66 72 00, Fax: 00 12 12-2 66 72 35

Deutsche Bank AG
31 West, 52nd Street; New York, N.Y. 10019
Tel.: 00 12 12-4 74-80 00, Fax: 00 12 12-3 55-56 55

Dresdner Securities USA Inc.
One Battery Park Plaza; New York, N.Y. 10004
Tel.: 00 12 12-3 63 51 00

U.S. Corporation Services, Inc.
Roseville, Cal. 95661
Tel.: 00 12-9 16-7 83 29 94, Fax: 00 12-9 16-7 83 30 05

Internet: www.gidltd.com

4. Mittel- und Südamerika

Bleibt am Ende nur der Dollar? Die Wirtschafts- und Finanzkrisen, die viele Volkswirtschaften in Mittel- und Lateinamerika in den vergangenen Jahren durchleben mussten, haben nicht nur eine erneute Debatte über die Wahl des „richtigen" Wechselkursregimes ausgelöst, sondern in der Tat zu spürbaren Veränderungen in der Währungslandschaft geführt. Zwischenlösungen wie „Crawling Pegs" oder Wechselkursbänder scheinen ihren Reiz verloren zu haben. Heute lassen viele Staaten ihre Währungen frei schwanken. Andere legen dagegen ihr ganzes Vertrauen in den Dollar. Für die Polarisierung in der Währungspolitik lassen sich aus nationaler Sicht plausible Argumente finden. Aber der Integrationsprozess in der Region leidet unter unilateralen währungspolitischen Beschlüssen. Auch rücken Harmonisierungsbemühungen auf dem mittel- und südamerikanischen Kontinent in weite Ferne.

Belize

- Fläche: 22 965 qkm
- Hauptstadt: Belmopan
- BSP je Einw.: 3 110 $
- Arbeitslosigkeit: 13,8 Prozent
- Einwohner: 200 000
- Sprache: Englisch
- Währung: Belize-Dollar
- Inflation: 3,7 Prozent

Aussteiger, Sporttaucher und Liebhaber von Maya-Ruinen geraten in Verzückung, wenn die Rede auf Belize kommt. Anhänger von weißen Stränden und tropischer Sonne schwärmen von den noch unberührten Buchten. Auch unter Drogenschmugglern soll die einstige Kronkolonie Britisch-Honduras ein Geheimtipp sein.

Der mittelamerikanische Kleinstaat grenzt im Westen an Guatemala, das Gebietsansprüche geltend macht. Von den Einwohnern ist ein Großteil arbeitslos.

Um hier Abhilfe zu schaffen, bietet Belize allen Unternehmen, die Arbeitsplätze und Devisen schaffen, totale Steuerbefreiung für die

Mittel- und Südamerika – Belize

Dauer von 15 Jahren. Hinzu kommen Finanzhilfen für Grundstückskäufe und den Bau von Fabrikationsgebäuden sowie ein Fortfall von Zöllen auf Produktionsanlagen und importierte Rohmaterialien.

1990 verabschiedete die Regierung den so genannten International Business Companies Act. Danach ist eine International Business Company (IBC) von sämtlichen direkten Steuern befreit, solange sie keine Geschäfte mit Ortsansässigen tätigt, keine Immobilien in Belize besitzt und keine Bank-, Versicherungs- oder Rückversicherungsgeschäfte tätigt. Weiterer Vorteil der IBC: Absolute Anonymität der Anteilseigner, denn bei Gründung und Registrierung der Gesellschaft ist die Angabe der Eigentümer und Direktoren nicht erforderlich.

Die Gründungskosten einer Gesellschaft liegen bei ca. 400 US-Dollar, die laufenden Jahreskosten für Erklärungen bei 100 US-Dollar und für Domizilisation bei rund 600 US-Dollar.

Tipp für „Frührentner": Wenn Sie 45 Jahre alt sind, können Sie sich in Belize mit Ihrer Familie als Rentner niederlassen, wenn Sie nachweislich für den eigenen Lebensunterhalt 2 000 US-Dollar monatlich nach Belize transferieren oder eine Rente in Höhe von 1 000 US-Dollar beziehen. Der Clou an diesem „Rentnerstatus" (Belize Retirement Incentives Program): Sie erhalten zwar keine Arbeitserlaubnis, aber Sie können für Kunden außerhalb Belizes weiterarbeiten wie bisher. Alle Einkünfte, die Sie außerhalb von Belize erwirtschaften, sind von Steuern befreit. Für Autoren, Berater, Programmierer in Zeiten des Internet eine Überlegung wert. Weiterer Vorteil: Amtssprache ist Englisch.

Solange Belize vom britischen Militär gegen die Gebietsansprüche seines Nachbarn Guatemala geschützt wird, sind Investitionen machbar. Ziehen die Beschützer ab, ist mit dem Schlimmsten zu rechnen. Entschließt man sich zu einer Investition, sollte man eine Versicherung gegen Enteignung nicht vergessen.

Steueroasen auf dem Prüfstand

Weitere Informationen und Ansprechpartner:

Kanzlei der Botschaft von Belize
22 Hartcourt House, 19 Cavendish Square, GB-London WIG 9PN
Tel.: 00 44-20 74 99 97 28, Fax: 00 44-20 74 91 41 39

Honorarkonsulat von Belize
Bopserwaldstraße 40; 70184 Stuttgart
Tel.: 07 11-23 39 47

Belize Tourist Board
Tel.: 0 01-8 00-6 24-06 86

Belize Trust Company Ltd., Belize City
Tel.: 0 05 01-2-7 23 90, Fax: 0 05 01-2-7 70 18

The Belize Bank, Belize City
Tel.: 0 05 01-2-7 71 32

Immigration & Nationality Service, Belmopan
Tel.: 0 05 01-8-2 24 23, Fax: 0 05 01-8-2 26 62

Ausgewählte Banken: Atlantic Bank, Bank of Novia Scotia, Barclays Bank, Royal Bank of Canada.

Internet: www.belize.gov.bz

Costa Rica

- Fläche: 51 100 qkm
- Hauptstadt: San José
- BSP je Einw.: 3 810 $
- Arbeitslosigkeit: 6,1 Prozent
- Einwohner: 4,1 Millionen
- Sprache: Spanisch
- Währung: Colon (C)
- Inflation: 11,0 Prozent

Costa Rica ist ein Naturparadies mit Vulkanen und dampfenden Regenwäldern. Die 4,1 Millionen „Ticos", wie sich die einheimische Bevölkerung der 51 100 qkm großen mittelamerikanischen Republik nennt, sind stolz auf ihr friedliches und seit eh und je stabiles Land. Der kleinste Staat Mittelamerikas bietet eine spektakuläre Kulisse sowohl für Touristen als auch für jene, die sich dort zeitweise oder dauernd niederlassen wollen.

Mittel- und Südamerika – Costa Rica

Doch auch Costa Rica hat die Wirtschaftskrisen der vergangenen Jahre nicht unbeschadet überstanden. Die Binnennachfrage ist schwach und notwendige Strukturreformen werden nicht energisch genug vorangetrieben. Deshalb kommt die Konsolidierung nicht voran. Und da die Exportdynamik auf sich warten lässt, vergrößert sich das Leistungsbilanzdefizit. Die Gesellschaftsschichten bewegen sich auseinander und verlieren den Kontakt. Zum ersten Mal wachsen Armut und Reichtum in der „Schweiz Lateinamerikas" in derselben Geschwindigkeit. Dass der Staat kein Geld hat, ist allerorten zu sehen. Das öffentliche Transportsystem funktioniert nicht, überall fehlen Schulen, Kindergärten und Krankenhäuser, und eine Trinkwasserversorgung, bei der den ganzen Tag über Wasser aus dem Hahn fließt, ist selbst in der Hauptstadt San José eine utopische Vorstellung.

Devisenkontrollen: Ja, jedoch sind natürliche oder juristische Personen, die aus dem Ausland stammende Beträge bei einer costaricanischen Bank in einer Fremdwährung halten bzw. bei ausländischen Banken lassen, davon nicht betroffen.

Fiskalische Auslieferungsabkommen: Nur dann, wenn es sich um Steuerbetrug handelt, der nach den costaricanischen Gesetzen die Betrugskriterien erfüllt.

Politische Risiken: Costa Rica gilt zwar als das derzeit stabilste Land Mittelamerikas – galoppierende Inflation, steigende Staatsverschuldung und der Einfluss Nicaraguas und Guatemalas schüren jedoch die Unruhe unter der Bevölkerung. Die weitere Entwicklung bleibt noch abzuwarten.

Rechtssystem: Das Gesellschaftsrecht ähnelt dem US-amerikanischen Gesellschaftsrecht.

Patentrecht: Patente sind geschützt durch das Intellectual Property Law sowie durch das Abkommen von Buenos Aires vom 20. 8. 1910. Warenzeichen fallen unter den Schutz des Central American Treaty for the Protection of Industrial Property vom 10. 3. 1970.

Steueroasen auf dem Prüfstand

Wohnsitznahme: Das Land bietet sich als Domizil für Ruheständler an. Darüber hinaus besteht die Möglichkeit, einen Zweitpass zu erwerben. Trotzdem sollte man bei Überlegungen, dort zum Beispiel in Immobilien zu investieren und ansässig zu werden, die politischen Risiken nicht außer Acht lassen.

Steuern: Alle Einkommen von außerhalb Costa Ricas werden nicht besteuert. Dividenden einer costaricanischen Gesellschaft an ausländische Aktionäre unterliegen einer 15-prozentigen Quellensteuer bei Namens- und 5-prozentigen bei Inhaberaktien. Costa Rica ist also für Steueroasenfirmen zu empfehlen.

Doppelbesteuerungsabkommen: Keine

Lebenshaltungskosten: Bei hohem Lebensstandard liegen sie erheblich unter deutschem Niveau.

Kommunikation: Zufrieden stellend

Verkehrsverbindungen: Mehrere internationale Fluglinien fliegen Costa Rica an.

Gesellschaften: Die für Steueroasengesellschaften günstigste Form ist die AG-ähnliche Sociedad Anonyma (S. A.). Die Aktionäre und Direktoren (mindestens drei) können Ausländer sein.

Auf Costa Rica muss jedoch ein Repräsentant als Zustelladresse benannt sein.

- Gründungsdauer: Etwa zwei Wochen
- Gründungskosten: Je nach Aktienkapital zwischen 30 (AK von 30 000 US-Dollar) und 350 US-Dollar (AK über 235 000 US-Dollar) an Stempelgebühren. Dazu kommen die Kosten für Notar und örtlichen Berater von 800 – 1 500 US-Dollar. Bei Inhaberaktien kommen zusätzlich 3 Prozent Steuer auf das Aktienkapital hinzu.
- Laufende Kosten: 3 Prozent auf das Aktienkapital, zuzüglich Kosten für den „Fiscal" von 50 – 200 US-Dollar sowie für den Repräsentanten vor Ort von 100 – 300 US-Dollar.

Mittel- und Südamerika – Costa Rica

Schutz des investierten Kapitals: Costa Rica gewährleistet Ausländern den gleichen Kapitalschutz wie seinen eigenen Staatsbürgern. Die costaricanische Verfassung schützt das investierte Kapital vor Enteignung. Für den Transfer von Gewinnen, Dividenden und des eingesetzten Kapitals ins Ausland gibt es keine Beschränkungen. Auch ist die Rückführung von investiertem Kapital für Unternehmen, die in den Genuss der staatlichen Investitionsförderung kommen, von der Steuer befreit.

Neben 60 000 Amerikanern haben sich dort mittlerweile auch über 6 000 Deutsche, 2 000 Schweizer und einige hundert Österreicher niedergelassen. Sie schätzen die moderaten Steuern und die Tatsache, dass sich die örtlichen Behörden um Auslandseinkünfte nicht kümmern.

Weitere Informationen und Ansprechpartner:

Kanzlei der Botschaft der Republik Costa Rica
Dessauer Str. 28/29; 10963 Berlin
Tel.: 0 30-26 39 89 90, Fax: 0 30-26 55 72 10

Camera de Commercio Costaricense – Alemana, San José
Tel.: 0 05 06-2-22 47 89, Fax: 0 05 06-2-22 33 59

INTAC (Beratung), Santa Ana
Tel.: 0 05 06-2-82 91 38, Fax: 0 05 06-2-82 42 08

Dresdner Bank
Apartado 162, 1007 Centro Colón, San José de Costa Rica
Tel.: 0 05 06-2 20 48 80, Fax: 0 05 06-2 20 48 73

Ausgewählte Banken vor Ort: Banco de Costa Rica, Banco Nacional de Costa Rica, Banco BANEX, Banco de Commercio, Banco Interfin, Banco Latinoamerico, Banco de Santander, Citibank.

Internet: www.casapres.go.cr

Steueroasen auf dem Prüfstand

Panama

- Fläche: 75 517 qkm
- Hauptstadt: Panamá
- BSP je Einw.: 3 080 $
- Arbeitslosigkeit: 14,4 Prozent
- Einwohner: 2,9 Millionen
- Sprache: Spanisch
- Währung: Balboa
- Inflation: 0,3 Prozent

Panama bildet mit einer Fläche von 75 517 qkm und knapp 3 Millionen Einwohnern die Nahtstelle zwischen Süd- und Mittelamerika. Das Land steht vor einer Zeitenwende, denn mit Beginn des neuen Jahrtausends hat Panama die Verwaltung des Kanals, der den Atlantik mit dem Pazifischen Ozean verbindet, übernommen. Seit mehr als 80 Jahren hatte das mittelamerikanische Land, von dem immer wieder gesagt wird, es existiere ohnehin nur wegen der Wasserstraße, keine Kontrolle über diese Lebensader. Gemäß dem Carter-Torrijos-Vertrag von 1977 gewinnt Panama ein Stück Souveränität zurück.

Seit der Panama-Kanal in die Hände des lateinamerikanischen Landes übergegangen ist, herrscht Goldgräberstimmung am Isthmus. In der Kanalzone, wo einst Diktatoren in der Kunst des schmutzigen Krieges unterrichtet wurden, schießen heute Golfplätze und Hotels aus dem Boden. Panama hält großen Investoren die Tür weit offen. Unverblümt preist die für die weitere wirtschaftliche Entwicklung der Kanalzone verantwortliche „Autoridad de la Region Interoceanica" (ARI) das reichliche vorhandene Potenzial an qualifizierten Arbeitskräften an. Zahllose Arbeiter haben mit dem Abzug der Amerikaner ihre Arbeitsstelle verloren und sind nun billiger zu haben. Mit steuerbegünstigten Neuansiedlungen versucht man das wettzumachen.

Dazu ergänzt eine zweite zollfreie Zone die schon bestehende größte Zollfreizone der westlichen Welt an der Kanaleinfahrt auf der Atlantikseite in Colón. Ein bestehender und zwei weitere Großhäfen sollen die Hafenstadt zum Umschlagplatz asiatischer Elektronikprodukte für die ganze Karibik und Südamerika machen. Taiwanesische Geldgeber stecken hinter den Plänen für einen riesigen Hightech-Park bei Panama-City, die Umwandlung amerikanischer Militärflugplätze in Flugzeugreparaturwerkstätten für ganz Lateinamerika sowie eines Kanaltunnels für Autos und Eisenbahn.

Mittel- und Südamerika – Panama

Doch obwohl die strategischen Vorteile internationale Investoren anlocken, ist der Staat unter den Steuerparadiesen für seine Wildwest-Methoden berüchtigt, obwohl er doch aufgrund seiner günstigen Lage zu Nord- und Lateinamerika alle Merkmale eines idealen Refugiums bietet.

Gänzlich zerstört wurde der Ruf Panamas durch die Aktivitäten des Armeechefs General Manuel Noriega im internationalen Drogengeschäft. Das Steuerparadies war als Handelspartner und Sitz von Oasengesellschaften nicht mehr akzeptabel. Viele Offshore-Unternehmen verlagerten daher ihren Gesellschaftssitz auf die Niederländischen Antillen. Dennoch sind in Panama rund 200 000 Offshore-Gesellschaften registriert.

In der Theorie ist Panama nach wie vor eine reinrassige Steueroase: Es erhebt keinerlei Steuern auf Fremdquelleneinnahmen wie auf Erlöse und Dividenden der in der Freihandelszone ansässigen Unternehmen. Aufgrund der nach wie vor instabilen politischen und wirtschaftlichen Situation sollten dennoch auf keinen Fall Bankeinlagen oder Wertpapiere auf panamaischen Finanzinstituten gehalten werden. Auch sollte man in jedem Fall von Investitionen in Immobilien oder andere schwer veräußerbare Vermögenswerte absehen.

Derzeit sind rund 100 in- und ausländische Geschäftsbanken in Panama registriert. Das Bankgeheimnis ist geschützt, Kapitaltransfers von und nach Panama sind in jeder Währung und in unbeschränker Höhe möglich.

Weitere Informationen und Ansprechpartner:

Kanzlei der Botschaft der
Republik Panama
Joachim-Karnatz-Allee 45, 10557 Berlin
Tel.: 0 30-22 60 58 11,
Fax: 0 30-22 60 58 12

Banco Nacional de Panama
Torre Banconal
Via Espona, Arpatado 5220; Panama
Tel.: 0 05 07-63 51 51

Camora de Commercio e Industria
Centroamericano – Caribe –
Alemaña
3 a Avenida 15 – 45 Zona 10
Edifico Central Empresorial
Torre 1, Of. 505; Guatemala, C.A.
Tel.: 00 50 22-33 70 44
Fax: 00 50 22-33 70 44

Steueroasen auf dem Prüfstand

Ansässige Banken: Deutsch-Südamerikanische Bank, Dresdner Bank, ABN AMRO Bank, Banco Alemán-Platina, Banco Commercial de Panama, Banque National de Paris, Chase Manhattan Bank, Citibank, Crédit Lyonnais, Lloyds Bank, Sakura Bank, Société Générale, Swiss Bank Corporation.

Internet: www.presidencia.gob.pa

Paraguay

- Fläche: 406 752 qkm
- Hauptstadt: Asunción
- BSP je Einw.: 1 760 $
- Arbeitslosigkeit: ca. 20 Prozent
- Einwohner: 5,6 Millionen
- Sprachen: Spanisch, Guarani
- Währung: Guaraní
- Inflation: 8,4 Prozent

Wegen fehlender Steuereinnahmen war Paraguay 1999 am Rande der Zahlungsunfähigkeit. Schuld war ein Steuersystem, das nach Ansicht internationaler Finanzinstitute die Hinterziehung von Abgaben begünstigte. Nach Schätzungen des paraguayischen Finanzministeriums betrug der Umfang der Steuerflucht in den vergangenen Jahren 50 Prozent aller möglichen Einnahmen. Zur Behebung wird derzeit eine große Steuerreform umgesetzt. Darüber hinaus ist Paraguay ein Sumpf von Korruption. Hier geht nichts ohne Schmiergeld.

Dennoch: Paraguay ist ein zivilisierter Rechtsstaat mit einer demokratischen Regierung, die den Schutz privaten Eigentums garantiert. Es bestehen diplomatische Beziehungen zu Deutschland, aber ohne Auslieferungs- und Informationsabkommen. Die Gesetzgebung ist unternehmerfreundlich. Auf Antrag werden Steuern für die ersten fünf Jahre erlassen. In der Landwirtschaft ist eine Pauschalbesteuerung von 2 Prozent möglich. Als Privatperson zahlt man weder Einkommen-, Vermögen-, Erbschaft- oder Schenkungsteuer. Als Resident ist man zudem von Quellensteuer auf Sparguthaben befreit. Man könnte sogar in Deutschland Konten unterhalten und bekäme die Erträge daraus in Paraguay abzugsfrei

Mittel- und Südamerika – Paraguay

ausbezahlt. Im Übrigen ist es relativ einfach, Bürger des Landes zu werden. Dazu müssen Sie nur Ihre Solvenz nachweisen, zum Beispiel als Eigentümer einer Immobilie im Land, oder – einfacher – mit einem Bankguthaben in Höhe von 5 000 US-Dollar. Dazu braucht man sich nur bei einer der ansässigen Auslandsbanken ein Konto eröffnen, beispielsweise bei der ABN-Amro-Bank.

Hierfür benötigen Sie ein polizeiliches Führungszeugnis, das nicht älter als drei Monate ist, eine Geburtsurkunde, eine Heirats- oder Scheidungsurkunde und vier Passfotos. Diese Unterlagen müssen Sie beim Konsulat oder der Botschaft von Paraguay beglaubigen lassen. Schicken Sie dann alle Unterlagen mit Fotokopien aller Seiten Ihres Reisepasses an einen ortsansässigen Berater, der den Antrag auf Einbürgerung für Sie gegen ein Honorar zwischen 550 und 1 000 US-Dollar stellt und abwickelt.

Was Sie im Steuerparadies neben den Steuervergünstigungen noch erwartet: 320 Tage Sonne, keine Einmischung von Behörden und das Verstehen der deutschen Sprache. Es gibt deutsche Bäcker, Metzger, Wirtshäuser, Zeitungen, Schulen und TV-Programme. Die Lebenshaltungskosten sind etwa 30 Prozent niedriger als in Mitteleuropa, die Mieten sind günstig und die Immobilienpreise halten jedem Vergleich stand.

Weitere Informationen und Ansprechpartner:

Botschaft der Republik Paraguay
Hardenbergstr. 12, 10623 Berlin
Tel.: 0 30-31 99 86-0
Fax: 0 30-31 99 86-17

ABN-AMRO Bank
PY-Asunción
Tel.: 0 05 95-21-49 00 01

Deutsche Botschaft
PY-Asunción
Tel.: 0 05 95-21-2 40 06
Fax: 0 05 95-21-2 64 80

Beratung: Penner & Asociados
PY-Asunción
Tel.: 0 05 95-21-44 77 18
Fax: 0 05 95-21-49 36 60

Steueroasen auf dem Prüfstand

Uruguay

- Fläche: 176 215 qkm
- Hauptstadt: Montevideo
- BSP je Einw.: 6 130 $
- Arbeitslosigkeit: 14,4 Prozent
- Einwohner: 3,4 Millionen
- Sprache: Spanisch
- Währung: Urug. Peso
- Inflation: 4,4 Prozent

Für natürliche Personen gilt in dem früher als die „Schweiz Südamerikas" gelobten Staat das Territorialprinzip. Somit werden dort Einkommen aus dem Ausland nicht versteuert. Insofern ist das südamerikanische Land mit seinen 3,2 Millionen spanisch sprechenden Einwohnern ein Steuerparadies für Privatpersonen.

Weitere Informationen und Ansprechpartner:

Botschaft von Uruguay
Budapester Str. 39; 10787 Berlin
Tel.: 0 30-2 63 90-16, Fax: 0 30-2 63 90-1 70

Dresdner Bank
Missiones 1372, Esc. 502, Casilla 1333, 11.000 Montevideo
Tel.: 0 05 98-2-9 16 01 52, Fax: 0 05 98-2-9 15 12 83

Ausgewählte Banken vor Ort: ABN AMRO Bank, American Express Bank, Banco do Brasil, Bank Boston, Citibank, Lloyds Bank, Banco Commercial, ING Bank.

Internet: www.presidencia.gub.uy

5. Karibik

Von Florida bis Venezuela spannen Hunderte von Inseln einen rund 3 500 Kilometer weiten Bogen zwischen Kuba und Aruba. Sie sind wegen der Sonne, ihrer schneeweißen Strände und des warmen saphirfarbenen Karibischen Meeres insbesondere in den Wintermonaten Treffpunkt kältegeplagter Mitteleuropäer. Die Antillen bieten neben „Bacardi-Feeling" aber nicht nur optimale Bedingungen für Sonnenhungrige und Wassersportler, sie haben sich in den letzten Jahren auch zunehmend zum Fluchtpunkt steuergestresster Bundesbürger entwickelt.

Karibik

Neben Weltklasse-Hotels, Jet-Set-Wohnanlagen und exklusiven Golfplätzen schätzen sie vor allem Null-Steuern, funktionierendes Bankgeheimnis, gute Infrastruktur und internationale Verkehrsanbindungen. Einige der Karibik-Oasen sind echte Renner. Tatsächliche Steuerparadiese aber, die weder Einkommensteuern für Einzelpersonen und Unternehmen, noch Kapitalertrag- oder Erbschaftsteuern erheben, gibt es nur drei: Anguilla, die Cayman-Inseln sowie die Turks- und Caicos-Inseln.

In der Inselwelt der Karibik gibt es viele Möglichkeiten, angenehm und stressfrei zu leben, ohne Steuern zu zahlen. Die Bahamas und die Cayman-Inseln gehören zu den bekanntesten Steueroasen überhaupt. Weniger bekannt und preiswerter sind die Turks & Caicos. Steuerfreiheit bzw. Mini-Steuersätze für ausländisches Geld bieten aber auch Anguilla, Antigua und Barbuda, die Bermudas und Saint Kitts-Nevis.

Eine ideale Lösung ist sicherlich keine der Inseln, zumindest wenn Sie dort wohnen und eine Firma führen wollen. Die Bermudas nehmen keine Ausländer auf, die kleineren Inseln sind auf Dauer langweilig und die Verkehrsverbindungen sind nicht die besten.

Die 34 Staaten der Karibik haben sich wirtschaftlich zur Gemeinschaft karibischer Staaten (Caricom) zusammengeschlossen. Doch sie sind weder politisch noch wirtschaftlich integriert. Der politische und geographische Spannungsbogen reicht vom kommunistischen Kuba über das völlig verarmte Haiti bis zum prosperierenden Trinidad und Tobago vor der venezolanischen Küste.

Die Spanne des Bruttoinlandsprodukts (BIP) je Kopf und Jahr reicht von 4 930 US-Dollar auf Trinidad und Tobago bis zu 510 US-Dollar auf Haiti und 1 170 US-Dollar auf Kuba. Gemein ist allen Inselstaaten, dass sich in den letzten beiden Jahren ihre Handels- und Leistungsbilanzdefizite durch den gestiegenen Ölpreis vergrößert haben. Das gilt wegen des außergewöhnlich hohen Kapitalgüterimports auch für das Ölexportland Trinidad und Tobago.

Steueroasen auf dem Prüfstand

Anguilla

- Fläche: 96 qkm
- Hauptstadt: The Valley
- Währung: Ostkarib. Dollar (EC $)
- Einwohner: 11 150
- Sprache: Englisch
- Arbeitslosigkeit: 7,2 Prozent

Schnell wird es nach Sonnenaufgang heiß über dem flachen, sich nur 66 Meter aus dem unverschämt türkisen Blau des Meeres hebenden Rückens von Anguilla. Würde nicht der stetig wehende Nordostpassat die Luft bewegen, würde das lang gestreckte Eiland vor Hitze glühen.

Erst seit der Revolution von 1967, als sich die Insel ihre Autonomie von der Drei-Insel-Verwaltung-Saint Kitts-Nevis-Anguilla erkämpfte und zur britischen Kronkolonie wurde, besserten sich die Lebensbedingungen der knapp 12 000 Insulaner. Seitdem setzt man mit Erfolg auf Luxustourismus, der Arbeitsplätze schafft.

Anguilla ist berühmt-berüchtigt wegen einer Reihe von Skandalen um unseriöse Bankengründer. Denn bis Ende 1977 konnten Banken ohne einbezahltes Kapital und gegen eine Gebühr von 500 EUR gegründet werden. Von dort aus wurden dann Filialen in London errichtet, um ahnungslose Investoren in Mitteleuropa um ihr Geld zu bringen.

Auf Anguilla gibt es keine Steuern. Es werden lediglich Importzölle zwischen 5 und 30 Prozent erhoben. Das Bankgeheimnis ist geschützt.

Anguilla verfügt über ein attraktives Trust-Recht, das von der „Confidential Relations Ordinance" geschützt ist. Die Insel ist Mitglied der „Caribbean Financial Action Task Force", die den Drogenhandel und alle damit verbundenen finanziellen Aktivitäten bekämpft.

Eine Unternehmensgründung kostet 750 US-Dollar, die jährliche Domizilisation 750 US-Dollar, die laufenden jährlichen Kosten liegen bei 200 US-Dollar. Unternehmen müssen ein Büro auf der Insel einrichten, aber keine Jahresgewinne oder Jahresabschlüsse vorlegen, und die Jahreshauptversammlung muss nicht auf Anguilla abgehalten werden.

Steuern: Auf Anguilla gibt es keine direkten Steuern oder Abgaben. Auch sind keine Abgaben auf Dividenden, Schenkungen und Erbschaften zu leisten. Mit anderen Staaten bestehen keine DBA. Anguilla ist eine reine Nullsteueroase.

Es gibt keine Devisenbeschränkungen, die Ein- und Ausfuhr von Kapital kann in unbeschränkter Höhe erfolgen.

Die Insel ist per Flugzeug über Puerto Rico, New York, Miami, Amsterdam und Paris zu erreichen.

Weitere Informationen und Ansprechpartner:

Kanzlei der Botschaft des Vereinigten Königreichs
Großbritannien und Nordirland
Wilhelmstr. 70/71; 10117 Berlin
Tel.: 0 30-2 04 57-0, Fax: 0 30-2 04 57-5 94

Eastern Caribbean Central Bank
Basseterre; Saint Kitts, W.I.
Tel.: 0 01-8 69-4 65 04 42

Superintendent of Offshore Finance
The Valley; Anguilla, British West Indies
Tel.: 0 01-2 64-4 97-38 81, Fax: 0 01-2 64-4 97-58 72

Anguilla Offshore Financial Center
PO Box 60, The Valley
Tel.: 0 01-2 64-4 97-58 81, Fax: 0 01-2 64-4 97-58 72

Ansässige Banken: Bank of Nova Scotia, Barclays Bank, National Bank of Anguilla, Caribbean Commercial Bank, Scotiabank of Anguilla.

Antigua und Barbuda

- Fläche: 441,6 qkm,
  davon Antigua 280 qkm,
  Barbuda 160,5 qkm,
  Redonda 1,5 qkm
- Währung: Ostkarib. Dollar (EC $)
- Inflation: 2,6 Prozent
- Einwohner: 67 000
- Hauptstadt: St. John's
- Sprache: Englisch
- BSP je Einw.: 8 450 $
- Arbeitslosigkeit: 21 Prozent

Steueroasen auf dem Prüfstand

Antigua ist die größte der Leeword-Inseln. 365 Badebuchten reihen sich an der stark gegliederten Küste aneinander – eine schöner als die andere. Die Insel, zu Admiral Nelsons Zeiten einer der wichtigsten Flottenstützpunkte der königlich-englischen Marine, schloss sich nach ihrer Unabhängigkeit mit den Nachbarinseln Barbuda und Redonda zusammen und sucht heute den Anschluss an die USA.

Natürliche Personen zahlen keine Einkommensteuer. Internationale Business Companies unterliegen einer 2,5-prozentigen Körperschaftsteuer, sofern sie zu 100 Prozent im Eigentum nicht Ansässiger sind und ihre Aktivitäten außerhalb der Inseln durchführen. Und Offshore-Gesellschaften sind für einen Zeitraum von 50 Jahren ab Gründung von sämtlichen Steuern befreit.

Kapital: Für eine IBC wurde keine Mindestkapitalhöhe festgelegt. Die Aktien verfügen entweder über einen Nennwert oder sind nennwertlos. Sie können als Namens- oder Inhaberaktien emittiert werden. Letztere müssen jedoch über einen Vermerk verfügen, der angibt, dass besagte Aktien nicht auf einen Staatsbürger Antiguas übertragen werden können. Das Gesetz sieht verschiedene Aktiengattungen vor (Vorzugsaktien, nicht bevorzugte Aktien), oder sonstige Anrechte und Einschränkungen sowie auch stimmrechtslose Aktien. Wenn nicht anders von der Satzung vorgesehen, werden mit jeder neuen Emission von Wertpapieren die Vorverkaufsrechte zugunsten der bestehenden Anteilseigner verbunden. Eine Aktie kann nur nach vollständiger Bezahlung emittiert werden. Eine Namensaktie kann mittels eines begebbaren Solawechsels bezahlt werden (vorbehaltlich einer „Diligence Duty" seitens der Direktoren zwecks Festlegung des Marktpreises des Solawechsels).

Stimmrechtsbevollmächtigte: Alle Aktionäre dürfen von einem Stimmrechtsbevollmächtigten vertreten werden. Einer Stimmrechtsvollmacht zur Abstimmung von Inhaberaktien muss eine Bescheinigung eines anerkannten Bank- oder Trust-Hauses beigefügt werden, die besagt, dass von ihm die Aktien im Namen des Aktionärs gehalten werden.

Firmenname: Der Firmenname muss mit „Limited", „Corporation" oder „Incorporated", oder deren Abkürzungen „Ltd.", „Corp." oder „Inc." enden. Es können auch die in anderen Ländern verwendeten Bezeichnungen verwendet werden, die die beschränkte Haftung der Aktionäre anzeigen (zum Beispiel „Sociedad anonima" oder „S. A.").

Unternehmensführung: Das Unternehmen muss von einem Board of Directors geleitet werden, das aus mindestens einem Direktor besteht, der keine natürliche Person zu sein braucht. Sollten die Gründungsartikel oder Satzungsbestimmungen nichts anderes vorsehen, liegen keine weiteren Beschränkungen in Bezug auf die Anzahl der Direktoren vor, die mit Ausnahme der Bank-, Trust- oder Versicherungsgesellschaften auch nicht in Antigua ortsansässig sein müssen.

Die Kosten für die Gründung einer Offshore-Gesellschaft belaufen sich auf ca. 2 500 US-Dollar. Die jährlichen Gebühren für die Führung der Gesellschaft liegen bei rund 750 US-Dollar.

Seit Ende 1998 bietet Antigua deutschsprachigen Kapitalgesellschaften sein Internet-Kürzel „.ag" an, um über das Internet steuerfreie Geschäfte in Deutschland tätigen zu können.

Ausländer dürfen Antigua als ihren „ständigen" Wohnsitz angeben, wenn sie sich dort mehr als 30 Tage im Jahr aufhalten und eine Gebühr von 20 000 US-Dollar für eine ständige Arbeitserlaubnis bezahlen. Wer einen ständigen Wohnsitz hat, zahlt einen verminderten Steuersatz von 5 Prozent. Wer seine Rente aus dem Ausland bezieht, kann darauf bezahlte Steuern, die er im Auszahlungsland nicht zurückfordern kann, mit seinen auf Antigua zu zahlenden Steuern verrechnen.

Steuern: Während IBC-Gesellschaften einer 2,5-prozentigen Körperschaftsteuer unterliegen, zahlen natürliche Personen keine Einkommen- oder sonstigen Steuern.

Steueroasen auf dem Prüfstand

Bankwesen: Zusammen mit seinen Nachbarstaaten Grenada, Saint Kitts & Nevis, Saint Lucia, Saint Vincent und die Grenadinen sowie mit den mit Großbritannien verbundenen Inseln Anguilla und Montserrat verfügt Antigua & Barbuda über eine gemeinsame Zentralbank, die Eastern Caribbean Central Bank (ECCB), sowie über eine einheitliche Währung, den Eastern Caribbean Dollar (EC $). Auf allen Inseln bestehen keine Beschränkungen für die Ein- und Ausfuhr von Fremd- und Staatswährungen.

Weitere Informationen und Ansprechpartner:

Kanzlei der Botschaft von Antigua und Barbuda
15, Thayer Street, GB-London W1U 3JT
Tel.: 00 44-20 74 86 70 73, Fax: 00 44-20 74 86 99 70

Honorarkonsulat von Antigua und Barbuda
Van-der-Smissen-Straße 2; 22767 Hamburg
Tel.: 040-38 99 89 11

Ministry of Finance
St. John's; Antigua
Tel.: 00 18 09-4 62-48 60, Fax: 00 81 09-4 62-16 22

Einheimische Banken: Antigua Barbuda Investment Bank, Antigua Commercial Bank, Antigua and Barbuda Development Bank, Bank of Antigua.

Ansässige ausländische Banken: Bank of Nova Scotia, Barclays Bank, Canadian Imperial Bank of Commerce, Caribbean Banking Corporation, Hannover Bank, Royal Bank of Canada, Swiss American Bank.

Internet: www.polisci.com/world/nation/AC.htm

Aruba

- Fläche: 193 qkm
- Hauptstadt: Oranjestad
- Währung: Aruba-Florin
- Einwohner: 91 360
- Sprache: Niederländisch
- Arbeitslosigkeit: 7,4 Prozent

Die Vorschriften und Regelungen für Offshore-Gesellschaften entsprechen denen der Niederländischen Antillen. Eine Ausnahme bil-

Karibik – Aruba

det die „Arubaanse Vrijgestelde Vennotschap" (AVV), die nur Geschäfte mit nicht Ansässigen tätigen und auf Aruba selbst nur ein Büro und ein Bankkonto führen darf. Statt Steuern zahlt die AVV eine feste Jahresgebühr von rund 300 US-Dollar. Bilanzen werden nicht offen gelegt. Es besteht ein intaktes Bankgeheimnis.

Steuern: Nicht ansässige Personen zahlen für die auf Aruba erzielten Einkünfte zwischen 2,5 und 3 Prozent Steuern, nicht jedoch für sämtliche ausländischen Einkünfte. Dividenden, Zinsen und Veräußerungsgewinne, die von einer Gesellschaft auf Aruba an nicht ansässige natürliche oder juristische Personen gezahlt werden, sind ebenfalls einkommensteuerfrei. Besteuert werden dagegen Vergütungen, die nicht ansässige Mitglieder im Vorstand oder Aufsichtsrat von ansässigen Gesellschaften erhalten.

Der besondere Reiz Arubas liegt im DBA mit den Niederlanden. Dies ermöglicht, über den Umweg Niederlande quellensteuerfreie oder zumindest quellensteuerermäßigte Gewinne bzw. Lizenzeinnahmen nach Aruba zu transferieren und dort auszuschütten.

Kapitaltransfer: Nur beschränkt möglich. Allerdings können Unternehmen im Besitz von nicht Ansässigen Befreiung von den Transferbestimmungen beantragen. Sie können auch Fremdwährungskonten einrichten.

Weitere Informationen und Ansprechpartner:

Königlich Niederländische Botschaft
Friedrichstraße 95; 10117 Berlin
Tel.: 0 30-20 95 60, Fax: 0 30-20 95 64 41

Central Bank von Aruba
Havenstraat 2, Orangestad
Tel.: 0 02-9 78-2 31 18, Fax: 0 02-9 78-2 43 73

Banken vor Ort: ABN AMRO Bank, Aruba Bank, Banco di Caribe, Caribbean Mercantile Bank, Citibank, First National Bank of Aruba, Interbank Aruba, Postspaarbank, Volkskredietbank, Aruba Investment Bank.

Steueroasen auf dem Prüfstand

Bahamas

- Fläche: 13 939 qkm
- Hauptstadt: Nassau
- BSP je Einw.: über 12 800 $
- Arbeitslosigkeit: 13,3 Prozent
- Einwohner: 308 000
- Sprache: Englisch
- Währung: Bahama-Dollar (B$)
- Inflation: 3,2 Prozent

Die 690 Inseln der Bahamas mit traumhaften Stränden und kristallklarem Wasser ziehen sich über ein Seegebiet des Atlantiks von rund 250 000 qkm. Die knapp 289 000 Insulaner leben auf insgesamt 29 Inseln; alle übrigen sind unbewohnt und einige davon sogar käuflich zu erwerben. Die Inselgruppe ist seit 1973 unabhängig.

Schon Anfang der 50er-Jahre entwickelten sich die Bahamas wegen ihrer Steuerfreiheit zu einem beliebten Steuerparadies für Private und Gesellschaften. Mitte 2002 waren dort über 80 000 Unternehmen registriert, jährlich kommen rund 6 000 hinzu: viele nur als Briefkastenfirma mit einem Messingschild an einer Anwaltskanzlei in Nassaus Bay Street; darunter auch die Mehrzahl der in Nassau vertretenen 400 Banken. Dennoch hebt sich das Finanzzentrum Nassau mit seinen alten Forts und Häusern im Kolonialstil durch die Qualität und die Ausstattung mit Finanzdienstleistungen von allen anderen karibischen Offshore-Zentren ab. Denn Auflagen amerikanischer und schweizerischer Steuerbehörden für ihre Geldhäuser führten dazu, dass die Niederlassungen dieser Finanzhäuser nicht nur als Briefkastenfirmen bestehen, sondern dass sie auch tatsächlich dort Geschäfte betreiben.

Die Bahamas haben sich als Offshore-Steueroase zwei Trumpfkarten einfallen lassen. Einmal den Trust und die Besonderheit der IBC (International Business Company). Insbesondere Letztere verhilft Steuerflüchtigen, Drogenbaronen oder russischen Mafiafürsten zur Sicherung ihres Vermögens. Die IBC verbaut selbst dem Staat der Bahamas und allen anderen Behörden der Welt Einsicht in Kontostand, Kontobewegungen oder Gläubigeridentität.

Karibik – Bahamas

Politische Risiken: In der Vergangenheit gab es Bestrebungen einzelner größerer Inseln, sich aus dem Inselverbund der Bahamas zu lösen, zuletzt der Versuch der Insel Abaco im Jahr 1973. Derartige Versuche können sich wiederholen.

Rechtssystem: Es folgt dem englischen Common Law mit eigenen Zusatzverordnungen für Unternehmen, Banken und Treuhandgesellschaften. Während das Firmenrechtsgesetz von 1987 gewöhnliche Geschäftsunternehmen regelt, gelten für Auslandsunternehmen der Foreign Companies Act und für Offshore-Gesellschaften der International Business Companies Act von 1990.

Patentrecht: Patente können für die Dauer von sieben Jahren in Nassau registriert und insgesamt zweimal um sieben Jahre verlängert werden. Für Warenzeichen gelten 14 Jahre mit einer einmaligen Verlängerungsmöglichkeit für den gleichen Zeitraum. Werden die Schutzrechte nicht aktiv genutzt, laufen sie nach fünf Jahren aus.

Wohnsitznahme: Privatpersonen können eine zeitlich auf ein Jahr beschränkte Aufenthaltserlaubnis („Temporary Residence": 1 000 B$ für den Haushaltsvorstand sowie 20 B$ für jedes weitere Familienmitglied) sowie eine Daueraufenthaltsgenehmigung („Permanent Residence": 5 000 B$ für den Haushaltsvorstand inklusive aller Familienmitglieder) beantragen.

Bei der Gewährung des Dauerwohnrechts wird erwartet, dass der Wohnsitznehmer jährlich mindestens 25 000 B$ aus dem Ausland für seinen Lebensunterhalt auf die Bahamas überweist und außerdem innerhalb von zwei Jahren nach Wohnsitznahme mindestens 150 000 B$ in den Bahamas investiert.

Die Erteilung der Aufenthaltsbewilligung liegt im Ermessen der Behörden. Es ist ratsam, hierfür vor Ort einen qualifizierten Anwalt einzuschalten.

Wenn Sie ein tropisches Paradies suchen, ein Domizil in der Karibik, wo Sie direkt vor der Haustür schnorcheln gehen und von Ihrer Terrasse aus mit einem Drink in der Hand den Segelbooten am Ho-

Steueroasen auf dem Prüfstand

rizont nachsehen und die Wellen plätschern hören, dann sollten Sie die abgelegenen Bahama-Inseln, die „Out Islands", Cat Island und San Salvador, in die engere Wahl ziehen. Hier bekommen Sie noch Land am Meer zu unglaublich günstigen Preisen – und das direkt vor der Haustür der Amerikaner!

Steuern: Der Haushalt der Bahamas wird durch Einnahmen aus Zöllen sowie aus Tourismus- und Spielbanksteuern weitestgehend gedeckt. Für dort ansässige Privatpersonen oder Gesellschaften bedeutet das: Keine Einkommen-, Körperschaft-, Veräußerungsgewinn-, Quellen-, Schenkung- oder Erbschaftsteuer. Die Bahamas sind also eine klassische Nullsteueroase.

Beabsichtigt man den Erwerb einer Immobilie, betragen die Grundsteuern 0,5–1,5 Prozent des Grundstückswertes. Dividenden- und Zinszahlungen von den Bahamas aus unterliegen einer Quellensteuer von 0,25 Prozent.

Für Industrieansiedlungen im Freihafengebiet Freeport auf der Insel Grand Bahamas gilt eine Zollfreiheitsgarantie bis zum Jahr 2054.

Doppelbesteuerungsabkommen: Keine

Lebenshaltungskosten: Hohe Lebenshaltungskosten durch Einfuhrzölle bei hoher Lebensqualität.

Kommunikation: Sehr gut

Verkehrsverbindungen: Sehr gute Verbindungen zwischen Miami/Florida und den internationalen Flughäfen auf den Bahamas – Nassau, Freeport und West End. Diese werden auch von den großen Städten der amerikanischen und kanadischen Ostküste sowie von Mexiko, London, Frankfurt, Düsseldorf oder Luxemburg direkt angeflogen. Von dort geht es zu rund 50 Inselflughäfen weiter.

Gesellschaften: Alle Unternehmensarten müssen auf den Bahamas registrierte Büroräume unterhalten. Eine internationale Gesellschaft braucht mindestens zwei Aktionäre. Die Aktien können

Karibik – Bahamas

in einer Auslandswährung ausgegeben werden. Inhaberaktien sind erlaubt und können in registrierte Aktien umgewandelt werden. Die Gesellschaft muss einen auf den Bahamas im Firmenregister eingetragenen Agenten nachweisen. Aktionäre und Geschäftsführung können jede beliebige Nationalität haben, die Hauptversammlung der Gesellschaft kann an jedem beliebigen Ort weltweit durchgeführt werden. Für Jahresberichte, die nur von den Aktionären eingesehen werden dürfen, besteht keine Aufbewahrungspflicht.

Banken mit Hauptsitz außerhalb der Bahamas, die sich auf den Inseln niederlassen wollen, benötigen eine Genehmigung des Finanzministeriums. Sie müssen auf den Bahamas einen Hauptgeschäftsführer und einen autorisierten Stellvertreter einsetzen. Für geprüfte Jahresberichte besteht eine Aufbewahrungspflicht. Der Bruch des Bankgeheimnisses wird mit einer zweijährigen Haftstrafe und einer Geldstrafe von 15 000 B$ geahndet.

Treuhandgesellschaften können sich auf Treuhandgeschäfte beschränken, sie dürfen jedoch auch Bank- und Treuhandgeschäfte durchführen. Das Treuhandvermögen ist durch das Gesetz gegen arglistige Täuschung von Gläubigern (Fraudulent Disposition Act) geschützt, was weltweit von tatsächlichen Gläubigern mit erheblichem Missvergnügen zur Kenntnis genommen wird. Denn da für diese Gesellschaften kaum Offenlegungspflichten bestehen, kommt es nur zu oft zu gezielten Missbräuchen der Aktionäre bzw. deren Beauftragter.

Für eine Oasengesellschaft kommt nur eine Limited Company in Frage. Gesamtgründungskosten ca. 1 750 – 2 500 B$.

Beabsichtigt man einen Vermögenstrust zu errichten, so ist man gut beraten, diesen nicht durch kleine Anwalts- oder Treuhandkanzleien auf den Bahamas verwalten zu lassen. Das sollte man besser den Töchtern der dort ansässigen großen britischen (zum Beispiel Barclays Bank International) oder kanadischen (The Royal Bank of Canada) Banken überlassen. In keinem Fall aber amerika-

Steueroasen auf dem Prüfstand

nische Banken wählen, da diese dem Einflussbereich der US-Finanzbehörden unterstehen.

- Gründungsdauer: zwei bis drei Tage
- Gründungskosten: Stempelgebühren 60 B$ bis zu einem Kapital von 5 000 B$. Für jede weiteren 1 000 B$ Aktienkapital 3 B$. Dazu kommt eine Registergebühr in Höhe von 500 US-Dollar. Die jährlichen Kosten für Abschlusserklärung und Steuer betragen 100 US-Dollar, die für die Domizilisation 650 US-Dollar.

Die Bahamas sind für Firmengründung, Geldanlage, Kapitalinvestition und einen Wohnsitz eine interessante Alternative. Dort herrscht nach wie vor ein gesunder, langjähriger wirtschaftlicher Aufschwung. Die bedeutendste Eigenschaft, die die Bahamas von den meisten Steueroasen unterscheidet, ist die Unabhängigkeit als souveräner Staat mit einer stabilen Demokratie. Diese Unabhängigkeit ist deshalb so wichtig, weil die EU zum Sturm auf die Steueroasen geblasen hat. Davon sind nun alle Steueroasen in der EU, in assoziierten Gebieten sowie Drittstaaten betroffen. Zu den assoziierten Gebieten gehören in der Karibik die Bermudas, die Britischen Jungferninseln, Cayman-Inseln und Saint Lucia. Für diese Staaten wird ab 2010 eine Meldepflicht der im Ausland gezahlten Zinseinkünfte gelten.

Banken: Mitte 2002 waren auf den Bahamas über 400 Banken registriert. Es gilt ein striktes Bankgeheimnis. Es wurde 1985 gesetzlich verankert und gilt als vorbildlich. Ausnahmen: Bei Geldwäsche im Zusammenhang mit Drogen- oder Waffengeschäften. Steuerhinterziehung gilt auf den Bahamas dagegen nicht als strafbares Vergehen.

Weitere Informationen und Ansprechpartner:

Kanzlei der Botschaft des Commonwealth der Bahamas
Bahamas House, 10, Chesterfield Street, GB-London W1X 8AH
Tel.: 00 44-20 74 08 44 88, Fax: 00 44-20 74 99 99 37

Karibik – Barbados

UCBM Ltd.
43 Elizabeth Avenue, PO Box N-8680; Nassau/Bahamas
Tel.: 0 01-8 09-3 56 29 03, Fax: 0 01-8 09-3 26 84 34

Bahamas Tourist Office
Mörfelder Landstraße 45-47; 60598 Frankfurt
Tel.: 0 69-62 60 51, Fax: 0 69-62 73 11

The Central Bank of Bahamas
P.O. Box; N-4868 Nassau/Bahamas
Tel.: 00 18 99-3 22 21 93, Fax: 00 18 99-3 22 43 21

Real Esplanade Ltd., Nassau/Bahamas
Tel.: 01-02 42-3 27 25 79

Ausgewählte Banken: Bank of Bahamas, Barclays Bank, Citibank, Coutts & Co, Crédit Lyonnais, Crédit Suisse, Hongkong & Shanghai Banking Corporation, National Bank of Canada, Swiss Bank Corporation.

Internet: www.bahamas.com

Barbados

- Fläche: 430 qkm
- Hauptstadt: Bridgetown
- BSP je Einw.: 9 250 $
- Arbeitslosigkeit: 19,7 Prozent
- Einwohner: 268 000
- Sprache: Englisch
- Währung: Barbados-Dollar
- Inflation: 2,5 Prozent

Barbados ist die bekannteste Insel der kleinen Antillen zwischen Karibik und Atlantik. Hier haben sich 300 Jahre englischer Einfluss und Tradition mit dem afrikanischen Erbe der Einheimischen, der „Bajans", vermischt. Calypso, Limbo, feinsandige Strände und eine ständig kühlende Brise haben die Insel zur Residenz vieler Millionäre gemacht.

Eine International Business Company zahlt, sofern sie zu 100 Prozent einem nicht Ansässigen gehört, 2,5 Prozent Körperschaftssteuer. Firmen, die im Land produzieren, werden davon zehn Jahre befreit. Darüber hinaus erhalten sie Subventionen für Fabrikgebäude und die Ausbildung einheimischer Mitarbeiter. Barbados wirbt dafür, dass die auf der Insel produzierten Güter in den USA

Steueroasen auf dem Prüfstand

sowie vielen Ländern der Karibik und Lateinamerikas Zollpräferenzen haben. Außerdem können die meisten dort hergestellten Produkte aufgrund des „Lomé-Abkommens" völlig zollfrei in die EU exportiert werden.

Internationale Gesellschaften sind von Quellensteuer, Dividendensteuer sowie Steuern auf Lizenzen befreit, wenn diese an internationale Unternehmen oder nicht Ansässige ausgezahlt werden. Internationale Geschäfte unterliegen keiner Zins- oder Dividendenkontrolle. Die Infrastruktur der Insel ist gut.

Non-Residents zahlen eine Einkommensteuer zwischen 1 – 2,5 Prozent. Von Kapitalertrag-, Erbschaft-, Grund-, Schenkung- sowie Quellensteuer auf Dividenden und Zinszahlungen sind sie befreit.

Weitere Informationen und Ansprechpartner:

Kanzlei der Botschaft von Barbados
100, Avenue Franklin Roosevelt; B-1050 Brüssel
Tel.: 00 32-27 32 17 37/27 32 18 67, Fax: 00 32-27 32 32 66

Honorarkonsulat von Barbados
Am Karlsbad 11; 10785 Berlin
Tel.: 0 30-25 46 72 58

International Business and Financial Service Unit
Government Headquarters; Barbados
Tel.: 00 18 09-4 27 35 78, Fax: 00 18 09-4 36 92 80

Ministry of Trade, Industry and Commerce
Reef Road, Fontabelle; St. Michael/Barbados
Tel.: 00 18 09-4 26 44 52, Fax: 00 18 09-4 31 00 56

Caribbean Association of Industry and Commerce Inc.
Barclays Bank Building; Wildey Plaza; St. Michael/Barbados
Tel.: 00 18 09-4 36 63 85, Fax: 00 18 09-4 36 99 37

Caribbean Development Bank
P.O. Box 408; Wildey Street; St. Michael/Barbados
Tel.: 00 18 09-4 26 11 52, Fax: 00 18 09-4 26 72 69

Barbados Chamber of Commerce and Industry
Newmill House, 1st Floor, Collymorer Rock
P.O. Box 189; Bridgetown/Barbados
Tel.: 00 18 09-4 26 07 47, Fax: 00 18 09-4 26 20 56

Central Bank of Barbados
Tom Adams Financial Center
P.O. Box 1016, Spry St. Bridgetown
Tel.: 00 18 09-4 36 68 70, Fax: 00 18 09-4 27 95 59

Ausgewählte Banken: Bank of Nova Scotia, Barclays Bank, Citibank, Royal Bank of Canada, Caribbean Commercial Bank.

Internet: www.barbados.gov.bb

Britische Jungferninseln (British Virgin Islands, B.V.I.)

- Fläche: 153 qkm
- Hauptstadt: Road Town
- Währung: US-Dollar
- Einwohner: 18 727
- Sprache: Englisch

Diese östlich von Puerto Rico gelegene Inselgruppe mit vier größeren und etwa 60 kleineren Inseln zählt insgesamt nur rund 18 000 Einwohner, die auf 16 Inseln leben. Allein 11 000 beherbergt die kleine, typisch westindische Hauptstadt Road Town auf Tortola, die gleichzeitig auch das Geschäftszentrum ist. Die B.V.I. sind nicht nur ein Paradies für Yachteigner und Tauchenthusiasten. Sie sind auch ein Paradies für Oasenfirmen, die dort unkompliziert gegründet werden können.

Devisenkontrollen: Keine

Fiskalische Auslieferungsabkommen: Keine

Politische Risiken: Solange die Inseln britische Kronkolonie sind, keine

Rechtssystem: Englisches Common Law mit ergänzenden lokalen Verordnungen. Seit 1984 gilt zudem das International Business Companies Law.

Devisenbeschränkungen: Keine

Steueroasen auf dem Prüfstand

Patentrecht: Es gelten die britischen Vorschriften.

Wohnsitznahme: Grundsätzlich möglich, liegt im Ermessen der Immigrationsbehörde. Voraussetzung sind in jedem Fall ein gesichertes Einkommen und möglichst der Kauf eines Hauses, um den Mietmarkt zu entlasten.

Selbstständige und Direktoren von Oasengesellschaften erhalten nur dann eine Genehmigung, wenn sie gleichzeitig einen oder mehrere Einheimische beschäftigen.

Steuern: Bei Steuerpflichtigen, die auf den B.V.I. weder ihr Domizil noch ihren steuerlichen Wohnsitz haben, wird nur das auf den B.V.I. entstandene oder empfangene Einkommen besteuert. Auslandseinkünfte von Personen, die nur befristet ansässig sind, bleiben steuerfrei. Die Einkommensteuer liegt zwischen 3 (für die ersten 2 500 US-Dollar) und 20 Prozent (bei Einkommen von mehr als 25 000 US-Dollar). Die Körperschaftsteuer hat einen Grundtarif von 15 Prozent, Ausnahmen mit reduziertem steuerlichen Ansatz sind je nach Gesellschaftsform und Einkommenstyp möglich.

Wegen der niedrigen Körperschaftsteuer und der Einrichtungen für internationale Gesellschaften (International Business Companies) profitieren Unternehmen stärker als Privatleute vom Steuerrecht der Inseln.

Doppelbesteuerungsabkommen: Ja

Lebenshaltungskosten: Entsprechen US-Niveau, mit reizlosem Ambiente

Kommunikation: Gut, in der Regel über die USA

Verkehrsverbindungen: Flug- und Fährschiffverbindungen zu den US Virgin Islands, von dort über Puerto Rico in die USA oder nach Europa.

Gesellschaften: Auf den B.V.I. sind die Voraussetzungen für die Gründung von internationalen Unternehmen einfach durchzuführen und für die Eigentümer attraktiv. Dafür sprechen heute

Karibik – Britische Jungferninseln

über 30 000 aktive Firmen. Die Gesellschaft muss einen Anwalt, Wirtschaftsprüfer oder eine Treuhandgesellschaft als Agenten sowie ein Büro auf den Inseln unterhalten, wo das streng vertrauliche Aktienregister geführt wird.

Für Oasengeschäfte kommen nur Non Resident Companies in Frage. Dabei sollten aus Haftungsgründen ausschließlich die AG-ähnlichen Companies Limited by Shares gewählt werden, bei denen zwischen „Public Companies" und den „Private Limited Companies" unterschieden wird. Wegen der geringen Auskunfts- und Buchhaltungspflicht ist die Private Limited Company vorzuziehen. Gesellschaften unterliegen einer 15-prozentigen Körperschaftsteuer. Non Resident Companies sind jedoch nur für ihr Einkommen aus den B.V.I.-Quellen steuerpflichtig.

- Gründungsdauer: drei bis fünf Tage
- Gründungskosten: Maximal 75 US-Dollar bei bis zu 10 000 US-Dollar-Aktienkapital; Registergebühr 100 US-Dollar; Stempelgebühr 2,5 Prozent auf das Aktienkapital, mindestens jedoch 200 US-Dollar. Gebühren der örtlichen Berater inklusive Stellung des „Registered Office": 1 000 – 1 500 US-Dollar.
- Laufende Kosten: Registergebühr: 10 US-Dollar; Jahressteuer: 300 US-Dollar; Einreichen des Jahresberichts: 25 US-Dollar; Kosten des örtlichen Beraters einschließlich Stellung des Office: 300 – 600 US-Dollar.

Weitere Informationen und Ansprechpartner:

Kanzlei der Botschaft des Vereinigten Königreichs
Großbritannien und Nordirland
Wilhelmstr. 70/71; 10117 Berlin
Tel.: 0 30-2 04 57-0, Fax: 0 30-2 04 57-5 94

Overseas Company Registration Agents Ltd.
72 New Bond Street; London W 1 Y 9 D D
Tel.: 00 44-1-71-3 55 10 96, Fax: 00 44-1-7-4 95 30 17

British Virgin Islands Committee
Comerstraße 28; 22047 Hamburg
Tel.: 0 40-6 95 88 46

Steueroasen auf dem Prüfstand

Ministry of Finance
Financial Regulator
Road Town; Tortola
Tel.: 00 18 09-4 94 37 01, Fax: 00 18 09-4 94 61 80

Ausgewählte Banken: Barclays Bank, Bank of Nova Scotia, Chase Manhattan Bank.

Cayman-Inseln

- Fläche: 259 qkm
- Hauptstadt: Georgetown
- Währung: Cayman-Dollar (CI-$)
- BSP je Einw.: 23 500 US-Dollar
- Einwohner: 36 000
- Landessprache: Englisch
- Arbeitslosigkeit: 5,3 Prozent

Die drei von Traumstränden umgebenen Inseln liegen zwischen Kuba und der mittelamerikanischen Landbrücke, messen 259 qkm und zählen rund 36 000 Einwohner, wovon etwa 9 000 Ausländer sind. Die Inselgruppe ist auf eigenen Wunsch britische Kronkolonie geblieben. Die Insulaner haben das höchste Bruttosozialprodukt in der Karibik, das mit 23 500 US-Dollar sogar über dem amerikanischen und britischen Satz liegt. Der Wohlstand ist durch den Bau-, Tourismus- und Finanzboom auf den Inseln sichtbar, und man rühmt sich, das weltweit dichteste Telefaxnetz zu haben.

Im Vergleich zu anderen Steueroasen in der Karibik entwickelten sich die Cayman-Inseln erst spät zu einem internationalen Finanz- und Touristenzentrum. Ausschlaggebend war der Bau des Flughafens 1954. Anfang der 70er-Jahre folgte der Zuzug einer Reihe von Banken, die ihre Niederlassungen wegen politischer Unruhen von den Bahamas in das politisch stabile Georgetown verlegten, dann der Aufbau zahlreicher Niederlassungen der führenden deutschen Finanzinstitute. Hinzu kam Fluchtgeld aus dem südasiatischen Raum sowie ein verstärkter Transfer von Anlagegeldern aus dem europäischen Raum wegen der europaweiten Ausdehnung der Quellensteuer.

Karibik – Cayman-Inseln

Heute sind fast 600 Banken, 500 Versicherungen und über 2 000 Fonds in Georgetown vertreten, die Einlagen von rund 1 Billion US-Dollar an sich gezogen haben. Allein von den 50 weltweit größten Finanzinstituten haben 46 sich auf den Cayman-Inseln niedergelassen. Dazu kommen rund 50 000 Unternehmen, die sich mit Investment, Verkauf, Handel, Schifffahrt, Versicherung, Immobilien und anderem befassen, sowie die großen Wirtschaftsprüfungsgesellschaften und renommierte Anwaltskanzleien.

Ein strenges Bankgeheimnis, das auch für Immobilien-, Versicherungs-, Börsenmakler und Handelsvertreter gilt, droht bei Verletzung mit hohen Geld- und Freiheitsstrafen. Das Bankgeheimnis ist so strikt, dass die Cayman-Inseln sehr schnell für Rauschgiftgeschäfte benutzt wurden. Heute wird das Bankgeheimnis jedoch in Zusammenarbeit mit den amerikanischen Rauschgiftfahndungsstellen durchbrochen.

Hüten sollte man sich jedoch davor, auf den Cayman-Inseln selbst mit einem Caymanianer irgendwelche Geschäfte zu betreiben, gleich, ob allgemeine Handels- oder Grundstücksgeschäfte. Kommt es aus diesen Tätigkeiten zu Streitigkeiten, dann ist man als Ausländer bei der auf der Insel berüchtigten Vetternwirtschaft einschließlich der politischen Druckausübung seitens der Behörden erheblich benachteiligt.

Man sollte die Cayman-Inseln also nur als Drehscheibe für Auslandsgeschäfte nutzen, auf keinen Fall aber auf den Inseln selbst investieren.

Devisenkontrollen: Keine

Fiskalische Auslieferungsabkommen: Keine

Politische Risiken: Keine. Die Rassenunruhen der benachbarten Karibik-Inseln haben in der Vergangenheit nicht auf die Caymans übergegriffen, und eine Lösung von der britischen Krone ist derzeit nicht beabsichtigt.

Rechtssystem: Es gelten das englische Common Law, das englische Trustrecht und das Cayman Trust Law von 1967.

Steueroasen auf dem Prüfstand

Patentrecht: Patente und Warenzeichen müssen zuerst in Großbritannien eingetragen werden.

Wohnsitznahme: Antragsteller mit guten Referenzen haben keine Schwierigkeiten, sofern sie ausreichende finanzielle Mittel zur Sicherung ihres Lebensunterhalts nachweisen können.

Bei der Daueraufenthaltsgenehmigung wird zwischen der „initial" (sechs Monate) und der „full permanent residence" unterschieden. Damit verbunden ist eine Investment von 183 000 US-Dollar in eine Immobilie oder ein Unternehmen und eine einmalige Aufnahmegebühr von 18 300 US-Dollar. Gleichzeitig muss nachgewiesen werden, dass man als Emigrant auf den Cayman Islands keiner Arbeit nachgehen muss, um seinen Lebensunterhalt sicherzustellen.

Steuern: Die Cayman-Inseln sind eine echte Nullsteueroase. Sie sind das einzige Offshore-Finanzzentrum, das als echter „Tax Haven" bezeichnet werden kann.

Die einzige Steuer, die die Cayman-Inseln kannten und die 1985 abgeschafft wurde, war eine Kopfsteuer von 10 CI-$ pro Jahr für jeden erwachsenen männlichen Einwohner im Alter von 18 bis 60 Jahren.

Die Cayman-Inseln finanzieren sich ausschließlich aus Importzöllen sowie den Gründungs- und Jahresgebühren der rund 600 Banken, 360 Versicherungsunternehmen und mehr als 30 000 Companies.

Doppelbesteuerungsabkommen: Keine

Lebenshaltungskosten: Etwa 20 Prozent über den US-amerikanischen

Kommunikation: Sehr gut

Verkehrsverbindungen: Direktverbindungen nach Miami/Florida, Houston/Texas und Kingston/Jamaika.

Gesellschaften: Das Cayman-Gesellschaftsrecht erlaubt die Eintragung verschiedener Gesellschaftstypen. Darunter ist die Exemp-

Karibik – Cayman-Inseln

ted Company die für Oasengesellschaften beliebteste Form. Sie darf Geschäfte jedoch nur außerhalb der Cayman-Inseln tätigen. Weitere Vorteile:

- Kein Zusatz „Limited" im Firmennamen.
- Es können Namens- oder Inhaberaktien mit und ohne Nominalwert ausgegeben werden.
- Es braucht kein Aktienregister geführt zu werden.
- Es können weniger als drei Aktionäre sein.
- Es braucht keine jährliche Aktionärsversammlung abgehalten zu werden.
- Es besteht zwar offiziell eine Buchhaltungspflicht, doch werden die Bücher nicht überprüft.
- Es reicht ein knapper Jahresbericht ohne Nennung der Aktionäre.
- Es kann eine Steuerfreiheit auf zwanzig Jahre gewährt werden.
- Gründungsdauer: drei bis vier Tage
- Gründungskosten: Auf das Aktienkapital 0,1 Prozent, mindestens aber 850 CI$ für Gesellschaftskapital bis 750 000 CI$, höchstens jedoch 1900 CI$; Jahresgebühr von 0,05 Prozent und 0,05 Prozent auf jede Kapitalerhöhung. Die Gebühren der örtlichen Berater liegen bei 800 – 1 500 CI$.
- Laufende Kosten: 0,5 Prozent des Aktienkapitals, mindestens jedoch 425 CI$; Gebühren für den örtlichen Berater bei 800 – 1 500 CI$.

Die Cayman-Inseln sind für all jene empfehlenswert, die für ihre legalen internationalen Geschäfte eine Nullsteuerbasis suchen und denen die Karibik gefällt. US-Geschäfte sollte man nicht von den Caymans aus abwickeln: Die Inseln sind dem US-Fiskus ein Dorn im Auge. Achtung: Das Leben in Georgetown ist etwa 20 Prozent

Steueroasen auf dem Prüfstand

teurer als in den USA. So hoch sind nämlich die Import-Zölle, mit denen sich das Land hauptsächlich finanziert.

Weitere Informationen und Ansprechpartner:

Kanzlei der Botschaft des Vereinigten Königreichs
Großbritannien und Nordirland
Wilhelmstr. 70/71; 10117 Berlin
Tel.: 0 30-2 04 57-0, Fax: 0 30-2 04 57-5 94

Financial Services Supervision Department
Harbour Centre, North Church Street, Grand Cayman; Cayman Islands, BWI
Tel.: 00 18 09-9 49-79 99, Fax: 00 18 09-9 49-25 32

Cayman Islands Chamber of Commerce
Harbour Centre Bldg., P.O. Box 1000, Georgetown
Tel.: 00 18 09-9 49 80 90, Fax: 00 18 09-94 90 02 20

Offshore-Firmengründer OCRA Worldwide
Tel.: 00 44-1 71-3 55 10 96, Fax: 00 44-1 71-4 95 30 17

Niederlassungen deutscher Banken: Bayerische Hypotheken- und Wechselbank, Berliner Handels- und Frankfurter Bank, DG Bank, Deutsche Bank AG, Deutsch-Südamerikanische Bank, Landesbank Hessen-Thüringen, Vereinsbank.

Niederlassungen europäischer Banken: Julius Baer Bank and Trust Company, Banque National de Paris, Barclays Bank, Crédit Lyonnais, Deutsche Bank, Dresdner Bank, Jyske Bank, Kredietbank, Lloyds Bank International, Midland Bank Trust, Morgan Grenfell, Royal Bank of Canada, Royal Bank of Scotland, Swiss Bank and Trust Corporation, UBS.

Banker in der Hängematte

Ein neuer Typ Banker macht auf den Cayman-Inseln mehr und mehr Geschäfte. Diese „Bankexperten" verschieben lässig per Notebook die schmutzigen Dollar-Milliarden der Mafia. An den Wänden der zeitlos hässlichen Betongeschäftsbauten in Georgetown sucht man ihre Namen jedoch vergebens. „Open-Sky-Banker" scheuen eine feste Firmenadresse wie der Teufel das Weihwasser.

Karibik – Dominikanische Republik

Die Regierung schätzt, dass mittlerweile rund 6 000 Internet-Banker auf den drei kleinen Inseln des Archipels ihrer Arbeit nachgehen. Dabei sind sie weder wenn es um Geldwäsche geht noch bei der Auswahl ihrer Kunden besonders wählerisch. Drogenbarone und Russen-Mafia sind ebenso vertreten wie Unternehmer aus Asien oder Europa, die über die Caymans ihre Schwarzgelder waschen.

Wo man die „Open-Sky-Banker" findet? Wenn um 8.30 Uhr die Banken ihre Pforten öffnen, sitzen sie meist schon auf einer der gegenüberliegenden Parkbänke. Erkennungsmerkmal: Hawaihemd, Notebook und Handy.

Dominikanische Republik

- Fläche: 48 422 qkm
- Hauptstadt: Santa Domingo
- BSP je Einw.: 2 130 $
- Währung: Dominikanischer Peso
- Inflation: 8,9 Prozent
- Einwohner: 8,5 Millionen
- Sprachen: Spanisch, franz. Kreolisch
- Arbeitslosigkeit: 13,1 Prozent

Über die Karibik existieren weit verbreitete Vorurteile: Reisen dorthin sei teuer, Immobilien seien unbezahlbar und den Einheimischen sei es am liebsten, wenn alle Besucher zu Hause blieben. Man duldet sie nur, weil sie Geld bringen. Auf viele Karibik-Inseln mag das zutreffen, mit einer Ausnahme: Die Dominikanische Republik. Die Dominikanische Republik, die sich mit dem ärmeren Haiti die Insel Hispaniola teilt, ist heute eine der am schnellsten wachsenden Volkswirtschaften der Welt. War die Insel in den 80er-Jahren höchstens ein Ziel für Kanadier, amerikanische Kreuzfahrer und einige wenige Individualisten aus Europa, hat sie sich in den letzten zehn Jahren vor allem für Deutsche, Spanier und Franzosen als wichtiges Reiseziel entwickelt. Gute Flugverbindungen und attraktive Immobilienpreise haben zudem dazu geführt, dass immer mehr Touristen mittlerweile hier sesshaft geworden sind.

Steueroasen auf dem Prüfstand

Investoren und ausländisches Kapital sind auf der Insel erwünscht. Die Firmengründung ist ein Kinderspiel. Um eine S.A., eine Aktiengesellschaft, zu gründen, brauchen Sie nur einen Pass und 1 500 US-Dollar für den Anwalt, der die Gründung abwickelt. Das Stammkapital von mindestens 100 000 Pesos muss lediglich als vorhanden erklärt werden. Sie müssen es weder nachweisen noch einzahlen. Als Firmeneigner können Sie dann Aktien ausgeben und die Besitzverhältnisse völlig anonym gestalten.

Mit Deutschland besteht kein DBA. Einnahmen, die Sie außerhalb des Landes erzielen, werden nicht besteuert. Auf Gewinne im Land zahlen Sie theoretisch zwischen 8 und 32 Prozent Steuern, in der Praxis und mit der Hilfe eines guten Steuerberaters jedoch maximal 18 Prozent. Vermögen- und Grundsteuer gibt es nicht. Gewinne aus dem Verkauf von Immobilien sind steuerfrei, ebenso wie Pacht- und Mieteinnahmen.

So mancher Ausländer lebt dort von seinen Einnahmen aus der Vermietung einer Immobilie. Andere legen ihr mitgebrachtes Geld als Festgeld auf die Bank und kassieren derzeit 21 Prozent Zinsen. Eine gute Rendite in einem Land, in dem man schon mit 750 bis 1 000 EUR im Monat ein gutes Leben führen kann.

Weitere Informationen und Ansprechpartner:

Kanzlei der Botschaft der Dominikanischen Republik
Dessauer Straße 28/29, 10963 Berlin
Tel.: 0 30-25 75 77 60, Fax: 0 30-25 75 77 61

Beratung f. Einwanderung, Residencia, Firmengründung, Immobilien
Informationsbüro Sosua. Sosua, Tel.: 0 01-8 09-5 71 13 05

Rechtsanwalt Guido Perdomo
Sosua, Tel.: 0 01-8 08-5 71 26 08

Rechtsanwalt Alejandrina Almanzar
Sosua, Tel.: 0 01-8 09-5 71 34 99, Fax: 0 01-8 09-5 71 21 97

Grenada

- Fläche: 344,5 qkm
- Hauptstadt: Saint George's
- BSP je Einw.: 3 770 $
- Arbeitslosigkeit: 14 Prozent
- Einwohner: 89 000
- Sprache: Englisch
- Währung: Ostkarib. Dollar (EC $)
- Inflation: 5,3 Prozent

Nach Blumen und Gewürzen duftet die Insel der Muskatnuss, der Vanilleschote und der Kakaobohne. Doch wenn zwei oder drei Kreuzschiffe vor Grenada ankern, kann es am Grand Anse Beach und in der Hauptstadt St. George's eng werden. Dann drängen sich in den Shops am Hafen, auf dem Gewürz- und Gemüsemarkt die Besucher, bewundern viktorianische Gebäude und historische Forts.

Hier treiben nach wie vor Dutzende zweifelhafter Banken eifrig ihre Handelsgeschäfte – zum Leidwesen vieler Investoren. Statt durch strenge Gesetze und Aufsicht diese Aktivitäten zu unterbinden, sind die Behörden beim Eintreiben der Jahresgebühren von 5 000 US-Dollar von diesen Unternehmen nicht zimperlich – Nullsteuern.

Wichtigste Gesellschaftsform: International Business Company (IBC)

Weitere Informationen und Ansprechpartner:

Kanzlei der Botschaft von Grenada
123, Rue de Laeken, 1er Etage, B-1000 Brüssel
Tel.: 00 32-22 23 73 03, Fax: 00 32-22 23 73 07

Grenada Chamber of Industry and Commerce
De Coul Bldg., Mt. Gay, P.O. Box 129, St. George's
Tel.: 001-4 73-4 40 29 37, Fax: 001-4 73-4 40 66 27

Eastern Caribbean Central Bank
Basseterre; Saint Kitts, W.I.

Honorarkonsulat von Grenada
Schloss Schwante; 16727 Schwante
Tel.: 03 30 55-7 03 45

Ansässige Banken: Barclays Bank, Bank of Nova Scotia, Grenada Bank of Commerce, National Commercial Bank of Grenada, Granada Development Bank, Caribbean Commercial Bank.

Internet: www.grenada.org

Steueroasen auf dem Prüfstand

Guadeloupe und Martinique

- Hauptstädte:
  Guadeloupe: Basse-Terre;
  Martinique: Fort-de-France
- Sprachen: Französisch, Kreolisch
- Währung: Franz. Franc
- Arbeitslosigkeit: 29,5 Prozent

Die Inselgruppe Guadeloupe bietet mit ihren 1 705 qkm nicht nur feinsandige weiße Strände, sondern auch idyllische Berglandschaften mit dem noch tätigen Vulkan Soufrière. Das 1 106 qkm große Martinique betört durch seine üppige Blumenpracht. Die Inseln, auf denen rund 800 000 Farbige leben, sind französische Departements. Man zahlt mit Euro, isst Baguette und trinkt Bordeaux, dazu Sonne, Rum und das karibische Temperament. Eine karibische Wohlstandsinsel mit französischem Savoir vivre. Dank des sozialen Netzes nach französischem Vorbild gibt es trotz hoher Arbeitslosenzahl kaum Armut.

Als Steueroasen können die Inseln interessant sein, da es dort auf die Steuersätze des französischen Mutterlandes einen Rabatt von 30 Prozent auf die Einkommensteuer und von 50 Prozent auf die Mehrwertsteuer gibt. Darüber hinaus gibt es weitere Steueranreize und eine Reihe finanzieller Subventionen für Industrieansiedlungen.

Weitere Informationen und Ansprechpartner:

Kanzlei der Botschaft der Französischen Republik
Pariser Platz 5; 10117 Berlin
Tel.: 0 30-20 63 90 00, Fax: 0 30-20 63 90-10

Chambre de Commerce e d'Industrie de la Pointe-à-Pitre
rue René Wachter, P.O. Box 64, Pointe à Pitre Cedex
Tel.: 0 05 90-93 76 00, Fax: 0 05 90-90 21 87

Banken vor Ort: Banque des Antilles Francoises, Banque Nationale de Paris, Crédit Martiniquais, Société Générale de Banque aux Antilles.

Jamaika

- Fläche: 10 991 qkm
- Hauptstadt: Kingston
- BSP je Einw.: 2 610 $
- Arbeitslosigkeit: 15,2 Prozent
- Einwohner: 2,6 Millionen
- Sprache: Englisch
- Währung: Jamaika-Dollar (J $)
- Inflation: 6,7 Prozent

Traumstrände, tropische Wälder, die bis zu 2 255 m hohe Blue-Montain-Bergkette, die Dunns River Falls, Reggae, Rum und lebensfrohe Menschen prägen das Bild einer der schönsten Karibikinseln. Aber: Auf der Insel gilt ein Einheitssteuersatz von 33,5 Prozent, sie hat außerordentlich strikte Devisenkontrollen und ist politisch instabil.

Die Regierung macht Steuer- und Zollzugeständnisse, um ausländische Investoren anzulocken, bis hin zu Steuerbefreiungen zwischen sieben und zehn Jahren. Zollfreizonen existieren sowohl in Kingston als auch in Montego Bay. Bestimmte Waren werden als zollfrei eingestuft.

Wichtigste Gesellschaftsform: International Business Company (IBC)

Bei der Beschaffung von Devisen über jamaikanische Geschäftsbanken kommt es wegen der chronischen Devisenknappheit immer wieder zu Engpässen und Wartezeiten.

Von der Einkommensteuer befreit sind all jene Insulaner, deren Einkünfte jährlich 18 408 J$ nicht übersteigen. Darüber hinaus gilt ein einheitlicher Steuersatz von 25 Prozent. Die Umsatzsteuer liegt derzeit bei 12,5 Prozent.

Wer auf Jamaica Geschäfte machen will, der sollte viel Geld und Geduld mitbringen. Ein paar Jahre braucht es schon, sich an den Rhythmus der Insulaner zu gewöhnen. Denn Trägheit auf allen Ebenen ist das Problem.

Weitere Informationen und Ansprechpartner:

Kanzlei der Botschaft von Jamaika
Schmargendorfer Straße 32, 12159 Berlin
Tel.: 0 30-85 99 45-0, Fax: 0 30-85 99 45-40

Steueroasen auf dem Prüfstand

Bank of Jamaica
Nethersole Place; Kingston/Jamaica, W.I.
Tel.: 00 18 76-99 22-07 50, Fax: 00 18 76-99 22-08 54

Jamaica Commercial Information Bureau
19, Paddington Terrace; Kingston 10/Jamaica
Tel.: 00 18 76-99 27-64 95

Credit Information Services
57, East Queen Street; Kingston/Jamaica
Tel.: 00 18 76-99 22-82 40

Jamaica Chamber of Commerce
7-8, East Parade; Kingston/Jamaica
Tel.: 00 18 76-99 22-48 57, Fax: 00 18 76-99 24-90 56

Jamaica Promotion Ltd., Miami, Florida
Tel.: 0 01-8 76-9 29 92 00, Fax: 0 01-8 76-9 29 93 75

Ausgewählte Banken: Bank of Nova Scotia Jamaica, Century National Bank, CIBC Jamaica, Citibank, National Commercial Bank, Scotiabank Jamaica.

Internet: www.gus.gov.gm

Montserrat

- Fläche: 102 qkm
- Hauptstadt: Plymouth
- Währung: Eastern Caribean Dollar (EC $)
- Einwohner: 4 000
- Sprache: Englisch

Nach zahlreichen Korruptions- und Bankskandalen hat die Kronkolonie versucht, den Offshore-Bankenbereich mit Hilfe der Bankenaufsicht der Bank von England zu bereinigen. Zahlreiche Pseudo-Banken wurden daraufhin zwangsliquidiert.

Zwangsevakuiert wurde ein Großteil der Bewohner, nachdem der Vulkan Soufrière im Frühjahr 1997 mit immer neuen Eruptionen einen Großteil der Insel und ihrer Hauptstadt Plymouth unter Lava, Schutt und Asche versinken ließ.

Die Geschäfte sind seit dem Vulkanausbruch, bei dem die Hauptstadt Plymoth und zwei Drittel der Infrastruktur der Insel zerstört

Karibik – Niederländische Antillen

wurden, drastisch zurückgegangen. Es wird jedoch alles unternommen, um die Insel für internationale Anleger und Steuersparer wieder attraktiv zu machen.

Weitere Informationen und Ansprechpartner:

Kanzlei der Botschaft des Vereinigten Königreichs
Großbritannien und Nordirland
Wilhelmstr. 70/71; 10117 Berlin
Tel.: 0 30-2 04 57-0, Fax: 0 30-2 04 57-5 94

Montserrat Chamber of Commerce and Industry
P.O. Box 384, Olveston
Tel.: 001-6 64-4 91 36 40, Fax: 001-6 64-4 91 66 02

Banken vor Ort: Bank of Montserrat, Barclays Bank PLC, Royal Bank of Canada

Niederländische Antillen

- Fläche: 800 qkm
- Sprache: Niederländisch und Englisch
- Arbeitslosigkeit: 13,7 Prozent
- Einwohner: 210 000
- Währung: Niederländische-Antillen-Gulden oder -Florin (NAf)

Sie bestehen aus zwei Inselgruppen – den drei Windword Islands Saba, St. Eusatius und St. Maarten sowie den Leeword Islands Aruba, Bonaire und Curaçao. Auf der 800 qkm großen Inselgruppe leben rund 210 000 Einwohner. Hauptstadt ist das im farbenfrohen Kolonialstil erbaute Willemstad auf Curaçao. Zusammen mit Holland bilden sie das Königreich der Niederlande.

Bereits Ende der 30er-Jahre gründete ein holländischer Anwalt auf den Antillen Firmen, um Kapital aus den Niederlanden dorthin zu transferieren. Heute profitieren die Inseln unter anderem von einer zunehmend einheitlichen europäischen Regelung bei der Zinsbesteuerung, denn sie gehören nicht zur EU.

Interessant sind die Niederländischen Antillen wegen der unendlich großen Variationsmöglichkeiten bei Steuerkonstruktionen international verschachtelter Unternehmen. Die Gründung einer Oasengesellschaft auf den Antillen ist empfehlenswert, wenn auf Grund der Doppelbesteuerungsabkommen Vorteile gegenüber einer Null-Steuer-Oase erzielt werden können.

So ermöglicht das DBA mit dem Mutterland Holland, Gewinne oder Lizenzeinnahmen quellensteuerfrei auf die Niederländischen Antillen zu transferieren, um sie dort dann gänzlich steuerbefreit auszuschütten.

Bevorzugt eingesetzt wird dafür die AG-ähnliche Naamloze Vennootschap (N.V.). Um bei der Gründung die Anonymität des tatsächlichen Eigentümers sicherzustellen, sollte ein Treuhänder zwischengeschaltet werden.

Für Privatpersonen gibt es weder Vermögen-, Erbschaft- noch Umsatzsteuer.

Für Kapitalanleger wichtig: Es gibt kein Bankgeheimnis.

Devisenkontrollen: Ja, Oasengesellschaften sind davon jedoch befreit

Fiskalische Auslieferungsabkommen: Keine

Politische Risiken: Bis zu einer möglichen Unabhängigkeit keine. Danach sind Unruhen möglich, da schon heute Rivalitäten zwischen den Leeword- und den Windword-Inseln bestehen. Da die Antillen wirtschaftlich jedoch auf das Oasengeschäft angewiesen sind, sind Risiken für Oasengesellschaften kaum zu erwarten.

Rechtssystem: Basiert auf dem niederländischen Recht

Patentrecht: Patentschutz erfolgt durch Eintragung in das Nederlands Octrooibureau, Den Haag. Warenzeichen hingegen müssen direkt beim Bureau Industrieel Eigendom in Curaçao registriert werden.

Wohnsitznahme: Wegen der hohen Besteuerung dort ansässiger natürlicher Personen uninteressant

Karibik – Niederländische Antillen

Steuern: Nicht ansässige natürliche Personen zahlen für auf den Niederländischen Antillen erzielte Einkünfte einen Einkommensteuersatz von 2,4 – 3 Prozent. Keine Vermögen-, Erbschaft-, Schenkung- sowie Quellensteuer auf Dividenden und Zinszahlungen.

Seit 1.1.2000 gelten neue Steuergesetze:

- An Stelle des bisher geltenden gestaffelten Steuertarifs wird eine einheitliche Gewinnsteuer von 34,5 Prozent eingeführt.

- Das Offshore-Regime wurde abgeschafft. Allerdings können bestimmte Offshore-Gesellschaften noch bis zum Jahr 2020 das alte Regime in Anspruch nehmen (Holdings, Finanzierungs- und Lizenzgesellschaften, die bisher einem Steuersatz von 5,5 Prozent unterlagen). Allen anderen Offshore-Gesellschaften steht diese Möglichkeit noch bis zum 31.12.2009 offen, wenn sie über eine „Ruling" verfügen oder um eine solche nachgesucht haben. Diese Gesellschaften können allerdings auch zum neuen Regime optieren und dabei in den Genuss einer steuerfreien Aufwertung ihrer stillen Reserven kommen.

- Das Schachtelprivileg wird erheblich erweitert. Dividenden aus qualifizierten Beteiligungen an Gesellschaften auf den Niederländischen Antillen sind zu 100 Prozent, Dividenden aus qualifizierten Beteiligungen an ausländischen Gesellschaften zu 95 Prozent befreit. Qualifizierte Beteiligungen sind solche von mindestens 5 Prozent oder einem Wert von mindestens 520 000 EUR.

- Einführung der „Besonderen Freigestellten Gesellschaft". Sie unterliegt weder der Körperschaftsteuer noch der Kapitalertragsteuer, kann sich aber auch nicht auf ein DBA berufen. Ihre Tätigkeiten sind auf Holdingaktivitäten und finanzielle Dienstleistungen beschränkt.

Steueroasen auf dem Prüfstand

- Zinszahlungen an verbundene Unternehmen sind künftig abzugsfähig, wenn sie dem Fremdvergleich standhalten.

- Auf Dividenden wurde eine Kapitalertragsteuer von 10 Prozent eingeführt. Die Kapitalertragsteuer wird reduziert, wenn die Dividenden von ausländischen Gesellschaften stammen und dort einer Quellensteuer von mindestens 5 Prozent unterworfen wurden. In bestimmten Fällen wird überhaupt keine Kapitalertragsteuer einbehalten.

- Liquidationsgewinne unterliegen grundsätzlich keiner Kapitalertragsteuer. Um jedoch Steuerumgehungen zu vermeiden, unterliegen jene Einkünfte, die kraft DBA eine Ermäßigung der Quellensteuer genossen haben, im Falle der Liquidation einer ergänzenden Veranlagung.

Doppelbesteuerungsabkommen: Es besteht eine Doppelbesteuerungsvereinbarung mit dem Mutterland Holland. Diese ermöglicht, über den Umweg Holland quellensteuerfreie oder zumindest quellensteuerermäßigte Gewinne bzw. Lizenzeinnahmen steuergünstig auf die Antillen zu transferieren und von dort auszuschütten.

Kommunikation: Sehr gut

Verkehrsverbindungen: Direktflüge in die USA, nach Südamerika und Europa

Gesellschaften: Steuervergünstigungen sind praktisch nur für die Naamloze Vennootschap (N.V.) erhältlich, die sich als Investment-, Holding-, Finanz-, Immobilien-, Captive-, Versicherungs- oder Patent- und Lizenzgesellschaft betätigen kann.

Zur Gründung sind zwei Aktionäre nötig. Das Aktienkapital kann in jeder beliebigen Währung angegeben werden. Ein Direktor der Gesellschaft muss auf den Antillen ansässig sein. Es empfiehlt sich, ein oder zwei weitere Direktoren von außerhalb der Antillen zu bestellen.

Karibik – Niederländische Antillen

- Gründungsdauer: Wegen der komplizierten Gründungsformalitäten mehrere Wochen.

- Gründungskosten: Notariatsgebühren zwischen 750 NAf (Aktienkapital bis 100 000 NAf) und 2 000 NAf (ab 1 000 000 NAf) zuzüglich 0,5 Prozent des Betrages über 1 000 000 NAf; Handelsregistergebühren: 100 – 1 000 NAf; pauschale Stempelgebühr: 100 NAf; Kosten für die Veröffentlichung im Amtsblatt sowie die Kosten des örtlichen Beraters: 500 – 1 500 NAf.

- Laufende Kosten: An das Handelsregister: je nach einbezahltem Aktienkapital zwischen 120 – 500 NAf. Kosten für den örtlichen Berater/Direktor: 1 000 – 2 000 NAf.

Banken: Ende 2001 rund 60 Banken, davon etwa 50 Offshore-Institute. Aus Deutschland sind unter anderem vertreten: Deutsche Bank, NordLB, WestLB.

Weitere Informationen und Ansprechpartner:

Königlich Niederländische Botschaft
Friedrichstraße 95; 10117 Berlin
Tel.: 0 30-20 95 60, Fax: 0 30-2 09 56 41

Deutsch-Niederländische Handelskammer
Freiligrathstraße 25; 40479 Düsseldorf
Tel.: 02 11-4 98 72 01, Fax: 02 11-4 90 72 22

Bank Van de Nederlandse Antillen
Breedstraat; Willemstad, Curaçao, Netherlands Antilles
Fax: 00 59 99-61 50 04

Central Bank Van Aruba
Oranjestad; Aruba
Tel.: 00 29 78-2 25 09, Fax: 00 29 78-3 22 51

Curacao Chamber of Commerce and Industry
Kaya' Junior Salas 1, P.O. Box 10, Willemstad, Curaçao
Tel.: 00 59 99-4 61 14 51, Fax: 00 59 99-4 61 56 52

Steueroasen auf dem Prüfstand

Ansässige Banken:

Auf Aruba: ABN AMRO Bank, Banco di Caribe, Carribbean Mercantile Bank, Citibank von Aruba, First National Bank of Aruba.

Auf Curaçao: ABN AMRO Bank, Abu Dhabi International Bank, Banco di Carbie, Crédit Lyonnais, ING Bank, Mees Pierson, Orco Bank.

Puerto Rico

- Fläche: 8 959 qkm einschl. der Inseln Vicques 133,9 qkm, Mona 50,5 qkm, Culebra 28,5 qkm
- Währung: US-Dollar
- Einwohner: 3,8 Millionen
- Hauptstadt: San Juan
- Sprachen: Spanisch, Englisch
- BSP je Einw.: 3 540 $
- Arbeitslosigkeit: 13,6 Prozent

Die 160 Kilometer lange und 56 Kilometer breite Insel liegt knapp 1 700 Kilometer südöstlich von Miami/Florida in der Karibik. Puerto Rico ist mit den USA assoziiert. Von Vorteil für die 3,8 Millionen Einwohner, die sich als US-Bürger auch überall in den Vereinigten Staaten niederlassen können.

Das übervölkerte Puerto Rico ist keine Steueroase im eigentlichen Sinne. Die Insel ist nur für Dienstleistungs- und Industrieunternehmen geeignet, denen – allerdings nur für einen Zeitraum von zehn bis fünfundzwanzig Jahren – bei allen lokalen, staatlichen und Gemeindesteuern erhebliche Rabatte eingeräumt werden. Der tatsächliche Steuersatz liegt während der ersten fünf Jahre bei nur 2,5 Prozent und steigert sich bis auf 28 Prozent im 25. Jahr. Darüber hinaus können 5 Prozent der Lohnsumme vom zu versteuernden Gewinn abgesetzt werden.

Neben den Industrie- und Handelsbetrieben gelten diese Vergünstigungen auch für Banken, Versicherungen, Investmentgesellschaften, Werbe- und Public-Relations-Agenturen, Architekten- und Ingenieurbüros, Forschungs- und Entwicklungslaboratorien, Schiffs- und Flugzeugwerften, Versandhändler, Vertriebsunternehmen sowie Beraterfirmen.

Durch den direkten Zugang Puerto Ricos zum US-Festland kann die Insel für alle jene, die auf dem US-Markt Fuß fassen wollen, ein interessanter Standort sein.

Eigene Steuerhoheit: Umfangreiche Vergünstigungen für arbeitsplatzbeschaffende und exportorientierte Unternehmen. Steuerbefreite Freihandelszonen, kurze Abschreibungszeiträume, zollbefreite Einfuhr von Gütern und Rohstoffen

Weitere Informationen und Ansprechpartner:

Kanzlei der Botschaft der Vereinigten Staaten von Amerika
– Handelsabteilung –
Neustädtische Kirchstraße 4/5; 10117 Berlin
Tel.: 0 30-2 38 51 74, Fax: 030-2 38 62 96

Chamber of Commerce of Puerto Rico
100 Calle, Tetuán, P.O. Box 9024033, San Juan
Tel.: 001-7 87-7 21 60 60, Fax: 001-7 87-7 23 18 91

Ausgewählte Banken vor Ort: Banco Popular, Banco Santander Puerto Rico, Royal Bank of Canada, Scotiebank de Puerto Rico, Chase Manhattan Bank, Citibank.

Saint Kitts and Nevis

- Fläche: 261,6 qkm, davon Saint Kitts 168,4 qkm, Nevis 93,2 qkm
- BSP je Einw.: 6 570 $
- Arbeitslosigkeit: 4,3 Prozent
- Einwohner: 42 500
- Hauptstadt: Basseterre
- Sprache: Englisch
- Währung: Ostkarib. Dollar (EC $)
- Inflation: 2,4 Prozent

Saint Kitts and Nevis besteht aus den beiden Inseln Saint Kitts und Nevis. Der Inselstaat zählt heute über 42 000 Einwohner.

Die aus Steuerüberlegungen einzig mögliche Geschäftsform ist die einer International Corporation. Sie ist von allen Steuern befreit, was auch für die Folgejahre von Regierungsseite garantiert wird. Sie unterliegen auch keinen Devisenkontrollen. Die International Corporation ist nicht offenlegungspflichtig. Gegenüber anderen

Steueroasen auf dem Prüfstand

karibischen Steuerparadiesen hat die Insel den Vorteil, an kein Abkommen über einen Informationsaustausch in Steuerfragen mit den USA gebunden zu sein. Über 7 000 Gesellschaften, viele davon aus Panama herübergewechselt, machen davon Gebrauch. Aber auf den Inseln fehlen renommierte Banken und Anwälte sowie vernünftige Verkehrsverbindungen. Hinzu kommen politisch instabile Verhältnisse.

Weitere Informationen und Ansprechpartner:

Botschaft der Föderation Saint Kitts and Nevis
10, Kensington Court; London W85DL
Tel.: 00 44-20 79 37 95 22, Fax: 00 44-2 07 93 55 14

Ministry of Finance
Nevis Island Administration
Charlestown; Nevis, Tel.: 00 18 09-4 69-52 21

Saint Kitts-Nevis Chamber of Industry and Commerce
South Independence Sq., P.O. Box 332, Basseterre
Tel.: 001-8 69-4 65 29 80, Fax: 001-8 69-4 65 44 90

Ansässige Banken: Eastern Caribbean Central Bank, Bank of Nova Scotia, Barclays Bank, Royal Bank of Canada.

Internet: www.stkittsnevis.net

Saint Lucia

- Fläche: 616,3 qkm
- Hauptstadt: Castries
- BSP je Einw.: 4 190 $
- Arbeitslosigkeit: 15,9 Prozent
- Einwohner: 156 000
- Sprache: Englisch
- Währung: Ostkarib. Dollar (EC $)
- Inflation: 3,9 Prozent

Keiner anderen Insel der Karibik wurden seit ihrer Entdeckung Anfang des 17. Jahrhunderts so viele Komplimente gemacht wie Saint Lucia, doch keines wird der Insel mehr gerecht als: „Simply beautiful". Traumhafte Strände, einsame Buchten, tropischer Regenwald mit Orchideen, Riesenfarnen und dem nur hier vorkommenden Green-Parrot, geschäftige Märkte in der Hauptstadt

Karibik – Saint Lucia

Castries, malerische Fischerdörfer, eine unberührte Unterwasserwelt, eine ausgezeichnete kreolische Küche und Pointe Seraphine – das größte karibische zollfreie Einkaufszentrum.

Saint Lucia war jahrhundertelang ein geschichtlicher Zankapfel zwischen Franzosen und Engländern, die sich immer wieder in der Herrschaft ablösten, bis die Insel 1979 unabhängig wurde. Die Insel wird bestimmt von den Vulkankratern des Piton, urzeitlichen Regenwäldern, verträumten Fischerdörfern und weitläufigen Palmenstränden.

Die Insel bemüht sich mit Steuerbefreiungen zwischen 10 und 15 Jahren, ausländische Investoren für Industrie- und Dienstleistungsbereiche zu gewinnen, um so die Arbeitsmöglichkeiten der Einwohner zu verbessern.

Für ausländische Investoren ist die International Business Company (IBC) als Gesellschaftsform geeignet. Es bestehen keine Devisenbeschränkungen.

Weitere Informationen und Ansprechpartner:

Kanzlei der Botschaft von Saint Lucia
(Embassies of Eastern Carribean States)
42, Rue de Livourne, B-1000 Brüssel
Tel.: 00 32-25 34 26 11, Fax: 00 32-25 39 40 09

Honorarkonsulat von Saint Lucia
Weidebornweg 21; 61348 Bad Homburg
Tel.: 0 61 72-30 23 24

Chamber of Commerce of Saint Lucia
Vide Bonteille, P.O. Box 482, Castries
Tel.: 001-7 58-4 52 31 65, Fax: 001-7 58-4 53 69 07

Banken vor Ort: Eastern Caribbean Central Bank, Caribbean Banking Corporation, National Commercial Bank of Saint Lucia, Saint Lucia Development Bank, Bank of Nova Scotia, Barclays Bank, Canadian Imperial Bank of Commerce, Royal Bank of Canada.

Steueroasen auf dem Prüfstand

Saint Vincent und Grenadinen

- Fläche: 389,3 qkm,
  davon Saint Vincent 344 qkm,
  Grenadinen 45,3 qkm
- BSP je Einw.: 2 720 $
- Arbeitslosigkeit: 19 Prozent
- Einwohner: 115 500
- Hauptstadt: Kingstown
- Sprache: Englisch
- Währung: Ostkarib. Dollar (EC $)
- Inflation: 3,2 Prozent

Eine Inselgruppe, die sich aus zwölf Inseln zusammensetzt und knapp 200 Kilometer westlich von Barbados liegt.

Auch Saint Vincent hatte zu Beginn der Steueroasen-Gründungen einen schlechten Ruf, da jedes Offshore-Unternehmen mangels eines Bankgesetzes praktisch als „Bank" agieren konnte. Entsprechend viele Schein- und Pleitebanken wurden gegründet. Trotz verschärfter Regelungen werden von der Saint Vincent Trust Authority Limited nach wie vor Bankenzulassungen an Möchtegern-Banker verkauft.

Einzige Voraussetzung: Ein Grundkapital von 1 Million East Caribbean Dollar, wovon die Hälfte eingezahlt werden muss.

Steuerbefreiung für alle Offshore-Unternehmen. Bevorzugt kommt dabei die Trust-Rechtsform zum Einsatz, deren Treuhänder auf Saint Vincent ansässig sein muss.

Vorteilhafteste Gesellschaftsform: Limited Liability Offshore-Company

Weitere Informationen und Ansprechpartner:

Honorarkonsul von St. Vincent und den Grenadinen
Johann Ulrich Schlamp, Honorarkonsul
Fuggerstraße 5; 80639 München
Tel.: 0 89-17 80 35 20, Fax: 0 89-17 64 81

Saint Vincent and the Grenadines Chamber of Industry and Commerce
Hillsboro St., P.O. Box 134, Kingstown
Tel.: 001-7 84-4 57 14 64, Fax: 001-7 84-4 56 29 44

Ansässige Banken: Eastern Caribbean Central Bank, Bank of Nova Scotia, Barclays Bank, Canadian Imperial Bank of Commerce,

Karibik – Trinidad und Tobago

Caribbean Banking Corporation, First Saint Vincent Bank, National Commercial Bank, New Bank, Owens Bank.

Trinidad und Tobago

- Fläche: 5 128 qkm, davon Trinidad 4 828 qkm, Tobago 300 qkm
- BSP je Einw.: 4 930 $
- Arbeitslosigkeit: 12,3 Prozent
- Einwohner: 1,3 Millionen
- Hauptstadt: Port of Spain
- Sprache: Englisch
- Währung: Trinidad-Tobago-Dollar
- Inflation: 5,3 Prozent

Auf den beiden Inseln, die 1976 selbstständig wurden, sind International Business Companies zwar steuerfrei, es fehlt jedoch die notwendige Steueroasen-Infrastruktur einer funktionierenden Finanzindustrie. Die Karibik bietet gute Alternativen.

Weitere Informationen und Ansprechpartner:

Kanzlei der Botschaft der Republik Trinidad und Tobago
42, Belgrave Square; London SW1 X 8NT
Tel.: 00 44-20 72 45 93 51, Fax: 00 44-20 78 23 10 65

Trinidad & Tobago Chamber of Commerce
Room 950-952 Hilton Hotel, P.O. Box 499, Port of Spain
Tel.: 001-8 68-6 24 60 82, Fax: 001-8 68-6 27 43 76

Central Bank of Trinidad and Tobago
Independence Square; Port of Spain, Trinidad, W.I.
Tel.: 00 44 71-6 25 48 35, Fax: 00 44 71-6 27 46 96

Trinidad & Tobago Development Finance Co. Ltd.
8-10, Cipriani Boulevard; Port of Spain, Trinidad, W.I.
Tel.: 00 44 71-6 23 46 65, Fax: 00 44 71-6 24 35 63

Ibero-Amerika Verein e.V.
Alsterglacis 8; 20354 Hamburg
Tel.: 0 40-41 47 82 02, Fax: 0 40-45 79 60

Ansässige Banken: Bank of Commerce Trinidad & Tobago, Bank of Nova Scotia, Citibank, First Citizens Bank, Bank of Trinidad & Tobago, Republic Bank, Royal Bank of Trinidad & Tobago.

Internet: www.ttgov.gov.tt

Steueroasen auf dem Prüfstand

Turks- und Caicos-Inseln

- Fläche: 430 qkm, über 30 Inseln
- Hauptstadt: Cockburn Town
- Währung: US-Dollar
- Einwohner: 16 249
- Sprache: Englisch
- Arbeitslosigkeit: 15 Prozent

Von den 30 südlich der Bahamas liegenden Inseln sind nur sechs bewohnt. Sie dienten als Stützpunkt des Drogenschmuggels. Das besserte sich, nachdem die US-Drogenfahnder 1986 Zugang zu Bankinformationen auf der Insel erhielten.

Am Vorbild Jerseys orientiert sich das Trustrecht der Inseln, das bereits rund 20 000 Firmen nutzen. Es garantiert neben einer unkomplizierten Gesellschaftsgründung innerhalb von 24 Stunden Steuerfreiheit und absolute Anonymität. Denn Trusts müssen weder Bilanzen einreichen noch die Namen der Geschäftsführer und Aktionäre mitteilen.

Für die Inseln spricht auch, dass sie, nicht zuletzt wegen der hohen Arbeitslosenrate unter den knapp 8 000 farbigen Einwohnern, ausländisches Kapital mit offenen Armen empfangen. Auch sind die Geschäftsmöglichkeiten insbesondere im aufblühenden Touristikbereich günstig. Zudem sind die Gründungs- (650 US-Dollar) und laufenden Kosten (300 US-Dollar) einer Oasenfirma auf den Inseln noch sehr niedrig.

Aber die Turks- und Caicos-Inseln sind relativ neu im Oasengeschäft. Sie verfügen über nur wenige international renommierte Hilfsfirmen, die für das Steueroasengeschäft unerlässlich sind. Und man sollte nicht vergessen, dass – mit Ausnahme von Barbados – kaum eine der Inseln eine wirtschaftliche Überlebenschance hat. Das wird die Unzufriedenheit innerhalb der Bevölkerung weiter schüren. Die politische Gesamtsituation wird somit instabiler.

Weitere Informationen und Ansprechpartner:

Botschaft des Vereinigten Königreichs Großbritannien und Nordirland
Wilhelmstraße 70/71; 10117 Berlin
Tel.: 0 30-2 04 57-0, Fax: 0 30-2 04 57-5 94

Chamber of Commerce
P.O. Box 148, Grand Turk
Tel.: 001-6 49-9 46 23 24, Fax: 001-6 49-9 46 27 14

Banken vor Ort: Bank of Nova Scotia, Barclays Bank PLC, Bordier International Bank & Trust, First National Bank, Turks und Caicos Banking Co.

Weitere Informationen zu Mittelamerika und zur Karibik:

Camera de Commercio e Industria Alemaña Regional
para Centroamerica Yel Caribe
5a Avenida 14-45 Zona 10
Edificio Centro Emresorial, Tore 1, Of. 505; Guatemala
Tel.: 00 50 22-63 95 62, Fax: 00 50 22-33 70 44

Commerzbank AG
Paeso de la Reforma 390-1304; 006600 Mexico D.F.
Tel.: 0 05 25-2 07 24 26, Fax: 0 05 25-2 07 22 69

Deutsche Bank Finance N.V.
Plasa Smeets 6; Willemstad, Curaçao/Niederl. Antillen
Tel.: 0 05 99-9 61 23 69, Fax: 0 05 99-9 61 26 64

Dresdner Bank-Gruppe, Miami/USA
Tel.: 001-3 05-8 10 31 18, Fax: 001-3 05-8 10 31 17

6. Atlantik

Ascension

Die 88 qkm große Vulkaninsel im Südantlantik auf halbem Weg zwischen dem afrikanischen Angola und Brasilien erhebt keine Einkommensteuer. Wer aber möchte schon seine Zeit weit weg von jeder Zivilisation verbringen, nur um die Steuer zu umgehen? Die Insel wird heute hauptsächlich als Relais- und Satellitenstation genutzt.

Ascension ist eine verschlossene Insel. Hierhin gelangt nur, wer zuvor von diskreten Diensten in aller Diskretion überprüft worden

Steueroasen auf dem Prüfstand

ist. Die Fluggesellschaft auf dem Ticket firmiert als „Ministry of Defense". Yachten oder Kreuzfahrtschiffe dürfen hier nur in akuten Notfällen vor Anker gehen. Und Geld brauchen die Insulaner vor allem, um die wilden Katzen und die Ratten unter Kontrolle zu bringen.

Doch es ist nur eine Frage der Zeit, bis die zugereisten Nachrichten- und Raketenspezialisten, die „Ex-Patriates", das unwirtliche Eiland wieder verlassen werden. Dann wird Ascension seiner Vergangenheit wieder sehr ähnlich sehen: Eine menschenleere unwirtliche Insel im Südatlantik, 1 300 Meilen von Brasilien entfernt, auf der Ratten, Katzen, Hunde, Vögel und Esel wieder unter sich sind und der Passat in den nutzlosen Antennengespinsten singt. Und Ascension von der Steueroasen-Weltkarte wieder verschwinden wird.

Weitere Informationen und Ansprechpartner:

Kanzlei der Botschaft des Vereinigten Königreichs
Großbritannien und Nordirland
Wilhelmstr. 70/71; 10117 Berlin
Tel.: 0 30-2 04 57-0, Fax: 0 30-2 04 57-5 94

Bermudas

- Fläche: 53 qkm
- Hauptstadt: Hamilton
- Währung: Bermuda-Dollar (BD $)
- Einwohner: 63 000
- Sprache: Englisch

Die Bermudas, eine Inselgruppe mit 15 durch Brücken verbundenen Hauptinseln und weit über 300 kleineren Inseln und Riffs, gehört nicht, wie oft fälschlich vermutet, zur Karibik. Mehr als 300 Jahre waren die Bermudas eine britische Kolonie. Heute wird der kühle Einfluss der Briten durch die unbekümmerte Wesensart der Amerikaner ausgeglichen, die mit einem kurzen Flug auf die Inselgruppe im Atlantik jetten.

Doch nach britischem Vorbild hat die Atlantik-Insel bisher allen amerikanischen Lockungen von Glanz und Glamour widerstanden.

Leuchtreklamen sind verboten, auf der ganzen Insel darf nicht schneller als 50 Stundenkilometer gefahren werden, in vielen Restaurants sind Krawatten vorgeschrieben, McDonald's-Restaurants sucht man vergeblich und Arme und Bettler gibt es nicht.

Eine Zeit lang hatte Bermuda das Zeug zu einem Monte Carlo im Atlantik. Es hätte ein Dorado uneingeschränkten Vergnügens werden können, dessen Isolation alle Freizügigkeit garantiert hätte: Grand Hotels und große Sonnenhüte, billige Drinks auf weißen Terrassen, Glücksspiel und Edel-Prostitution. Doch Kuba spielte diese Rolle besser. Als 1925 ein amerikanischer Unternehmer ein Casino eröffnen wollte, schickte Bermuda ihn nach Hause.

Viel weiter entfernt vom amerikanischen Festland als die Karibik-Inseln wurde Bermuda für den Tourismus erst interessant, als 1946 die ersten Linienmaschinen aus New York landeten. Doch Bermuda wollte mehr als nur Touristendollars. Also erklärte man sich zum Steuerparadies. Sehr zum Wohl der Insel hat sich anschließend eine merkwürdige Ökonomie entwickelt. Obwohl nur 60 000 Menschen auf der Insel wohnen, haben mehr als 10 000 Firmen hier ihren Sitz – die meisten davon in Gestalt eines Messingschilds.

Die Bermudas legen Wert auf ihren exklusiven Ruf als Steueroase. Nur Unternehmen und Geschäftsleute mit besten Referenzen werden aufgenommen. Durch die penible Überprüfung, der sich Firmengründer in spe unterziehen müssen, liegt die Genehmigungsdauer bei bis zu drei Monaten. Wer dann das Privileg erhält, sich firmenmäßig dort niederzulassen, darf zum Dank dann auch noch höhere Gebühren und Jahreskosten für Anwälte zahlen als in anderen Steueroasen.

Trotz aller Kontrollen aber erfreuen sich die Bermudas ebenso wie die Inseln der Bahamas bei nordamerikanischen Drogenhändlern großer Beliebtheit. Daneben haben sich auf beiden Inselgruppen eine Reihe unseriöser Anlagefirmen niedergelassen. Sie legen Wert auf Anonymität. Ihnen reicht der Eintrag ins Handelsregister.

Steueroasen auf dem Prüfstand

Die Inselgruppe mit ihren rosafarbenen Stränden ist verfassungsmäßig an Großbritannien gebunden, jedoch westwärts orientiert. So bestehen enge soziale und wirtschaftliche Beziehungen zu den rund 1 000 Kilometer entfernten USA.

Devisenkontrollen: Ja, Steueroasengesellschaften und Vermögenstrusts werden jedoch davon befreit.

Fiskalische Auslieferungsabkommen: Keine

Politische Risiken: Solange die Bermudas eine britische Kolonie sind, bestehen nahezu keine politischen Risiken für Oasenfirmen.

Rechtssystem: Englisches Common Law

Das Gesellschaftsrecht basiert mit einigen Ergänzungen – The Companies Act von 1971, Bermuda Trustee Act von 1876, Trustee Investment Act von 1961 – ebenfalls auf dem englischen Gesellschaftsrecht.

Patentrecht: Es gelten die britischen Vorschriften

Wohnsitznahme: Es gibt praktisch keine Aufenthalts- und Arbeitsbewilligung für Ausländer. Auch ist der Erwerb einer Immobilie für Nichtansässige praktisch unmöglich.

Steuern: Die Bermudas haben weder Einkommen-, Körperschaftnoch Steuern auf Veräußerungsgewinne oder Quellensteuern, erheben aber Verwaltungsabgaben, Gebühren, Lohnsteuer sowie Zölle und Touristikabgaben.

Doppelbesteuerungsabkommen: In begrenztem Umfang mit den USA

Lebenshaltungskosten: Aufgrund der hohen Importzölle extrem hoch

Kommunikation: Sehr gut

Verkehrsverbindungen: Flugverbindungen zu Städten an der Ostküste der USA sowie nach London

Atlantik – Bermudas

Gesellschaften: Das Firmengesetz von 1981 regelt Gründung, Verwaltung und Auflösung steuerbefreiter Unternehmen.

Wichtigste Gesellschaftsform: Exempted Company

Kapitalgesellschaften mit einem Mindestkapital von 12 000 BD$ müssen zu weniger als 60 Prozent im Besitz von Bürgern Bermudas sein. Aktien ohne Nennwert und Inhaberaktien sind nicht erlaubt. Es müssen mindestens zwei auf den Bermudas ansässige Geschäftsführer bestellt werden; jeder von ihnen muss mindestens einen wesentlichen Anteil haben. Darüber hinaus muss ein eingetragenes Büro auf den Bermudas unterhalten werden, wo auch die Bücher zu führen sind.

Steuerbefreite Personengesellschaften können seit 1958 gegründet werden. Hier sind ein ansässiger Geschäftsführer und ein Büro auf den Bermudas zwingend vorgeschrieben.

Steuerbefreite Trusts dürfen während 100 Jahren ihr Einkommen akkumulieren.

Darüber hinaus kennen die Bermudas steuerbefreite Versicherungsgesellschaften, steuerbefreite Investment Holdings sowie steuerbefreite Reedereien. Da die Bermudas verdecktes Eigentum an Schiffen zulassen, zählen sie zu den Billigflaggen-Ländern.

- Gründungsdauer: Bis zu drei Monate
- Gründungskosten:
  Stempelgebühr: 0,25 Prozent des ausgewiesenen Aktienkapitals
  Konzessionsgebühr: 800 – 1 500 BD$
  Gebühren der örtlichen Berater: ca. 2 000 BD$
- Laufende Kosten:
  Konzessionssteuer: 1 200 – 2 250 BD$
  sowie Berater: 2 000 – 3 000 BD$.

Die Bermudas sind in ihrem Serviceangebot nicht minder exklusiv als bei den zugelassenen Unternehmen, es gibt nur drei Banken:

Steueroasen auf dem Prüfstand

N.T. Butterfield and Son, Bank of Bermuda, Bermuda Commercial Bank.

Die Inseln bieten daher nur wenig Anreize, Vermögenswerte dorthin zu transferieren. Interessant sind sie für Gesellschaften und natürlich für Touristen – über 500 000 waren es im vergangenen Jahr.

Weitere Informationen und Ansprechpartner:

Kanzlei der Botschaft des Vereinigten Königreichs Großbritannien und Nordirland
Wilhelmstraße 70/71; 10117 Berlin
Tel.: 0 30-2 04 57-0, Fax: 0 30-2 04 57-5 94

Bank of Bermuda
Tel.: 0 01-4 41-2 95 40 00, Fax: 2 99 65 38

Bermuda Commercial Bank
Tel.: 0 01-4 41-2 95 56 78, Fax: 2 95 80 91

N.T. Butterfield and Son
Tel.: 0 01-4 41-2 95 11 11, Fax: 2 92 55 50

Bermuda Monetary Authority
Sofia House
48, Church Street
Hamilton HMJX, Bermuda
Tel.: 00 18 09-2 95 52 78
Fax: 00 18 09-2 92 74 71

USA-Generalkonsulat
460 Park Avenue
New York, N.Y. 10022
Tel.: 00 12 12-9 40-92 00

Falkland-Inseln

- Fläche: 12 173 qkm
- Sprache: Englisch
- Währung: Falkland-Pfund
- Einwohner: 2 564
- Hauptstadt: Stanley

Die zu Großbritannien gehörende Inselgruppe mit rund 700 Inseln an der Spitze Südamerikas nahe dem Kap Horn und den Eisbergen der Antarktis hat nach der Schlacht mit Argentinien um ihre Zugehörigkeit die Steuersätze drastisch gesenkt: 20 Prozent für die ersten 20 000 Pfund des persönlichen Einkommens und 25 Prozent für den übersteigenden Anteil. Die Körperschaftsteuer beträgt 20 Prozent, mit einem Zuschlag von 10 Prozent für nicht Ansässige.

Statt jedoch die Tage fern der Zivilisation bei den dortigen Schafherden zu verbringen, kann man auf den verkehrsmäßig gut angebundenen Kanalinseln bei gleichem Steuerniveau in angenehmer britischer Atmosphäre besser leben.

Weitere Informationen und Ansprechpartner:

Kanzlei der Botschaft des Vereinigten Königreichs
Großbritannien und Nordirland
Wilhelmstraße 70/71; 10117 Berlin
Tel.: 0 30-2 04 57-0, Fax: 0 30-2 04 57-5 94

7. Afrika

Trotz intensiver Bemühungen der Weltbank ist es in den letzten 20 Jahren nicht gelungen, währungs-, fiskal-, geld- und steuerpolitische Reformen auf dem Kontinent durchzusetzen. Reformhemmend ist auch, dass keiner der politischen Akteure letztlich davon überzeugt ist, dass Afrika seine Stellung in der Weltwirtschaft in absehbarer Zeit verbessern kann. Die irreversible Globalisierung einschließlich der Liberalisierung des Welthandels marginalisiert Afrika weiter. Dadurch entstehen für die wirtschaftliche Entwicklung Afrikas möglicherweise unüberwindbare Probleme. Angesichts dieser Situation streben die politischen Machthaber nach kurzfristigen Renten und Profiten, zumal diese durch die Globalisierung immer leichter zu erzielen und als Fluchtkapital zu sichern sind. Die Folge: 40 Prozent des Kapitals Afrikas sind als Fluchtgeld außerhalb des Kontinents angelegt.

Wie im normalen Wirtschaftsleben, so gehört der Schwarze Kontinent auch aus Steueroasensicht derzeit noch zu den unterentwickelten Regionen unseres Erdballs. Obwohl einst doch Tanger, Afrikas Tor zu Europa, Schmuggler, Abenteurer und Millionäre magisch anzog. Von 1923 bis 1956 erlebte die Stadt an der Nordspitze Marokkos ihre letzte Blütezeit als internationale Zone, in der die Bars keine Türen hatten, weil sie Tag und Nacht geöffnet waren. Hier soll es mehr Nachtclubs als in Paris gegeben haben und mehr Gold als in der Schweiz. Tanger – eine Legende. Dennoch gibt es

Steueroasen auf dem Prüfstand

für Steuersparer auch heute erfreuliche Ansätze, insbesondere auf den Inseln und Inselgruppen im Indischen Ozean. Ein Kontinent voller Hoffnung.

Prüfenswert waren die spanischen Exklaven Ceuta und Melilla, Ciskei, Dschibuti, Liberia sowie die Malediven, Mauritius, Réunion, die Seychellen und Tunesien.

Ceuta und Melilla

- Fläche: 31,3 qkm
- Sprache: Spanisch
- Einwohner: 130 000
- Währung: Span. Peseten

Die spanischen Exklaven auf marokkanischem Gebiet an der Straße von Gibraltar, 31,3 qkm groß mit 130 000 Einwohnern, gehören nicht zum Zollgebiet der Europäischen Union (EU), können jedoch ihre Ursprungsprodukte zollfrei in die EU einführen, denn sie sind der einzige Teil der EU auf dem afrikanischen Kontinent.

Weitere Vorteile: Es gibt dort keine Mehrwertsteuer, und der Steuersatz ist halb so hoch wie der spanische.

Für Deutsche, die in Spanien ansässig werden, gleichzeitig aber einen Zweitwohnsitz in der Bundesrepublik beibehalten wollen, bietet sich die Möglichkeit, sich in Ceuta oder Melilla niederzulassen und auf dem spanischen Festland ihren Hauptwohnsitz zu nehmen, also sowohl die Steuervorteile der Exklaven als auch ganz legal die Vorteile des spanisch-deutschen Doppelbesteuerungsabkommens in Anspruch zu nehmen.

Ansonsten spielen die Exklaven für Offshore-Überlegungen oder Kapitalinvestitionen derzeit keine Rolle.

Wer es dennoch will, für den bieten sich zwei Rechtsformen an: Die Sociedad Anonima, S.A. mit einem Mindestkapital von 60 000 EUR, das bei Gründung voll einzuzahlen ist, und mindestens drei Gründungsgesellschaftern oder die Sociedad de Responsabilidad

Limitada, S.L., deren Grundkapital von mindestens 3 000 EUR voll eingezahlt werden muss. Diese Gesellschaftsform, die der deutschen GmbH entspricht, ist als Ein-Mann-Gesellschaft zulässig.

Das Bankwesen wird von den spanischen Großbanken dominiert. Damit ist auch das Bankgeheimnis praktisch wirkungslos, da die Banken den spanischen Finanzbehörden gegenüber zur Auskunft verpflichtet sind.

Es gilt das spanische Einlagensicherungssystem, nach dem Guthaben bis zu 9 000 EUR – auch auf Fremdwährungskonten – geschützt sind.

Seit Mitte 2002 pocht Marokko auf die Rückgabe der beiden spanischen Exklaven. Die weitere Entwicklung sollten Interessierte genau beobachten. Denn für Spanien ist die Souveränität über die Exklaven Ehrensache.

Weitere Informationen und Ansprechpartner:

Botschaft von Spanien
– Handelsabteilung –
Schöneberger Ufer 89-91; 10785 Berlin
Tel.: 0 30-25 40 07-0, Fax: 0 30-2 29 30 95

Internet: www.la-moncloa.es

Ciskei

- Fläche: 9 421 qkm
- Einwohner: 1,14 Millionen

In diesem 9 421 qkm großen und mit 1,14 Millionen Einwohnern ärmsten „Homeland" Südafrikas wurde 1985, auf der Suche nach Wachstumssektoren, die Körperschaftsteuer abgeschafft, der Höchstsatz der persönlichen Einkommensteuer auf 15 Prozent gesenkt, ausländischen Investoren der Kauf von Immobilien ermöglicht und Firmeneinkommen mit einer 15-prozentigen Quellensteuer auf repatriierte Gewinne besteuert.

Steueroasen auf dem Prüfstand

Im Zuge des wirtschaftlichen und politischen Aufschwungs der Republik Südafrika wird Ciskei als kleines Steuerparadies an Bedeutung gewinnen.

Weitere Informationen zu Ciskei und den Förderprogrammen der Republik Südafrika:

Südafrikanische Botschaft
– Wirtschaftsabteilung –
Friedrichstraße 60, 10117 Berlin
Tel.: 0 30-22 07 30, Fax: 0 30-22 07 31 90

Department of Trade & Industry
Private Bay x 84; Pretoria 0001
Tel.: 00 27-12-3 10 97 91, Fax: 00 27-12-3 20 81 57

South African German Chamber of Commerce and Industry
P.O. Box 87078, Houghton 2041; Johannesburg
Tel.: 00 27-11-4 86 27 75, Fax: 00 27-11-4 86 36 25

Dschibuti

- Fläche: 23 200 qkm
- Sprachen: Arabisch, Französisch
- BSP je Einw.: unter 880 $
- Arbeitslosigkeit: 58 Prozent
- Einwohner: 644 000
- Hauptstadt: Dschibuti
- Währung: Dschibuti-Franc
- Inflation: 3 Prozent

Dschibuti liegt im Nordosten Afrikas am Golf von Aden. Investoren in der Freihandelszone dieser 23 200 qkm großen, immer wieder von Rebellen herausgeforderten Republik sind von Steuern auf Fremdquelleneinnahmen, Inlandszinsen, Gebühreneinkünfte und Dividenden befreit. Daneben profitieren sie als Hersteller oder Transithändler vom Zugang der Lomé-Gruppe zum EU-Markt. Unternehmen aller Art, darunter auch Banken, zahlen lediglich eine pauschale Jahresgebühr von rund 1 200 US-Dollar. Dschibuti hat einen freien Devisenmarkt und ist ein Eldorado für Geldwäscher und Schmuggler.

Anfang 2000 gilt Dschibuti als eines der ärmsten Länder der Welt. Die nomadische und agrarische Selbstversorgungswirtschaft litt unter dem besonders trockenen Klima. Mit einer Jahresdurch-

Afrika – Liberia

schnittstemperatur von 30,1° C gilt Dschibuti-Stadt als der heißeste bewohnte Ort der Welt.

Weitere Informationen und Ansprechpartner:

Kanzlei der Botschaft der Republik Dschibuti
26, Rue Émile Ménier; F-75116 Paris
Tel.: 00 33-1 47 27 49 22/1 47 27 43 49, Fax: 00 33-1 45 53 50 53

Liberia

- Fläche: 97 754 qkm
- Hauptstadt: Monrovia
- BSP je Einw.: 490 $
- Arbeitslosigkeit: ca. 80 Prozent
- Einwohner: 3,1 Millionen
- Sprache: Englisch
- Währung: Liberian. Dollar
- Inflation: 4,6 Prozent

Die nach Tanger letzte der ehemals etablierten Oasen auf dem Schwarzen Kontinent, eine Steueroase vor allem für Reeder, stellt dort eingetragene Unternehmen, deren Handels- und Geschäftsinteresse ganz im Ausland liegen, von allen Steuern frei, sichert Geheimhaltung zu, verlangt keine Hauptversammlungen und kennt keine Devisenbeschränkungen. Ein Oasenideal, wenn die politische Situation nicht so instabil wäre. Das Vertrauen ist nach den Bürgerkriegen auf Jahre hinaus so erschüttert, dass Liberia derzeit jedenfalls nicht mehr in den Kreis ernst zu nehmender Steueroasen gehört.

Weitere Informationen und Ansprechpartner:

Kanzlei der Botschaft der Republik Liberia
Mainzer Straße 259, 53179 Bonn
Tel. + Fax: 02 28-34 08 22

Liberia Chamber of Commerce
P.O. Box 92, Monrovia
Tel.: 0 02 31-22 37 38

Ausgewählte Banken vor Ort: National Bank of Liberia, Citibank, Eurobank Liberia, First Commercial & Investment Bank, National Housing Bank, Liberian Bank for Development and Investment.

Internet: www.liberiaemb.org

Steueroasen auf dem Prüfstand

Malediven

- Fläche: 298 qkm
- Hauptstadt: Malé
- BSP je Einw.: 1 960 $
- Einwohner: 300 000
- Sprache: Maledivisch
- Inflation: 9,1 Prozent

Jedes der rund 2 000 Malediven-Eilande ist ein Inseltraum – hineingetupft in das tiefe Blau des Indischen Ozeans, mit einem sattgrünen Kern aus Palmen, umsäumt von weißen Korallenstränden und türkisfarbenen Lagunen. Die rund 300 000 Insulaner lebten bis vor kurzem von der Fischerei und dem britischen Luftwaffenstützpunkt auf Gan. Inzwischen ist die Royal Air Force abgezogen, und die Regierung bemüht sich, die Inseln in ein Touristen- und Steuerparadies umzuwandeln.

Während das Vorhaben im touristischen Bereich gute Fortschritte zeigt, fehlt im Finanzbereich noch eine wesentliche Voraussetzung: ein modernes Banken- und Gesellschaftsrecht. Trotzdem haben sich bereits einige wenige Investoren niedergelassen und einige Hundert ihr Interesse bekundet, neue Betriebsstätten in der steuerfreien Republik zu gründen. Die Entwicklung bleibt abzuwarten.

Weitere Informationen und Ansprechpartner:

Honorar-Generalkonsulat der Malediven
Immanuel-Kant-Straße 16; 61350 Bad Homburg
Tel.: 0 61 72-86 78 33

Internet: www.undp.org/missions/maldives

Mauritius

- Fläche: 2 040 qkm
- Hauptstadt: Port Louis
- BSP je Einw.: 3 750 $
- Arbeitslosigkeit: 9,7 Prozent
- Einwohner: 1,2 Millionen
- Sprache: Englisch
- Währung: Mauritius-Rupie (MR)
- Inflation: 5,4 Prozent

Neben den Korallenriffs, Zuckerrohrfeldern, Bananen- und Teeplantagen und vulkanischen Bergmassiven prägt Mauritius seine

Afrika – Mauritius

Bevölkerungsdichte, die nach den Stadtstaaten höchste auf dem Erdball. Dieses politisch stabile und multikulturelle Land bietet maßgeschneiderte Voraussetzungen für eine breite Palette von Offshore-Geschäften, einschließlich Versicherungen, Fondsmanagement, Geschäftszentralen, Beratungsfirmen, Reedereien, Flugzeugfinanzierung und -leasing. Dazu gehören neben Steuerbegünstigungen auch Finanzanreize und eine Devisenkontrollfreiheit.

Alle Angelegenheiten des Offshore-Geschäfts werden zentral von der Mauritius Offshore Business Authority in Port Louis geregelt. Es gibt im Vergleich zu vielen anderen Steueroasen strenge Prüfvorschriften. Ist die Hürde dann genommen, winkt die Befreiung von Einkommensteuern auf Offshore-Unternehmergewinne. Darüber hinaus gibt es keine Quellensteuer, keine Kapitalertragsteuer und keine Vermögensteuer. Und Ausländer, die für Offshore-Gesellschaften auf Mauritius arbeiten, zahlen auf ihr Einkommen eine 15-prozentige Einkommensteuer, maximal jedoch 22 500 Mauritius Rupies (MR), knapp 1 700 US-Dollar.

Auf Mauritius gibt es zwei Typen von Offshore-Unternehmen: steuerfreie und einfache Offshore-Gesellschaften. Die steuerbefreiten zahlen 1 000 US-Dollar Einrichtungsgebühr und eine jährliche Lizenzgebühr von 1 000 US-Dollar. Einfache Offshore-Unternehmen bezahlen 2 000 US-Dollar Einrichtungsgebühr und eine Jahresgebühr von 3 000 US-Dollar. Banken und Versicherungen sowie Gesellschaften mit einem eingezahlten Kapital von 1 Millionen US-Dollar und mehr müssen als einfache Offshore-Gesellschaften arbeiten. Sie können auf die Steuerbefreiung verzichten und einen Steuersatz aushandeln, der für sie in Bezug auf Steuerabkommen besonders günstig ist. Die einfachen Offshore-Gesellschaften müssen den Jahresabschluss bei der Mauritius Business Authority einreichen. Das brauchen steuerbefreite Unternehmen nicht.

Ausländische Investoren dürfen Kapitalrückführungen einschließlich der Kapitalerträge ohne Devisenkontrollbescheinigungen der Bank von Mauritius durchführen.

Steueroasen auf dem Prüfstand

Außerdem bietet Mauritius die Gründung von Offshore-Trusts an. Um als Offshore-Trust zu gelten, muss der Verfügende, der durch einen von der Mauritius Business Authority genehmigten Treuhänder vertreten wird, außerhalb von Mauritius ansässig sein. Mit Ausnahme von Investitionen in Immobilien auf Mauritius oder auf Bankkonten in Mauritius-Währung darf der Trust in alle durch das Gesetz geregelten Anlagen investieren. Strikte Geheimhaltung wird – außer im Gerichtsfalle, zum Beispiel bei Drogengeschäften – von den Behörden zugesichert. Für Offshore-Trusts wird als einzige Steuer eine Gebühr von 250 US-Dollar bei Eintragung fällig. Die sonstigen laufenden Kosten müssen jährlich mit ca. 1 000 US-Dollar angesetzt werden.

Inhaber von Export-Service-Unternehmen können hohe Abschreibungen geltend machen und günstige Finanzierungen von der Development Bank of Mauritius in Anspruch nehmen.

Das Bankgeheimnis gilt als wasserdicht. Ausländer können Non-Resident-Konten einrichten, von denen sie jederzeit Beträge in unbegrenzter Höhe transferieren können. Die Ein- und Ausfuhr von Fremdwährungen ist für Ausländer in unbegrenzter Höhe möglich.

Mauritius hat mit vielen Staaten, unter anderem der Bundesrepublik, Steuerabkommen geschlossen, und es steht trotz erheblicher Vergünstigungen auf keiner „schwarzen Liste" für Steueroasen. Interessierten bietet Mauritius ausgezeichnete Dienstleistungen, wie zum Beispiel Anwälte oder zweisprachiges Büropersonal (E/F) mit einer hohen Arbeitsmoral. Dazu kommen eine gute Kommunikation und regelmäßige Flugverbindungen zu den wichtigsten Zentren Europas, Afrikas und Asiens.

Mauritius profitiert von den engen Bindungen zu Frankreich und Großbritannien und unterhält starke Handels- und Kulturbeziehungen zu Indien und Pakistan. Es entwickelt sich zum Magnet im Indischen Ozean für Offshore-Geschäfte. Erste Investitionen aus Hongkong und Japan sind bereits ins Land gekommen, und man hofft in zunehmendem Maße auch auf engere Handels- und Finanzbeziehungen zum erstarkenden Südafrika.

Afrika – Réunion

Weitere Informationen und Ansprechpartner:

Botschaft der Republik Mauritius
Kurfürstenstraße 84, 10787 Berlin
Tel.: 0 30-2 63 93 60, Fax: 0 30-26 55 83 23

Honorar-Generalkonsulat der Republik Mauritius
Jacobistraße 7; 40211 Düsseldorf
Tel.: 02 11-35 67 54, Fax: 02 11-36 56 39

Mauritius Offshore Business
Activities Authority
1st Floor, Deramann Tower, Sir William Newton Street; Port Louis, Mauritius
Tel.: 0 02 30-2 12-96 50, Fax: 0 02 30-2 12-94 59

Chamber of Commerce and Industry
3, Royal Road; Port Louis, Mauritius
Tel.: 0 02 30-2 08-33 01, Fax: 0 02 30-2 08 00 76

Mauritius Export Development and Investment Authority
21, Pape Hennessy Street; Port Louis, Mauritius
Tel.: 0 02 30-2 08 77 50, Fax: 0 02 30-2 08 59 65

Commissioner of Income Tax
E. Anquetil Building
Rangoolam Street; Port Louis, Mauritius
Tel.: 0 02 30-2 01 18 25, Fax: 0 02 30-2 12 45 62

Mauritius Informationsbüro
Postfach 18 02 70, 60083 Frankfurt a.M.
Tel.: 07 00-6 28 74 84 87, Fax: 0 69-92 18 74 31

Ansässige Banken: Bank of Baroda, Bank of Mauritius, Banque National de Paris, Barclays Bank, Citibank, Hongkong & Shanghai Banking Corporation, Mauritius Commercial Bank, South East Asian Bank.

Internet: http://ncb.internet.mu/govt/honge.htm

Réunion

- Fläche: 2 512 qkm
- Hauptstadt: Saint-Denis
- Währung: Franz. Franc
- BSP je Einw.: über 9 386 $
- Einwohner: 678 000
- Sprachen: Französisch, Créole, Gujurati
- Arbeitslosigkeit: 37 Prozent

Steueroasen auf dem Prüfstand

Die 2 512 qkm große Insel, die von einzigartiger Schönheit ist, wurde 1946 zum Département d'outre-mer, kurz DOM, und damit formell ein normaler Verwaltungsbezirk Frankreichs, 10 000 Kilometer entfernt im Indischen Ozean, 800 Kilometer östlich von Madagaskar.

Natürliche Personen und Unternehmen, die dort ihren Produktionsstandort haben, erhalten einen 50-prozentigen Rabatt auf die Steuersätze des französischen Mutterlandes. Da diese jedoch hoch sind und die Insel als Produktionsstandort weit abgelegen ist, eignet sich Réunion eigentlich nur für Aussteiger, die ihre Tage im Indischen Ozean verleben möchten.

Weitere Informationen und Ansprechpartner:

Kanzlei der Botschaft der Französischen Republik
Pariser Platz 5; 10117 Berlin
Tel.: 0 30-20 63 90 00, Fax: 0 30-8 83 33 10

Seychellen

- Fläche: 454 qkm
- Einwohner: 76 000
- Sprachen: Kreolisch, Englisch, Französisch
- Arbeitslosigkeit: 8,3 Prozent
- Hauptstadt: Victoria
- BSP je Einw.: 7 050 $
- Währung: Seychellen-Rupie
- Inflation: 1,4 Prozent

Kenner sagen, hier müsse der Garten Eden gewesen sein. Eines ist sicher, die paradiesischen Inseln der Seychellen gehören auch heute noch zu den schönsten Archipelen der Welt. Rund 77 000 Einwohner leben auf 21 der über 100 Inseln im Indischen Ozean, etwa 1 500 Kilometer von Madagaskar, Mauritius und Kenia entfernt.

Prognosen, die Seychellen würden sich innerhalb weniger Jahre zu einer Spielwiese für steuerunwillige Einwanderer entwickeln, haben sich bislang nicht bestätigt. Denn die Regierung hat klarge-

Afrika – Seychellen

stellt, dass sie nicht beabsichtigt, Siedler anzulocken. Nichtsdestotrotz kann man hier nach einem Erlass aus dem Jahre 1978 gegen eine geringe Gebühr steuerbefreite Unternehmen gründen. Diese Gesellschaften sind darüber hinaus von allen Devisenkontrollen befreit, solange sie nur vom Ausland aus operieren. Der Erlass erlaubt auch die Gründung von „Foundations", die der Liechtensteiner „Anstalt" entsprechen.

Beide Unternehmensformen zahlen eine Eintragungsgebühr von je 400 US-Dollar; hinzu kommt eine Jahresgebühr von 980 US-Dollar und eine Domizilabgabe von 750 US-Dollar.

Für ausländische Investoren wurden zusätzliche Anreize in Form von zinsgünstigen Darlehen und ermäßigten Einfuhrzöllen geschaffen.

Um Firmengründer verstärkt zu ködern, wird das Firmenregister außer in Victoria auf Mahé auch beim Konsul der Seychellen in Zürich geführt. Er erfüllt gleichzeitig auch alle Funktionen eines Registerführers.

Die Versuche der Regierung, verstärkt internationale Banken mit Offshore-Niederlassungen auf die Inseln zu holen, waren bislang nicht erfolgreich. Bislang haben erst sechs internationale Finanzhäuser auf dem Archipel Fuß gefasst. Es gilt ein striktes Bankgeheimnis.

Weitere Informationen und Ansprechpartner:

Kanzlei der Botschaft der Republik Seychellen
51, Avenue Mozart, F-75016 Paris
Tel.: 00 33-1 42 30 57 47, Fax: 00 33-1 42 30 57 40

Honorarkonsulat der Republik Seychellen
Oeder Weg 43; 60318 Frankfurt
Tel.: 0 69-59 82 62

Ministry of Finance and Information
Central Bank Building
Victoria, Mahé; Seychelles
Tel.: 0 02 48-2 53 13, Fax: 0 02 48-2 52 65

Steueroasen auf dem Prüfstand

Chamber of Commerce
Ebrahim Bldg., 2nd Floor, P.O. Box 1399, Victoria
Tel.: 0 02 48-32 38 12, Fax: 0 02 48-32 14 22

Seychelles Industrial Development
Huteau Lane
Victoria, Mahé
Tel.: 0 02 48-2 49 41, Fax: 0 02 48-2 51 21

Ansässige Banken: Bank of Baroda, Barclays Bank, Central Bank of Seychelles, Habib Bank, Seychelles International, Mercantile Banking Corporation, Banque Française Commerciale Océan Indien.

Internet: www.seychelles.net/misd

Tunesien

- Fläche: 163 610 qkm
- Hauptstadt: Tunis
- BSP je Einw.: 2 100 $
- Arbeitslosigkeit: 15,5 Prozent
- Einwohner: 9,6 Millionen
- Sprache: Hocharabisch
- Währung: Tunes. Dinar
- Inflation: 2,9 Prozent

Afrikanisches, Arabisches, Archaisches, Beduinen, Basare und französischer Flair – nicht nur für Touristen ist Tunesien eines der angenehmsten nordafrikanischen Länder, sondern auch für Investoren, die für die Einwohner Arbeitsplätze schaffen und Exportprodukte herstellen. Das Land, durch die Meerenge von Sizilien nur 140 Kilometer von Europa entfernt, entwickelt sich stetig und zielstrebig, vermeidet aber bewusst große Sprünge.

Erleichtert wird das, da in Tunesien im Gegensatz zu vielen anderen arabischen Ländern kein einheimischer Gesellschafter in ein Unternehmen hereingenommen werden muss. Wird hier ein Produktionsbetrieb errichtet, der exportorientiert arbeitet, so ist der Investor zehn Jahre lang von der Körperschaftsteuer befreit, und weitere zehn Jahre zahlt er nur 10 Prozent. Weitere Vergünstigungen sind die Befreiung von der Kapitalertragsteuer für Darlehenszinsen und Gewinnausschüttungen sowie die Freistellung von Einfuhrzöllen und Einfuhrumsatzsteuern für Produktionsanlagen und

Rohstoffe, die für die Herstellung erforderlich sind. Hinzu kommen sehr liberale Devisenvorschriften und die Möglichkeit, ausländische Führungskräfte einzustellen. Auch für diese gibt es eine Reihe steuerlicher Vergünstigungen. Darüber hinaus soll es bis 2010 eine Freihandelszone geben.

Für produktionsorientierte Investitionen in jedem Fall eine Überlegung wert. Denn außer den steuerlichen Vergünstigungen erwarten den Investor vor Ort eine sehr gute Infrastruktur, gute Kommunikations- und Verkehrsanbindungen sowie eine ausgesprochen gute Arbeitsmoral der freundlichen Nordafrikaner.

Weitere Informationen und Ansprechpartner:

Kanzlei der Botschaft der Tunesischen Republik
Lindenallee 16, 14050 Berlin
Tel.: 0 30-30 82 06-73/30 82 06-74, Fax: 0 30-30 82 06-83

Chambre Tuniso-Allemande de l'Industrie et du Commerce
6, rue Didon; 1002 – Tunis – Notre Dame
Tel.: 00 21 61-78 59 10, Fax: 00 21 61-78 25 51

Internet: www.ministeres.tn

8. Naher Osten

Lange Jahre verwöhnt durch die sprudelnden Einnahmen aus dem Gas- und Erdölverkauf, lautet heute für die Ölscheichs Sparen die Devise. Die Haushaltspläne müssen überarbeitet, Wirtschaftsreformen angegangen werden. Denn bisher sind die Golfstaaten für die Globalisierung schlecht gerüstet.

In zunehmendem Maße öffnen sich die Staaten daher ausländischen Investoren. Mit sichtbarem Erfolg. Ein Lockmittel für ausländische Investoren sind die in dieser Region trotz Krise immer noch vorhandenen Null-Steuer-Oasen. Für Ausländer muss das jedoch nicht unbedingt vorteilhaft sein: Das beweisen die geprüften Beispiele Bahrein, Kuwait und die Vereinigten Arabischen Emirate

Steueroasen auf dem Prüfstand

Abu Dhabi, Dubai, Adjman, Shorjah, Unm-al-Qaywayn, R'as al Khaymah und Al-Fujayrah sowie Iran.

	Ölproduzenten	in Mio. t	Ölverbraucher	in Mio. t	Ölreserven	in Mio. t
1.	Saudi-Arabien	441,2	USA	897,4	Saudi-Arabien	261,7
2.	USA	353,3	Japan	253,5	Irak	112,5
3.	Russland	323,3	China	226,9	V. A. Emirate	97,8
4.	Iran	186,6	Deutschland	129,5	Kuwait	96,5
5.	Mexiko	172,1	Russland	123,5	Iran	89,7

Quelle: BP Statistical Review of the World Energy, Juni 2001

Bahrain

- Fläche: 707,3 qkm
- Hauptstadt: Manama
- BSP je Einw.: 9 370 $
- Arbeitslosigkeit: 20,0 Prozent
- Einwohner: 652 000
- Sprache: Hocharabisch
- Währung: Bahrein-Dinar
- Inflation: 0,4 Prozent

Jahrhundertelang berühmt für seine märchenhaft schönen Perlen, hieß Bahrain im Altertum das „Land der Unsterblichkeit". Auf der Suche nach dem ewigen Leben kamen über die Jahrhunderte Millionen von Pilgern zur ältesten Moschee des Islam in der Hauptstadt Manama – wo heute die glitzernden Paläste der Erdölgesellschaften und Banken beheimatet sind.

Bahrain, das Archipel von 33 Inseln, liegt vor der Küste von Katar. Wie in den Vereinigten Arabischen Emiraten, verzichtet man auch hier auf Steuereinnahmen von Unternehmen, vorausgesetzt, dass sie keine Geschäfte innerhalb Bahrains tätigen. Und im Gegensatz zu den Emiraten verzichtet man bei der Unternehmensgründung auf die Aufnahme eines örtlichen „Partners" in die Gesellschaft.

Naher Osten – Iran

Ein entscheidender Nachteil sind jedoch die Kosten einer Unternehmensgründung. Einschließlich der von der Regierung vorgeschriebenen Bankeinlage, die für die Dauer der Gesellschaft blockiert ist, kommt die Gründung einer BESC (entspricht einer „Limited Company") auf runde 100 000 US-Dollar. Bahrein hat damit das Privileg, teuerste Steueroase weltweit zu sein. Da nützt es wenig, wenn es keine Personen-, Körperschafts- oder Kapitalertragssteuern gibt.

Weitere Informationen und Ansprechpartner:

Kanzlei der Botschaft des Staats Bahrain
Potsdamer Platz 11; 10785 Berlin
Tel.: 0 30-25 89 40 40, Fax: 0 30-25 89 41 41

Commerzbank AG
UGB Tower; 4th Floor, Diplomatic Area; Manama
Tel.: 0 09 73-53 14 31, Fax: 0 09 73-53 14 35

Deutsche Bank AG
Manama Center, Entrance 1; Government Road; Manama
Tel.: 0 09 73-27 66 30, Fax: 0 09 73-27 41 36

Bahrain Promotions & Marketing Board
Manama
Fax: 0 09 73-53 11 17

Internet: www.gna.gov.bh

Iran

- Fläche: 1 648 000 qkm
- Hauptstadt: Teheran
- BSP je Einw.: 1 680 $
- Arbeitslosigkeit: 15 Prozent
- Einwohner: 71,4 Millionen
- Sprache: Persisch
- Währung: Rial
- Inflation: 12,6 Prozent

Im Kampf um ausländische Investoren hat die Regierung der Islamischen Republik auf die bereits zu Schah-Zeiten lancierte Idee der Freihandelszonen zurückgegriffen. So entsteht derzeit auf der vor Bandar Abbas gelegenen Insel Qeshm eine Freihandelszone von beeindruckenden Dimensionen, denn man ist dringend auf Devisen angewiesen. Weitere Offshore-Zentren bestehen auf der westlich von Qeshm gelegenen Golfinsel Kish und in Chabahar im äußersten Südosten Irans.

Steueroasen auf dem Prüfstand

Im Gegensatz zum Festland bestehen auf Qeshm für fremde Währungen keine fixierten Wechselkurse. Ausländische Banken können ihre Geschäfte ohne Restriktionen in Fremdwährung abwickeln. Großinvestoren halten die Rechtssicherheit trotz der Sondergesetze für die Freihandelszentren derzeit aber für noch nicht ausreichend.

Wer sich dort trotzdem industriell ansiedeln will, den erwarten Monatslöhne unqualifizierter Arbeitskräfte von 150 bis 200 DM, und die Kosten für Elektrizität, Wasser und Treibstoff sind an europäischen Maßstäben gemessen extrem niedrig. Der Preis für erschlossenes Industrieland liegt bei unter 20 DM pro Quadratmeter, und die Arbeitsgesetze sind locker. Ausländische Investoren sind während der ersten 15 Jahre von allen Steuern befreit. Weder Wechselkurs noch Kapitalexport sind reguliert.

Ein echtes Paradies für Investoren, so scheint es. Doch wer lässt sich von den Aussichten auf schnellen Gewinn an den politisch immer noch unsicheren Golf locken?

Weitere Informationen und Ansprechpartner:

Kanzlei der Botschaft der Islamischen Republik Iran
Podbielskiallee 65–67; 14195 Berlin
Tel.: 0 30-8 43 53-0, Fax: 0 30-8 43 53-5 35

Internet: www.president.ir

Kuwait

- Fläche: 17 818 qkm
- Hauptstadt: Kuwait
- BSP je Einw.: 18 030 $
- Arbeitslosigkeit: 1,4 Prozent
- Einwohner: 2,0 Millionen
- Sprache: Hocharabisch
- Währung: Kuwait-Dinar
- Inflation: 3,4 Prozent

Das 17 818 qkm große Emirat am Persischen Golf grenzt im Norden an den Irak und im Osten an den Iran. Da ist auch in den kommenden Jahren für Spannung gesorgt. Die knapp 2 Millionen „Wüstensöhne" leben vom Erdölexport und der Ausfuhr raffinier-

Naher Osten – Kuwait

ter Erdölprodukte. Die Einnahmen aus der Erdölproduktion, aus Auslandsanlagen und Investitionen haben Kuwait, gemessen am Pro-Kopf-Einkommen, zu einem der reichsten Staaten der Welt gemacht. Mit einem beispiellosen Sozialsystem und einem Wohlstand, der sich besonders in der modernen und imposanten Architektur der Hauptstadt widerspiegelt, die von den drei Kuwait-Towers überragt wird. Und versierten Bankexperten hat Kuwait zu verdanken, dass es heute zu einem bedeutenden Finanzzentrum im Nahen Osten aufgestiegen ist.

Da der Geldzufluss aus dem Verkauf des schwarzen Goldes trotz des Preisverfalls Ende der 90er-Jahre auf die nächsten Jahrzehnte nicht versiegen wird, verzichtet der Staat darauf, persönliche Einkommensteuern, Quellensteuern, Steuern auf Veräußerungsgewinne sowie Vermögen- und Erbschaftsteuern zu erheben. Ausnahmen gelten nur für Erdölgesellschaften sowie für ausländische Teilhaber an kuwaitischen Unternehmen, deren anteilige Jahresgewinne zwischen 5 und 55 Prozent besteuert werden.

Da es im Emirat zudem keine Devisenbeschränkungen gibt, die Serviceleistungen sowie Kommunikationsbedingungen vor Ort optimal sind und Kuwait im Luftverkehr täglich mit allen wichtigen Finanz- und Wirtschaftszentren in Ost und West verbunden ist, bietet sich der Wüstenstaat geradezu als Steueroase an. Wenn, ja, wenn man nur eine Aufenthaltsbewilligung bekäme.

Internationale Wirtschafts- und Finanzinstitute kritisieren die mangelnde Bereitschaft des kuwaitischen Parlaments zu durchgreifenden Wirtschaftsreformen. Die Nationalversammlung wehrt sich insbesondere gegen die Öffnung der Wirtschaft für Auslandsinvestitionen und gegen die Privatisierung von Staatsunternehmen.

Weitere Informationen und Ansprechpartner:

Botschaft des Staates Kuwait
Griegstraße 5 – 7, 14193 Berlin
Tel.: 0 30-89 73 00-0, Fax: 0 30-89 73 00-18

Internet: www.kuwait-info.org

Steueroasen auf dem Prüfstand

Vereinigte Arabische Emirate

- Fläche: 77 700 qkm
- Hauptstadt: Abu Dhabi
- BSP je Einw.: 18 060 $
- Arbeitslosigkeit: 2,6 Prozent
- Einwohner: 2,7 Millionen
- Sprache: Hocharabisch
- Währung: Dirham
- Inflation: 4,5 Prozent

Die Vereinigten Arabischen Emirate bilden mit den Einzelemiraten Abu Dhabi, Dubai, Adjman, Shorjah, Unm-al-Qaywayn, R'as al-Khaymah und Al-Fujayrah eine bizarre Mischung aus archaischem Leben in Oasen und Beduinendörfern und modernen orientalisch-prunkvollen Metropolen. Mehr als zwei Drittel des Staatsgebietes sind von Wüste bedeckt, die in Golfnähe in salzige Sandmarschen übergeht. Das Gros der Einwohner lebt in den fruchtbaren Gebieten im Nordosten.

Die Föderation der Emirate, die seit Ende 1971 besteht, ist bis heute noch kein einheitliches Staatsgebilde. Die einzelnen Emirate handeln meist noch selbstständig. Den größten Einfluss hat Abu Dhabi, das gleichzeitig das reichste dieser Erdölländer ist.

Mit Ausnahme der steuerpflichtigen Erdölgesellschaften und Banken gibt es für natürliche Personen oder Unternehmen keinerlei Steuern. Insoweit sind die Emirate eine Steueroase. Dazu kommen Kapital- und Zollfreiheit.

Allerdings müssen Ausländer, die dort Offshore-Gesellschaften gründen, einen einheimischen „Partner" mit mindestens 25, besser jedoch mit 51 Prozent Firmenanteil an Bord nehmen. Das bedeutet am Jahresende auch, an diesen Partner dann – ohne finanzielles Engagement – 25 oder gar 51 Prozent des Gewinns ausschütten zu müssen.

Darüber hinaus gibt es kein geschriebenes Gesetz. Die Gründung einer Gesellschaft erfolgt durch Urkunde, und die muss vom jeweils örtlichen Herrscher unterzeichnet werden.

Um ausländische Unternehmen verstärkt anzulocken, wurde in Jebel Ali eine Freihandelszone geschaffen. Firmen, die sich dort

Naher Osten – Vereinigte Arabische Emirate

niederlassen wollen, benötigen eine Free Zone Establishment Licence. Sie wird erteilt, wenn das Unternehmen seine Geschäfte auf die Freihandelszone und das Ausland beschränkt. Die hier angesiedelten Offshore-Gesellschaften können sich zu 100 Prozent in ausländischem Besitz befinden und sind für einen Zeitraum von 15 Jahren von jeglicher Körperschaftsteuer befreit. Kapital- und Gewinntransfers sind frei.

Neben einheimischen Banken haben sich mittlerweile auch rund 30 ausländische Finanzinstitute dort niedergelassen, darunter auch die HypoVereinsbank.

Wichtig: Ab sofort wird bei der Einreise nach Dubai kein Visum mehr benötigt.

Weitere Informationen und Ansprechpartner:

Kanzlei der Botschaft der Vereinigten Arabischen Emirate
Katharina-Heinroth-Ufer 1; 10787 Berlin
Tel.: 0 30-51 65 16, Fax: 0 30-51 65 19 00

Ministry of Finance Dubai
Tel.: 00 97 14-53 23 23

Central Bank of the United Arab Emirates; Abu Dhabi, U.A.E.
Tel.: 00 97 12-2 65 22 20
Fax: 00 97 12-66 84 83

Nah- und Mittelost-Verein e.V.
Mittelweg 151
20148 Hamburg
Tel.: 0 40-44 02 51
Fax: 0 40-41 82 14

Government of Dubai
Dubai
Tel.: 0 09 71-42 23 00 00
Fax: 0 09 71-42 23 00 22

Weitere ansässige Banken: ABN AMRO Bank, Arab Bank, Banque Indosuez, Banque Nationale de Paris, Banque Paribos, British Bank of the Middle East, Citibank, Commercial Bank of Dubai, Crédit Lyonnais, Crédit Suisse, Dresdner Bank, Mashreqbank, Middle East Bank, National Bank of Dubai, Standard Chartered, Swiss Bank Corporation, Union Bank of Switzerland.

Internet: www.uae.gov.de

9. Asien

Im Sog der Konjunkturschwäche, die Japan, die USA und Europa erfasst hat, kommen auch die Tigerländer Asiens wieder ins Trudeln. Ein Kollaps an den Märkten, wie er sich 1997 ereignet hat, droht jedoch nicht. Allerdings werden auch die asiatischen Wirtschaften ihre Wachstumserwartungen 2003 zurückschrauben müssen. Keine Weltregion reagiert so empfindlich auf die Nachfrageschwäche in den USA wie Asien. Fünf Jahre nach Ausbruch der Finanzkrise macht sich Unruhe unter Bankern und Politikern der Region breit. Weiche Währungen, bröckelnde Börsenkurse, lahmer Export und instabile politische Führungen.

Die Lage ist ernst, aber nicht hoffnungslos. Die Asiatische Entwicklungsbank (ADB) konstatiert Risiken, die den Erholungsprozess in Asien nachhaltig unterbrechen. Vor allem die Wirtschaftsschwäche in den USA, in Japan, aber auch in Europa wird für den Verfall der Wachstumsdaten verantwortlich gemacht. Die Bank der Asiaten identifiziert Thailand und Korea als Hauptleidtragende der US-Krise. Gleichzeitig wird bei ausländischen Investoren ein Trend erkennbar: Auf der Suche nach Wachstumsmöglichkeiten in Asien folgen sie einem neuen Credo: Geh nach Norden! Auslandsunternehmen leiten immer mehr Kapital in die großen Länder Nordostasiens um, bauen Fabriken in China, kaufen Banken in Südkorea und vermarkten Autos in Japan. China, Südkorea und Japan sind die neuen Zentren.

Selbst Japan öffnet neben seiner Finanz- und Autoindustrie auch seine Telekom- und Strombranche. Und Technologie spielt eine große Rolle. Während in Südkorea, Taiwan und Hongkong über 20 Prozent der Bevölkerung Zugang zum Internet haben, sind es in Thailand gerade 1,6 und auf den Philippinen sogar nur 1 Prozent. Dazu kommt, dass im Elektronik-Sektor Japan, Korea und Taiwan bei Produktion und technologischer Innovation Ende 2002 weltweit führend sind. Mit Ausnahme von Singapur wird in den kommenden Jahren technologische Innovation daher in den Nordstaaten stattfinden.

Asien – Hongkong

Wachstum in Asien			
Bruttoinlandsprodukt in Prozent			
	2001	2002*)	2003*)
China	7,3	7,4 (7,0)	7,5 (7,4)
Indien	5,4	4,0 (6,0)	6,0 (6,8)
Hongkong	0,6	1,4 (2,1)	3,5 (4,8)
Südkorea	3,0	6,0 (4,8)	5,8 (6,0)
Singapur	-2,0	3,9 (3,7)	5,6 (6,5)
Indonesien	3,5	3,2 (3,0)	4,4 (3,6)
Malaysia	0,4	4,5 (4,2)	5,0 (5,8)
Thailand	1,8	3,8 (2,5)	4,0 (3,0)
Philippinen	3,2	4,0 (4,0)	4,5 (4,5)
Zentralasien	10,7	6,2 (5,7)	5,7 (6,4)

*) aktuelle Prognose, in Klammern die Vorhersagen vom Jahresbeginn.
F.A.Z.-Tabelle: Janusch – Quelle: Prognose der Asiatischen Entwicklungsbank (ADVB)

Hongkong

- Fläche: 1 095 qkm
- Sprachen: Englisch, Chinesisch
- Arbeitslosigkeit: 5,5 Prozent
- Einwohner: 6,7 Millionen
- Währung: Hongkong-Dollar

Fünf Jahre nach Abzug der Briten steht Hongkong zwischen allen Fronten. Das Experiment, Hongkong im Juli 1991 an die Volksrepublik China anzugliedern, war bis jetzt erfolgreich. Doch nun muss sich zeigen, welche Rolle der Wirtschaftsstandort Hongkong unter der Vereinbarung „Ein Land, zwei Systeme" auf Dauer spielen kann. Die Herausforderungen wachsen: Die erneute wirtschaftliche Abkühlung in Asien auf der einen, die stürmisch wachsende Stärke Chinas und seines Bankstandortes Shanghai auf der anderen Seite. Die rechtsstaatliche Sonderstellung der Stadt vor den Märkten Chinas läuft Gefahr, ausgehöhlt zu werden. Derzeit ringt Hongkong weltweit um sein Ansehen als freie, internationa-

Steueroasen auf dem Prüfstand

le Metropole, denn es findet keinen Ausweg aus der augenblicklichen Krise. Angesichts der Zangenbewegung aus Singapur und aus dem aufstrebenden Shanghai sieht Hongkong seine Rolle in den kommenden Jahren darin, das Scharnier zwischen China und der Außenwelt zu bilden. Singapur könnte dann Südostasien, und Shanghai das innerchinesische Geschäft bedienen. Ob die Machthaber in Peking dies auch so sehen, wird sich zeigen.

Markteinstieg in China: Firmen, die einen besonders qualifizierten Service für ihre Geschäftsaktivitäten in China, Hongkong und Vietnam suchen, bietet das von Industrie- und Handelskammern und den Delegiertenbüros der Deutschen Wirtschaft in China gemeinsam entwickelte Konzept „PRO CONTACT CHINA" eine umfassende Markteinstiegshilfe.

Die Anschrift des Delegiertenbüros in China kann unter Fax 0 69-2 63-69 73 abgerufen werden.

Die in Hongkong übliche Gesellschaftsform ist die AG-ähnliche „Private Company Limited by Shares". Es ist kein Mindestkapital vorgeschrieben; es gibt keine Inhaber-, sondern Namensaktien, die aus Anonymitätsgründen auf Nominees eingetragen werden sollten; alle Direktoren und Aktionäre können Ausländer beziehungsweise im Ausland Ansässige sein; die Gesellschaften können sowohl innerhalb als auch außerhalb Hongkongs tätig und für die meisten Geschäftsbetriebe eingesetzt werden. Ausnahme: Bankgeschäfte, für die eine besondere Lizenz erforderlich ist.

- Gründungsdauer: Genehmigung des Gesellschaftsnamens etwa eine Woche, die Gründung selbst acht bis zehn Wochen.

- Gründungskosten:
Gründungsformalitäten: 400 – 500 US-Dollar
Honorar für Inlandsvertreter: 250 – 500 US-Dollar
Jährliche Registrierungsgebühr: 295 US-Dollar
Bereitstellung von zwei nominellen Direktoren: 1 500 – 2 000 US-Dollar

Asien – Hongkong

- Laufende Kosten:
  Jährliche Registrierungsgebühr: 295 US-Dollar
  Bereitstellung von zwei nominellen Direktoren: 1 500 – 2 000 US-Dollar
  Laufende Sekretariatskosten: 500 – 1 000 US-Dollar

Hongkong besteuert nur aus Hongkong stammendes Einkommen, nicht aber Einkommen aus ausländischen Quellen. Einkünfte aus Hongkong-Quellen werden bei Unternehmen mit maximal 16,5 Prozent und mit maximal 15 Prozent für natürliche Personen besteuert. Aber – tatsächlich zahlen nur 50 Prozent der Arbeitnehmer in Hongkong überhaupt Einkommensteuer.

Erbschaftsteuer für Vermögenswerte ab 2 Millionen Hongkong-Dollar zwischen 10 und 18 Prozent (Vermögenswerte ab 4 Millionen Hongkong-Dollar). Dividenden und Kapitalerträge sind steuerbefreit.

Mittlerweile betreiben 450 deutsche Unternehmen Tochergesellschaften in Hongkong. Viele deutsche Einkäufer schalten beispielsweise eine Hongkong-Firma ein, um über diese, unter Einschaltung einer Zwischenholding in einem Drittland, Produkte wie Textilien oder Schuhe aus Südostasien und China zu kaufen. Der Gewinn wird dann in Hongkong gemacht. Viele Hongkonger Firmen werden daher mit dem einzigen Zweck betrieben, Gelder in Hongkong steuerfrei zu parken und zu verwalten.

Um die Vorteile der Hongkonger Steuersituation auszunutzen, ist eine Firmengründung notwendig. Deutsche Unternehmen mit einer Hongkong-Niederlassung müssen allerdings nach deutschen Steuergesetzen einen aktiven Geschäftsbetrieb nachweisen können.

Mit über 150 Banken verfügt Hongkong über eine ausgezeichnete Banken-Infrastruktur. Banken und Bankangestellte unterliegen einer gesetzlich verankerten Vertraulichkeits- und Geheimhaltungspflicht. Keine Devisenbeschränkungen.

Steueroasen auf dem Prüfstand

Weitere Informationen und Ansprechpartner:

Botschaft der Volksrepublik China
Märkisches Ufer 54; 10179 Berlin
Tel.: 0 30-2 75 88-0, Fax: 0 30-2 75 88-2 21

Deutsches Generalkonsulat
United Centre 21/F; 95 Queensway Central; Hongkong
Tel.: 0 08 52-5 29 88-55, Fax: 0 08 52-8 65 20 33

Hongkong Monetary Authority
30/F, 3 Garden Road, Hongkong
Tel.: 0 08 52-8 78 81 88

The Delegate of German Industry and Commerce
German Business Association of Hongkong
2207-2210 World Wide House
19 Des Voeux Road; Central/Hongkong
Tel.: 0 08 52-25 26 54 81, Fax: 0 08 52-28 10 60 93

Business Registration Hongkong
Tel.: 0 08 52-21 87 80 88, Fax: 0 08 52-25 19 67 14

North Asia Corporate Services Ltd.
Room 906, Albion Plaza; 2-6 Granville Road
Tsimshetsui, Kowloon; Hongkong
Tel.: 0 08 52-27 24 12 23, Fax: 0 08 52-27 22 43 73

OCR Agents Asia Ltd.
24th Floor, Bank of America Tower, 12 Harcourt Road; Hongkong
Tel.: 0 08 52-25 22 01 72, Fax: 0 08 52-25 21 11 90

Hongkong Trade Development Council
38 F Office Tower, Convention Plaza; I Harbour Road; Hongkong
Tel.: 0 08 52-8 33 43 33

China Business Centre
21 F, 19 Wyndham Street; Hongkong
Tel.: 0 08 52-8 68 20 28

Niederlassungen weiterer deutscher Banken: Bayerische Hypotheken- und Wechselbank, Bayerische Landesbank, Berliner Bank, BfG-Bank, Commerzbank, Deutsche Bank, Dresdner Bank, DG-Bank, Schiffshypothekenbank zu Lübeck, Südwestdeutsche Landesbank, Westdeutsche Landesbank Girozentrale, Vereinsbank.

Indien

- Fläche: 3 287 365 qkm
- Hauptstadt: Neu-Delhi
- BSP je Einw.: 450 $
- Währung: Indische Rupie
- Arbeitslosigkeit: 10,4 Prozent
- Einwohner: 1,025 Milliarden
- Sprachen: Hindi, Englisch sowie 17 gleichberechtigte Regionalsprachen
- Inflation: 7,0 Prozent

2002 ist der Subkontinent dank erfolgreicher Reformen auf dem Weg, ein Motor für weltweites Wachstum zu werden. Das riesige Land hat alle Aussicht, binnen weniger Jahre zu den Staaten mit dem rapidesten Wachstum weltweit zu gehören. Parallel mit dem wirtschaftlichen Erfolg wird auch Indiens politischer Einfluss zunehmen. Jahrzehntelange Investitionen in Wissenschaft und Technologie machen sich jetzt in der Weise bezahlt, dass mit ihnen eine tragfähige Grundlage für die Modernisierung der Wirtschaftsentwicklung gelegt wurde. Zwar leben einerseits weite Teile des ländlichen Indiens nach wie vor in Armut, andererseits jedoch entstehen überall in den großen Städten des Landes neue, dynamische Zentren für Informationstechnologie. Indiens Großstädte wie Bangalore, Madras, Bombay und Hyderabad werden zu Standorten für Exportunternehmen der Soft- und Hardware-Indsutrie, der Speerspitze von Indiens moderner Ökonomie. Die Exporte Indiens auf diesem Sektor sind von ein paar Hundert Millionen Dollar noch vor wenigen Jahren auf zweistellige Milliarden Dollarbeträge im Jahr 2002 angestiegen, wobei die Wachstumsprognosen für das Jahr 2005 bei mehr als 30 Milliarden Dollar liegen.

Um das Heer der Millionen Arbeitslosen nicht noch weiter anwachsen zu lassen, bemüht sich die Regierung, mit einer Reihe von Steueranreizen ausländische Investoren anzuziehen. Das reicht von einer totalen Steuerfreiheit für die ersten fünf Jahre bis hin zu 100-prozentigen Abschreibungsmöglichkeiten auf Produktionsanlagen. Da es hier in den einzelnen Bundesstaaten erhebliche Unterschiede gibt, sollte man sich genau informieren. Hinzu kommen die im Vergleich zu Deutschland bis zu zwei Drittel niedrigeren Kosten. Sie locken derzeit unter anderem Bosch und Siemens in

Steueroasen auf dem Prüfstand

die Software-Hochburg Bangalore in Südindien, um dort Software entwickeln zu lassen.

Die Bedingungen für die Ansiedlung ausländischer Firmen sind im letzten Jahr verbessert worden. So ist es heute grundsätzlich möglich, dass deutsche Unternehmen in Indien einen eigenen Betrieb eröffnen können. Man ist nicht mehr zwingend auf einen indischen Partner und die Bildung eines Jointventure angewiesen. Dennoch, für deutsche Mittelständler ist für ein erfolgreiches Engagement in Indien nach wie vor eine Partnerschaft mit Indern sinnvoll. Sie kennen die schwierigen Wege durch die Bürokratie und die Lebens- und Marktverhältnisse einfach besser. Hinzu kommt, dass die indischen Firmen in der Regel über ein eigenes Vertriebsnetz im Lande verfügen. Auch kann man im Einzelfall auf Grundstücke der Partner zurückgreifen, was wegen der hohen Bodenpreise in den Wirtschaftszentren ein wichtiger Faktor ist.

Indien hat die Möglichkeit, den Durchbruch zu einem raschen Wachstum zu schaffen. Für eine solche Entwicklung sprechen unter anderem:

- Das bisherige schnelle Bevölkerungswachstum schwächt sich ab. Ein wachsender Teil der Bevölkerung ist heute im erwerbsfähigen Alter, damit dürfte sich das Pro-Kopf-Einkommen beträchtlich erhöhen.

- Überkommene gesellschaftliche Schranken für Mädchen und die unteren Kasten lösen sich auf. Bildung für alle ist das Motto. Daraus könnte sich der entscheidende Antrieb für ein rasches Wirtschaftswachstum und steigenden Wohlstand ergeben.

- Jahrzehntelange Investitionen in Wissenschaft und Technologie machen sich jetzt in der Weise bezahlt, dass mit ihnen eine tragfähige Grundlage für eine Modernisierung der Wirtschaftsentwicklung gelegt wurde. Zwar leben weite Teile des ländlichen Indiens nach wie vor in Armut, andererseits entstehen überall in den großen Städten des Landes neue, dynamische Zentren für Informationstechnologie.

Asien – Indien

Der Boom, den China in den 90er-Jahren erlebte, könnte im ersten Jahrzehnt des neuen Jahrtausend nun in Indien Realität werden.

Darüber hinaus hatte Indien Anfang 2000 die Bestimmungen für ausländische Direktinvestitionen weiter gelockert. So können beispielsweise ausländische Pharmafirmen jetzt bis zu 74 Prozent des Kapitals in eine neu gegründete Firma investieren. In der Filmindustrie, beim Abbau von Kohle, Edelsteinen und Gold sind es sogar 100 Prozent. Dagegen bedürfen Investitionen in existierende Unternehmen oder eine Kapitalbeteiligung bei bestehenden indischen Firmen jedoch auch weiterhin einer Bewilligung.

Gleichzeitig wurden die Bestimmungen für Auslandsinvestitionen weiter gelockert. So wurde die Liste für jene Wirtschaftsbereiche, in denen sich ausländisches Kapital engagieren darf, ohne den langwierigen Bewilligungsweg beschreiten zu müssen, durch eine Negativliste ersetzt. Letztere enthält fünf Produktgruppen, in denen ausländische Investitionen der behördlichen Genehmigung bedürfen (Alkoholika, Zigaretten, Explosionskörper, Rüstungsgüter und alle Produkte, die für die Kleinindustrie reserviert sind). Alle anderen Bereiche bedürfen keiner Bewilligung mehr.

Wichtig ist die weitere politische Entwicklung mit Pakistan im Kaschmirkonflikt. Hier ist in naher Zukunft selbst ein Atomkrieg um die Himalaya-Region nicht ausgeschlossen – mit verheerenden Folgen.

Weitere Informationen und Ansprechpartner:

Botschaft der Republik Indien
Tiergartenstraße 17; 10785 Berlin
Tel.: 0 30-2 57 95-0, Fax: 0 30-2 57 95-1 02

The Indo-German Chamber of Commerce
Maker Towers „E", 1st Floor; Cuffe Parade; Bombay 400005
Tel.: 00 91 22-2 18 61 31, Fax: 00 91 22-2 18 05 23

Commerzbank AG
75, Free Press House, 7th Floor
215, Free Press Journal Road, Nariman Point; Bombay 400021
Tel.: 00 91 22-2 83 18 86, Fax: 00 91 22-2 04 03 29

Steueroasen auf dem Prüfstand

Deutsche Bank AG
Tulsiani Chambers; Nariman Point; Bombay 400021
Tel.: 00 91 22-22 32 62, Fax: 00 91 22-2 04 50 47

Dresdner Bank AG
126, 12th Floor, Maker Chambers VI
Jammalai, Bay ay Marg; 220 Nariman Point; Bombay 400021
Tel.: 00 91 22-2 85 00 04

Indonesien

- Fläche: 1 912 988 qkm
- Sprache: Indonesisch
- Hauptstadt: Jakarta
- Währung: Rupiah
- Einwohner: 214 Millionen
- BSP je Einw.: 570 $
- Arbeitslosigkeit: 9 Prozent
- Inflation: 11,5 Prozent

Mit 13 670 Inseln ist Indonesien größter Inselstaat der Welt und ein tropisches Paradies, ein Vielvölkerstaat mit über 200 Millionen Menschen. Modernes Treiben findet sich in der 8,5 Millionen Einwohner zählenden Hauptstadt Jakarta, antike und gigantische Tempelanlagen in Zentral-Java, Götter und Dämonen auf Bali und die ursprüngliche Lebensweise der Batak-Stämme auf Sumatra: Ein buntes Gemisch aus den Religionen und Kulturen Asiens und Europas.

Das Motto Indonesiens „Einheit in der Vielfalt" gilt nicht für die Wirtschaft. Die wird allein vom Fleiß der Chinesen und vom Bakschisch-Unwesen der Behörden bestimmt. Mit ausländischem Kapital versucht die Regierung der ehemaligen holländischen Kolonie die Wirtschaft anzukurbeln, als Anreize bietet sie: Fortfall der Körperschaftsteuer, Steuerfreiheit für Dividenden für die ersten sechs Jahre, Zollfreiheit für die Einfuhr von Produktionsanlagen und eine unbeschränkte Transferierung von Gewinnen ins Ausland.

Ende 2002 steckt Indonesien im Reformstau, denn durchgreifende wirtschaftliche und politische Strukturreformen sind bislang ausgeblieben. Fünf Jahre nach Ausbruch der Asien-Krise kämpfen die meisten der großen, weit verästelten Konzerne immer noch um

Asien – Labuan

das wirtschaftliche Überleben. Gleichzeitig schwärmen westliche Banker von einem Boom der privaten Vermögensanlage reicher Indonesier im Ausland. Volkswirtschaftlich heißt das Kapitalflucht, begünstigt durch eine politische Elite, die nur ihre Intrigen, nicht aber das Wohl des Landes kennt.

Weitere Informationen und Ansprechpartner:

Botschaft der Republik Indonesien
Lehrter Straße 16 – 17; 10557 Berlin
Tel.: 0 30-4 78 07-0, Fax: 0 30-44 73 71 42

Gedung Perkumpulan Ekonomi Indonesia-Jerman
Jl. Haji Agens Salim no. 115; Jakarta 10310
Tel.: 00 62 21-3 15 46 85, Fax: 00 62 21-3 15 52 76

Commerzbank AG
New Summitmas, 6th Floor, Jl. Jend. Sudirman Kav 61-62; Jakarta 12069
Tel.: 00 62 21-2 52 65 10, Fax: 00 62 21-2 52 65 14

Deutsche Bank AG
Deutsche Bank Building, 80 Jl. Iman Banjoi; Jakarta 10310
Tel.: 00 62 21-33 10 92, Fax: 00 62 21-33 52 52

Dresdner Bank AG
The Landmark Centre, 19th Floor; Jl. Jend, Sudirman No. 1, Jakarta
Tel.: 00 62 21-5 71 01 53

Internet: www.dpr.go.id

Labuan

- Fläche: 91 qkm
- Sprache: Malaisch
- Einwohner: 55 000
- Währung: Malaysischer Ringgit

Die 91 qkm große Insel vor der Küste von Sabah ist Malaysias Steuerparadies. Durch ein umfangreiches Steuergesetzpaket wurde die Insel mit ihren rund 55 000 Einwohnern zum International Offshore Financial Centre erklärt. Mit umfangreichen Steuervergünstigungen für Offshore-Gesellschaften, Trusts, Banken und Versicherungen will Malaysia so internationales Kapital aktivieren, um den Sprung in ein voll industrialisiertes 21. Jahrhundert zu schaffen.

Steueroasen auf dem Prüfstand

Zwar fehlt es Labuan derzeit noch an Direktverbindungen zu den internationalen Wirtschaftszentren Singapur oder Tokio, jedoch sollte die boomende Wachstumsregion des asiatisch-pazifischen Raums mit verbesserten Verkehrsanbindungen und Serviceleistungen vor Ort auch ein Garant für ein erstarkendes Steuer- und Finanzparadies Labuan sein.

Labuan macht die Besteuerung der Offshore-Geschäfte von der Art der Handelsgeschäfte abhängig, die Banken, Versicherungen, Management und Lizenzvergabe sowie Nichthandel von Holdinggesellschaften für Investments, Wertpapiere und Immobilien einschließen. So kann eine Offshore-Handelsgesellschaft zwischen einer jährlichen Pauschalgebühr von 20 000 Malaysischer Ringgit (RM) (rund 8 000 US-Dollar) oder einem Steuersatz von 3 Prozent auf Nettogewinne wählen.

Eine Nichthandelsgesellschaft ist von allen Steuern und Gebühren freigestellt. Darüber hinaus sind alle Erträge aus Dividenden, Zinsen, Lizenzen und Veräußerungen von der Quellensteuer befreit.

Erstklassiges Bankgeheimnis, keine Devisen- und Kapitalbeschränkungen.

Beste Voraussetzungen dafür, dass diese Oase im Südchinesischen Meer im Kampf um die Reichen aus dem Orient für den ostasiatischen Raum dieselbe wirtschaftliche Bedeutung erlangen wird wie die Karibik-Inseln für die USA oder die Kanalinseln für die Staaten der Europäischen Union.

Weitere Informationen und Ansprechpartner:

Kanzlei der Botschaft von Malaysia
Klingelhöferstraße 6; 10785 Berlin
Tel.: 0 30-88 57 49-0, Fax: 0 30-88 57 49-50

Industrial Promotion Division
MIDA, Jolan Semantan; 50720 Kuala Lumpur, Malaysia
Tel.: 0 06 03-2 54 60 00, Fax: 0 06 03-2 55 06 97

Macao

- Fläche: 21,45 qkm
- Sprachen: Portugiesisch, Chinesisch, Englisch
- Einwohner: 425 000
- Währung: Pataca (Pat.)
- Arbeitslosigkeit: 5,4 Prozent

Zwei Jahre nach dem Übergang zu China steckt Macao in einem Dilemma: Es ist nicht so billig wie China, bringt aber auch nicht so viel Wertschöpfung wie das 70 Kilometer entfernt liegende Hongkong. Obwohl die Lohnkosten dort immer noch weit niedriger sind als in Hongkong, ist Macao im Vergleich zu China unterlegen. In Macao erhält ein Arbeiter durchschnittlich knapp 500 US-Dollar monatlich und in Hongkong sogar mehr als 1 300 US-Dollar, aber in Shenzen nur weniger als 200 US-Dollar und in Zhu Hai sogar nur knapp 100 US-Dollar. Bei der Suche nach neuen Arbeitsgebieten setzt Macao daher verstärkt auf Humankapital und versucht, sich verstärkt ausländischen Investoren zu öffnen.

Die für Investoren interessanteste Rechtsform ist die der Private Limited Company (PLC). Das Mindestkapital beträgt 10 000 Pataca, es sind mindestens zwei Anteilseigner erforderlich und die Gesellschaft muss über einen in Macao ansässigen eingetragenen Agenten nebst Büro verfügen.

Bis dahin wissen es die Einwohner Macaos zu schätzen, dass es die portugiesischen Behörden, verwöhnt durch die Einnahmen aus den sechs Spielbanken, die rund die Hälfte des Haushalts-Budgets decken, in Sachen Steuern und deren Eintreibung nicht so genau nehmen. Persönliche Einkommen werden mit bis zu 15 Prozent versteuert, zuzüglich einer Verwaltungsgebühr von 5 Prozent der zu zahlenden Steuer, wenn das zu versteuernde Einkommen 260 000 Pat. (32 350 US-Dollar) übersteigt. Firmen werden mit dem gleichen Satz besteuert, erreichen den Höchstsatz aber erst mit 300 000 Pat. Die jährliche Körperschaftsteuer liegt zwischen 500 Pat. (62,50 US-Dollar) und 180 000 Pat. bei Offshore-Banken. Eine Quellensteuer auf Dividenden, Zinsen oder Veräußerungsgewinne gibt es nicht.

Steueroasen auf dem Prüfstand

Macao, einst ein verschlafener Ort, der nur mit der Fähre von Hongkong, auf Straßen durch das Gebiet der Volksrepublik China oder mit dem Hubschrauber zu erreichen war, hat seinen Dämmerzustand beendet: Ein Flughafen wurde gebaut, der sich mittlerweile zu einem Transportknotenpunkt für die südliche Region Chinas mit den steuerbegünstigten Industriezonen Zuhai, Shenzen, Shantou und Xiamen entwickelt; zwei lange Brücken, die Macao mit den vorgelagerten Inseln Coloane und Taipa verbinden; ein Container-Hafen und ein Terminal für Schnellboote nach Hongkong. Und nun wird sogar am Projekt einer Brücke nach Hongkong gearbeitet – mit mehr als 70 Kilometern Länge. Kommen dann die in Aussicht gestellten attraktiven Steuerkonstruktionen für Oasengesellschaften hinzu, wird sich Macao zu einem interessanten Steuerparadies im asiatischen Raum mausern.

Mitte 2002 gab es rund 20 Banken, davon 15 ausländische, darunter auch die Deutsche Bank. Es gibt keine Devisen-, Kapital- oder Gewinntransferbeschränkungen. Das Bankgeheimnis ist eingeschränkt, da es gegenüber den Finanzbehörden nicht verfassungsrechtlich abgesichert ist.

Weitere Informationen und Ansprechpartner:

Botschaft der Volksrepublik China
Märkisches Ufer 54; 10179 Berlin
Tel.: 0 30-2 75 88-0, Fax: 0 30-2 75 88-2 21

North Asia Corporate Service Ltd.
Room 906, Albion Plaza; 2-6 Granville Road
Tsimshatsui, Kowloon; Hongkong
Tel.: 0 08 52-27 24 12 23, Fax: 0 08 52-27 22 43 73

Macau Investment Promotion Office
Rua Dr. Pedro José Lobo 1-3
Edif. Banco Luso International; Macau
Tel.: 0 08 53-34 00 90, Fax: 0 08 53-71 26 59

Macau Economic Services
Rua Dr. Pedro José Lobo 1-3, Edif. Banco Luso International; Macau
Tel.: 0 08 53-56 26 22, Fax: 0 08 53-59 03 90

Monetary Authority of Macau
Rua Pedro Nolasco das Silva 45; Macau
Tel.: 0 08 53-32 54 16, Fax: 0 08 53-32 54 33

Chamber of Commerce
Rua de Xangai 175, Edif. ACM, 5 andor; Macau
Tel.: 0 08 53-57 68 33, Fax: 0 08 53-59 45 13

Euro-Info Centre Macau
Av. da Amizade, Edif. Chang fu, A-C-R-/C; Macau
Tel.: 0 08 53-7 99 51 01, Fax: 0 08 53-7 99 51 09

Ansässige Banken: Deutsche Bank, Banco Commercial de Macau, Banco Commercial Portugués, Bank of America, Banque Inlasuez, Banque Nationale de Paris, Citibank, Hongkong & Shanghai Banking Corporation, Unso International Banking, Overseas Trust Bank, Standard Chartered.

Malaysia

- Fläche: 329 758 qkm
- Hauptstadt: Kuala Lumpur
- BSP je Einw.: 3 380 $
- Arbeitslosigkeit: 3,9 Prozent
- Einwohner: 22,6 Millionen
- Sprache: Malaisch
- Währung: Malaysischer Ringgit
- Inflation: 1,4 Prozent

Das üppig-grüne Tropenland über dem Äquator hat sich mit dem Fleiß seiner über 22 Millionen Einwohner einen für Asien relativ hohen Lebensstandard geschaffen. Dank eines florierenden Exports von Erdöl, Zinn, Kautschuk, Gewürzen und Holz zählt das 329 758 qkm große Land trotz Wirtschaftskrise zu den wohlhabendsten Südostasiens.

Mag sein, dass dabei die Maßstäbe etwas verrutscht sind. Bis zum Beginn der Asienkrise wurde geklotzt und geprotzt. Denn bis zum Jahr 2020 sollte Malaysia ein voll entwickeltes Industrieland und ein ebenbürtiger Partner des Westens sein. Der Weg dahin sollte gepflastert werden mit gigantischen Projekten. Das höchste Gebäude der Welt (2,5 Milliarden DM), eine neue Verwaltungshauptstadt (13 Milliarden DM), ein gewaltiges Wasserkraftwerk (9,5 Mil-

Steueroasen auf dem Prüfstand

liarden DM), ein aufwändiger Flughafen (5,5 Milliarden DM), ein Sportkomplex (650 Millionen DM) – Malaysia schien in der asiatischen Region zum Land der unbegrenzten Möglichkeiten zu werden, bis der schöne Traum Ende 1997 platzte.

Mitte 2002 steht Malaysia unter den südostasiatischen Krisenländern aber wieder am besten da, weil es als einziges Land auf dem Höhepunkt der Krise 1998 Kapitalverkehrskontrollen einführte und den Ringgit fest an den US-Dollar band. Diese Bindung besteht bis heute. Die Kapitalkontrollen dagegen sind weitgehend aufgehoben. Verglichen mit Indonesien und Thailand liegt Malaysia bei der Restrukturierung und Rekapitalisierung der Banken vorne: Die Bankbilanzen sind bereinigt auf Kosten des Staates, der jetzt die faulen Kredite besitzt. Im Vielvölkerstaat Malaysia, der traditionell von der malaiisch-muslimischen Mehrheit regiert wird, leben große chinesiche (29,7 Prozent) und indische Minderheiten (8,1 Prozent). Dabei verfügen vor allem die Chinesen über erheblichen wirtschaftlichen Einfluss (Besitz börsennotierter Unternehmen: Chinesen 63 Prozent, Malaien 25 Prozent, Inder 12 Prozent).

Natürlich wird auch Malaysias Wirtschaft nach der augenblicklichen Schwächeperiode wieder wachsen, aber es wird in Zukunft wohl alles ein paar Nummern kleiner sein. Malaysia muss froh sein, dass es bisher weitgehend unbeschädigt aus der zum großen Teil selbst verschuldeten Krise hervorgegangen ist.

Malaysia, eigentlich ein Hochsteuerland, bietet ausländischen Investoren für Arbeitsplatzbeschaffung und den Aufbau von Produktionsstätten eine Reihe von Vergünstigungen. Dazu gehören Freizonen mit Industriegelände zu Sonderpreisen, Arbeitskräfte mit niedrigen Löhnen, Steuervergünstigungen in den ersten zehn Jahren und eine Garantie, Gewinne und eingesetztes Kapital auch repatriieren zu können.

Weitere Informationen und Ansprechpartner:

Kanzlei der Botschaft von Malaysia
Klingelhöferstraße 6; 10785 Berlin
Tel.: 0 30-88 57 49-0, Fax: 0 30-88 57 49-50

Asien – Pakistan

Malaysian-German Chamber of Commerce and Industry
UBN Tower, 27th Floor; 10 Jalan P. Ramlee; 50250 Kuala Lumpur
Tel.: 0 06 03-2 38 35 61, Fax: 0 06 03-2 32 11 98

Deutsche Bank AG
Apera – ULG Centre; 84, Jalan Raja Chulan; 50200 Kuala Lumpur
Tel.: 0 06 03-2 61 07 99, Fax: 0 06 03-2 61 08 28

Dresdner Bank AG
9th Floor, Wisma Genting; 28, Jalon Sultan Ismail; Kuala Lumpur
Tel.: 0 06 03-2 01 50 88

Dresdner Bank AG
Tham hay Thin; Hotel Labuan, Mezzanine Floor, Suite 110; Labuan
Tel.: 00 60 87-41 92 71

Bank Negara Malaysia
Jalan Dato'Onn; 50480 Kuala Lumpur
Tel.: 0 06 03-32 98 80 44, Fax: 0 06 03-32 91 29 90

Ansässige Banken: Dresdner Bank, American Express Bank, Banque Nationale de Paris, Banque Paribas, Dai-Ichi Kongyo Bank, Fugy Bank, Industrial Bank of Japan, Long-Term Credit Bank of Japan, Hongkong & Shanghai Banking Corporation, Public Bank Berhad, Mitsubishi Bank, Sakura Bank – Southern Bank Berhad, United Malayan Banking Group.

Internet: www.smpke.gpm.my

Pakistan

- Fläche: 796 095 qkm
- Hauptstadt: Islamabad
- Sprache: Urdu
- Währung: Pakist. Rupie
- Einwohner: 145 Millionen
- BSP je Einw.: 440 $
- Arbeitslosigkeit: 6,0 Prozent
- Inflation: 4,4 Prozent

Die noch junge islamische Republik (1973) kann auf eine 5 000 Jahre alte Kultur zurückblicken. Die Hauptstadt Islamabad steht mit ihren modernen Bauten im krassen Gegensatz zu den vielen kleinen, mittelalterlich anmutenden Städten. Einsame karge Wüsten gibt es hier genauso wie die schneebedeckten Berge im Nordwesten des 796 095 qkm großen Landes.

Steueroasen auf dem Prüfstand

Um den Export voranzutreiben, bietet Pakistan ausländischen Investoren zwei Steueranreize: Wer in unterentwickelten Regionen des Landes für die rund 145 Millionen Einwohner Arbeitsplätze schafft, dessen Gewinne sind für fünf Jahre steuerfrei. Das gilt auch für die Ansiedlung von Produktionsbetrieben in der „Export Processing Zone" in der Nähe von Karatschi. Solange für den Export produziert wird, gilt für die ersten fünf Jahre eine totale Steuer- und Zollfreiheit.

Aber: In den letzten zehn Jahren hat Pakistan mehrere Anläufe in Richtung Demokratie unternommen. Doch beinahe ebenso viele Regierungswechsel in diesem Zeitraum sind ein Zeichen dafür, dass die demokratischen Strukturen dort nur langsam Wurzeln schlagen. Es bleibt abzuwarten, wie sich der internationale Kampf gegen den Terror und der Konflikt mit Indien wegen Kaschmir entwickeln.

Weitere Informationen und Ansprechpartner:
Kanzlei der Botschaft der Islamischen Republik Pakistan
Schaperstraße 29; 10719 Berlin
Tel.: 0 30-21 24 42 99, Fax: 0 30-21 24 42 10

Internet: www.pak.gov.pk

Philippinen

- Fläche: 300 000 qkm
- Hauptstadt: Manila
- Sprache: Philipino
- Währung: Philippin. Peso
- Einwohner: 77,1 Millionen
- BSP je Einw.: 1 040 $
- Arbeitslosigkeit: 11,3 Prozent
- Inflation: 6,1 Prozent

Auf der ostasiatischen Inselwelt mit 7 107 Inseln leben knapp 80 Millionen Philippinos in dem einzigen vorwiegend katholischen Staat Asiens derzeit noch zwischen Steinzeit und Moderne. Tief verwurzelt in den Traditionen der Volksstämme, Kulturen und Religionen, die auf den Inseln des riesigen Flächenstaates zwischen Pazifik, Südchinesischem Meer und Sulusee noch vieles ihrer ursprünglichen Individualität bewahrt haben. Daneben die westlich,

Asien – Philippinen

vor allem amerikanisch orientierte Millionenstadt Manila, die heute zu den bedeutendsten Metropolen Asiens zählt.

Obwohl die Philippinen aus der Asienkrise mit einem blauen Auge davongekommen sind, tut sich das Inselreich schwer, das Vertrauen ausländischer Investoren zu gewinnen. Durch eine Rundum-Betreuung der Auslandsfirmen soll sich das Investitionsklima künftig aufhellen. Auch wollen die Philippinos die wirtschaftliche Kooperation in Asien auf eine neue Basis stellen. Vorgeschlagen ist die Bildung eines Binnenmarktes mit einer gemeinsamen Währung und eines sicherheitspolitischen Konzepts für die ASEAN-Staaten sowie für China, Japan und Südkorea.

Zur Ankurbelung der nationalen Wirtschaft wurden für Unternehmen, die auf den Philippinen produzieren wollen, zwölf Freihandelszonen mit völliger Steuer- und Zollfreiheit geschaffen. Hinzu kommen Finanzhilfen des IWF (684 Millionen US-Dollar), der Konsultativgruppe (2,8 Milliarden US-Dollar) und des Pariser Clubs (500 Millionen US-Dollar).

Während sich die politische Situation auf den Inseln langsam normalisiert, ist es den staatlichen Stellen bislang auch nicht ansatzweise gelungen, das in allen Bevölkerungsschichten tief verwurzelte Korruptions- und Bakschisch-Unwesen einzudämmen, geschweige denn ganz abzuschaffen. Der Internationale Währungsfond (IWF) hat die neue Regierung aufgefordert, künftig härter gegen Steuerhinterziehung und Geldwäsche vorzugehen.

Investitionswillige sollten also wissen, dass die Rechtssicherheit auf den Philippinen zu einem großen Teil darin besteht, besser als andere zu schmieren. Fraglich ist, ob dabei die Vergünstigungen der Freihandelszonen und die bestehenden Doppelbesteuerungsabkommen die möglichen Risiken einer Investition ausgleichen.

Weitere Informationen und Ansprechpartner:

Kanzlei der Botschaft der Republik der Philippinen
Uhlandstraße 97; 10715 Berlin
Tel.: 0 30-8 64 95 00, Fax: 0 30-8 73 25 51

Steueroasen auf dem Prüfstand

European Chamber of Commerce of the Philippines
5/F King's Court II Building; 2129 Dou Chino Roces,
Makati, Metro Moline, Manila
Tel.: 0 06 32-81-1 22 34, Fax: 0 06 32-81-5 26 88

Deutsche Bank AG
17/f BPI Paseo de Roxas Candominium; 8753 Paeso de Roxas
1200 Makati Metro, Manila
Tel.: 0 06 32-8-7 29 61, Fax: 0 06 32-81-7 28 61

Singapur

- Fläche: 647,5 qkm
- Sprachen: Malaisch, Chinesisch, Tamilisch, Englisch
- Arbeitslosigkeit: 4,5 Prozent
- Einwohner: 4,1 Millionen
- BSP je Einw.: 30 170 $
- Währung: Singapur-Dollar
- Inflation: – 1,0 Prozent

Singapur ist kaum mehr als ein winziger Fleck auf der Weltkarte, irgendwo im Inselgewirr zwischen den Landmassen Asiens und Australien. Wirtschaftlich ist das Land jedoch ein unübersehbarer Gigant, Musterbeispiel einer Wirtschaftsrevolution, die mit Kreativität, Engagement und typisch asiatischer Disziplin aus den Resten einer ehedem britischen Kolonie das flächenkleinste Wirtschaftswunderland Asiens werden ließ.

Der Stadtstaat, der von der Krise der Nachbarländer nur gestreift wurde, will sich für das neue Jahrhundert noch wettbewerbsfähiger machen. Dazu fördert die Regierung künftig gezielt Hochtechnologien und Fortbildungsprogramme als Investitionen in die Zukunft. Das Rezept, das Singapur in der Krise verfolgte, war das vieler multinationaler Unternehmen. Weitsichtige Firmen haben die Asienkrise genutzt, um sich besser zu positionieren. So hat der Staat eine Kürzung der Gehälter um 5 Prozent durchgesetzt und die Zwangsabgaben für die staatliche Rentenkasse des Central Provident Fund von 20 auf 10 Prozent gekürzt. Das hat die Kosten der Unternehmen deutlich gesenkt. Gleichzeitig ist man damit gegenüber dem geschäftstüchtigen Hongkong wettbewerbsfähiger geworden. Hinzu kommt, dass die Immobilienpreise drastisch

Asien – Singapur

zurückgegangen sind, womit Singapur für ausländische Investoren als Standort billiger geworden ist.

Neben Fortbildungsprogrammen für die Mitarbeiter in den Unternehmen holt Singapur auch ausländische Universitäten wie Frankreichs Insead-Management-Schule in die Stadt, und der National Computer Board installiert derzeit Computer in allen Schulen – Singapur treibt die Modernisierung mit allen Mitteln voran und wertet den Finanzplatz durch eine Finanzmarktreform auf.

Gleichzeitig forciert Singapur die Zusammenarbeit mit Indonesien. Bislang bestehen auf zwei Inseln des indonesischen Riau-Archipels voll funktionierende Industrieparks. Auf 500 Hektar entstanden dabei 34 000 Arbeitsplätze überwiegend in der Elektroindustrie. Auch deutsche Firmen wie Siemens und Varta haben hier investiert, um die Nähe zu Singapurs Hafen und die niedrigen Löhne indonesischer Arbeitskräfte auszunutzen.

Eine wichtige Rolle bei der Entwicklung spielen die günstigen Steuerregelungen des Stadtstaates. Denn durch einen 10-prozentigen Standardsatz der Körperschaftsteuer für eine breite Palette von Offshore-Finanzservice-Angeboten eroberte Singapur innerhalb weniger Jahre einen Großteil des Asiendollar-Marktes. Die Regelung gilt für Gold- und Finanztransaktionen, Offshore-Versicherungen und -Rückversicherungen, Fondsmanagement, Ölhandel und sonstigen internationalen Handel. Konsortialanleihen, Reedereien und produzierende Betriebe sind sogar gänzlich steuerfrei. Zudem ist Singapur in eine Reihe internationaler Steuerabkommen eingebunden, bietet einen freien Devisenmarkt und garantiert den Schutz des Bankgeheimnisses. Steuern für Einkommen von Offshore-Finanzgeschäften betragen 5 Prozent.

Der Schmelztiegel am südlichen Zipfel der malaysischen Halbinsel eignet sich zum einen zur Ansiedlung kapitalintensiver und exportorientierter Industriebetriebe, zum anderen für Offshore-Geschäfte von Banken und Finanzgesellschaften. Negativ sind die für asiatische Verhältnisse trotz Steuersenkungen in den letzten Jahren extrem hohen Löhne und Gehälter für Arbeiter und Angestellte.

Steueroasen auf dem Prüfstand

Die drastische Antwort des von Fläche wie Bevölkerung her kleinsten Industrielandes der Welt auf die Asienkrise hat sich ausgezahlt. Bis Mitte 2002 hat der Stadtstaat in den Kernindustrien Elektronik, Chemie, Life Science und Ingenieurwesen insgesamt 10 Milliarden US-Dollar an ausländischem Investitionskapital mobilisiert.

- Gründungskosten einer Singapore Company: ca. 3 000 US-Dollar

- Laufende Kosten:
  Büro/Sekretariat: 1 500 US-Dollar
  Honorar für einen nominellen Direktor: 2 000 – 2 500 US-Dollar

- Gründungsdauer: ein bis zwei Wochen

Eine Singapur-Gesellschaft muss mindestens zwei Direktoren führen, davon muss einer in Singapur ansässig sein.

Weitere Informationen und Ansprechpartner:

Kanzlei der Botschaft der Republik Singapur
Friedrichstraße 200; 10117 Berlin
Tel.: 0 30-22 63 43-0, Fax: 0 30-22 63 43 55

Singapore Trade Development Board
Goethestraße 5; 60313 Frankfurt
Tel.: 0 69-9 20 73 50, Fax: 0 69-92 07 35 22

Ass. of German Chambers of Industry and Commerce
25 Int. Business Park; 04-65/77 German Centre; Singapore 2260
Tel.: 00 65-5 62 90 00, Fax: 00 65-5 63 75 79

Commerzbank South East Asia Ltd.
Treasury Building; 8 Shenton Way 32-01; Singapore 0106
Tel.: 00 65-2 23 48 55, Fax: 00 65-2 25 39 43

Deutsche Bank AG
Treasury Building; 8 Shenton Way 20-01; Singapore 0106
Tel.: 00 65-3 21 66 00, Fax: 00 65-2 25 49 11

Dresdner Bank South East Asia Ltd.
Gatz Beng Law, Tan Eng Huat; 20 Collyer Quag, No. 22-00
Tung Centre; Singapore 0104
Tel.: 00 65-2 22 80 80

Weitere Niederlassungen deutscher Banken: Bayerische Landesbank, BHF-Bank, DG Bank, Norddeutsche Landesbank, Westdeutsche Landesbank.

Internet: www.gov.sg

Sri Lanka

- Fläche: 65 610 qkm
- Hauptstadt: Colombo
- Sprachen: Singalesisch, Tamil
- Währung: Sri-Lanka-Rupie
- Inflation: 11,0 Prozent
- Einwohner: 19,1 Millionen
- Regierungssitz: Anuradhapura
- BSP je Einw.: 810 $
- Arbeitslosigkeit: 7,7 Prozent

Von den günstigen Passatwinden gelenkt, landeten auf dieser Rieseninsel vor der Südküste des indischen Subkontinents die antiken Griechen ebenso wie arabische Seefahrer oder die niederländischen und britischen Kolonialherren. Ethnische Vielfalt, landwirtschaftliche Gegensätze, jahrtausendealte Kulturen und das unerträgliche Elend der Armen in Colombo prägen die „Perle des Orients", das frühere Ceylon.

Um Arbeitsplätze zu schaffen, versucht die Greater Colombo Economic Commission seit 1978, durch steuerliche Anreize Unternehmen in die Sri-Lanka-Freihandelszonen zu holen. Dazu kommen für produzierende Betriebe niedrige Lohnkosten. Abgesehen von den Freizonen und Steuervorteilen für Banken gibt es unter anderem eine volle Befreiung von der Einkommensteuer für Ausländer, die einen Vertrag mit der Regierung von Sri Lanka oder einer vom Finanzministerium genehmigten Gesellschaft schließen oder Investitionen tätigen.

Ausländische Fachkräfte, wie Wissenschaftler oder Techniker, werden ebenfalls von der Einkommensteuer befreit. Und Ausländer, die sich auf Sri Lanka niederlassen wollen, werden, immer vorausgesetzt, dass sie monatlich auch Devisen ins Land schaffen, ebenfalls von der Steuer befreit.

Steueroasen auf dem Prüfstand

Da die Lebenshaltungskosten auf Sri Lanka extrem niedrig sind – ein relativ luxuriöses Leben mit Wagen und Dienerschaft kostet ein Ehepaar monatlich 500 EUR – und die Baukosten für einen großen Bungalow am Strand mit mehreren Schlafzimmern und Diensträumen 10 000 EUR nicht übersteigen, zieht es immer mehr Aussteiger dorthin.

Sri Lanka hätte eigentlich alle Voraussetzungen, ein Musterstaat in Asien zu werden. Mit einer strategischen Position an wichtigen Schifffahrtsstraßen, kostenloser Bildung – vom Kindergarten bis zur Universität – und einer deregulierten Wirtschaft schon von 1978 an. Mit Erfolg, denn heute bekommt sie von ausländischen Investoren die Note „ziemlich gut". Dennoch sollte man den bislang nicht beendeten Bürgerkrieg auf der Insel nicht aus den Augen verlieren. Die Insulaner leben nach wie vor auf einem Pulverfass. Auch wenn Ende 2002 erste Verhandlungen zwischen den rivalisierenden Parteien Hoffnung auf Frieden geben.

Weitere Informationen und Ansprechpartner:

Botschaft der Demokratischen Sozialistischen Republik Sri Lanka
Niklasstraße 19; 14163 Berlin
Tel.: 0 30-80 90 97-49, Fax: 0 30-80 90 97-57

Ceylon Chamber of Commerce
50 Navam Mawatha, P.O. Box 274, Colombo 2
Tel.: 00 94-1-42 17 45, Fax: 00 94-1-44 93 52

Ausgewählte Banken vor Ort: ABN AMRO Bank, American Express Bank, Citibank, Deutsche Bank, Emirates Bank International, Habib Bank, Hongkong & Shanghai Banking Corp., Bank of Ceylon, Commercial Bank of Ceylon.

Internet: www.prin.gov.lk

Südkorea

- Fläche: 99 268 qkm
- Hauptstadt: Seoul
- BSP je Einw.: 8 910 $
- Arbeitslosigkeit: 3,7 Prozent
- Einwohner: 47,1 Millionen
- Sprache: Koreanisch
- Währung: Won
- Inflation: 4,1 Prozent

Nur durch die Koreastraße von den japanischen Inseln Kiuschu und Hondo getrennt, steht die koreanische Halbinsel in jeder Hinsicht für das historische Spannungsfeld zwischen den südostasiatischen Großmächten Japan und China. Kulturell von beiden befruchtet, wurde Korea im Laufe seiner wechselvollen Geschichte immer wieder zum Spielball der Machtkonflikte, zum Ausdruck politischer und wirtschaftlicher Gegensätze. Der 38. Breitengrad, der nach dem Ende des Koreakrieges das Land in ein volkssozialistisch orientiertes Regierungssystem im Norden und einen westlich-demokratischen Staat im Süden teilt, wird so von der rein geographischen Beschreibung zum Zeichen der Trennung. Überall spürt man noch den Geist des antiken Asiens, der die alten Paläste, imposanten Stadttore und die Tempelbauten längst vergangener Epochen umschwebt.

Während Nordkorea wirtschaftlich zu kämpfen hat, ist Südkorea längst zur Wirtschaftsmacht erwacht. Viele Jahre von den Japanern als verlängerte Werkbank ausgenutzt und weltweit lange Zeit nur als die „zweiten Japaner" wahrgenommen, sind die Südkoreaner heute dabei, ihrem alten Arbeitgeber in vielen Branchen weltweit den Rang abzulaufen. Ob im Schiffbau, der Produktion von Speicherchips oder im Automobilbau, die Hyundais, Samsungs, Lucky Goldstars, Daewoos – die Südkoreaner bauten ihre Kapazitäten und weltweiten Vertriebsaktivitäten in atemberaubendem Tempo aus.

Aber seit im November 1997 die asiatische Finanzkrise auch Südkorea erfasst hat, stehen ausländische Investoren Schlange, um sich Anteile an den koreanischen Spitzenunternehmen zu kaufen. Angesichts akuter Existenznot vieler Unternehmen beginnt sich das traditionell abgeschottete Land langsam zu öffnen.

Steueroasen auf dem Prüfstand

Doch willkommen sind ausländische Investoren deshalb noch lange nicht. Dennoch hat Südkoreas Bureau of Foreign Investment Promotion in den letzten Jahren mehrere Industrieansiedlungszonen geschaffen, unter anderem die Marau Free Zone an der Südküste, um ausländische Investoren ins Land zu holen. Alle Industriezonen sind verkehrsmäßig erschlossen und haben die erforderliche Struktur. Als Investitionsanreize für Ansiedlungen in diesen Zonen werden eine fünfjährige Steuerbefreiung ab Projektbeginn sowie für weitere drei Jahre ein 50-prozentiger Steuernachlass geboten. Ausländische Arbeitskräfte sind fünf Jahre von der koreanischen Einkommensteuer befreit.

Voraussetzung ist jedoch die Aufnahme eines koreanischen Gesellschafters, denn praktisch sind 100-prozentige Auslandsbeteiligungen nicht mehr möglich. Nur im Einzelfall werden Jointventures mit einem Auslandsanteil von über 50 Prozent genehmigt: Zum einen für exportorientierte Projekte, die den bestehenden inländischen Unternehmen auf Exportmärkten keine Konkurrenz machen und zur technologischen Verbesserung in dem betreffenden Industriezweig beitragen, zum anderen bei technologisch fortgeschrittenen Projekten, die als Zulieferer für Exportprodukte oder Import ersetzende Produkte benutzt werden können und für die koreanische Wirtschaft wichtig sind. Hinzu kommen Projekte multinationaler Gesellschaften, die der Nutzung von Patenten und Fabrikationsmethoden dienen und von nationalem Interesse sind.

Zugelassen sind also Projekte, die auf Grund der fortgeschrittenen Technologie und des hohen Kapitalaufwands außerhalb der Möglichkeiten koreanischer Investoren liegen sowie solche Investitionen aus Ländern, die bisher wenig oder keine Investitionen in Korea getätigt haben, die voraussichtlich weitere Investitionen in Korea nach sich ziehen werden. In jedem Fall aber müssen koreanische Partner mehr als 50 Prozent des Firmenkapitals kontrollieren: bei arbeitsintensiven und verarbeitenden Betrieben, bei Unternehmen, die von wichtigen einheimischen Rohstoffen abhängen, oder bei Betrieben, deren Erzeugnisse nur für den lokalen Markt

Asien – Südkorea

bestimmt sind. Dabei erweist sich das Auffinden eines geeigneten koreanischen Partners ebenso als Problem wie die Konkurrenz durch die einflussreichen koreanischen Wirtschaftsgruppen.

In Anbetracht eingeschränkter prozentualer Kapitalbeteiligungen an koreanischen Firmen sind die oben angeführten Steuervergünstigungen kaum Anreiz, sich dort zu engagieren. Da hat der asiatische Raum nicht nur aus steuerlicher Sicht interessantere Alternativen zu bieten, beispielsweise Taiwan.

Um das Investitionsklima für deutsche Unternehmen zu verbessern, plant die Deutsch-Koreanische Industrie- und Handelskammer jetzt gemeinsam mit einem koreanischen Sponsor 30 km nördlich von Seoul einen deutsch-koreanischen Industrie- und Forschungspark. In das Projekt soll eine Universität integriert werden. Auf einem Areal von 2 Millionen qm will man Forschungszentren und Produktionsstützpunkte deutscher und koreanischer Unternehmen in unmittelbarer Nähe von diversen Hochschulen ansiedeln. Spezielle Vergünstigungen sollen insbesondere Firmen aus dem Hochtechnologiebereich, dem industrienahen Dienstleistungssektor sowie F + E-Einrichtungen locken: Die Unternehmenssteuer und die Einkommensteuer ausländischer Mitarbeiter werden erheblich reduziert. Die Gemeindesteuer wird für 15 Jahre erlassen. Der erste Bauabschnitt in dreistelliger Millionenhöhe soll bis Ende 2002 fertig gestellt sein.

Weitere Informationen und Ansprechpartner:

Botschaft der Republik Korea
Schöneberger Ufer 89-91; 10785 Berlin
Tel.: 0 30-2 60 65-0, Fax: 0 30-2 60 65 51

Korean-German Chamber of Commerce and Industry
45, 4-Ka, Namdaemun-ro; Chung Ku, KCCI Bldg.
10th Floor, Seoul 100-649
Tel.: 0 08 22-7 76-15 46, Fax: 0 08 22-7 56-78 28

Banken vor Ort:

Commerzbank AG
12th Floor, Kwanghwamun Bldg., 211, Sejong-ro, Chongro-ku, Seoul
Tel.: 0 08 22-7 23-31 42, Fax: 0 08 22-7 23-39 21

Steueroasen auf dem Prüfstand

Deutsche Bank AG
Daehan Fire and Marine Ins. Building,
51-1 Namchang-Dong, Chung-Ku; Seoul 100-689
Tel.: 0 08 22-7 54-30 71, Fax: 0 08 22-7 55-23 64

Dresdner Bank AG
Samsung Life Building 1202, 150, 2-ka Taepyung-ro, Chunk-Ku; Seoul
Tel.: 0 08 22-7 73-89 58

Weitere ausgewählte Banken: ABN AMRO Bank, American Express Bank, Arab Bank, Bank of Nova Scotia, Chase Manhattan Bank, Citibank, UBS.

Internet: www.korea.go.kr

Taiwan

- Fläche: 36 000 qkm
- Hauptstadt: Taipeh
- BSP je Einw.: 13 233 $
- Arbeitslosigkeit: 4,5 Prozent
- Einwohner: 22,2 Millionen
- Sprache: Chinesisch
- Währung: Neuer Taiwan-Dollar
- Inflation: 0,3 Prozent

Zur Republik China, dem früheren Formosa und heutigen Taiwan, gehören neben der Hauptinsel Taiwan weitere Inseln und Inselgruppen in der Formosastraße und vor dem Festland der Volksrepublik China. Im 16. Jahrhundert von portugiesischen Seefahrern entdeckt, verkörpert es heute noch das kulturelle Erbe des alten China: unbezahlbare Kunstschätze, buntlackierte Pagoden, prächtige Tempelanlagen, überlieferte Handwerkskünste und die echte chinesische Küche, die dort noch als „alte Kunst der absoluten Harmonie" verstanden und serviert wird.

Die Insel ist in den 90er-Jahren zum weltweit drittgrößten Anbieter in der IT-Industrie aufgestiegen und hat mit knapp 6 Prozent Wachstum 2000 Asiens schlimmste Krisenjahre gemeistert. Die Produktion der Branche, die 40 Prozent der Ausfuhren bestreitet, führt nach den Fertigungsvolumen mit zwölf Hightech-Produkten die Weltrangliste an, darunter Computerbildschirme, Scanner, Tastaturen, Videokarten und Modems.

Asien – Taiwan

Wegen der hohen Flexibilität in allen Abschnitten der Wertschöpfungskette ist Taiwan in den letzten Jahren zur verlängerten Werkbank praktisch aller Weltkonzerne in der Computerbranche aufgestiegen. Die Insel ist im Technikfieber, 70 Prozent aller Uniabsolventen sind Ingenieure oder Naturwissenschaftler. Bis 2010 will sich Taiwan auch zur Drehscheibe für Biotechnologie, vor allem für landwirtschaftliche Anwendungen, entwickeln. Daneben setzt man auf der Insel in den kommenden Jahren verstärkt auch auf die Softwarebranche.

Die Produktivität der Taiwan-Chinesen ist noch höher als die in Hongkong oder Südkorea – bei gleichzeitig niedrigeren Arbeitslöhnen. Für dort tätige Handels- und Produktionsbetriebe bietet es im Vergleich zu den meisten anderen asiatischen Ländern interessantere und risikolosere Investitionsmöglichkeiten, die durch Steueranreize angereichert werden. So wendet Taiwan bei der Besteuerung zum Beispiel das Territorialprinzip an, womit Steuern auf Einkommen nur aus Taiwan-Quellen anfallen. Damit könnte sich Taiwan in den kommenden Jahren auch zu einer Basis für außerhalb Taiwans tätige Oasengesellschaften entwickeln.

Daneben gibt es so genannte „High-Priority"-Industrien, die wahlweise eine fünfjährige Körperschaftsteuerbefreiung oder eine beschleunigte Abschreibungsmöglichkeit auf Anlagevermögen sowie Zollfreiheit für Rohmaterialien, die für die Produktion von Exportgütern bestimmt sind, erhalten. Nach deren zeitlichem Auslaufen gilt für weitere fünf Jahre ein ermäßigter Steuersatz von 25 Prozent, der durch zusätzliche Abschreibungsmöglichkeiten ergänzt wird.

Ausländer können sich unbeschränkt bis zu 100 Prozent an Unternehmen beteiligen bzw. diese selbst gründen. Die daraus erzielten Gewinne können unbeschränkt transferiert werden, und das eingesetzte Kapital kann zwei Jahre nach seiner Investition mit jährlich 15 Prozent repatriiert werden.

Mit Chinas Beitritt zur Welthandelsorganisation (WTO) Anfang 2002 wurde auch Taiwan WTO-Mitglied. Die Insel ist mit einem

Steueroasen auf dem Prüfstand

Anteil von 80 Prozent des BIP am internationalen Handel der heimliche Gewinner von Chinas Öffnung. Gleichzeitig wird die WTO-Mitgliedschaft den bilateralen Handel zwischen China und Taiwan stärken. Statt wie in der Vergangenheit die Transporte über Hongkong abzuwickeln, können diese seit Mitte 2002 direkt erfolgen, was allein die Transportkosten zwischen den beiden Ländern um ein Drittel senken wird.

In dem Maße, in dem diese Entwicklung fortschreitet und sich die Annäherungsbemühungen zwischen den beiden chinesischen Staaten vertiefen, wird sich auch Taiwans Wirtschaft weiterentwickeln. Kommen dann sinnvolle Steueranreize hinzu, bietet sich Taiwan sowohl für verstärkte Auslandsinvestitionen als auch für Unternehmensniederlassungen als Alternative zu Hongkong und Singapur an.

Weitere Informationen und Ansprechpartner:

Taipei Wirtschafts- und Kulturbüro
Villichgasse 17; 53177 Bonn
Tel.: 02 28-36 40 14

German Trade Office
4. Fl. 4, Min-Sheng E. Road, Sec. 3; Taipei 10444
Tel.: 00 88 62-5 06 90 28, Fax: 00 88 62-5 06 81 82

Banken vor Ort:

Deutsche Bank AG
10/F., 296, Jen Ai Road, Sec. 4; Taipei 10650
Tel.: 00 88 62-7 55 38 38, Fax: 00 88 62-7 55 28 10

Dresdner Bank AG
19th Floor, 30 Chungking; South Rd., Sec. 1; Taipei
Tel.: 00 88 62-3 61 91 91

Weitere ausgewählte Banken: Bank of Taiwan, Asia Pacific Bank, The Chinese Bank, Union Bank of Taiwan.

Internet: www.gic.gov.tw

10. Ozeanien

Als paradiesische Inseln zum Träumen und Aussteigen kennt man sie. Als paradiesische Schlupfwinkel für steuerunwillige Besserverdiener und Investoren sind sie weltweit ins Gerede gekommen. In Sachen Geldwäsche stehen sie heute am Pranger.

Allerdings machen mangelnde Kommunikationsmittel, fehlende Finanz- und Serviceangebote oder Verkehrsanbindungen so manchen Nullsteuertraum zunichte. „Steuerprobleme" lassen sich deshalb im nahen Ausland oder an weltweit anerkannten steuerneutralen Orten manchmal besser lösen – auch wenn das etwas teurer sein kann.

Doch nicht nur Steueranreize bieten Brunei, die Cook-Inseln, die Fidschi-Inseln, die französischen Pazifikinseln, die Marshall-Inseln, Mikronesien, Nauru, die Pitcairn-Inseln, Samoa, Tonga und Vanuatu.

Brunei

- Fläche: 5 765 qkm
- Hauptstadt: Bandar Seri Begawan
- BSP je Einw.: über 24 100 $
- Arbeitslosigkeit: 5,0 Prozent
- Einwohner: 335 000
- Sprache: Malaiisch
- Währung: Brunei-Dollar
- Inflation: 2,0 Prozent

Die Wirtschafts- und Finanzkrise Asiens hat das Sultanat Brunei weitgehend verschont. Das kleine Land im Norden der Insel Borneo ist erst seit Mitte der 80er-Jahre unabhängig. Seinen Wohlstand verdankt es seinen Öl- und Gasvorkommen. Doch ziemlich spät hat man im reichen Brunei gemerkt, dass Öl und Gas nicht ewig zur Verfügung stehen. Brunei soll sich daher jetzt zunehmend zum Servicezentrum für die umliegende Region – die südlichen Philippinen, Malaysia, Indonesien – entwickeln, ähnlich wie Singapur.

Steueroasen auf dem Prüfstand

Das Sultanat erhebt von Privatleuten und Teilhabern an Personengesellschaften keine Einkommensteuer. Körperschaftsgewinne werden mit nur 30 Prozent besteuert. Einheimische Unternehmen müssen eine Quellensteuer von 20 Prozent auf Zinsen, die an nicht ansässige Unternehmen gezahlt werden, abführen. Andere Quellensteuern gibt es nicht.

Das südostasiatische Sultanat liegt in einer tropischen Klimazone mit großer Hitze, hoher Luftfeuchtigkeit und viel Regen.

Die Lebenshaltungskosten sind selbst für die Petrokratie zu hoch. Keine vernünftigen Voraussetzungen, sich dort trotz Steuerfreiheiten niederzulassen.

Weitere Informationen und Ansprechpartner:

Kanzlei der Botschaft von Brunei Darussalam
Kronenstraße 55 – 58; 10117 Berlin
Tel.: 0 30-20 60 76 00, Fax: 0 30-20 60 76 66

Brunei Industrial Development Authority
4th Floor, Jalon Menteri Basar 2069, Bandor Seri Begawan
Tel.: 0 06 73-2-38 28 22, Fax: 0 06 73-2-38 28 38

Ausländische Banken: Citibank, Hongkong & Shanghai Banking Corporation, Overseas Union Bank, Standard Chartered Bank.

Internet: www.brunei.gov.bn

Cook-Inseln

- Fläche: 240 qkm
- Hauptstadt: Avarua
- Währung: Neuseeland-Dollar
- Einwohner: 20 000
- Sprachen: Englisch, Maori

Die Landfläche der 15 im Herzen der Südsee gelegenen Inseln verteilt sich auf über 2 Millionen qkm. Ein Geheimtip ist die Lagune der Insel Aitutaki, die Kapitän Bligh 1789 mit der Bounty entdeckte, kurz bevor seine Mannschaft jene berühmte Meuterei anzettelte. Die Lagune zählt zu den schönsten im gesamten Pazifik.

Ozeanien – Cook-Inseln

Die Cook-Inseln sind seit 1965 unabhängig und unterhalten zu dem rund 2 500 Kilometer entfernten Neuseeland besonders enge Beziehungen. So gelten beispielsweise die neuseeländische Staatsbürgerschaft und der Neuseeland-Dollar automatisch auch für die 20 000 Cook-Insulaner, von denen etwa die Hälfte in Avarua auf der Halbinsel Rarotonga leben.

Die Cook-Inseln bemühen sich, unter den erstklassigen Steueroasen als Alternative im Südpazifik, insbesondere für den asiatischen Raum, anerkannt zu werden. Den Rahmen zum Aufbau eines Offshore-Zentrums bildet ein ganzes Paket von Gesetzen, das Anfang der 80er-Jahre in Kraft trat. Danach zahlen Offshore-Banken und -Versicherungen, internationale Kapital- sowie befreite Personengesellschaften und Trusts keine Einkommensteuer, keine sonstigen Abgaben und unterliegen (außer bei Geschäften mit Neuseeland-Dollars) keinen Devisenkontrollen.

Allen Offshore-Gesellschaften wird Anonymität und Geheimhaltung zugesichert. Die Eintragungs- und Lizenzgebühren liegen bei internationalen Unternehmen anfangs bei 1 000 und später bei jährlich 500 US-Dollar, Offshore-Versicherungen zahlen 2 000 bzw. 500 US-Dollar, und Offshore-Banken müssen je nach Kategorie für eine Lizenz zwischen 6 000 und 10 000 US-Dollar ausgeben.

- Gründungskosten einer internationalen Company inklusive Registrierung: 1 500 US-Dollar
- Registrierungsgebühr – unabhängig von der Größe der Branche: 1 166 US-Dollar
- Laufende Kosten:
  Registrierungsgebühr: 611 US-Dollar
  Büro/Sekretariat: 1 500 US-Dollar
  Direktor: 1 500 – 2 000 US-Dollar

Der offizielle Sitz der Gesellschaft muss sich bei einem von der Regierung zugelassenen Treuhänder befinden.

Steuern: Offshore-Kapitalgesellschaften, -Banken, -Versicherungen sind weitestgehend steuerbefreit!

Steueroasen auf dem Prüfstand

Das Offshore-Angebot der Cook-Inseln wird vom Markt angenommen. Über 1 000 Gesellschaften haben sich dort bereits niedergelassen, darunter über 20 Banken und etwa 300 Trusts. Letztere profitieren von der vorbildlichen Gesetzgebung, die zwischenzeitlich von anderen Offshore-Zentren wie Mauritius oder Malta übernommen wurde. Man kann davon ausgehen, dass die Cook-Inseln schon bald einen festen Platz innerhalb der wichtigen Steueroasen für den asiatischen Raum, Australien und Neuseeland einnehmen werden.

Weitere Informationen und Ansprechpartner:

Kanzlei der Botschaft von Neuseeland
Atrium Friedrichstraße 60; 10117 Berlin
Tel.: 0 30-2 06 21-0, Fax: 0 30-20 62 11 14

Chamber of Commerce
P.O. Box 242, Rarotonga
Tel.: 0 06 82-2 09 25, Fax: 0 06 82-2 09 69

Banken vor Ort: Cook Islands Development Bank, Cook Islands Savings Bank, Australia & New Zealand Banking Corp., Westpac Banking Corp.

Fidschi-Inseln

- Fläche: 18 376 qkm
- Hauptstadt: Suva
- BSP je Einw.: 1 820 $
- Arbeitslosigkeit: 6,0 Prozent
- Einwohner: 823 000
- Sprachen: Fidschianisch, Englisch
- Währung: Fidschi-Dollar
- Inflation: 3,0 Prozent

Zu den Fidschi-Inseln gehören neben der Rotuma-Inselgruppe unzählige palmenbestandene Inseln mit smaragdfarbenen Lagunen im westlichen Pazifik. Wahre Kleinode für die Fidschianer und vermögende Ausländer, die sich dort niederlassen wollen.

Steuervorteile gibt es für neue Industrieansiedlungen während der ersten fünf Jahre; sie zahlen keine Einkommensteuer. Für natürliche Personen gilt das Territorialprinzip, d. h. Einnahmen aus dem

Ausland werden nicht besteuert. Auch gibt es keine Grundsteuern oder Kapitalgewinnsteuern.

Allerdings fehlen spezialisierte Anwälte oder Treuhänder, und selbst die Handelskammer in der Hauptstadt Suva hat keinen Fachmann für Oasen-Probleme. Die „glücklichen Inseln" bleiben also vorrangig ein Paradies für Urlauber und vermögende Aussteiger.

Weitere Informationen und Ansprechpartner:

Kanzlei der Botschaft der Republik Fidschi
34, Hyde Park Gate; GB-London SW7 5DN
Tel.: 00 44-1 71-5 84 36 61, Fax: 00 44-1 71-5 84 28 38

Ba Chamber of Commerce
P.O. Box 99, Ba, Tel.: 0 06 79-67 01 34, Fax: 0 06 79-67 01 32

Banken vor Ort: Merchant Bank of Fiji, Australia & New Zealand Banking Group, Bank of Baroda, Bank of Hawaii, Habib Bank, Westpac Banking Corp.

Internet: www.fiji.gov.fj

Französische Pazifikinseln

- Fläche: 4 167 qkm
- Hauptstadt: Papeete
- Währung: CFP-Franc
- Arbeitslosigkeit: 11,8 Prozent
- Einwohner: 224 000
- Sprachen: Französisch, Tahitisch
- BSP je Einw.: über 9 386 $

Die Society Islands der Tuomotu-Inseln, der Tubai-Inseln, der Grambier-Inseln und der abseits aller Schiffsrouten liegenden Marquisa-Inseln sind Südseeidylle in Vollendung. Tahiti, Moorea oder Bora Bora – nicht nur für den Maler Gauguin der Inbegriff von Südseeromantik.

Wenn es da nur nicht Mururoa gäbe, die ehemalige Versuchsstation der französischen Atombombentests. Denn sonst ist Polynesien ein persönliches Steuerparadies: Lohn- und Gehaltsempfänger sowie Pensionäre bleiben dort steuerfrei.

Steueroasen auf dem Prüfstand

Weitere Informationen und Ansprechpartner:

Kanzlei der Botschaft der Französischen Republik
Pariser Platz 5; 10117 Berlin
Tel.: 0 30-20 63 90 00, Fax: 0 30-20 63 90-10

Chambre de Commerce d'Industrie des Services et
des Metiers de Polynesie Française
41 rue du Docteur lassian, P.O. Box 118, Papeete
Tel.: 0 06 29-54 07 00, Fax: 0 06 29-54 07 01

Banken vor Ort: Banque Poulas de Polynésce, Banque de Tahiti, Westpac Banking Corp.

Marshall-Inseln

- Fläche: 181,3 qkm
- Hauptstadt: Dalap-Uliga-Darrit
- BSP je Einw.: 1 970 $
- Einwohner: 68 000
- Sprache: Englisch
- Währung: US-Dollar
- Inflation: 7,0 Prozent

Die Republik der Marshall-Inseln im Pazifischen Ozean besteht aus zwei Inselgruppen mit insgesamt 181 qkm Landfläche: Ratak mit 16 und Ralik mit 18 Atollen einschließlich Bikini und Eniwetok mit insgesamt 60 000 Einwohnern. Bekannt wurden sie erst wegen der amerikanischen Atomversuche auf dem Bikini-Atoll.

Jetzt versuchen die Marshall-Inseln, sich zu einer Steueroase für Firmen zu entwickeln. Allerdings fehlen nicht nur gute Verkehrs- und Kommunikationsverbindungen, Anwälte, Wirtschaftsprüfer und Banken, die Inseln sind auch zu abgelegen für das Offshore-Geschäft. Bei verbesserter Infrastruktur könnten sie allenfalls den pazifischen Raum bedienen.

Wer dennoch eine Offshore-Gesellschaft gründen will, muss mit 750 US-Dollar Gründungskosten, 150 US-Dollar Jahressteuer und rund 750 US-Dollar jährlichen Unterhaltskosten rechnen.

Ozeanien – Mikronesien – Palau

Weitere Informationen und Ansprechpartner:

European Chamber of Commerce of the Philippines
5/F King's Court II Building; 2129 Dou Chino Roces, Makati
Metro Moline; Manila
Tel.: 0 06 32-81-1 22 34, Fax: 0 06 32-81-5 26 88

Deutsche Bank AG
17/f BPI Paseo de Roxas Candominium; 8753 Paeso de Roxas
1200 Makati Metro; Manila
Tel.: 0 06 32-81-7 29 61, Fax: 0 06 32-81-7 28 61

Mikronesien – Palau

- Fläche: 702 qkm
- Hauptstadt: Kolonia
- Sprache: Englisch
- Währung: US-Dollar
- Inflation: 3,4 Prozent
- Einwohner: 133 000
- Regierungssitz: Palikir
- BSP je Einw.: 2 110 $
- Arbeitslosigkeit: 18,2 Prozent

Auf dem rund 702 qkm großen, seit 1980 föderierten Inselstaat im Süd-Pazifik leben rund 130 000 Einwohner, deren Einkommen aus Fremdquellen nicht besteuert wird. Da die Exporte agrarischer Produkte auf Dauer keinen Staatshaushalt finanzieren, versucht die Regierung, die Ansiedlung von Oasengesellschaften zu fördern. Ein erster Schritt ist die für Unternehmen gesetzlich festgeschriebene Steuerfreiheit von Einnahmen aus Fremdquellen. Erste dubiose „Mantel"-Banken haben auch schon angebissen.

Weitere Informationen und Ansprechpartner:

Kanzlei der Botschaft der Republik der Philippinen
Uhlandstraße 97; 10715 Berlin
Tel.: 0 30-8 64 95 00, Fax: 0 30-8 73 25 51

European Chamber of Commerce of the Philippines
5/F King's Court II Building; 2129 Dou Chino Roces, Makati
Metro Moline; Manila
Tel.: 0 06 32-81-1 22 34, Fax: 0 06 32-81-5 26 88

Deutsche Bank AG
17/f BPI Paseo de Roxas Candominium; 8753 Paeso de Roxas
1200 Makati Metro; Manila
Tel.: 0 06 32-8-7 29 61, Fax: 0 06 32-81-7 28 61

Steueroasen auf dem Prüfstand

Banken vor Ort: Bank of the Federated States of Mikronesia, Bank of Guam, Bank of Hawaii.
Internet: www.fsmgov.org

Nauru

- Fläche: 21,3 qkm
- Hauptstadt: Yaren
- BSP je Einw.: 10 000 $
- Einwohner: 11 800
- Sprachen: Nauruisch, Englisch
- Währung: Austral. Dollar

Das palmengesäumte Eiland liegt auf dem Weg von Australien nach Hawaii rund 4 000 Kilometer nordöstlich von Sydney/Australien. Die Einwohner leben derzeit noch von den einst reichen Phosphatvorkommen, die fast 100 Prozent des Gesamtexports der Republik ausmachen, in wenigen Jahren allerdings abgebaut sein werden.

Um das derzeitige Pro-Kopf-Einkommen der Insulaner von 10 000 US-Dollar sicherzustellen, trat 1972 ein neues Firmen- und Trustrecht in Kraft, das die steuerfreie Insel im mittleren Pazifik zu einem Steuerparadies machen soll. Dabei richtet man das Interesse vorrangig auf Investoren aus Hongkong, Japan, den Philippinen und Taiwan, Länder, die von der Air Nauru mehrmals wöchentlich angeflogen werden.

Der Corporation Act von 1972 sieht zwei verschiedene Unternehmensformen vor: die Holding- und die Handelsgesellschaft, Letztere kann auch als private Investmentgesellschaft benutzt werden. Alle Direktoren können Ausländer sein, jedoch muss ein auf Nauru ansässiger Sekretär ernannt werden. Die Gründungskosten belaufen sich einschließlich des Sekretärs auf 550 Australische Dollar; der gleiche Betrag muss für die laufenden Jahreskosten angesetzt werden.

Naurus Spezialität: Offshore-Banken. Inzwischen drängen sich dort die „Finanzinstitute", 400 an der Zahl, über die nach Schätzungen der OECD jährlich rund 70 Milliarden US-Dollar geschleust werden. Sie haben alle dasselbe Postfach, dafür aber unterschied-

Ozeanien – Nauru

liche Plastikschilder mit ihrem Firmennamen im Flur der Nauru Agency Corporation. Diese Gesellschaft registriert die Unternehmen, erteilt Banklizenzen und bringt der Insel die ersehnten neuen Dollar-Einkünfte. Eine Bank zu gründen kostet 5 680 US-Dollar, die anschließende jährliche Gebühr 4 980 US-Dollar.

Dieses Schlupfloch im Südpazifik ist eine offene Einladung zu Finanzverbrechen und Geldwäsche. Insbesondere Russen machen sich das zu Nutze. Sie sollen nach Angaben der Bank of Nauru allein in den letzten beiden Jahren über ihre dort installierten „Banken" und Gesellschaften US-Dollar in dreistelliger Milliardengröße gewaschen haben. Dabei kommen sie gar nicht auf die Insel, die nur zweimal wöchentlich per Flugzeug von Fidschi aus zu erreichen ist. Auch das Geld gelangt nicht dorthin. Es wird auf der Insel „nur" elektronisch gutgeschrieben und – frisch gewaschen – gleich wieder abgerufen auf Korrespondenzbanken weltweit.

Erleichtert wird die Geldwäsche, weil auf Nauru technische Möglichkeiten, Fachleute und Erfahrungen fehlen, um Buchungsvorgänge richtig und vollständig zu durchleuchten. Auf Nauru, aber auch in vielen anderen Steueroasen Ozeaniens fragt daher keine Steuerfahndung und auch kein Staatsanwalt nach dem Woher und Wohin strotzender Bankguthaben.

Nauru – eine Null-Steuer-Oase mit Fehlern: Eine Wohnsitznahme ist für Ausländer nicht möglich; außerdem ist es nahezu unmöglich, ein Touristen- bzw. ein Geschäftseinreisevisum zu erlangen, sofern man als Ausländer nicht von einem Nauruaner eingeladen wird. Im Ernstfall bedeutet das, dass man bei Schwierigkeiten vor Ort nicht nach dem Rechten sehen kann.

Weitere Informationen und Ansprechpartner:

Bank of Nauru
P.O. Box 289, Nauru; Central Pacific
Tel.: 0 06 74-20 11, Fax: 0 06 74-32 03

Nauru Agency Corporation, Nauru
Tel.: 0 06 74-4 44 32 42, Fax: 0 06 74-4 44 32 61

Banken: Allied Bank Corporation, Hampshire Bank and Trust Inc.

Pitcairn-Inseln

Vier Inseln im Südpazifik mit 70 Einwohnern, die alle Nachfahren von Meuterern der Bounty sind. Sie leben vom Verkauf farbenprächtiger Briefmarkenserien, kennen als strenge „Adventisten des Siebten Tages" weder Steuern, Tabak noch Alkohol. Und sind glücklich, wenn zwei- bis dreimal jährlich Schiffe aus Neuseeland sie mit Lebensmitteln versorgen.

Weitere Informationen über Schiffsreisen zu den Inseln ab Tahiti oder Santiago de Chile:

Society Expeditions GmbH
Marcusallee 9; 28359 Bremen
Tel.: 04 21-2 38 03 60, Fax: 04 21-2 38 03 33

Samoa

- Fläche: 2 831 qkm
- Hauptstadt: Apia
- BSP je Einw.: 1 450 $
- Einwohner: 159 000
- Sprachen: Samoanisch, Englisch
- Währung: Tala
- Inflation: 2,9 Prozent

Die Inselgruppe im Südpazifik auf halbem Wege zwischen Honolulu und Sydney besteht aus zwei größeren und sieben kleineren Inseln mit einer Gesamtlandfläche von 2 831 qkm. Die Inseln, auf denen knapp 160 000 Bewohner leben, liegen im Schutz langer Korallenriffs. Sie sind seit 1962 selbstständig, verfügen über gute Schiff- und Flugverbindungen, gute Kommunikationsmittel und eine vernünftige Infrastruktur.

Auch hier wurden 1987 zur Ankurbelung der Wirtschaft Gesetze zur Ansiedlung von Offshore-Gesellschaften erlassen. Die Gesellschaft hat mindestens einen Direktor, der jedoch kein Einheimischer sein muss. Zwingend ist dagegen ein offizieller Sitz auf Samoa.

Die Gründungskosten liegen bei 700 US-Dollar, laufende Kosten bei ca. 2 000 US-Dollar, aufgeteilt in Lizenz (300 US-Dollar), Büroadresse (600 US-Dollar), Sekretariat (60 US-Dollar) und sonstige Kosten (1 000 US-Dollar).

Die Gesellschaft ist völlig anonym. Sie ist buchhaltungspflichtig, ein Jahresabschluss oder Finanzstatus wird jedoch nicht verlangt. Sie ist von allen Samoa-Steuern befreit und unterliegt keiner Devisenkontrolle. Nullsteueroase, unbeschränkter Devisen- und Kapitalverkehr, strenges Bankgeheimnis.

Weitere Informationen und Ansprechpartner:

Honorarkonsulat von Samoa
Honorarkonsul Claus Wessing
Koetschanstraße 4; 40474 Düsseldorf
Tel.: 02 11-43 45 85, Fax: 02 11-4 70 71 85

Botschaft des Unabhängigen Staats Westsamoa
123, Avenue Franklin D. Roosevelt; B-1050 Brüssel
Tel.: 0 03 22-6 60 84 54, Fax: 0 03 22-6 75 03 36

Chamber of Commerce and Industry
P.O. Box 1378, Apia, Tel.: 0 06 85-2 12 37, Fax: 0 06 85-2 15 78

Central Bank of Samoa
Apia/Western Samoa, Tel.: 0 06 85-2 41 00, Fax: 0 06 85-2 02 93

Weitere ansässige Banken: Bank of Western Samoa, Pacific Commercial Bank, Standard Chartered, ANZ Bank of Samoa, Industrial Bank, National Bank of Samoa, Pacific Commercial Bank.

Internet: www.interwebinc.com/samoa/index2.html

Tonga

- Fläche: 748 qkm
- Hauptstadt: Nuku'alofa
- BSP je Einw.: 1 660 $
- Arbeitslosigkeit: 13,3 Prozent
- Einwohner: 102 000
- Sprache: Tongaisch
- Währung: Pa'anga
- Inflation: 2,0 Prozent

Das Königreich Tonga besteht aus 173 Inseln, die auf über 259 000 qkm im Südpazifik verstreut sind und von denen nur 36 ständig

Steueroasen auf dem Prüfstand

bewohnt sind. Die Insulaner leben vom Export von Kürbissen und Vanille nach Japan und in die USA.

Das Inselreich erlebte seit den 90er-Jahren einen nachhaltigen wirtschaftlichen Aufschwung. Nach der Übernahme von Hongkong durch China siedelten Hongkonger Unternehmen, angelockt durch Steuererleichterungen, nach Tonga um.

Eine 15-jährige Steuerbefreiung gilt für Firmen, die exportorientierte Unternehmen aufbauen; nicht Ansässige müssen lediglich in Tonga verdientes Einkommen mit 5 – 40 Prozent versteuern. Für Firmen, die mit Konzessionen ihr Geld verdienen und ihren Hauptsitz in Tonga haben, gilt ein Körperschaftsteuersatz von 10 Prozent.

Darüber hinaus besteht die Möglichkeit, sich für 50 000 US-Dollar einen tonganischen Pass zu kaufen, wovon insbesondere in Hongkong untergetauchte Wirtschaftskriminelle Gebrauch machen.

Weitere Informationen und Ansprechpartner:

Kanzlei der Botschaft des Königreiches Tonga
36 Molyneux Street; GB-London W1H 6AB
Tel.: 00 44-20 77 24 58 28, Fax: 00 44-20 77 23 90 74

Honorarkonsulat des Königreiches Tonga
Angermunderstraße 64; 40489 Düsseldorf
Tel.: 02 03-74 12 11

Tonga Investments Ltd.
P.O. Box 27, Nuku'alofa
Tel.: 0 06 76-2 43 88, Fax: 0 06 76-2 43 13

National Reserve Bank of Tonga
Nuku'alofa/Tonga
Tel.: 0 06 76-2 40 57, Fax: 0 06 76-2 42 01

Weitere Banken vor Ort: Australia & New Zealand Banking Group Corp., Bank of Tonga, National Reserve Bank of Tonga, Tonga Development Bank, MBf Bank.

Internet: www.vacations.tvb.gov.to

Vanuatu – Neue Hebriden

- Fläche: 12 190 qkm
- Hauptstadt: Port Vila
- BSP je Einw.: 1 150 $
- Inflation: 2,2 Prozent
- Einwohner: 200 000
- Sprachen: Bislama, Englisch, Französisch
- Währung: Vatu

Die 12 190 qkm große Republik im Südpazifik besteht aus 12 Haupt- und 70 Nebeninseln mit aktiven Vulkanen, primitiven Stämmen, modernen Hotelanlagen, Kopraplantagen und Rinderzucht. Unter den 200 000 Einwohnern sind 4 Prozent Europäer, 2 Prozent Vietnamesen, Chinesen und Einwohner anderer Pazifikinseln und 94 Prozent melanesische Ureinwohner, die mit der modernen Zivilisation kaum in Berührung gekommen sind.

Für wirtschaftliche Aktivitäten bietet Vanuatu mehrere Gesellschaftsformen an, von denen für Steueroasenzwecke jedoch nur die „Exempted Company Limited by Shares" in Frage kommt: Sie kann als Holding, private Investment- oder Handelsgesellschaft eingesetzt werden.

Das Aktienkapital besteht aus mindestens zwei Aktien mit je einem australischen Dollar Nennwert; einer der Direktoren der Gesellschaft muss eine auf Vanuatu ansässige natürliche Person sein; die jährliche Hauptversammlung muss auf Vanuatu abgehalten werden, dabei können sich ausländische Direktoren von auf Vanuatu ansässigen Kollegen vertreten lassen; die Gründungsdauer beträgt etwa zwei Wochen. Die Gründungskosten liegen für Eintragungsgebühr, örtlichen Helfer und Stellung des örtlichen Direktors bei etwa 1 000 US-Dollar; die Jahreskosten belaufen sich für Buchhaltungskosten, örtlichen Berater, Stellung des Direktors, Abhalten der Jahreshauptversammlung sowie Gebühren auf das Aktienkapital auf rund 850 bis maximal 2 000 US-Dollar. Es werden keinerlei Steuern erhoben.

Neben der Hongkong & Shanghai Banking Corporation unterhalten auch andere asiatische Großbanken in der Hauptstadt Port Vila Niederlassungen. Örtliche Treuhandgesellschaften bieten ein breit

Steueroasen auf dem Prüfstand

gefächertes Leistungsspektrum, auch sind genügend Anwälte vorhanden: Vanuatu konnte sich zwischenzeitlich als verheißungsvolle Nische unter den Schifffahrtsoasen der Welt etablieren.

Angelockt durch das günstige Steuerklima und ein strenges Bankgeheimnis haben sich Mitte 2002 über 100 Banken auf Vanuatu niedergelassen. Keine Devisenbeschränkungen, freier Kapitalverkehr.

Dennoch kommt die Insel als Null-Steuer-Oase allein auf Grund der Entfernungen – 15 Flugstunden zur Westküste der USA und 24 Stunden nach Europa – nur für Investoren aus dem asiatischen Raum in Frage. Außerdem können Rivalitäten zwischen den Inselstämmen – wie zuletzt 1980 geschehen – zu Kämpfen und damit zu wirtschaftlicher und politischer Instabilität führen.

Weitere Informationen und Ansprechpartner:

Kanzlei der Botschaft der Republik Singapur
Friedrichstraße 200; 10117 Berlin
Tel.: 0 30-22 63 43-0, Fax: 0 30-22 63 43 55

Finance Centre Association of Vanuatu
Port Vila; Vanuatu
Fax: 0 06 78-23 57

Reserve Bank of Vanuatu
Port Vila; Vanuatu
Tel.: 0 06 78-2 33 33, Fax: 0 06 78-2 42 31

Vanuatu Chamber of Commerce & Industry
P.O. Box 189, Port Vila
Tel.: 0 06 78-2 75 43, Fax: 0 06 78-2 75 42

Weitere ansässige Banken: Australian and New Zealand Banking Group, Westpac Banking Corporation, ANZ Bank, Bank of Hawaii International, European Bank.

Internet: www.vanuatutourism.com

11. Australien

- Fläche: 7 682 300 qkm
- Hauptstadt: Canberra
- BSP je Einw.: 20 240 $
- Arbeitslosigkeit: 7,4 Prozent
- Einwohner: 19,3 Millionen
- Sprache: Englisch
- Währung: Austral. Dollar
- Inflation: 3,0 Prozent

Der fünfte Kontinent zählt 7,68 Millionen qkm und knapp 20 Millionen Einwohner, davon 95 Prozent Weiße vorwiegend britisch/irischer Abstammung.

Australien hat fast alles, und wer es bereist, kann sich hinterher so manches andere „Land der Träume" glatt schenken.

Australien mit seinen atemberaubenden Naturschönheiten ist für Australier eine Steuerwüste und bietet nur auf dem Immobiliensektor interessante Steuersparmöglichkeiten, insbesondere dann, wenn man vorhandene Doppelbesteuerungsabkommen nutzen kann.

So ist der Wertzuwachs bei Immobilien steuerfrei, sofern zwischen Kauf und Verkauf zwölf Monate liegen und es sich nicht um gewerbliche Geschäfte handelt. Für nicht Ansässige entfällt auch die Vermögensteuer auf Grundbesitz. Die deutschen Finanzbehörden werden jedoch die Gewinne aus solchen steuerfreien Immobilientransaktionen im Rahmen des Progressionsvorbehalts in Deutschland anrechnen. Wenn man allerdings über der Höchstgrenze liegt, interessiert der Progressionsvorbehalt nicht.

Interessant wird Australien zunehmend für Unternehmen, die den Kontinent als Sprungbrett in die asiatisch-pazifische Region nutzen. So gibt es dort bereits rund 300 deutsche Tochtergesellschaften mit über 700 Betriebsstätten. Ob Fresenius Medical Care, Hella Asia Pacific, die Hochtief AG oder SAP, sie alle machen sich zu Nutze, dass

- die Kosten für Büros, Lebenshaltung, Telekommunikation sowie Löhne und Gehälter für lokale qualifizierte Mitarbeiter entweder unter oder nahe an vergleichbaren Kosten in den anderen asiatischen Zentren liegen;

Steueroasen auf dem Prüfstand

- Australien in der gleichen Zeitzone wie Asien liegt;
- es in Australien einfacher ist, Mitarbeiter zu finden, die nahezu alle asiatischen Sprachen in Wort und Schrift beherrschen, als in einem asiatischen Land.

Weitere Informationen und Ansprechpartner:

Kanzlei der Australischen Botschaft
Friedrichstraße 200; 10117 Berlin
Tel.: 0 30-88 00 88-0, Fax: 0 30-8 80 08 82 10

German-Australian Chamber of Industry and Commerce
St. Andrews House; 464 Kent Street; Sydney, South N.S.W. 2000
Tel.: 0 06 12-2 61 44 75, Fax: 0 06 12-2 67 38 07

Commerzbank AG
MLC Street, Suite 5301; 12-29 Martin Place; Sydney, N.S.W. 2000
Tel.: 0 06 12-2 21 57 00, Fax: 0 06 12-2 21 56 05

Deutsche Bank Australia Ltd.
I Collins Street; Melbourne Victoria 3000
Tel.: 00 61 13-6 54 12 77, Fax: 0 06 13-6 50 18 81

Dresdner Bank Australia Ltd.
Level 20, No. 2 Market Street; Sydney, S.S.W. 2000
Tel.: 0 06 12-2 86 20 88

12. Steueroasen auf See

Ende 2001 stach „The World of ResidenSea", ein Kreuzfahrtschiff als schwimmendes Millionärsheim – unter der Steuerhoheit der Karibik – in See. Die erste Hochsee-Residenz ist 192,5 Meter lang, 29,8 Meter breit, 86 000 Bruttoregistertonnen schwer, sie bietet auf zwölf Decks einer exklusiven Gemeinschaft nicht nur einen zugelassenen Börsenmakler, Businessbüros, Sekretariatsdienste, Bücherei, Museum, Kunstausstellungen, sieben Restaurants, Bars, Casino, Nachtklub, Cabaret, Theater/Kino, Golfübungsplatz, Tennisanlage oder Wassersport-Boote, sie bietet millionenschweren „Persönlichkeiten" auch einen völlig neuen Lebensstil. Die An-

Steueroasen auf See

nehmlichkeiten eines Luxus-Ressorts und die Mobilität eines Kreuzfahrtschiffes. Den ultimativen Luxus in der heutigen dicht bevölkerten Welt: Die Ungestörtheit und Sicherheit, die sie verdienen.

Kostenpunkt: Eine schwimmende Eigentumswohnanlage mit 110 bis zu 387 Quadratmeter großen Luxusresidenzen, die nur gekauft werden können: 1,2 Millionen US-Dollar kostet das kleinste, 6,6 Millionen US-Dollar das Apartment in der Luxusklasse, kleinere Suiten sind für Gäste gedacht. Bei Quadratmeterpreisen von 15 000 EUR bietet das Heim auf See alles, was nötig ist: Vier Toiletten, zwei Schlafzimmer und einem extragroßen „Master-Bedroom", statt Bullaugen meterhohe Fensterfronten und davor eine eigene Terrasse mit Whirlpool.

Das Angebot des „luxuriösesten Schiffs der Welt": Wohnsitze für Käufer mit einem nachweisbaren Nettovermögen von mindestens 5 Millionen US-Dollar, die den harten Steuerrealitäten an Land dauerhaft entfliehen wollen.

Steuervorteile: Der Wunsch der Reichen nach einem Hauptwohnsitz auf dem Schiff hat vor allem steuerliche Gründe. Denn die Steuerhoheit der Bahamas bedeutet beispielsweise für deutsche Käufer, die im Jahr rund 500 000 EUR Einkommensteuer bezahlen, drastische Einsparmöglichkeiten.

Dennoch ist für deutsche Kaufinteressenten Vorsicht angebracht. Denn die schwimmende Eigentumswohnanlage ist als Steuersparmodell problematisch. Damit das Schiff als Hauptwohnsitz vom Fiskus hier zu Lande überhaupt anerkannt wird, müssen die Passagiere mindestens 183 Tage nachweisbar an Bord verbringen. Um der deutschen Steuer zu entkommen, müssen außerdem der Wohnsitz in Deutschland aufgegeben und Immobilien oder Betriebsbeteiligungen verkauft werden. Das Einkommen der „Boatpeople" darf ausschließlich aus Kapitalvermögen, am besten bei einer Bank der Bahamas, bestehen, damit die Zinseinkünfte dort niedrig versteuert werden und sich das Bootsleben aus steuerlicher Sicht auch tatsächlich lohnt.

Steueroasen auf dem Prüfstand

Diese Steueroase kommt also weniger für Leute in Betracht, die noch mitten im Berufsleben stehen, sondern eher für all jene, die bereits Kasse gemacht haben, auf einem Sack Geld sitzen und sonst nichts mehr tun.

Für die Unternehmer der New Economy jedenfalls ist das schwimmende Steuerparadies angesichts massiver Kapitalverluste an den Weltbörsen längst am Horizont verschwunden. Sie können sich den finanziellen Luxus ganz einfach nicht mehr leisten. Folge: Das Millionärsschiff steckt Ende 2002 bereits in Geldnot. Seit Fertigstellung wurde nur ein einziges von den noch 30 unverkauften Apartments verkauft.

Weitere Informationen und Ansprechpartner:
EUREAL; 20354 Hamburg; Tel.: 0 40-34 31 11, Fax: 0 40-34 31 15
Internet: www.residensea.de

Freedom Ship City

Die Idee, Geld zu verdienen, Steuern zu sparen und dabei entspannt in den eigenen vier Wänden um die Welt zu reisen, findet immer mehr Anhänger. Und um deren Bedürfnisse zu verwirklichen, soll die „Freedom Ship City", die erste schwimmende Stadt der Welt, zur steuerfreien Heimat für rund 70 000 „Aussteiger" und 3 000 Unternehmen werden. Die Ausmaße sind gigantisch: 1,3 Kilometer lang, 220 Meter breit, 104 Meter hoch und 2,7 Millionen Bruttoregistertonnen schwer. Mit 25 Etagen und einer Landebahn für kleine Passagierjets erinnert die Freedom auf den ersten Blick an einen Flugzeugträger. Doch im Innern soll nichts mehr an ein Schiff erinnern – geboten wird eine voll funktionsfähige Stadt einschließlich Seen und Golfplatz.

Auch soll auf der Freedom das größte Duty-free-Einkaufszentrum der Welt eingerichtet werden. Je nach Apartmentgröße und -ausstattung kostet es zwischen 94 000 und 6 Millionen US-Dollar. Von den 17 000 Wohneinheiten waren Mitte 2002 bereits über 20 Prozent reserviert.

Weitere Informationen und Ansprechpartner:
Norman L. Nixon, 3236 Sarasota, Florida/USA

Steuerlich kommt es auf das Wohnsitzprinzip an

In den meisten nationalen Steuerrechtsordnungen gilt das Wohnsitzprinzip. Die Bewohner der oben vorgestellten Schiffe behalten in der Regel ihren Wohnsitz in ihrem jeweiligen Herkunftsland und bleiben deshalb dort auch unbeschränkt steuerpflichtig. Deutsche bleiben, selbst wenn sie dieses Problem lösen könnten, mit ihren Einkünften aus Immobilien und Gewerbebetrieben beschränkt steuerpflichtig.

Die abschirmende Wirkung von Doppelbesteuerungsabkommen entfällt aus nahe liegendem Grund: Mit Niemandsländern werden solche Verträge nicht geschlossen. Brisanter ist die Frage, wie die Unternehmen auf dem Schiff ihre Einkünfte zu versteuern haben. Die Steuern werden prinzipiell dort erhoben, wo das Unternehmen als juristische Person seinen Sitz hat oder wo die Geschäftsleitung die Geschäfte steuert. Das dürfte auf den Schiffen schwer zu ermitteln sein und zeigt das Dilemma des internationalen Steuerrechts: Das Sitzprinzip ist in der globalisierten Welt antiquiert. Die Frage, wo virtuelle Unternehmen zu besteuern sind, ist damit kaum noch zu beantworten.

13. Steueroase Internet

Als ob der Fiskus angesichts leerer Kassen noch nicht genug Probleme hätte, kommen im Internet-Zeitalter Schwierigkeiten ungeahnter Dimensionen auf ihn zu. Denn ähnlich wie heute die Kapitalströme losgelöst von nationalen Grenzen ihre Bahnen um den Globus ziehen, wird das Internet einen der wichtigsten Produktionsfaktoren des 21. Jahrhunderts, die Information, zu einem weltweit vagabundierenden Faktor machen. Die internationalen

Steueroasen auf dem Prüfstand

Steuerbehörden werden dann ohnmächtig zusehen müssen, wie elektronische Produktionsstätten in Sekundenschnelle auf die andere Seite des Erdballs oder gleich in den steuerfreien Weltraum verlagert werden, wenn Internet-Computer in nicht allzu ferner Zukunft aus dem All arbeiten können.

Das Internet ist ein ideales Medium für Steuerhinterzieher:

- Zum einen können Steueroasen im Netz auf ihre Vorzüge hinweisen,
- zum anderen lassen sich Geschäfte elektronisch abwickeln, ohne den Fiskus zu beteiligen.

Melchizedek ist kaum mehr als eine Sandbank. Der Zwergstaat im Pazifik besteht aus dem unbewohnten Atoll Taongi und der Insel Karitan. Karitan ist von Mangrovenwäldern bedeckt und kann nur per Boot oder Hubschrauber erreicht werden. Und bei Flut steht die Insel unter Wasser. Dafür hat sie aber einen Präsidenten, ein Parlament, ein oberstes Gericht – und eine Homepage im Internet. Steuerfreiheit und minimale Voraussetzungen für das Betreiben einer Bank haben die unbewohnte Insel zur „Schweiz des Pazifiks" gemacht, wirbt die Regierung. Am besten ist die über ihre Botschaft im texanischen Austin erreichbar. Die schätzt die Einlagen der auf der Insel registrierten Banken auf rund 30 Milliarden US-Dollar.

Serviceunternehmen bieten von dort Investoren die Einrichtung virtueller Büros an: „Ihr Büro liegt im Cyberspace, wo Sie keine Steuerbehörde je finden wird. Und es bedient Ihre Kunden 24 Stunden am Tag, selbst in den Ferien."

Kosten: Ab 150 US-Dollar im Jahr, mit eigener Hompage ab 300 US-Dollar.

Im Internet werden nicht nur anonyme Telefonverbindungen, die Beschaffung eines Diplomatenstatus oder afrikanischer Pässe angeboten, sondern auch das Confidential Swiss Mail Drop – eine prestigeträchtige und vertrauliche Schweizer Geschäftsadresse für nur 250 US-Dollar im Jahr.

Steueroase Internet

Das Medium Internet stellt die Finanzbehörden – nicht nur in Deutschland – vor zwei Probleme:

- Finanzdienstleister informieren die Internet-Surfer über Möglichkeiten der Steuergestaltung oder -hinterziehung und fordern sie offen oder indirekt auf, den heimischen Fiskus weiträumig zu umschiffen.
- Darüber hinaus schafft das Internet selbst Möglichkeiten, Geschäfte abzuwickeln, ohne dass der Staat sein Besteuerungsrecht durchsetzen könnte.

Dabei steht für den Fiskus weit mehr auf dem Spiel als der Verlust der Mehrwertsteuereinnahmen aus dem Verkauf digitalisierbarer Produkte wie Softwareprogramme, Musik oder Videos, die sich von jedem beliebigen Ort direkt über Datenleitungen des Internet vertreiben lassen und deren Weg von den Steuerbehörden kaum zu kontrollieren ist. Im Prinzip ist die gesamte steuerliche Regelung grenzüberschreitender Unternehmenstätigkeiten auf die anstehenden technologischen Änderungen nicht vorbereitet.

Derzeit stellen viele international tätige Unternehmen ihre Geschäftsbeziehungen untereinander auf Internet-Technologie um, da in diesen Beziehungen hohe Rationalisierungspotenziale schlummern. Mit Hilfe des lang vernachlässigten Managements ihrer Lieferketten erzeugen Unternehmen kontinuierliche Datenflüsse vom Verkaufsort eines Produkts über den Hersteller bis zu den Lieferanten – ohne Telefon-, Brief- oder Faxverkehr. Es muss elektronisch bestellt werden. Auch digitalisierbare Dienstleistungen wie Beratung oder Handel, die einen hohen Teil der Wertschöpfung einer modernen Volkswirtschaft ausmachen, werden zunehmend ins Internet verlagert.

Aus technischer Sicht ist es dabei völlig gleichgültig, an welchem Punkt der Erde der Computer steht, der elektronische Bestellungen entgegennimmt und Lieferungen auslöst. Und dem Kunden, der am Internet-Bildschirm seine Bestellung aufgibt, ist es egal, ob der Computer in Köln oder auf den Bahamas steht.

Steueroasen auf dem Prüfstand

Den Steuerbehörden kann dies jedoch alles andere als gleichgültig sein, macht doch die Beliebigkeit des Standortes die Steuererhebung in zweierlei Hinsicht extrem schwierig:

- Erstens bei der Mehrwertsteuer. Wird beispielsweise ein Musikstück an private Verbraucher nicht auf einer CD, sondern als Datenpaket über das Internet verkauft, wird es nicht am Ort des Verbrauchs, sondern am Ort der Produktion besteuert. Und der liegt im Zweifelsfall in der Steueroase mit den niedrigsten Mehrwertsteuersätzen.

- Ein zweites Problem ergibt sich bei den Steuern auf den Ertrag der Unternehmen. Welchem Land fließen zum Beispiel die Steuereinnahmen zu, wenn ein amerikanisches Unternehmen in Deutschland statt einer eigenen Vertriebsorganisation lediglich einen Internet-Computer arbeiten lässt? Dem amerikanischen oder dem deutschen Fiskus? Und was passiert, wenn der Amerikaner seine Internet-Seite plötzlich nach Irland verlagert?

Die Frage ist, ob ein in Deutschland stehender Internet-Computer, über den ein ausländisches Unternehmen Produkte verkauft, als Betriebsstätte anzusehen ist und damit dem Zugriff der deutschen Steuerbehörden ausgesetzt ist. Da jedoch die meisten Internet-Computer von unabhängigen Telekommunikationsunternehmen oder so genannten Internet-Service-Providern betrieben werden, wird es den Steuerbehörden schwer fallen, die Internet-Seite als Betriebsstätte des ausländischen Unternehmens zu deklarieren. Den Steuerbehörden wird es auch kaum gelingen, ein arbeitendes Computerprogramm als aktive Vertriebstätigkeit auszulegen.

Nach bisher geltendem Steuerrecht unterlägen die gesamten Einkünfte dann der – in der Regel niedrigeren – Steuer im Ausland, und der deutsche Fiskus ginge leer aus. Diese Art der legalen Ausnutzung eines Steuergefälles im Internet ist aber nur der Anfang. Im Prinzip kann ein deutsches Unternehmen im Ausland eine Be-

Steueroase Internet

triebsstätte gründen und von dort über das Internet Produkte in Deutschland vertreiben. Liegt ein Doppelbesteuerungsabkommen vor, greift der ausländische Fiskus zu, und die deutschen Steuerbehörden gehen wieder leer aus. Erst wenn die inländische Muttergesellschaft ihre Gewinne an ihre inländischen Gesellschafter ausschüttet, kann der deutsche Fiskus eine Steuer erheben. – Selbst Steuergestaltungen mit Steueroasen sind denkbar, wenn statt einer Betriebsstätte eine nach ausländischem Recht gegründete Kapitalgesellschaft gegründet wird, um von dort den deutschen Markt zu bedienen. Denn Deutschland hat mit allen wichtigen Handelspartnern DBAs abgeschlossen, nicht aber mit den Niedrigsteuerländern.

Abgabebetrug wird in jüngster Zeit aber auch häufig über Briefkastenfirmen abgewickelt, die im Internet ihre Dienste anbieten:

- Diese Domizilgesellschaften stellen beispielsweise Rechnungen nur pro forma aus, d. h. die aufgrund der Rechnung gezahlten Geldbeträge gelangen tatsächlich an Dritte oder in das Vermögen des Zahlers zurück.

- Lieferanten stellen auf Veranlassung des deutschen Abnehmers überhöhte Rechungen aus, die überhöhten Beträge werden als „Provisionszahlungen" durch die Lieferanten an eine Briefkastenfirma weitergeleitet.

- Die Domizilgesellschaft stellt Rechnungen aus über Leistungen, die sie nie erbracht hat. Der Auftraggeber in Deutschland kann dadurch erhöhte Betriebsausgaben nachweisen.

Noch schwieriger aber wird es für die Finanzbehörden, wenn künftig digitales Geld im großen Stil als Zahlungsmittel genutzt wird. Dann können die Internet-Geschäfte noch steuersparender abgewickelt werden. Die Folge: Die Finanzbehörden werden auf der Jagd nach Steuersündern noch machtloser sein, auch wenn die Abgabenordnung so geändert werden sollte, dass die Beamten besser auf Datensätze zugreifen können als heute.

Steueroasen auf dem Prüfstand

Die heraufziehende digitale Weltökonomie versetzt vor allem die Finanzbehörden der EU-Staaten in Alarmstimmung. Denn in der EU ist die Umsatzsteuer, anders als in den meisten anderen Industrienationen, im Schnitt mit einem Fünftel aller Steuereinnahmen eine tragende Säule der Staatsfinanzierung. Noch härter trifft es die Institutionen der EU. Deren Etats speisen sich zu über 40 Prozent aus den Mehrwertsteuereinnahmen der Mitgliedstaaten.

Um das drohende Loch in den Staatskassen zu stopfen, ging die EU-Kommission mit einem radikalen Reformvorschlag für die Internet-Besteuerung vor:

- Künftig sollen die elektronischen Angebote als Dienstleistungen behandelt werden, die der Mehrwertsteuer unterliegen. Dabei will Brüssel zwischen Business-to-Business (B2B), also Geschäften zwischen Unternehmen, und Business-to-Consumer (B2C), dem Verkauf an Privatkunden, trennen. Bei B2B-Geschäften soll der Käufer die Mehrwertsteuer in seinem Heimatland abführen. Bei B2C-Verkäufen fällt die Steuer in dem Land an, in dem der Anbieter der Leistung seinen Sitz hat.

- Alle Unternehmen aus Nicht-EU-Staaten, die ihre Produkte online vertreiben und in Europa mehr als 100 000 EUR Jahresumsatz erzielen, sollen sich in einem beliebigen EU-Mitgliedstaat registrieren lassen und die dort geltende Mehrwertsteuer für ihr komplettes Europa-Geschäft abführen.

Dieser Vorschlag sprengt jedoch die Logik des bisherigen Systems der unterschiedlichen Mehrwertsteuersätze. Länder mit niedrigen Sätzen, vor allem Luxemburg mit 15 Prozent, aber auch Deutschland mit 16 Prozent, würden die Steuereinnahmen auf das Geschäft mit den virtuellen Gütern automatisch in ihre Kassen leiten. Denn alle Online-Anbieter könnten dort ihre Umsatzsteuer zahlen, wo die Sätze am niedrigsten sind. Solcher Steuerwettbewerb ist im konventionellen Güterverkehr bislang durch das so genannte Bestimmungslandprinzip ausgeschlossen.

Steueroase Internet

Doch wie soll ein Unternehmen aus den USA oder Indien gezwungen werden, sich bei einer Finanzbehörde der EU registrieren zu lassen? Und selbst wenn sich dieses Unternehmen steuerlich erfassen ließe, wie wollen Steuerprüfer die in Europa getätigten Umsätze überprüfen? Für Manipulationen stehen die Türen jedenfalls weit offen.

Für die Lösung des Internet-Steuerproblems müssen gleich mehrere Tabus fallen:

- Zum einen wäre es notwendig, die Kontrollen im Netz erheblich auszuweiten. Das würde jedoch erhebliche Datenschutzprobleme nach sich ziehen.

- Gleichzeitig müssten sich zumindest die großen Industriestaaten auf einen gemeinsamen Standard der Steuererhebung einigen und sich gegenseitige Rechtshilfe beim Eintreiben der Steuern zusichern. Das wird aber sicherlich am Veto der USA scheitern.

Das Internet-Geschäft verheißt den EU-Finanzministern also nichts Gutes: Es wird das Mehrwertsteuer-System zum Wanken bringen.

Die Arbeiten zur steuerlichen Erfassung von Internet-Umsätzen laufen in Richtung einer „weltweiten Steuerkontrolle". Ein gewisses Maß an Abstimmung der nationalen Steuersysteme wäre dafür jedoch die Voraussetzung. Die nationalen Steuersätze müssen nach OECD-Normen revidiert werden. Optimisten glauben, dass frühestens im Jahre 2005 eine weltweite steuerliche Regelung der Internet-Umsätze zustande kommen könnte.

14. Schnell-Check: Steueroasen für Privatpersonen und Unternehmen

Steueroasen für Privatpersonen	
Was sie bieten	Wer es bietet
Vergünstigungen im Gesellschaftsbereich	
▪ Vermögens-verwaltungen	Bermudas, Britische Jungferninseln, Cayman-Inseln, Gibraltar, Hongkong, Isle of Man, Kanalinseln, Liechtenstein, Mauritius, Monaco, Nauru, Panama, Turks- und Caicos-Inseln, Vanuatu, Zypern
▪ Inhaberaktien	Anguilla, Bahamas, Barbados, Britische Jungferninseln, Cayman-Inseln, Cook-Inseln, Costa Rica, Gibraltar, Hongkong, Isle of Man, Liberia, Liechtenstein, Luxemburg, Mauritius, Nauru, Niederlande, Niederländische Antillen, Panama, Schweiz, Seychellen, Saint Kitts-Nevis, Turks- und Caicos-Inseln, Vanuatu, Zypern
Steuervergünstigungen	
▪ Keine Einkommensteuer	Andorra, Anguilla, Antigua, Bahamas, Bahrain, Bermudas, Brunei, Campione, Cayman-Inseln, Monaco, Nauru, Insel Norfolk, Turks- und Caicos-Inseln, Vanuatu
▪ Niedrige Einkommensteuer	Britische Jungferninseln, Hongkong, Isle of Man, Kanalinseln, Liechtenstein, Malta, Mauritius, Schweiz, Zypern

Schnell-Check: Steueroasen

Fortsetzung: Steueroasen für Privatpersonen

Was sie bieten	Wer es bietet
■ Steuer auf überwiesenes Einkommen	Britische Jungferninseln, Gibraltar, Seychellen, Singapur, Zypern
■ Keine Erbschaftsteuer	Andorra, Anguilla, Antigua, Bahamas, Bahrain, Britische Jungferninseln, Campione, Cayman-Inseln, Isle of Man, Kanalinseln, Mauritius, Nauru, Panama, Turks- und Caicos-Inseln, Vanuatu
■ Steuerbefreiung	Britische Jungferninseln, Ciskei, Costa Rica, Irland, Sri Lanka, Zypern
Sonstige Vergünstigungen ■ Bankgeheimnis	Andorra, Anguilla, Bahamas, Cayman-Inseln, Isle of Man, Liechtenstein*, Luxemburg, Mauritius, Nauru, Österreich*, Panama, Schweiz, Singapur, Turks- und Caicos-Inseln, Ungarn, Vanuatu

* eingeschränkt

Steueroasen auf dem Prüfstand

Steueroasen für Unternehmen	
Was sie bieten	Wer es bietet
Gesellschaftsformen	
▪ Holdinggesellschaften	Cayman-Inseln, Gibraltar, Hongkong, Isle of Man, Kanalinseln, Labuan, Liechtenstein, Nauru, Niederlande, Niederländische Antillen, Schweiz, Turks- und Caicos-Inseln, Vanuatu
▪ Management-Gesellschaften	Belgien, Gibraltar, Luxemburg, Mauritius, Monaco, Niederlande, Niederländische Antillen, Panama, Schweiz, Zypern
▪ Offshore-Unternehmen	Anguilla, Azoren, Barbados, Bermudas, Cayman-Inseln, Cook-Inseln, Gibraltar, Hongkong, Isle of Man, Kanalinseln, Labuan, Liechtenstein, Madeira, Mauritius, Monaco, Nauru, Panama, Schweiz, Seychellen, Saint Kitts-Nevis, Turks- und Caicos-Inseln, Zypern
▪ Investmenttrusts	Bahamas, Barbados, Bermudas, Cayman-Inseln, Hongkong, Isle of Man, Kanalinseln, Luxemburg, Madeira, Mauritius, Nauru, Niederländische Antillen, Turks- und Caicos-Inseln, Vanuatu
▪ Captive-Versicherungen	Anguilla, Bahamas, Barbados, Britische Jungferninseln, Cayman-Inseln, Colorado, Gibraltar, Hongkong, Isle of Man, Kanalinseln, Mauritius, Niederländische Antillen, Panama, Zypern
▪ Offshore-Banken	Bahrain, Barbados, British Virgin Islands, Cayman-Inseln, Cook-Inseln, Hongkong, Isle of Man, Kanalinseln,

Schnell-Check: Steueroasen

Fortsetzung: Steueroasen für Unternehmen

Was sie bieten	Wer es bietet
■ Schiffsregister und -verwaltung	Labuan, Liberia, Luxemburg, Macao, Madeira, Marshall-Inseln, Mauritius, Nauru, Niederländische Antillen, Panama, Puerto Rico, Singapur, Turks- und Caicos-Inseln, Saint Vincent, Vanuatu, Zypern
	Bahamas, Barbados, Bermudas, Britische Jungferninseln, Cayman-Inseln, Costa Rica, Gibraltar, Hongkong, Isle of Man, Liberia, Madeira, Malta, Mauritius, Monaco, Niederländische Antillen, Panama, Singapur, Sri Lanka, Saint Vincent, Vanuatu, Zypern
Steuervergünstigungen	
■ Steuerbefreiungen	Antigua, Barbados, Belize, Cook-Inseln, Dschibuti, Gibraltar, Grenada, Isle of Man, Kanalinseln, Labuan, Mauritius, Niederländische Antillen, Schweiz, Seychellen, Saint Vincent, Zypern
■ Niedrige Steuer mit Abkommensermäßigung	Barbados, Britische Jungferninseln, Grenada, Irland, Labuan, Mauritius, Montserrat, Niederlande, Niederländische Antillen, Panama, Singapur, Saint Vincent, Zypern
■ Keine Steuer auf Fremdquelleneinkommen	Brunei, Ciskei, Costa Rica, Hongkong, Kuwait, Katar, Liechtenstein, Seychellen
■ Keine Steuer auf Veräußerungsgewinne	Andorra, Anguilla, Azoren, Bahamas, Bermudas, Cayman-Inseln, Madeira, Malediven, Nauru, Schweiz, Turks- und Caicos-Inseln, Vanuatu

15. Maildrop-Adressen für alle Fälle

Man muss sich ja nicht gleich mit einer Gesellschaft in einer Steueroase niederlassen, um von dort aktiv zu werden. Eine Maildrop-Adresse reicht in vielen Fällen, wenn es beispielsweise darum geht, eine Auslandsimmobilie, eine Yacht oder Antiquitäten, die mit Schwarzgeld finanziert wurden, über Chiffre zum Verkauf anzubieten oder man ganz einfach mit seinem Unternehmen im Ausland präsent sein will, ohne dort ein Büro anzumieten und Leute zu beschäftigen.

Für diese Zwecke bieten sich Maildrop-Adressen an. Die nachfolgend ausgewählten Maildrop-Adressen existieren seit Jahren, haben weltweit einen seriösen Ruf und sind als verlässlich ausgewiesen.

Gibraltar: Business Matters Ltd.
24 Collage Lane, Gibraltar
Tel.: 0 03 50-7 61 97
Fax: 0 03 50-4 26 42

Hongkong: Multi-Privacy Offshore
22/F Tai Sang Commercial Building,
28 Hennessy Road, Hongkong
Tel.: 0 08 52-28 61 38 33
Fax: 0 08 52-28 61 29 97

Liechtenstein: Adminco Trust
Hinterbuhlen 684, FL-9493 Mauren
Tel.: 0 04 23-3 73 70 70
Fax: 0 04 23-3 77 49 10

Luxemburg: Galaxy Connection Inc.
161 Route d'Esch,
L-1471 Luxembourg
Tel.: 0 03 52-49 40 81
Fax: 0 03 52-49 40 82

Panama: Stern & Co. S.A.
Apartado 87–1085, Edificio Torre VIP,
60 Piso, Calle Ricardo Arias,
Panama City
Tel.: 0 05 07-2 23 31 34
Fax: 0 05 07-2 23 38 99

Philippinen: Asean Remail
PO Box 3690, Manila 1099
Tel.: 0 06 32-8 10 22 66
Fax: 0 06 32-8 10 22 66

Schweiz: Intercompany
Management & Trust Corp.
Postfach 4431, CH-6304 Zug
Tel.: 00 41-42-23 14 33
Fax: 00 41-42-22 50 84

USA: Empire State Office Service
Empire State Building,
350 Fifth Avenue, Suite 3304,
New York, NY 10118-0069
Tel.: 0 01-2 12-7 36 80 72
Fax: 0 01-2 12-5 64 11 35

Oasen- und Offshore-Gesellschaften: Exotisch, profitabel, gefährlich

7

1. Welche es gibt, was sie bieten und kosten 383
2. Aktiengesellschaft in der Schweiz .. 387
3. Aktiengesellschaften in anderen Steueroasen 388
4. Anstalt 390
5. Holdinggesellschaft 391
6. Limited Company 392
7. Stiftung 396
8. Trust 399
9. Offshore-Trust 401
10. Schweizerisch-Liechtensteiner Tarnsystem für Fluchtgelder 403
11. Gesellschaftsgründung über Luxemburger Bank 405
12. U.S. Corporation 406
13. Wie aus Steuervorzügen Steuerfallen werden 409
14. Mit Auslandsgesellschaften Steuern sparen 413

15. Was den Steuerbürger bei Oasengeschäften erwartet 417
16. Was Sie beim Einsatz einer Offshore-Gesellschaft beachten sollten 421
17. Treuhandvereinbarung als Alternative 422

1. Welche es gibt, was sie bieten und kosten

Welche Gesellschaftsform auch immer gewählt wird, sie sollte

- die Anonymität ihres Eigentümers sicherstellen und
- seine Haftung ausschließen.

Damit sind Personen-, Kommandit- oder offene Handelsgesellschaften als Oasengesellschaften von vornherein ungeeignet. Auch sollten juristische Konstruktionen vermieden werden, die international nicht genügend Akzeptanz finden, zum Beispiel die Rechtsform der deutschen GmbH im amerikanischen Rechtsraum. Was bleibt, sind AG-ähnliche Gesellschaften und AG-ähnliche Limited Companies sowie internationale Sonderformen wie beispielsweise die Anstalt im Fürstentum Liechtenstein.

Will der Eigentümer einer Oasengesellschaft wirklich anonym bleiben, erreicht er das nur über Inhaberaktien. Auch sollte er sich nicht selbst als Direktor einsetzen lassen.

Gründer bzw. Eigentümer sollten darüber hinaus mit bedenken, dass sie bei den zuerst genannten Gesellschaften die Verfügungsgewalt über die Gesellschaft und damit auf das von ihnen eingebrachte Vermögen behalten. Bei der Stiftung hat der Stifter hingegen nach Gründung keinerlei Einflussmöglichkeiten mehr auf das Stiftungsvermögen, da es sich bei der Stiftung um ein rechtlich selbstständiges Vermögen handelt, das sich selbst gehört.

Welche Gesellschaftsform im Einzelfall gewählt und eingesetzt wird, ist abhängig von

- dem Zweck und Ziel einer Unternehmung,
- dem Recht des Steueroasenlandes,
- dem Recht des Landes, in dem die Gesellschaft Geschäfte machen soll.

Oasen- und Offshore-Gesellschaften

Oasengesellschaften und was sie kosten

Land	Bevorzugte Gesellschaftsform für Ausländer	Grundkapital	Gründungskosten einschl. Registergebühren, Direktor/Sekretär, Jahressteuer	Laufende Jahreskosten einschl. Steuer, Direktor, Domizialadresse, Buchhaltung	Gründungsdauer
Europa					
Gibraltar	Exempted Company	100 £	2 500-3 000 £	2 500-3 500 £	1 Woche
Irland	Private Limited Company	3 £	500-2 500 £	500-2 500 £	1-2 Tage
Isle of Man	Non Resident Limited Company	2-2 000 £	1 000 £	2 000-3 000 £	2 Wochen
Kanalinseln	Exempted Company	100 £	600-700 £	1 000-2 000 £	1-2 Wochen
Liechtenstein	Aktiengesellschaft	50 000 SFr	5 000-7 500 SFr	2 500-6 000 SFr	1-2 Wochen
Luxemburg	Aktiengesellschaft-S.A.	100 000 lfr	250 000-350 000 lfr	100 000-200 000 lfr	1-2 Wochen
Malta	Limited Liability Company	5 000 LM	1 500-2 000 LM	2 000 LM	1-2 Wochen
Monaco	Aktiengesellschaft-S.A.	500 000 FF	25 000 FF	10 000 FF	4-6 Wochen
Schweiz	Aktiengesellschaft	100 000 SFr	500-1 500 SFr	2 000-7 000 SFr	4 Wochen
Zypern	Exempted Private Company	nicht vorgeschrieben	1 500 US-Dollar	1 200 US-Dollar	2 Wochen
Amerika					
Bahamas	Aktiengesellschaft	5 000 US-Dollar	3 000-4 000 US-Dollar	2 500-5 000 US-Dollar	2-3 Tage

Welche es gibt, was sie bieten und kosten

Fortsetzung: Oasengesellschaften und was sie kosten

Bermudas	Aktiengesellschaft	12 000 BD$	3 000–5 000 BD$	3 500–5 000 BD$	bis 3 Monate
British Virgin Islands (B.V.I.)	Private Limited Company	10 000 US-Dollar	1 500–2 000 US-Dollar	600–1 500 US-Dollar	3–5 Tage
Cayman-inseln	Exempted Company	10 000 CI$	2 500–5 000 CI$1	500–2 500 CI$	3–4 Tage
Costa Rica	Sociedad Anonima	30 000 US-Dollar	1 500–2 500 US-Dollar	500–1 000 US-Dollar	1–2 Wochen
Niederländische Antillen	Naamloze Vennootschap (N.V.)	50 000 NAf	1 500–5 000 NAf	1 200–2 500 NAf	mehrere Wochen
Afrika					
Seychellen	Foundation	10 000 US-Dollar	1 500–2 500 US-Dollar	1 000–2 000 US-Dollar	bis 4 Wochen
Asien und Ozeanien					
Hongkong	Company Limited by Shares	kein Mindestkapital	2 200–4 000 US-Dollar	2 200–3 500 US-Dollar	8–10 Wochen
Singapur	Singapore Company	kein Mindestkapital	3 000 US-Dollar	3 500–5 000 US-Dollar	1–2 Wochen
Cook-Inseln	Private Limited Company	kein Mindestkapital	2 500–3 000 US-Dollar	3 500–5 000 US-Dollar	1 Woche
Nauru	Company Limited by Shares	kein Mindestkapital	550 A$	550 A$	2–3 Tage
Vanuatu	Exempted Company Limited by Share	2 A$	1 000 A$	1 000–2 500 A$	1 Woche

Oasen- und Offshore-Gesellschaften

Einsatz von Oasengesellschaften

- Handelsgesellschaften für Export- und Importgeschäfte. Dabei erfolgt die Verrechnung über die Steueroase, wo der erwirtschaftete Gewinn ganz oder teilweise steuerfrei abgeschöpft wird.
- Holdinggesellschaften, die einen kontrollierten Anteil an einer oder mehreren Gesellschaften halten, über die beispielsweise andere Gesellschaften übernommen oder Investitionen im Ausland getätigt werden.
- Investmentgesellschaften, die in ihrem Portefeuille Aktien einer Reihe anderer Gesellschaften halten oder Investitionen tätigen, bei denen sie keinen kontrollierenden Einfluss ausüben.
- Shipping Companies, die Schiffseignern nicht nur steuerlich günstige Bedingungen eröffnen.
- Banken und Trust Companies, die zum Beispiel quellensteuerfrei Zinsen auszahlen.
- Captive Insurance Companies, mit denen zum Beispiel große Versicherungen in ihrem Geschäftsbereich entstehende Risiken selbst abdecken. Prämien, die sonst an fremde Versicherungsträger gingen, verbleiben so steuerfrei in der eigenen Gruppe.
- Vermögens-Anonymisierung, um Vermögen der Besteuerung durch den heimischen Fiskus zu entziehen.
- Schutz der Vermögenswerte von Einwohnern politisch und/oder wirtschaftlich unstabiler Länder sowohl vor der heimischen Inflation als auch im Einzelfall vor staatlichem Zugriff.

Alle angeführten Gesellschaftsformen profitieren neben den steuerlichen Vergünstigungen davon, dass die Oasenländer, in denen sie domizilieren, ausländischen Behörden in der Regel über sie keine Auskünfte geben. Damit können im Einzelfall etwa bestehende Doppelbesteuerungsabkommen umgangen werden.

Vorteil aller Oasengesellschaften ist, dass sie schnell und relativ preiswert zu gründen sind. Interessierte sollten vor dem Schritt über die Grenze jedoch den Rat deutscher Juristen und/oder Steuerexperten einholen. Denn das Einbringen von Vermögen in juristische Personen und namentlich in Stiftungen wirft auch hier zu Lande Steuerfragen auf, die im Voraus bedacht sein sollten und nicht erst nachträglich, wenn die Weichen schon gestellt sind. Geklärt werden sollten auch die steuerlichen Verpflichtungen innerhalb der Steueroase, in die das Vermögen verlagert werden soll.

Die folgenden Beispiele zeigen,

- wie sich die einzelnen Gesellschaftsformen steuergünstig einsetzen lassen und
- worauf man achten sollte, damit die mit ihrem Einsatz erzielten steuerlichen Vorzüge im Ausland hier zu Lande nicht zu Steuerfallen werden.

Zusätzlich finden Sie auf den Seiten 384 f. einen Gesamtüberblick darüber, was Oasengesellschaften kosten.

2. Aktiengesellschaft in der Schweiz

Sie ist ein ideales Instrument, um steueroptimiert Geschäfte zu betreiben. Das Grundkapital beträgt mindestens 100 000 SFr und muss bei der Gründung auf einem Sperrkonto bei einer Schweizer Bank hinterlegt werden.

Das Schweizer Gesellschaftsrecht sieht Inhaber- und Namensaktien vor. Aus Gründen der Anonymität kommen in der Regel Inhaberaktien zum Zuge, deren Übertragung durch keinerlei Formvorschriften eingeschränkt ist.

Die Gründungsdauer liegt meist bei vier Wochen, nicht zuletzt wegen der zeitaufwendigen Namensabklärung im Zentralregister in Bern.

Ihre Organe sind die Generalversammlung, der Verwaltungsrat sowie die Kontrollstelle, für die bei Aktiengesellschaften mit über einer Million SFr Grundkapital erhöhte Anforderungen bestehen.

Oasen- und Offshore-Gesellschaften

Die von der Gesellschaft erstellten Bilanzen werden von der Kontrollstelle geprüft und bei den Steuerbehörden eingegeben.

Schwindelgründungen werden bestraft. Das Grundkapital sollte also tunlichst der Gesellschaft auch nach der Gründung zur Verfügung stehen. Die Steuerbelastung liegt bei den so genannten Sitzgesellschaften mit Steuerprivileg je nach Gemeinde bzw. Kanton zwischen 300 und 1 000 SFr. Die Emissionsabgabe, die bei Gründung, Kapitalerhöhung und auch beim Mantelhandel zu entrichten ist, beträgt 3 Prozent. Gesellschaften, die nicht unter das Steuerprivileg fallen, zahlen darüber hinaus eine direkte Bundessteuer zwischen 3,63 und 9,8 Prozent, eine Kantonssteuer zwischen 12 (Zug) und 36 Prozent (Neuchâtel) sowie eine Kommunalsteuer, die von Kommune zu Kommune starken prozentualen Schwankungen unterliegt.

Nachteil der Schweizer Aktiengesellschaft: Der Verwaltungsrat muss sich mehrheitlich aus Schweizer Bürgern zusammensetzen. Das heißt auch, dass die Verwaltungstätigkeit bei den steuerlich privilegierten Domizilgesellschaften fast ausnahmslos von lokalen Treuhändern durchgeführt wird.

3. Aktiengesellschaften in anderen Steueroasen

Dieser Gesellschaftstyp erlaubt es, relativ frei von Beschränkungen nahezu allen Geschäftstätigkeiten nachzugehen. Hinzu kommt, dass in vielen Steueroasen die Haftungsfrage, auch die der Organe einer Offshore-AG, nicht oder nur mangelhaft geregelt ist.

So kann beispielsweise der Direktor einer Offshore-AG auf Saint Vincent dem Firmeneigner eine Generalvollmacht für die Gesellschaft erteilen, ohne dass im Schadensfall auf ihn persönlich zurückgegriffen werden kann. Von dieser Möglichkeit machen ins-

Aktiengesellschaften in anderen Steueroasen

besondere dubiose Treuhänder und unseriöse Anbieter im Kapitalanlagebereich Gebrauch.

Im Gegensatz zu Saint Vincent, den Bahamas, der Isle of Man, den Kanalinseln, den British Virgin Islands oder anderen Steueroasen haben Liechtenstein und die Schweiz diesem Missbrauch einen Riegel vorgeschoben. Die Erteilung von Generalvollmachten ist hier nur unter Einhaltung bestimmter Vorschriften möglich. Und geht dann mal etwas schief, und führt der „Generalbevollmächtigte" die Geschäfte zum Nachteil der Gesellschaft, so haftet der Vollmachtserteiler mit all seinem Hab und Gut.

Das Grundkapital dieser Offshore-AGs variiert von Steueroase zu Steueroase. Im Durchschnitt liegt es zwischen 5 000 – 10 000 EUR in der jeweiligen Landeswährung. Nur in einigen wenigen Fällen muss das Grundkapital bei Gründung voll einbezahlt werden. Sonst reicht es vielfach aus, wenn der oder die Firmengründer bei der Gesellschaftsgründung eine oder mehrere Aktien übernehmen und diese beispielsweise mit einem US-Dollar zeichnen. Denn eine nachträgliche Grundkapitalerhöhung ist schnell und problemlos durchzuführen.

Die Aktien der Gesellschaft werden vom Direktor oder Sekretär der betreffenden AG ausgestellt, unterzeichnet und in der Regel frei von Formvorschriften an die Inhaber übergeben. In jedem Fall sollten Inhaberaktien ausgestellt werden, um unter anderem eine spätere Übertragung von Gesellschaftsanteilen zu vereinfachen.

Die Gesellschaftsorgane setzen sich aus den Direktoren/Sekretären, der Generalversammlung und Board/Verwaltungsrat zusammen.

Da nur wenige Steueroasen für diese Gesellschaften eine Buchhaltungspflicht vorschreiben, sollte man unbedingt darauf achten, dass eine ordentliche Buchhaltung eingerichtet wird. Denn nur so kann eine lückenlose Kontrolle der Mittelverwendung durch die Direktoren der Gesellschaft erfolgen.

So unterschiedlich die einzelnen Steueroasen sind, so differenziert sind auch die jeweiligen Steuersätze. In den meisten Oasen sind die

Oasen- und Offshore-Gesellschaften

Offshore-AGs mit der Zahlung eines jährlichen Pauschalbetrags zwischen 100 US-Dollar (Bahamas), 1 000 SFr (Liechtenstein) oder 8 000 US-Dollar (Malaysia) von allen weiteren Steuerbelastungen befreit.

In welcher Steueroase auch immer eine Offshore-AG installiert werden soll, das eigentliche Gründungsprozedere dauert über die vor Ort tätigen Helfer oft keine 24 Stunden. Und – was in manchen Fällen wichtig ist – noch schneller ist es später möglich, Gesellschaftsanteile weiterzuveräußern.

Damit wird es für Außenstehende fast unmöglich, die gerade geltenden Besitzverhältnisse einer solchen AG zu klären. Das machen sich nicht nur die schwarzen Schafe im Kapitalanlagebereich zu Nutze.

> Um stolzer Eigentümer einer Offshore-Aktiengesellschaft in der Karibik oder in anderen entfernten Oasen zu werden, müssen Interessierte dort nicht unbedingt persönlich erscheinen. So mancher Liechtensteiner oder Schweizer Anwalt hat sich darauf spezialisiert, Offshore-AGs dieser Staaten bei Bedarf gegen gutes Honorar zu beschaffen.

4. Anstalt

Eine Gesellschaftsform rein liechtensteinischer Prägung, die im Öffentlichkeits-Register eingetragen wird. Sie ist eine dauernde, wirtschaftlichen und anderen Zwecken dienende Gesellschaft, mit eigener Rechtspersönlichkeit, die keinen öffentlich-rechtlichen Charakter hat und einen Bestand von sachlichen oder persönlichen Mitteln aufweist, die allein für die Verbindlichkeiten der Gesellschaft haften.

Die Anstalt kann von nur einem Initiator gegründet werden. Sie ist wegen ihrer außerordentlichen Beweglichkeit und Ausgestaltungsmöglichkeit bei Steuerflüchtigen beliebt.

Im Umgang mit ausländischen Behörden dagegen, zum Beispiel deutschen Finanzämtern, ist ihr Einsatz problematisch.

5. Holdinggesellschaft

Nach einem EG-Bericht lässt sich diese Gesellschaftsform in Steueroasen unter anderem für folgende Aktivitäten einsetzen:

- Kontrolle von Industrie- oder Handelsunternehmen durch Anteilsmehrheiten.
- Kreditfinanzierung von Tochtergesellschaften.
- Eintreiben von Dividenden, Kreditzinsen sowie Patent- und Lizenzgebühren.
- Steuerung von Investmentfonds.

Holdings eignen sich insbesondere in den Ländern, die

- Einkommen nicht oder nur gering besteuern,
- Einkünfte aus Fremdquellen nicht oder nur gering besteuern,
- bestimmten Firmen Steuervorteile gewähren, wenn diese keine typischen Industrie- oder Handelsgeschäfte tätigen.

Darüber hinaus werden Holdings auch

- als Drehscheibe eingesetzt, um Finanzmittel so zu reinvestieren, dass sie ihrerseits steuerfreie Erträge abwerfen,
- zur „Kreditgewährung" genutzt, indem sie die Erträge der Holding dem Inhaber nicht in Form einer Dividende, sondern als „Kredit" ausschütten. Der Kredit bietet dem Kreditnehmer den zusätzlichen Vorteil, an die Holding gezahlte Zinsen von seinem steuerpflichtigen Einkommen absetzen zu können.

Mit dem Einsatz von Holdings lassen sich im Heimatland des Steuerpflichtigen Steuern umgehen, indem dieser Vermögenswerte auf die Holding – oft nur eine Briefkastenfirma – überträgt.

Oasen- und Offshore-Gesellschaften

6. Limited Company

Für deutsche Unternehmensgründer sind die hohen Kosten und der notwendige Kapitaleinsatz für die Einrichtung einer Kapitalgesellschaft, in der Regel in der Rechtsform der GmbH, oft ein Hindernis. Seit dem Beitritt Großbritanniens zur EU bietet sich zur deutschen GmbH eine Alternative an: Die Errichtung einer Limited Company in England.

Aber: Ob die Ltd. in Deutschland anerkannt wird, hängt davon ab, wo sich ihr tatsächlicher Verwaltungssitz befindet. Also der Tätigkeitsort der Geschäftsführung und der dazu berufenen Vertretungsorgane.

Liegt dieser Ort in England oder Irland, ergeben sich keine Probleme. Auf das Rechtsverhältnis der Gesellschaft wird das Recht dieser Staaten angewendet. Die Ltd. wird hier zu Lande als rechtsfähig anerkannt, und ihre Gesellschafter haften nur beschränkt.

Werden die Geschäfte hingegen in Deutschland geführt, unterliegt die Ltd. nicht englischem oder irischem, sondern deutschem Recht. Als GmbH kann die Ltd. nicht eingestuft werden, da sie in kein deutsches Handelsregister eingetragen ist. Die Folge: Die Gesellschaft wird entweder als OHG oder BGB-Gesellschaft behandelt.

Die Konsequenzen sind gravierend. Regelmäßig werden die von der Ltd. abgeschlossenen schuldrechtlichen Verträge wie beispielsweise Kauf- oder Mietverträge unwirksam sein. Vor allem aber haften die für die Gesellschaft Handelnden und die Gesellschafter persönlich und unbeschränkt auf Erfüllung der eingegangenen Verpflichtungen.

Die Wahl einer englischen oder irischen Ltd. als Unternehmensträger birgt also erhebliche Risiken, wenn die Geschäfte der Gesellschaft tatsächlich in Deutschland gelenkt werden. Die finanziellen Vorteile bei Gründung der Gesellschaft müssen derzeit also teuer bezahlt werden.

Limited Company

Vorteile der Limited Company

- Die Gründungskosten einschließlich der Minimaleinlage belaufen sich auf 500 – 1 300 EUR.
- Die Gründung ist innerhalb von zwei bis drei Wochen möglich.
- Der Gründungsvorgang kann von jeder Anwaltskanzlei durchgeführt werden.
- Es besteht keine gesetzliche Verpflichtung für eine Mindesteinlage.
- Seit 1992 braucht die private Company nur einen Gesellschafter.
- Der/die Gesellschafter können ihre Einlage in bar oder in Form anderer vermögenswerter Leistungen erbringen. Auch ist eine Einlage in Form von Arbeits- oder Dienstleistungen möglich.
- Mit Aushändigung der Gründungsurkunde durch den Registrator erlangt die Limited Company ihre Rechtsfähigkeit und kann sofort ihre Geschäftstätigkeit aufnehmen.
- Der Firmenname kann frei gewählt werden, damit lassen sich auch werbewirksame Namen einsetzen. Ausnahmen: Der Name darf nicht bereits in England registriert sein, nicht ungesetzlich sein oder gegen die guten Sitten verstoßen, und er darf nicht vorspiegeln, dass eine Verbindung zu Behörden oder zur Regierung besteht.

Akademische Titel oder deutsche Adelstitel im Firmennamen sind erlaubt, auch wenn der Anmelder diese Titel selbst nicht führt.

Der Zusatz „Ltd." oder „limited" ist zwingend.

- Aktionäre und Direktoren der Gesellschaft müssen nicht im Besitz der britischen Staatsbürgerschaft sein.
- Der Hauptsitz der Gesellschaft muss sich in Großbritannien befinden, dazu gehören eine Firmenadresse und ein Namensschild am Eingang.
- Eine Limited Company, die nicht mit einem Konzern verbunden ist, kann dem Registrator für Kapitalgesellschaften – spätestens zehn Monate nach Ablauf des Geschäftsjahres – Kopien ihres Jahresabschlusses in gekürzter oder vereinfachter Form vorlegen.

Oasen- und Offshore-Gesellschaften

Fortsetzung: Vorteile der Limited Company

- Bei einer Liquidation können die Gläubiger nur auf die bestehenden Vermögenswerte der Gesellschaft zurückgreifen. Auf das Privatvermögen des/der Gesellschafter(s) besteht keine Zugriffsmöglichkeit.

- Wird eine Ltd. liquidiert, können deren Gesellschafter und/oder Direktoren sofort eine neue Firma gründen.

- Die englische Ltd. ist grundsätzlich weltweit rechtsfähig und berechtigt, geschäftlich tätig zu sein. Die Geschäftstätigkeit in Deutschland kann sofort aufgenommen werden. Eine Eintragung ins Handelsregister oder eine Gewerbeanmeldung sind rechtlich nicht erforderlich.

- Die Ltd. Company unterliegt den britischen Steuersätzen von derzeit 33 Prozent.

- Eine Niederlassung in Deutschland muss beim zuständigen Gewerbeamt angezeigt werden. Eine Genehmigung ist nicht erforderlich, sofern keine besonders genehmigungspflichtigen Tätigkeiten vorliegen – zum Beispiel Apotheken und Gaststätten.

Aber: Durch ein Urteil des Europäischen Gerichtshofs (EuGH) vom 9.3.1999 steht eine grundsätzliche Neuorientierung bevor: Im entschiedenen Fall hatte ein dänisches Handelsregister die Anerkennung einer GmbH verweigert, die ohne jede Einzahlung von Gesellschaftskapital allein deshalb in England gegründet worden war, um das strengere dänische Gesellschaftsrecht zu umgehen.

Obwohl die Gesellschafter diese Umgehungsabsicht zugaben, hält es der EuGH für unzulässig, das dänische GmbH-Recht als Recht des Sitzstaates anzuwenden. Die nach dem Recht eines EU-Mitgliedstaates wirksam gegründete Gesellschaft sei in allen anderen Mitgliedstaaten anzuerkennen, auch wenn sich die Beziehung zum Gründungsstaat im Gründungsvorgang selbst erschöpfe. Das Gericht folgert dies aus der Niederlassungsfreiheit

Limited Company

des Artikels 52, 56 EG-Vertrag, die den in der EU ansässigen Unternehmen eine ungehinderte Tätigkeit in allen Mitgliedsländern garantiert.

Damit scheidet der in Deutschland bisher auf der Grundlage der Sitztheorie praktizierte Weg, einen Missbrauch durch Versagung der Anerkennung zu verhindern, künftig aus. Bei der gesellschaftsrechtlichen Beurteilung von Unternehmen, die innerhalb der EU gegründet sind, wird künftig allein auf das Recht des Gründungsstaates abzustellen sein. Es bleibt abzuwarten, ob die deutschen Gerichte diese Konsequenz ziehen oder Ausweichmöglichkeiten suchen werden.

- Schließen sich deutsche Gerichte der EuGH-Entscheidung an, können Unternehmer ihr Haftungsrisiko künftig minimieren, indem sie ihre inländische Geschäftstätigkeit über eine Gesellschaft ausüben, die sie nur zu diesem Zweck in einem EU-Mitgliedstaat gründen, der die für sie vorteilhafteste gesellschaftsrechtliche Regelung bereithält.

  Hafteten sie bisher bei einer Unterschreitung der Mindestvorschriften des GmbH-Gesetzes persönlich, können sie im Ernstfall die Gläubiger nun auf das „Vermögen" ihrer ausländischen Gesellschaft verweisen.

- Gefährlich ist dabei für Dritte vor allem, dass die ausländische Firmenbezeichnung des Vertragspartners eine Internationalität der Geschäftstätigkeit und damit auch Größe des Unternehmens suggeriert, obwohl als haftendes Eigenkapital nicht einmal eine Mindestsumme zur Verfügung stehen mag.

7. Stiftung

Eine Liechtensteiner Besonderheit, die insbesondere im familiären, gemeinnützigen oder kirchlichen Bereich zum Einsatz kommt. Sie eignet sich insbesondere zur Verwaltung bestehender Vermögen oder von Finanzanteilen an anderen Gesellschaften. Für rein kommerzielle Zwecke ist sie nicht geeignet.

Nicht kaufmännisch tätige Stiftungen werden in der Regel nicht im liechtensteinischen Öffentlichkeits-Register eingetragen. Die Stiftungsdokumente werden dort nur hinterlegt.

Auskünfte über eine hinterlegte Stiftung, beispielsweise über Namen, Errichtungsdatum, Zusammensetzung des Stiftungsrates usw. kann nur bekommen, wer ein berechtigtes Interesse nachweist, so etwa ein Begünstigter, der dann aber seine Stellung als solcher beweisen muss. Damit ist die Stiftung eine Gesellschaftsform, die höchste Diskretion garantiert.

Die nur hinterlegte Stiftung ist nicht buchführungspflichtig. Damit entfällt auch die Pflicht zur Vorlage von Bilanzen bei der liechtensteinischen Steuerbehörde und zur Bestellung einer Kontrollstelle.

Liechtensteiner Stiftung: Vermögensverwaltung de luxe

Die Stiftung ist eine juristische Person, die durch Widmung von Vermögen errichtet wird. Den Zweck, der privater, gemeinnütziger oder religiöser Natur sein kann, bestimmt der Stifter. Er muss nach der neuesten Gesetzeslage offen gelegt werden. Die laufenden Geschäfte übernimmt der Stiftungsrat. Ein Ratsmitglied muss in Liechtenstein wohnen und die Zulassung als Anwalt, Treuhänder, Buchhalter oder eine von der Regierung anerkannte kaufmännische Bestätigung besitzen.

Stiftung

Die Liechtensteinische Familienstiftung

Für Kapitalanleger ist das Erreichen eines möglichst hohen Diskretionsgrades ein wichtiges Kriterium. Durch eine Stiftung in Kombination mit einem Bankkonto, beispielsweise in Österreich oder der Schweiz, kann dieses Ziel bestmöglich umgesetzt werden. Denn die Stiftung ist dadurch in zwei Rechtssphären angesiedelt, womit sowohl das österreichische bzw. schweizerische als auch das Liechtensteiner Recht Gültigkeit erlangen. Darüber hinaus lässt sich mit einer Stiftung die Erbfolge einfach und flexibel bestimmen.

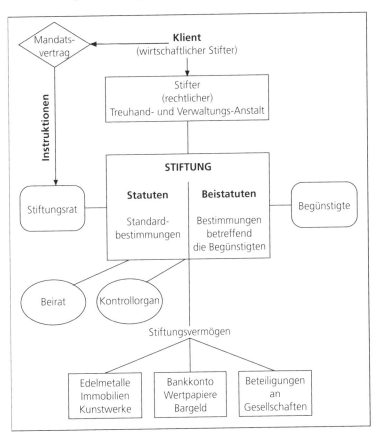

Oasen- und Offshore-Gesellschaften

Zur Errichtung einer Stiftung sind 30 000 SFr erforderlich. Das Vermögen muss nicht aus Bargeld bestehen, auch Forderungen oder Sachwerte kann der Stifter einbringen. Der Stifter kann sich oder anderen Einmalzahlungen oder wiederkehrende Beträge zukommen lassen. Da das Stiftungsvermögen nicht mehr Eigentum des Stifters ist, unterliegt es auch nicht den erbrechtlichen Pflichtteilsansprüchen. Der Stifter kann es nach Belieben verteilen.

Liechtenstein erhebt bei Ausländern, die Begünstigungen aus einer Stiftung erhalten, keine Steuern. Auch wenn Stiftungsvermögen nach Auflösung einer Stiftung verteilt wird, verlangt das Fürstentum von den Begünstigten aus dem Ausland nichts. Deutsche haben jedoch die Pflicht, Zuwendungen beim deutschen Fiskus zu versteuern. Die Stiftung selbst unterliegt Liechtensteins Kapitalsteuer. Sie beträgt im Jahr mindestens 1 000 SFr.

Österreichische Stiftung:

Als das freizügigste Privatstiftungsrecht gilt jedoch das österreichische. Es bietet europaweit die größten Steuervorteile.

Wenn eine Stiftung gegründet wird, liegt steuerlich eine Schenkung vor. Die Schenkungsteuer beträgt 2,5 Prozent. Werden österreichische Grundstücke eingebracht, wird ein Zuschlag von 2 Prozentpunkten erhoben. Die extrem niedrigen Steuersätze – in Deutschland fallen für Schenkungen bis zu 70 Prozent an – gelten nur für den Gründungsstifter. Diese Regel lässt sich umgehen, indem andere Familienmitglieder von Anfang an als Stifter einbezogen werden. Die Kompetenzen der Stiftungsorgane können bis ins allerletzte Detail festgelegt werden.

Voraussetzung für die Gründung einer Stiftung ist ein Mindestvermögen von 75 000 EUR. Der Stiftungszweck ist grundsätzlich nicht beschränkt; er kann gemein- oder eigennützig sein, auch Mischformen sind erlaubt.

Von den Spezialfällen abgesehen, unterliegen Stiftungen der 34-prozentigen österreichischen Körperschaftsteuer. Für inländische Beteiligungserträge sind sie von der Körperschaftsteuer befreit.

Für einen inländischen Stifter und seine Familie bietet eine ausländische Stiftung in jedem Fall Möglichkeiten, Steuern zu sparen:

- Weil die gesetzliche Zurechnungsregelung allein die Vermögens- und Einkommensbesteuerung betrifft, hat sie (bei einer unternehmensverbundenen Familienstiftung) keinen Einfluss auf Gewerbeertrag und Betriebsvermögen und ist daher für die Gewerbesteuer bedeutungslos.

- Eine Auswirkung auf die Erbschaft- und Schenkungsteuer ist nach dem Wortlaut des Gesetzes ebenfalls ausgenommen. Da die deutsche Erbschaft- und Schenkungsteuer auch bei einer Stiftung im Ausland anfällt, bleibt dadurch „nur" die Möglichkeit, die Erbersatzsteuer einzusparen. Doch das können im Einzelfall ganz erhebliche Beträge sein.

- Unabdingbare Voraussetzung für die gewünschte Steuerersparnis ist, dass die Stiftung weder ihren Sitz noch ihre Geschäftsleitung in Deutschland hat.

- Die Privatstiftungen sind den Brüsseler Steuerexperten wegen des möglichen steuerfreien Beteiligungsverkaufs und des Wegfalls der Erbschaftsteuer ein Dorn im Auge.

8. Trust

Der Trust ist eine Spezialität angelsächsischen Rechts. Er ähnelt der deutschen Familienstiftung und bietet sich an, um Vermögenswerte möglichst steuersparend auf Erben zu übertragen.

Oasen- und Offshore-Gesellschaften

Der Trustgründer überträgt sein Vermögen auf den Trust, der von einem Trustverwalter gemanagt wird. Der Begünstigte des Trusts ist fast immer identisch mit dem Gründer.

Der Trust unterliegt in den meisten Steueroasen keiner Besteuerung. Die deutschen Finanzbehörden gehen bei der Erbschaft- und Vermögensteuer leer aus.

Die meisten Trusts haben zwei Statuten: Ein offizielles, das den strengen Ansprüchen der deutschen Finanzbehörden genügt, und ein geheimes, in dem der tatsächliche Wille des Trustgründers zum Ausdruck kommt.

Als Anleger oder Treugeber sind Sie mit einem Common-Law-Trust besser abgesichert als mit dem liechtensteinischen „Ersatz"-Trust.

Die vergleichsweise hohe Schenkungsteuerbelastung bei Übergang des Vermögens in einen Trust oder in eine Stiftung lässt sich legal mit einem Trick vermeiden:

- Der Stifter stellt dem Trust oder der Stiftung ein Darlehen zu Marktkonditionen zur Verfügung. Die Auslandsstiftung bekommt das Vermögen also nicht geschenkt, sondern erwirbt es mit dem Kredit. Später wird das Darlehen aus den Erträgen der Stiftung wieder getilgt.

- Bei einer ausländischen Familienstiftung sind die in Deutschland begünstigten Familienangehörigen der Stiftung mit ihren Erträgen aus der Stiftung einkommensteuerpflichtig. Aber auch diese steuerlichen Folgen lassen sich vermeiden. Denn die Stiftungserträge sind nach deutschem Recht nur dann steuerlich relevant, wenn die begünstigten Familienangehörigen in Deutschland mehr als die Hälfte davon kassieren. Durch eine zwischengeschaltete zweite Auslandsstiftung, die mindestens 50,1 Prozent der Anteile an der Familienstiftung hält, lässt sich die Einkommensteuer hier zu Lande vollends umgehen.

9. Offshore-Trust

Da bei dieser Gesellschaftskonstruktion das Eigentum der Gesellschaft vom Nutzungsrecht, das einer anderen Person eingeräumt wird, getrennt wird, kommt er meist bei der Planung umfassender internationaler Steuerregelungen oder für internationale Nachlassregelungen zum Einsatz.

> Im Falle des Ablebens des Trust-Eigentümers ermöglicht der Offshore-Trust den Angehörigen oder zuvor bestimmten anderen Personen, die vorhandenen Nachlasswerte schnell und steuerfrei zu übernehmen.

Auch lässt sich darüber beispielsweise ein Nießbrauchrecht zugunsten des noch lebenden Ehegatten sichern.

Die steuerliche Behandlung von Offshore-Trusts nach dem Steuerentlastungsgesetz

Für deutsche Steuerpflichtige ist zu beachten, dass die testamentarische Errichtung eines Trusts wegen des zwingend anzuwendenden deutschen Erbrechts grundsätzlich nicht möglich ist. Eine Ausnahme besteht in Einzelfällen hinsichtlich im Ausland belegenem Grundvermögen. Ferner unterliegt auch die lebzeitige Errichtung eines Trusts strengen Restriktionen: Da das deutsche Recht die gespaltene Rechtsinhaberschaft des Trusts nicht zulässt, können beispielsweise in Deutschland belegene Grundstücke, Beteiligungen an deutschen Personengesellschaften und Anteile an Kapitalgesellschaften mit Sitz in Deutschland nicht wirksam auf einen Trust übertragen werden.

Ertragsteuerlich konnten mit einem Trust schon in der Vergangenheit kaum nennenswerte Vorteile erzielt werden. Denn entweder ist der Trust steuerlich als nicht existent anzusehen – dies ist beispielsweise bei einem jederzeit widerruflichen Trust der Fall – oder

Oasen- und Offshore-Gesellschaften

es erfolgt eine Hinzurechnung der Erträge des Trusts unabhängig von den tatsächlichen Ausschüttungen an den Errichter oder die in Deutschland steuerpflichtigen Begünstigten.

Demgegenüber ließ die Möglichkeit, bei der Erbfolge mehrere Generationen quasi zu „überspringen", den Trust vor allem erbschaftsteuerlich äußerst interessant werden. Dem kam zugute, dass die Finanzrechtsprechung schon seit den zwanziger Jahren mangels einer steuergesetzlichen Regelung im Falle unwiderruflich errichteter Trusts, bei denen der Trustee hinsichtlich der Verwendung des Trustvermögens einen bestimmten Ermessensspielraum hatte, von einem aufschiebend bedingten Erwerb durch die Begünstigten ausgegangen ist. Dies, da nach der Systematik unseres Erbschaft- und Schenkungsteuergesetzes nur tatsächlich eingetretene Bereicherungen der Steuer unterworfen werden können.

Mit anderen Worten: Bereichert im Sinne des Erbschaft- und Schenkungsteuergesetzes konnten immer nur die Begünstigten werden, nie jedoch der Trustee, der das Vermögen ja nur fremdnützig verwalten darf.

Wenn nun aber der Vermögensanfall bei den Begünstigten von einer Ermessensentscheidung des Trustee abhängig gemacht wurde, konnte auch bei diesen eine erbschaft- bzw. schenkungsteuerliche Bereicherung erst dann angenommen werden, wenn das Vermögen tatsächlich an sie ausgekehrt wurde. In diesem Sinne aufschiebend bedingt war nach der gefestigten Finanzrechtsprechung damit zwar jede einzelne Zuwendung an die Begünstigten im Laufe mehrerer Jahre, nicht jedoch die Vermögensübertragung auf den Trustee.

Mit Blick auf die Möglichkeit, die Entstehung der Erbschaftsteuer zu verzögern, bestimmt das Erbschaft- und Schenkungsteuergesetz jetzt, dass unter anderem auch die Errichtung so genannter „Vermögensmassen", deren Zweck auf die Bindung von Vermögen gerichtet ist, entsprechend der Errichtung einer rechtsfähigen Stiftung erbschaft- oder schenkungsteuerpflichtig sein soll. Die

Errichtung eines Trusts, der in diesem Sinne als Vermögensmasse anzusehen ist, wenn das in den Trust gegebene Vermögen wirtschaftlich weder seinem Errichter noch den Begünstigten zugerechnet werden kann, wird damit in der ungünstigen Steuerklasse III (Steuersatz zwischen 17 Prozent bei Zuwendung von 100 000 DM und 50 Prozent bei Zuwendung von über 50 Millionen DM) besteuert. Das zumeist gegebene verwandtschaftliche Verhältnis zwischen Settlor und Begünstigten findet – wie auch bei einer Familienstiftung – nur im Rahmen der Auflösung des Trusts Berücksichtigung, indem hier diejenige Steuerklasse zur Anwendung gebracht wird, die im Falle einer unmittelbaren Zuwendung vom Errichter an den Treubegünstigten einschlägig wäre. Und anders als bei Stiftungen sollen auch Zuwendungen an so genannte Zwischennutzungsberechtigte – jene Begünstigte, die bereits vor Auflösung des Trusts an dessen Erträgen teilhaben können – steuerpflichtig sein.

Mit dem erklärten Ziel des Gesetzgebers, „Steuerschlupflöcher" zu schließen, unterliegt damit das in einen Trust gegebene Vermögen durch das Steuerentlastungsgesetz jetzt im Ergebnis dreimal der Besteuerung.

10. Schweizerisch-Liechtensteiner Tarnsystem für Fluchtgelder

Bekanntlich bildet die Schweiz mit dem Fürstentum Liechtenstein eine Währungsunion. Gleichzeitig hat Liechtenstein aber ein eigenes Gesellschaftsrecht zur versteckten Anlage von Vermögen. Daraus ergeben sich Möglichkeiten für Transfer und Anlage illegaler Gelder.

Hauptziel von Kapitalflüchtlingen ist es, Vermögenswerte dem Zugriff des Fiskus zu entziehen. Dabei soll der Heimatstaat das zur

Oasen- und Offshore-Gesellschaften

Seite geschaffte Kapital nicht mit dem „Spender" und seinem tatsächlichen Eigner in Verbindung bringen können. Dazu eignet sich die Übertragung der Vermögenswerte auf eine juristische Person – beispielsweise auf eine Stiftung liechtensteinischen Rechtsverständnisses. Im Gegensatz zur Stiftung nach deutschem und auch schweizerischem Recht kann die Liechtensteiner Stiftung jederzeit aufgelöst werden. Auch darf der Stifter sich selbst begünstigen und als einziges Entscheidungsorgan der Stiftung fungieren, also mit dem Stiftungsvermögen machen, was er will. Hinzu kommt, dass jegliche amtliche Stiftungsaufsicht fehlt.

Ein Kapitalflüchtling (Spender) tritt bei der Stiftung nun nicht als „Stifter" in Liechtenstein in Erscheinung, sondern überträgt den „Stiftungs"-Auftrag einem dort ansässigen Treuhänder oder einem Schweizer Berufsgeheimnisträger (Anwalt, Treuhänder, Notar). Dadurch wird sichergestellt, dass weder der „Stifter"-Name noch der Empfänger-Name in der „Stiftungs"-Urkunde in Erscheinung tritt. Eine echte Stiftung trennt dagegen den Stifter von seinem Vermögen und garantiert nur dem Nutzer den Genuss aus dem Stiftungsvermögen. Da die so genannte „nicht kaufmännisch tätige Stiftung" in der Regel nicht im Öffentlichkeits-Register eingetragen wird, bleiben Stifter und Empfänger damit sowohl gegenüber Gläubigern und Angehörigen (Erben), als auch gegenüber ausländischen Finanzbehörden geheim. Denn Auskünfte kann nur bekommen, wer auch „ein berechtigtes Interesse" nachweisen kann. Die nur „hinterlegte Stiftung" ist nicht buchführungspflichtig. Damit entfällt die Pflicht zur Vorlage von Bilanzen bei der liechtensteinischen Steuerbehörde und zur Bestellung einer Kontrollstelle. Diese gesellschaftsrechtliche Konstruktion ist damit als „Geldversteck" gleichsam „luft- und wasserdicht".

Ähnlich „sicher" ist eine Offshore-Stiftung. Dazu gründet der ausländische Kapitaleigner in Zusammenarbeit mit einer Bank und/oder Treuhandgesellschaft in der Schweiz oder Liechtenstein und/oder einer dort ansässigen und der beruflichen Schweigepflicht unterworfenen Person (Anwalt, Treuhänder, Notar) eine dem Liechtensteiner Gesellschaftsrecht unterliegende Körperschaft mit bloßem juristischen Sitz in Liechtenstein. Im Namen dieser Offshore-Körperschaft (nicht eingetragene Stiftung, Trust, Anstalt, Holding, Treuunternehmen, Gesellschaft ohne Persönlichkeit, Treuhänderschaft) werden dann Konten bei einer Liechtensteiner oder Schweizer Bank eröffnet. Bei allen nachfolgenden Banktransaktionen wird ein von der Bank vorgeschlagener „Treuhänder" alle Banktransaktionen durchführen. Durch Einsatz solcher Briefkastenfirmen kann jede gewünschte bzw. benötigte Anzahl von Untergesellschaften gegründet werden. So lassen sich die Aktivitäten auffächern, wobei die Verteilung der Finanzmittel getarnt bleibt. Bei vielen bedeutenden Vermögen, die in Offshore-Länder einschließlich Liechtenstein und die Schweiz überführt werden, wird so verfahren, natürlich auch mit Hilfe von „Sitz-Gesellschaften" in anderen Offshore-Staaten.

11. Gesellschaftsgründung über Luxemburger Bank

Neuerdings können Holdings in Luxemburg auch als Treuhandgesellschaften gegründet werden. Das nutzen viele Banken, indem sie ihren Kunden einen Treuhandservice anbieten, den sie dann über die Kanalinseln abwickeln.

Soll der Eigentümer einer Holdingsgesellschaft anonym bleiben, bieten die Banken in Luxemburg folgende Dienste an: Der spätere Eigentümer einer zu gründenden Holdinggesellschaft hinterlegt bei der Bank ausreichende Eigenmittel, um später das Aktienkapital der zu gründenden Holding zu erwerben. Die Bank zeichnet anschließend mit eigenen Mitteln das Aktienkapital der zu gründenden Gesellschaft und erscheint im öffentlichen Anzeiger sowie in der notariellen Urkunde als Gründer. Nachträglich überträgt die Bank die Aktien der Holding in Form von Inhaberzertifikaten an den eigentlichen Eigentümer gegen Zahlung.

12. U.S. Corporation

Für Ausländer kommt von allen US-amerikanischen Unternehmensformen wegen ihrer juristischen und wirtschaftlichen Vorteile nur die Corporation in Frage. Sie ähnelt der AG und hat die Möglichkeit, Aktien (Shares) auszugeben. Dabei gibt es folgende Corporationsformen, deren Wahl von steuerlichen und rechtlichen Erwägungen des Gründers abhängt:

- C-Corporation: Das Einkommen wird von der Corporation versteuert.
- Sub-S Corporation: Das Einkommen wird von den Aktionären versteuert.
- Professional Corporation: Für Angehörige der freien Berufe wie Anwälte oder Ärzte.
- Close Corporation: Beschränkte Anzahl von Aktionären.
- Open Corporation: Unbeschränkte Anzahl von Aktionären.
- Public Corporation: Aktien dürfen an der Börse gehandelt werden.
- Non-Profit-Corporation: Gesellschaft darf keine Gewinne erzielen.

Für Nicht-Amerikaner sind von diesen Corporationsformen jedoch nur folgende erlaubt:

- Close Corporation, gleichzeitig C-Corporation: Sie ist nur für kleine Unternehmen mit wenigen Eigentümern zu empfehlen, da unter anderem die Aktien nicht weiterverkauft werden dürfen, ohne sie zuerst den anderen Aktionären anzubieten.
- Open Corporation, gleichzeitig C-Corporation: Aktien können ohne Beschränkung weiterverkauft werden, allerdings an nicht mehr als 35 Investoren innerhalb der USA. Es be-

U.S. Corporation

steht die Möglichkeit, Stimmrechts- und Vorzugsaktien auszugeben. Diese Gesellschaftsform ist Voraussetzung für einen eventuellen Einstieg in den Börsenmarkt.

- Public Corporation: Diese Gesellschaftsform eignet sich nur für sehr große Kapitalisierungen, wobei Aktien nicht nur an eine kleine Gruppe von Investoren, sondern auch durch Börsenmakler über eine der US-Börsen platziert werden können. Hierfür ist eine Börsengenehmigung der Securities & Exchange Commission (SEC) erforderlich.

Wie U.S. Corporations steuermindernd eingesetzt werden können – dazu ein Informationsauszug der U.S. Corporation Services, Inc. Roseville, California 95661/USA:

„Unsere Empfehlungen dienen nicht der Steuerhinterziehung, sondern lediglich der völlig legalen Steuerminderung. Hierzu ist es notwendig, dass die U.S. Corporation nicht nur eine Briefkastengesellschaft, sondern eine juristisch korrekt konzipierte, im Handelsregister des jeweiligen U.S. Bundesstaats eingetragene Firma mit U.S. Steuernummer, U.S. Telefonnummer, U.S. Straßenadresse (nicht P.O.Box), U.S. Bankverbindungen und einem U.S. Direktorium ist. Wenn diese Voraussetzungen bestehen, gibt es viele interessante Möglichkeiten zur Steueroptimierung:

- Beispielsweise könnte die U.S. Corporation dazu benutzt werden, aus den USA Rechnungen an Ihre Kunden auszustellen. Die Corporation kassiert dann die Rechnung und zahlt ihrer Firma in Europa gerade genug, um Ihnen einen minimalen Nettogewinn zu erlauben. Der Hauptgewinn wird dann von der Corporation zu den günstigen U.S.-Steuersätzen versteuert.

- Eine andere Möglichkeit, Steuern zu sparen, besteht, wenn Sie Ihre Corporation als Lieferanten benutzen. Die Corporation kauft einen Teil Ihrer Waren, Güter oder Dienstleistungen von Ihren bisherigen Lieferanten und verkauft sie für einen derartigen Preis an Sie weiter, dass Ihnen zu Hause nicht viel steuerpflichtiger Profit beim Wiederverkauf bleibt.

In allen diesen Fällen hat nur die U.S. Corporation einen Gewinn gehabt, welcher dann hier zu den niedrigeren U.S.-Steuersätzen versteuert wird. Ein weiterer Vorteil ist, dass man von den U.S. Steuerbehörden nur drei Jahre für eine normale Steuerprüfung erfassbar ist (nicht zehn Jahre, wie in Europa).

Oasen- und Offshore-Gesellschaften

- Beim Verkauf von Immobilien kann man die Versteuerung des Gewinns vermeiden. Hierfür gründet man eine U.S. Holding, also eine Muttergesellschaft, und für jede Immobilie eine Tochter-Corporation (das lohnt sich natürlich nicht beim Verkauf von Gartenlauben). Die Immobilie wird vor dem Verkauf im Grundbuch auf den Namen der Tochter-Corporation eingetragen. Dies ist sogar im deutschen Grundbuch möglich, wo das Finanzamt nach Sicherstellung der Grunderwerbsteuer verpflichtet ist, die Unbedenklichkeitsbescheinigung zu erteilen (vgl. BFH, Beschl. vom 12. 6. 1995 = RIW 1996, 85 ff). Beim Weiterverkauf geschieht im Grundbuch gar nichts, weil nicht die Immobilie, sondern die Corporation verkauft wurde. Auch passiert steuerlich nichts, weil das Geld für den Verkauf von der U.S.Mutter-Corporation eingestrichen wurde.

- Auch ist in den USA eine U.S. Corporation bei Immobilienverkäufen von der Quellensteuer, die normalerweise auf von Ausländern getätigte Immobilienverkäufe erhoben wird, befreit.

Es gibt also schon viele Möglichkeiten, mit einer U.S. Corporation Steuererleichterungen zu realisieren, nur muss es richtig – und natürlich auch legal – angepackt werden.

- Falls man auch die U.S. Besteuerung mindern will, besteht sogar hierfür eine Möglichkeit durch Nutzung einer Offshore Holding Corporation."

Natürlich klappt all dies nur, wenn aus den von den Anwälten der U.S. Corporation Services, Inc. „aufgesetzten Corporationsdokumenten juristisch hieb- und stichfest hervorgeht, dass der für die Geschäftsleitung maßgebende Wille innerhalb der USA entstanden ist. Dies setzt allerdings auch voraus, dass die Corporation ihre Firmenadresse mit eigenem Telefonanschluss in den USA hat. Hat sie das nicht, kann das möglicherweise unangenehme Folgen haben. (So wurde vor kurzem durch das Oberlandesgericht Düsseldorf dem deutschen Besitzer einer Delaware Corporation der Schutz seiner Corporation analog des Paragraphen 11 Abs. 2 GmbHG, Abs. 1 Satz 2 AktG aberkannt und er für die Tätigkeiten der Corporation persönlich haftbar gemacht, weil seine Corporation keine im U.S. Telefonbuch eingetragene Telefonnummer und Adresse hatte (OLG Düsseldorf, Urteil vom 15. 12. 1994 -6U 59/94)."

Derartige Schwierigkeiten können natürlich durch das Einschalten beispielsweise der U.S. Corporation Services, Inc. vermieden werden. Doch deren Anwälte lassen sich das teuer bezahlen. Ganz abgesehen davon, dass die propagierten steuermindernden Beispiele auch den hiesigen Finanzbeamten mittlerweile bekannt sein dürften.

13. Wie aus Steuervorzügen Steuerfallen werden

Trusts und ausländische Familienstiftungen versprechen insbesondere alternden Vermögenden die Möglichkeit, ihr schwer verdientes Vermögen langfristig zusammenzuhalten und vor der Unvernunft der Nachfahren zu schützen. Mehr noch: Seinen eigenen Willen glaubt der Gründer eines Trusts oder einer ausländischen Stiftung in diesem verselbstständigten Vermögen über seinen Tod hinaus durchsetzen zu können. Doch dem Trend zu Trusts und ausländischen Stiftungen muss man die deutsche Steuerrealität entgegensetzen.

Im anglo-amerikanischen Raum hat der Trust seine feste Verankerung. Er ist dort notwendig, um die sonst stattfindende Übertragung der Verfügungsmacht auf einen amtlich bestellten Trustee und die damit verbundene Publizität zu verhindern. Die Grundkonstellation ist dabei, dass der Trust-Errichter, der Settlor, Vermögen auf eine andere juristische Person, den Trust, überträgt. Der Trust soll dieses Vermögen mehren beziehungsweise die Erträge an eine dritte Person oder mehrere Personen, die Beneficiaries, ausschütten.

Richtig ist, dass der Trust ein flexibles Organisationsmittel ist. Wenn der Settlor es so bestimmt, kann er zu seinen Lebzeiten frei schalten und walten. Beim unwiderrufbaren Trust und nach dem Tod des Gründers geht diese Freiheit jedoch auf den ausländischen Trustee über, in der Regel ein Anwalt oder Treuhänder. Die Beneficiaries werden dann entmündigt und haben nur noch sehr wenig oder gar nichts mehr zu sagen.

Trust-Vorteile

- Flexible Organisation der Verwaltung des Vermögens zu Lebzeiten und nach dem Tod.
- Rechtliche Abschirmung vor Pflichtteils- und Zugewinnansprüchen von Kindern und Ehepartnern.
- Steuervorteile bei der Einkommen-, Vermögen- und Erbschaftsteuer, insbesondere in der Vermögensnachfolge.

Oasen- und Offshore-Gesellschaften

Ähnliche Verfügungsbeschränkungen für Erben lassen sich aber auch im deutschen Recht erreichen, durch Vollmacht, Treuhand, Gesellschaftsvertrag oder Testamentsvollstreckung. Hier, genauso wie bei einer Auslandsstiftung oder einem Trust, gilt aber: „Trau keinem Treuhänder." Denn kommt es bei dieser Fremdbestimmung zu Unterschlagungen, was erfahrungsgemäß immer wieder passiert, müssen der Settlor und die Beneficiaries ihr Recht am Standort des Trusts bzw. der Stiftung suchen – vielfach in weit entfernten Ländern. Dort scheitern sie fast regelmäßig.

Auch die Vorzüge dieser Gesellschaftsformen auf rechtlichem und steuerlichem Gebiet sind in Deutschland kaum zu realisieren. Im Gegenteil, sie verkehren sich hier zu Lande meist in Nachteile, in Steuerfallen.

Eine ausländische Stiftung beziehungsweise ein Trust werden nach deutschem Zivilrecht umgedeutet. So wurde beispielsweise die Trust-Bestellung vom Bundesgerichtshof als Treuhandvereinbarung interpretiert. Genauso kann ein Nachlass-Trust in eine Dauertestamentsvollstreckung umgedeutet werden. Wer also eine ausländische Stiftung oder einen Trust über deutsches Vermögen errichtet, riskiert, dass diese von deutschen Gerichten später völlig anders behandelt werden, als der Stifter es sich ursprünglich gedacht hat.

Damit stellt ein Trust über deutsches Vermögen auch keinen Schutz gegen Zugewinnausgleichs- und Pflichtteilsansprüche dar. Die Folge: Trotz der Errichtung des Trusts wird nach deutschem Zivilrecht das deutsche Vermögen weiterhin dem Trust-Errichter zugerechnet.

Ausgeklügelte Konstruktionen werden dann schnell wirkungslos. Hat etwa der Erblasser zu seinen Lebzeiten einen Trust zugunsten seiner Lebensgefährtin errichtet, so können verlassene Ehegatten und Kinder Zugewinn- und Pflichtteilsansprüche hinsichtlich des Trust-Vermögens mindestens noch zehn Jahre geltend machen. Das gilt auch für ausländische Stiftungen. Der Trust-Errichter und

Wie aus Steuervorzügen Steuerfallen werden

die Beneficiaries müssen in Deutschland Einkommen- und Erbschaftsteuer zahlen. So, als ob es den Trust bzw. die Stiftung nicht geben würde.

Von einem umfassenden Schutz des Vermögens kann also keine Rede sein. Das gilt auch für deutsche Staatsangehörige im Ausland. Denn nach deutschem Privatrecht bestimmt die Staatsangehörigkeit das auf den Nachlass anzuwendende Erbrecht.

Deshalb treten für in Deutschland unbeschränkt steuerpflichtige Personen auch die vielfach erhofften steuerlichen Vorteile des Trusts bzw. der Stiftung nicht ein. Nach deutschem Steuerrecht ist entscheidend, ob die Finanzgerichte den Trust bzw. die Stiftung als selbstständiges Rechtssubjekt einordnen oder als Treuhandschaft ansehen. Werden sie als Treuhandschaft angesehen, so wird das Vermögen weiterhin dem Errichter des Trusts bzw. der Stiftung zugerechnet. Vorteile bei der Einkommen- oder Erbschaftsteuer sind dann nicht zu realisieren.

Wird dagegen ein Trust als selbstständige Rechtspersönlichkeit angesehen, wie es der Bundesfinanzhof für einen Jersey- und einen US-Trust getan hat, so wird er wie eine ausländische Familienstiftung behandelt. Dann wird den inländischen Begünstigten das Einkommen des ausländischen Trusts zugerechnet, und zwar auch dann und in voller Höhe, wenn an die Begünstigten nach den starren Trust-Regeln nur die Hälfte ausgeschüttet wird.

Besonders ärgerlich wird es dann bei der deutschen Erbschaftsteuer, weil die Vermögenszuführung an den Trust in der Steuerklasse III zum Beispiel bei 5 Millionen EUR mit 35 Prozent besteuert wird.

Nun könnte man auf die Idee kommen, dass sich alle mit diesen Gesellschaftsformen angepriesenen Vorteile in Deutschland noch erreichen ließen, wenn der Gründer den Trust gegenüber der Familie und dem Fiskus verschweigt. Eine höchst gefährliche Taktik. Man begibt sich damit sehr schnell in den strafbaren Bereich. Und die Erfahrung zeigt immer wieder, dass „gierige" Erben, „sitzen

Oasen- und Offshore-Gesellschaften

gelassene" Ehefrauen, „verschmähte" Freundinnen und der Fiskus irgendwie doch von dem ausländischen Schatz erfahren.

Meist stellt sich dann heraus, dass vom Trustee in der vermeintlichen Sicherheit des vor den deutschen Finanzbehörden verborgenen Vermögens zusätzliche Steuerbelastungen kreiert wurden, etwa durch Teilung der Stiftung. Statt der erhofften Steuervorteile kann man dem deutschen Fiskus das Vermögen dann auch gleich ganz übereignen – die strafrechtlichen Folgen noch unberücksichtigt.

Sinnvoll kann der Trust nur in einer Konstellation sein: Ein Ausländer, der einen Inländer begünstigen will, legt sein ausländisches Vermögen in einem ausländischen Trust an und erzielt damit einen Stundungseffekt bei der Erbschaftsteuer.

Von allen anderen Konstruktionen ist abzuraten, auch wenn viele Trust-/Stiftungs-Verkäufer das gern anders darstellen. Sie sind meist perfekt mit dem eigenen Trust-/Stiftungsrecht und den steuerlichen Folgen in ihrer Steueroase vertraut. Das deutsche Zivil- und Steuerrecht kennen sie allerdings meist nicht. Sie unterlassen auch leichtfertig diesbezüglich notwendige Nachfragen. Auf jeden Fall werden sie zu ihrer eigenen Sicherheit die Haftung für deutsche Rechts- und Steuerfolgen ausschließen.

> Wer aber bereits in einem Trust oder in einer ausländischen Familienstiftung festsitzt, sollte ernsthaft prüfen, diese gegebenenfalls mit Hilfe der Finanzverwaltung aufzulösen. Das gilt auch für ausländische Familienstiftungen, die in Wirklichkeit meistens Treuhandverhältnisse sind.

14. Mit Auslandsgesellschaften Steuern sparen

Was bei international operierenden Konzernen gängige Praxis ist, ist auch für mittelständische Unternehmen möglich. Denn die Prinzipien zum „internationalen Steuersparen" sind nicht kompliziert. Zielvorgaben sind dabei:

- Gewinne dort anfallen zu lassen, wo sie auf Grund der geltenden DBA niedrig besteuert werden.
- Im Zusammenhang damit womöglich auch in den betreffenden Ländern gewährte staatliche Subventionen für die betreffenden Investitionen mitzunehmen.
- Die Kosten in dem Land anfallen zu lassen, in dem die Steuerbelastung am höchsten ist.

Möglich wird dies durch eine dezentrale Organisation des Unternehmens. Die Produktion sollte also beispielsweise dort erfolgen, wo die Lohnkosten und die Steuern niedrig sind. Eine Lizenzgesellschaft sollte dort etabliert werden, wo Lizenzgebühren nicht besteuert werden. Umgekehrt wirkt sich beispielsweise die Zahlung von Lizenzgebühren an eine ausländische Lizenz(tochter)gesellschaft für das (Mutter-)Unternehmen mit Sitz in einem Hochsteuerland als Betriebsausgabe gewinnmindernd aus.

Produktionsgesellschaft im Ausland

Soll die Produktion auf ein neu gegründetes, ausländisches verbundenes Unternehmen verlagert werden, müssen Unternehmer darauf achten, dass ihre Auslandsgesellschaft eine unabhängige Marktposition mit eigenen Marktchancen erhält. Denn wird nur der Produktionsprozess ausgelagert, während die inländische Muttergesellschaft Eigentümerin der wesentlichen immateriellen Wirtschaftsgüter (Patente, Know-how, Warenzeichen, Markenrechte) bleibt und auch weiterhin die wesentlichen Funktionen (Finanzie-

Oasen- und Offshore-Gesellschaften

rung, Materialbeschaffung, Gewährleistung) und Risiken behält, liegt – steuerlich gesehen – lediglich eine „verlängerte Werkbank" vor. Konsequenz: Die ausländische Produktionsgesellschaft darf gegenüber der inländischen Muttergesellschaft nur einen „Cost-Plus"-Preis berechnen. Zur Vermeidung einer „verlängerten Werkbank" muss deshalb auf eine ausreichende Selbstständigkeit der ausländischen Produktionsfirma geachtet werden. Auch sollten nicht nur die Muttergesellschaft, sondern auch fremde Abnehmer beliefert werden. Ist aber eine ausreichende Selbstständigkeit dokumentiert, muss der deutsche Fiskus den „angemessenen Fremdvergleichspreis" anerkennen.

Lizenzgesellschaft in Niedrigsteuerländern

Nach den meisten DBA sind Einkünfte aus Lizenzzahlungen am Sitz der Lizenzgesellschaft zu versteuern. Die Lizenzgesellschaft muss dann nur noch beim Bundesamt für Finanzen vorstellig werden und die Freistellung der Lizenzgebühren vom Steuerabzug nach § 50a Abs. 4 EStG beantragen. Als Sitz für Lizenzgesellschaften hat sich in den letzten Jahren häufig die Niederlande angeboten. Dabei ist es dann in der Regel so, dass eine die Hauptlizenz vergebende Gesellschaft beispielsweise auf den Niederländischen Antillen, der Isle of Man oder in einer anderen Steueroase residiert. Die Hauptgesellschaft vergibt die Lizenz an die niederländische B.V., welche dann wiederum Unterlizenzverträge mit den inländischen, die Lizenz vermarktenden Gesellschaften schließt. Insbesondere über die so genannte „Antillen-Route" kann auf diese Weise die Ertragsteuerbelastung auf unter 2 Prozent gedrückt werden.

Grundstücksgeschäfte in Deutschland über eine Auslandsgesellschaft

Durch Kauf- und Verkaufsabwicklung deutscher Immobilien über eine Auslandsgesellschaft lassen sich hier zu Lande unter anderem die steuerlichen Nachteile eines „gewerblichen Grundstückshandels" vermeiden. Zwei Vorgehensweisen sind üblich: Die im Aus-

Mit Auslandsgesellschaften Steuern sparen

land ansässige Gesellschaft erwirbt direkt die deutsche Immobilie. Zur späteren Veräußerung werden die Anteile an der Auslandsgesellschaft bei einem ausländischen Notar übertragen. Das deutsche Grundbuch bleibt in diesen Fällen unverändert, das Finanzamt erfährt vom Eigentümer-Wechsel nichts. Der Versuch der Finanzverwaltung, die Eintragung der Auslandsgesellschaften in deutschen Grundbüchern zu verhindern, scheiterte an der Rechtsprechung (BFH, Beschl. v. 12.6.1995 - 2 S /95 -, BStBl. II 1995, 605; OLG Hamm, Beschl. v. 18.4.1994 - 15 W 208/94 -, DB 1995, 137). Die andere praktizierte Möglichkeit besteht darin, dass eine deutsche GmbH die Immobilie erwirbt, wobei die GmbH-Anteile von einer Auslandsgesellschaft gehalten werden. Diese Alternative wird meist gewählt, um Probleme bei der Eintragung der Auslandsgesellschaft ins deutsche Grundbuch zu umgehen.

Firmensitz in Irland

Gesellschaften mit Sitz in den irischen „Dublin Docks" sind nach einem Urteil des BFH „kein steuerlicher Gestaltungsmissbrauch". Folge: Die Steueroase Dublin Docks bleibt mit ihrem Körperschaftsteuersatz von 10 Prozent für die Ansiedlung von Gesellschaften interessant. Eine überlegenswerte Alternative zu den 25 Prozent (zzgl. GewSt sogar 37,5 Prozent) hier zu Lande. (BFH 19.1.1999, AZ I R 94/97, FR 2000, 453)

Nutzer von Auslandsgesellschaften müssen ein stabiles Nervenkostüm besitzen, denn die Finanzbeamten denken beim Auftauchen einer Oasengesellschaft sofort an Steuerhinterziehung und schalten die Steuerfahndung ein. Auf Grund der normalen zeitlichen Verzögerung des Besteuerungsverfahrens vom tatsächlichen Geschäftsvorfall bis zur Betriebsprüfung befasst sich das Finanzamt mit den Geschäften oft erst Jahre später. So mancher Steuerpflichtige fällt daher aus allen Wolken, wenn erst vier oder fünf Jahre später die Steuerfahndung kommt.

Oasen- und Offshore-Gesellschaften

Andererseits sind dann manch hartnäckige Steuersünder einfach nicht mehr aufzuspüren. Wenn die Auslandsfirma dann auch noch liquidiert oder aufgelöst ist, haben die Fahnder kaum noch Anhaltspunkte dafür, wer hinter der Gesellschaft gestanden hat und was mit der Gesellschaft tatsächlich passiert ist.

Bei der effektiven Verlagerung von Geschäften ins Ausland lässt der Fiskus seine Steuerbürger nicht ungeschröpft ziehen. Beim Übergang von Kapital und Rechten an Auslandsgesellschaften konstruiert die Finanzbehörde gerne eine Entnahme mit voller Einkommen- bzw. Körperschaft- und Gewerbesteuerpflicht. Das gilt auch für immaterielle Wirtschaftsgüter wie Patente, Marken-, Verlags-, Belieferungs- oder Optionsrechte etc. Ziel dieser Ausreisesteuer sind die stillen Reserven, die aufgedeckt werden müssen.

Ein großes Schlupfloch: Grenzüberschreitende Umwandlung

Multinationale Konzerne zeigen, wie man um den Standort Deutschland steuerlich einen großen Bogen macht: § 23 UmwStG heißt die Zauberformel. Sie ist Ergebnis der EU-Fusionsrichtlinie. Deren Grundidee: Unternehmen sollen sich im Binnenmarkt ohne Steuerhürden zusammenschließen können.

Dieser Weg steht allerdings nur Kapital-, nicht aber Personengesellschaften offen. Letztere müssen also vorher umgewandelt werden. Aber dann kann es losgehen. Wichtig ist nur noch, dass die ausländische Gesellschaft unmittelbar die Mehrheit der Stimmrechte an der deutschen Gesellschaft hat. Sonst schlägt der Fiskus zu!

Dieser Weg ist allerdings nur ein Aufschub der Reservenbesteuerung. Der Fiskus greift zu, wenn die übertragenen Aktiva versilbert werden. Auch ein späterer Verkauf der Anteile ist wieder steuerpflichtig.

Optimale Standorte für die aufnehmende Gesellschaft sind Großbritannien (Körperschaftsteuersatz 31 Prozent) und die Niederlande (35 Prozent). Paradebeispiele sind die Konzerne UNILEVER und der schwedische Möbelhersteller IKEA, die in die Niederlande abgetaucht sind. Darüber hinaus kann durch die Etablierung einer vorgeschalteten Holding auf den Niederländischen Antillen erreicht werden, dass die Steuersätze für die Vergabe von weltweiten Patenten, Lizenzen, Konzerndarlehen etc. auf bescheidene effektive 0,8 Prozent weiter abgesenkt werden.

15. Was den Steuerbürger bei Oasengeschäften erwartet

Vor 25 Jahren hat der Gesetzgeber durch das Außensteuerreformgesetz die Durchgriffsbesteuerung für passive Oasengesellschaften angeordnet. Seitdem hat der Steuerbürger eine besondere Mitwirkungspflicht bei Auslandssachverhalten – mit einer Umkehr der Beweislast zu Lasten des Steuerpflichtigen. Eine Verfahrensvorschrift, die sich im Einzelfall als schwer zu überwindendes Hindernis herausstellt.

Die Rechtsprechung des Bundesfinanzhofs hat die Missbrauchstatbestände für den Außensteuerbereich in den letzten Jahren normiert – beispielsweise mit der Nichtanerkennung von Domizilgesellschaften und Verfahrenslasten im Außensteuerrecht zugunsten der Finanzverwaltung verschoben: Formale Hindernisse gegen den – durch die EU erweiterten und in der Praxis verstärkten – internationalen Auskunftsaustausch sind weggefallen.

In den vergangenen Jahren sind zudem die Missbrauchsregeln bei den Kapitalertragsteuern von Ausländern gesetzlich konkretisiert worden. Domizilgesellschaften in Oasen haben demnach keine Chancen auf Erstattung der Kapitalertragsteuer von Zinsen und Lizenzen, wenn sie die ihnen zugeschriebenen Funktionen nicht

Oasen- und Offshore-Gesellschaften

selbst ausfüllen können. Dies hat die Connection Niederlande – Niederländische Antillen in eine Steuerfalle verwandelt.

Dies alles scheint an vielen deutschen Steuerpflichtigen und ihren ausländischen Beratern vorbeigegangen zu sein. Auch die etatmäßigen inländischen Steuerberater interessieren sich offensichtlich in vielen Fällen nicht genügend für diese Gefahren – selbst dann nicht, wenn ihre Mandanten damit ein Vermögen riskieren.

Dabei sollten bei ihnen eigentlich die Klingeln schrillen, wenn der Steuerpflichtige Beziehungen zu Oasenländern unterhält, wenn er mit Treuhandverhältnissen jongliert oder wenn er im Verhältnis zu Oasenländern wirtschaftlich objektiv kaum einsichtige Konstruktionen nutzt. Denn eigentlich braucht der Steuerberater ja nur das Vorgehen der Betriebsprüfer am konkreten Fall nachzuvollziehen:

- Der fragt den deutschen Steuerbürger zunächst nach dem konkreten Niederlassungsort der ausländischen Firma. Nehmen wir als Beispiel die Schweiz. Aus dem Regionenbuch holen Betriebsprüfer dann für diese Firma den handelsrechtlichen Domizilvermerk („c/o" oder „bei") heraus, der nach den Schweizerischen Handelsamtregistervorschriften anzeigt, dass diese Gesellschaft gar kein eigenes Büro unterhält.

- Die nächste Frage gilt den in der Firma tätigen Verwaltungsräten. Diese lassen sich leicht aus dem alphabetischen Handbuch der Verwaltungsräte heraussuchen. Und, siehe da, meist sind sie Multifunktionäre, die keiner aktiven Geschäftsführertätigkeit nachgehen.

- Weiter wird geforscht, ob die Gesellschaft kundiges Personal beschäftigt, das in der Lage ist, den offiziellen Gesellschaftszweck zu erfüllen; ob beispielsweise Marketingfachleute bei einer Marketinggesellschaft beschäftigt sind. In den meisten Fällen lautet das Ergebnis hier: Fehlanzeige.

Was den Steuerbürger bei Oasengeschäften erwartet

- Die Finanzverwaltung in Frankfurt/Main sammelt zusätzlich Material, das die typischen Maschen einzelner inländischer und ausländischer Berater aufzeigt und so zum Risikofaktor mit Dominoeffekt für deren Klienten wird.

- Der nächste Schritt der deutschen Finanzverwaltung bei der Aufklärung von solchen so genannten Auslandssachverhalten ist die Einholung einer internationalen Handelsauskunft. Diese kommt regelmäßig mit Bemerkungen wie „Domizilgesellschaft", „Auskünfte werden verweigert", „keine eigenen Angestellten" zurück. Auch das gibt ein schwaches Bild für den Steuerpflichtigen ab. Insbesondere dieser Ermittlungsweg und die Frage nach der kompetenten Geschäftsführung scheinen die Künstler-Konstruktionen über die Niederlande und die Antillen aufzubrechen.

- Oft führt der Steuerpflichtige Anteilseigner oder Einheimische an, die einen normalen Geschäftszweck vortäuschen sollen. Die Existenz dieser Personen wird von der Finanzverwaltung mit einem ausführlichen standardisierten Fragebogen nach den Treuhandverhältnissen und anderen feinsinnigen Umwegkonstruktionen penetrant überprüft. Die Antworten sorgen selten für Entlastung.

- Auch die in der Not als Letztes vorgelegten Bilanzen sowie Gewinn- und Verlustrechnungen der Oasengesellschaften sind für die Finanzbeamten in vielen Fällen sehr aufschlussreich. Häufig zeigt ein Blick auf die Aufwandseite, dass der Steuerpflichtige besonders „sparsam" ist.

- Manchmal fallen nicht einmal Telefonkosten in diesen Gesellschaften an. Und auf der Ertragsseite ergibt sich oft genug, dass die ausländische Gesellschaft – voller Misstrauen – nur mit dem Steuerpflichtigen selbst und niemandem sonst Geschäfte macht.

- Nervös geworden durch die Nachforschungen, kappt mancher Steuerpflichtige die Wirtschaftsbeziehungen zur Steu-

Oasen- und Offshore-Gesellschaften

eroase – ein Vorgehen, das jeder unabhängige Dritte bei einem solch lukrativen Geschäft niemals hingenommen hätte: ein weiterer Sargnagel.

Aber auch legale Gestaltungen, die an den Bestimmungen des Außensteuergesetzes ausgerichtet wurden, sind bei allen beteiligten Steuerverwaltungen außerordentlich streitanfällig. Das gilt für internationale Verrechnungspreise genauso wie für ausgelagerte Finanzierungsinstitute.

Oft fehlt es bei diesen Konstruktionen an der notwendigen Überwachung durch Sachverständige. Die Folge ist, dass aus einstmals aktiven Gesellschaften durch Zinseinkünfte infolge Gewinnthesaurierung passive Auslandsgesellschaften werden. Weil sie dann diese Einkünfte nicht innerhalb von fünf Jahren ausgeschüttet haben, werden diese sowohl bei Thesaurierung als auch bei Ausschüttung voll in Deutschland besteuert (bis zu 100 Prozent).

Gewinnverlagerungen ins niedrig besteuernde Ausland geschehen meist aus Gefühlsaufwallungen. Werden die Gewinne zum Anteilseigner zurückgeholt, erhöhen sie letztlich die laufende Gesamtsteuerlast erheblich, provozieren zusätzlich vorzeitige Gewinnrealisierungen ohne Liquiditätszufluss, führen zu einem erhöhten Verwaltungsaufwand und sind häufig kaum zurückzudrehen.

> Internationale Geschäftsbeziehungen setzen eine sorgfältige Spezialberatung und eine sorgfältige laufende Dokumentation voraus. Das sollte allein schon deshalb geschehen, um nicht unnötig mit dem Fiskus aneinander zu geraten. Denn die Dunkelheit hinter der Grenze ist für die deutsche Finanzverwaltung heute so dunkel gar nicht mehr!

16. Was Sie beim Einsatz einer Offshore-Gesellschaft beachten sollten

In den Steueroasen sind heute rund 10 Billionen US-Dollar geparkt. Allein die Deutschen haben in den letzten Jahren über 980 Milliarden EUR dort hingeschafft. Um beim „Parken" von Vermögenswerten im Ausland die Anonymität sicherzustellen, werden häufig Offshore-Gesellschaften zwischengeschaltet.

Doch nicht jede Oasengesellschaft ist die Richtige. Denn bei dem, was beispielsweise in den Wochenendausgaben der Zeitungen häufig an „Firmen" mit Sitz in einer Oase angeboten wird, handelt es sich um „Briefkastenfirmen", die vom deutschen Fiskus steuerlich nicht anerkannt werden. Und der vermutet immer dann eine Briefkastengesellschaft, wenn der Sitz ein Niedrigsteuerland (Ertragsteuerbelastung unter 30 Prozent) ist, es keine plausiblen wirtschaftlichen Gründe für die Einschaltung einer solchen Gesellschaft gibt, der Gesellschaft Personal und Ausstattung fehlen und die Geschäfte der Gesellschaft nachweisbar vom Inland aus und nicht im Ausland geführt werden. Im Zweifelsfall muss der Steuerpflichtige den Gegenbeweis antreten. Dann helfen nur Belege über tatsächlich abgewickelte Geschäfte, Mietverträge, Arbeitsverträge und Protokolle, die dokumentieren, dass alle wesentlichen kaufmännischen und gesellschaftsrechtlichen Schritte am Auslandssitz der Gesellschaft entschieden wurden.

Wer aber mit einer Offshore-Gesellschaft arbeiten will, um über diese im Sitzland nur von Steuervorteilen für seine darin eingebrachten legalen oder illegalen Vermögenswerte zu profitieren, befindet sich an der Grenze zur Steuerhinterziehung. Doch welche Gesellschaftsform in einer Oase auch immer gewählt wird, sie sollte die Anonymität des Eigentümers sicherstellen und seine Haftung ausschließen. In der Regel bieten das AG-ähnliche Gesellschaften und AG-ähnliche Limited Companies sowie nationale Sonderformen wie beispielsweise die „Anstalt" oder „Stiftung" in

Oasen- und Offshore-Gesellschaften

Liechtenstein oder der „Trust" im anglo-amerikanischen Raum. Welcher Gesellschaftsform letztlich der Vorzug gegeben wird, sollte nicht zuletzt davon abhängig gemacht werden, ob der Gründer die Verfügungsgewalt über seine Gesellschaft und damit über das von ihm eingebrachte legale oder illegale Vermögen behält. Während das bei den AG-ähnlichen Konstruktionen immer der Fall ist, hat etwa der Stifter nach Stiftungserrichtung – jedenfalls legal – keinerlei Einflussmöglichkeit mehr auf sein Stiftungsvermögen.

Alle Gesellschaftsformen profitieren neben den jeweils nationalen steuerlichen Vergünstigungen (oft Nullsteuern) davon, dass die Oasenländer, in denen diese domizilieren, ausländischen (Finanz-)Behörden in der Regel über sie keine Auskünfte erteilen. Vorteil aller Offshore-Gesellschaften ist, dass sie sich schnell und relativ preisgünstig gründen lassen. Ansprechpartner dafür sind Banken und Anwälte vor Ort.

17. Treuhandvereinbarung als Alternative

Nun muss man ja nicht gleich eine Gesellschaft gründen, um in Steueroasen Gelder oder andere Vermögenswerte zu parken und/oder von dort aus arbeiten zu lassen. Man kann diese Vermögenswerte auch auf Treuhänder, Anwälte oder andere Helfer vor Ort treuhänderisch übertragen und von diesen nach seinen eigenen Vorstellungen und Vorgaben verwalten lassen. Die Helfer kennen die örtlichen Verhältnisse und können beispielsweise so manche Banktüre öffnen.

Welcher Treuhänder ist der richtige? Der eigene Steuerberater in Deutschland kann möglicherweise innerhalb einer Steueroase den einen oder anderen Berater empfehlen, einen Überblick über die Berater in mehreren Oasen wird er in der Regel kaum haben. Auch Banken, Handelskammern und die Berufsorganisationen können nur begrenzt Hilfestellung geben.

Treuhandvereinbarung als Alternative

Oder man greift ganz einfach zum telefonischen Branchenverzeichnis. Da findet man beispielsweise in Zürich unter dem Stichwort „Treuhandbüros" und „Treuhandgesellschaften" zehn Spalten, in denen insgesamt über vierhundert Personen und Unternehmen ihre Dienste anbieten.

Das Führen der Berufsbezeichnung „Treuhänder" ist allerdings in der Schweiz und vielen anderen Oasenländern an keine bestimmte Ausbildung, Erfahrung, Prüfung oder Zulassung gebunden, sondern steht jedermann frei. Da ist es kein Wunder, wenn die Schwerpunkt-Staatsanwaltschaft für Wirtschaftskriminalität in Zürich bei einer Untersuchung feststellt, dass neun von hundert Wirtschaftskriminellen nach ihrer Haftentlassung ein Treuhandbüro eröffnen. Viele davon in Zürich – auch sie sind im Branchenverzeichnis erfasst. Wie sagte doch kürzlich ein Branchenkenner in Zürich: „Der Verband der Schweizer Vermögensverwalter zählt rund 800 Mitglieder, tatsächlich bieten aber rund 2 000 Personen Treuhandgeschäfte an. Aber für nur etwa 50 Treuhänder würde ich meine Hand ins Feuer halten."

Da nützt es wenig, wenn der Treuhänder durch Gesetz verpflichtet ist, die Treuhandgeschäfte mit der Sorgfalt eines ordentlichen Geschäftsmannes zu führen, und für jedes Verschulden, also Absicht, grobe und leichte Fahrlässigkeit, Ihnen gegenüber haftet. Als Vermögenseigentümer sollten Sie sich also immer bewusst sein, dass Sie sich über die Einschaltung eines Treuhänders nicht nur von Ihrem eigenen Vermögen distanzieren – Sie können es auch sehr schnell verlieren. Und da ist es dann in jedem Fall sinnvoller, Steuern zu zahlen.

Vor Veruntreuung ist man als Vermögenseigentümer letztlich nirgendwo sicher. Sie können das Risiko jedoch einschränken, indem Sie bei der Suche nach einem vertrauenswürdigen Treuhänder in der Oase auf bekannte, alteingesessene Anwaltskanzleien zurückgreifen oder sich ganz einfach den Banken anvertrauen. Wenn diese keine eigene Vermögensverwaltung anbieten, kennen sie sich vor Ort aus und können Empfehlungen aussprechen. Darüber

Oasen- und Offshore-Gesellschaften

hinaus gibt es aber auch so manchen Bankdirektor, der seine Freizeit mit der Verwaltung fremder Vermögen verbringt.

Treuhandschaft ist Vertrauenssache – die Suche nach einem Treuhänder sollte keinesfalls unter Zeitdruck geschehen.

Über jeder Treuhandkonstruktion schwebt das Veruntreuungsrisiko, dem Sie unbedingt vorbeugen sollten:

- Geben Sie deshalb keine umfassende Verfügungsvollmacht. Vermögensverwalter, die über Ihr Geld verfügen, können sich damit auch absetzen.

- Geben Sie daher nur eine Verwaltungsvollmacht. Ihr Treuhänder kann dann, vereinfacht ausgedrückt, zwar mit Ihrem Geld „arbeiten", es umschichten etc., ohne jedoch selbst an das Geld heranzukommen.

- Lassen Sie sich auf keine lange Kündigungsfrist ein. Seriös ist, Ihnen ein jederzeitiges Kündigungsrecht einzuräumen.

- Legen Sie schriftlich spezielle Anlagerichtlinien fest, nach denen der Treuhänder/Vermögensverwalter das Kapital managen soll.

- Lassen Sie sich in regelmäßigen Zeitabständen über die Kapitalentwicklung unterrichten.

Check-up: Steueroasen und Oasengesellschaften

8

1. Politische und wirtschaftliche Stabilität 426
2. Geltendes Steuersystem 426
3. Gesellschaftsrechtliche Bestimmungen 428
4. Bankverbindung 429
5. Infrastruktur 430
6. Telekommunikationsmöglichkeiten . . 430

1. Politische und wirtschaftliche Stabilität

Wichtigstes Kriterium bei der Wahl einer Steueroase sollte ihre politische und wirtschaftliche Stabilität sein. Denn Null-Steuern verpuffen, wenn das investierte Kapital dort zum Beispiel auf politischem Wege enteignet werden kann. Erforderlich sind: reifes, parlamentarisch demokratisches System – Mehrparteien- und Mehrkammern-System – Staatsgebiet, das nicht von anderen Nationen beansprucht wird – marktwirtschaftlich orientierte Wirtschaftspolitik – ein das Eigentum nicht Ansässiger schützendes Rechtssystem.

2. Geltendes Steuersystem

Inländische natürliche Personen, die einen Wohnsitz oder ihren gewöhnlichen Aufenthalt in Deutschland haben, oder juristische Personen, deren Geschäftsleitung oder Sitz in Deutschland liegt, haben grundsätzlich keinen Vorteil aus dem zwischen einer Steueroase und Deutschland bestehenden Steuergefälle, da sie nach dem Welteinkommensprinzip als unbeschränkt Steuerpflichtige ihr gesamtes – also auch ihr im Ausland erzieltes – Einkommen hier zu Lande versteuern müssen. Ausnahme: Es bestehen zwischen der Steueroase und Deutschland Doppelbesteuerungsabkommen (DBA).

Check-up: Steuersystem

- Besteht zwischen Deutschland und der Steueroase ein DBA?
- Wird darin geregelt, dass Einkünfte aus Gewerbebetrieb, selbstständiger Tätigkeit im Rahmen einer festen Einrichtung, nicht selbstständiger Tätigkeit (von mehr als 183 Tagen/Jahr) sowie aus unbeweglichem Vermögen nur in dem Land zu besteuern sind, wo der Aufenthalt bzw. die Betriebsstätte liegt (Freistellungsmethode)?

Geltendes Steuersystem

Fortsetzung: Check-up: Steuersystem

- Kann die DBA-Steueroase auch für nicht gewerbliche Zwecke eingesetzt werden, um zum Beispiel Unternehmensanteile zu halten, Vermögen zu anonymisieren oder Patente, Urheberrechte und Lizenzen zu verwerten?

  Keinen Steuerspareffekt erzielen Steuerpflichtige bei Einkünften aus Dividenden, Zinsen und Lizenzen, da diese der Anrechnungsmethode unterliegen. Folge: Das Besteuerungsrecht steht in der Regel Deutschland zu. Dabei werden im Ausland erhobene Steuern bei den in Deutschland zu zahlenden Steuern angerechnet bzw. vom Gesamtbetrag der ausländischen Einkünfte abgezogen.

- Welcher Kategorie wird die DBA-Steueroase zugeordnet?
  - Einer niedrig besteuernden Oase, die natürliche und juristische Personen in der Regel mit weniger als 15 Prozent besteuert?
  - Einem „Special-Tax-Haven", der als Hochsteuerland für bestimmte förderungswürdige Branchen, Projekte oder Unternehmen spezielle gesellschafts- und steuerrechtliche Vergünstigungen offeriert?
  - Enthält das DBA der jeweiligen Kategorie einen Progressionsvorbehalt, um eine niedrigere Quellenbesteuerung der Einkünfte zu erzielen?

- Wenn kein DBA besteht, handelt es sich um eine Nullsteueroase (No-Tax Haven) oder um eine Null-Steuer-Oase für Fremdeinkommen (No-Tax on Foreign Incom Haven)?

  Das Nicht-Vorhandensein eines DBA garantiert, dass kein wechselseitiger, rechtsverbindlicher Steuerauskunftsverkehr und keine fiskalischen Auslieferungsabkommen mit anderen Staaten bestehen.

  Bei einer Null-Steuer-Oase für Fremdeinkünfte ist zu prüfen:
  - Erlaubt die Oase einer Gesellschaft, einer Geschäftätigkeit sowohl im In- als auch im Ausland nachzugehen, wobei nur die inländischen Einkünfte besteuert werden?
  - Kann die Gesellschaft mit Sitz im Inland nur ausländischer Tätigkeit nachgehen, wobei die Einkünfte daraus in der Oase nicht besteuert werden?

Check-up: Steueroasen und Oasengesellschaften

Fortsetzung: Check-up: Steuersystem

- Welche gesellschaftsrechtlichen Voraussetzungen müssen erfüllt werden, um die Steuerbefreiung ausländischer Einkünfte zu erreichen?
- Wird der „Exempt-Status" eingeräumt, bei dem der Sitz der Gesellschaft in der Oase liegt, deren Anteilseigner jedoch ausnahmslos nicht Ansässige (aus Sicht der Oase) sein müssen?
- Wird der „Non-Resident-Status" eingeräumt, bei dem die Geschäftsführungstätigkeit der Gesellschaft nur von außerhalb der Oase ausgeübt werden kann und auch hier Gesellschaftsanteile nur von nicht Ansässigen gehalten werden dürfen?

3. Gesellschaftsrechtliche Bestimmungen

Folgende Punkte sollten Sie im Vorfeld akribisch prüfen.

Check-up: Gesellschaftsrecht

- Wird ein gewerblicher oder nicht gewerblicher Unternehmenszweck vorgeschrieben?
- Ist der Unternehmenszweck unlimitiert mit Ausnahme jener Geschäftsbereiche, die besondere Lizensierungspflichten aufweisen, beispielsweise für Banken, Versicherungen?
- Welche Rechtsformen sind für Gesellschaften mit gewerblichem Zweck möglich: Private Company, Public Company, Private Company Limited by Shares, International Business Company?
- Welche Rechtsformen sind für nicht gewerbliche Zwecke möglich: Holdinggesellschaft, Anstalt, Stiftung, Trust, Hybrid Company?
- Gibt es Beschränkungen bei der Namensgebung der Gesellschaft, zum Beispiel unerlaubte Zusätze wie „Bank", „Banking", „Investment"?
- Müssen Geschäftsführung und Buchhaltung von der Oase ausgeübt werden?

Fortsetzung: Check-up: Gesellschaftsrecht

- Oder reicht für die Ausübung der Geschäftsführungs-Aufgaben ein Registered Agent als Zustellungsbevollmächtigter?
- Wie steht es mit der Anonymität der Anteilseigner und der Direktoren? Müssen diese im Handelsregister veröffentlicht werden?
- Oder kann die Anonymität für Anteilseigner und Direktoren durch Einschalten eines Treuhänders, Anwalts oder Notars als Nominee Shareholder oder Nominee Director erreicht werden?
- Welche Kosten fallen bei Gesellschaftsgründung sowie der laufenden Betreuung der Gesellschaft an?

4. Bankverbindung

Vor der Entscheidung über eine Bankverbindung sollte zunächst sichergestellt werden, dass die zur Wahl stehende Steueroase keine Devisenbeschränkungen aufweist.

Check-up: Bankverbindung

- Wird die unbegrenzte Ausfuhr von Fremd- und Oasenwährung garantiert?
- Kann das investierte Kapital ohne Beschränkungen zurücktransferiert werden?
- Können von der Oase aus erwirtschaftete Erträge uneingeschränkt ins Ausland transferiert werden?
- Welches Dienstleistungsspektrum wird geboten?
- Welcher Vertraulichkeitsschutz wird offeriert?
- Ist die Bank auch international vertreten?

Check-up: Steueroasen und Oasengesellschaften

5. Infrastruktur

Eine gut ausgebaute Infrastruktur ist insbesondere dann wichtig, wenn in der Steueroase produziert oder von dort aus Import-Export-Handel betrieben werden soll. Auch sollte eine Steueroase verkehrsmäßig angebunden und schnell erreichbar sein. Null-Steuern nützen wenig, wenn beispielsweise ein steuerfreundliches Territorium im Südpazifik nur zweimal im Jahr per Schiff erreichbar ist.

Check-up: Infrastruktur

- Ist das Straßennetz ausreichend entwickelt?
- Gibt es eine Anbindung an internationale Frachtwege zu Land, Wasser oder Luft?
- Stehen gut ausgebildete Arbeitskräfte zur Verfügung?
- Ist ein regelmäßiger Besuch der Oase ohne Einreise- und/oder Aufenthaltsbeschränkungen möglich?
- Ist die Oase per eigenem Pkw, Bahn, Flugzeug oder Schiff erreichbar?
- Wenn Flug möglich – gibt es Direktflüge oder müssen Zwischenstopps eingelegt werden?

---

6. Telekommunikationsmöglichkeiten

Je weiter eine Steueroase vom Erstwohnsitz entfernt ist, desto wichtiger sind direkte Kommunikationswege, um jederzeit eine komplikationslose Kontaktaufnahme sicherzustellen. Was erforderlich ist: Internationale Direktwahl und Fax-Anbindung, am besten über ein digitales Netzwerk.

Steuerspar-Spezialitäten 9

1. Neue Regeln bei Auslandseinkünften deutscher Unternehmen 432
2. Wie sich die Steuerpflicht in der Heimat steuerschonend beenden lässt 434

1. Neue Regeln bei Auslandseinkünften deutscher Unternehmen

Zunächst die gute Nachricht: Wenn deutsche GmbHs oder Aktiengesellschaften Anteile an ausländischen Kapitalgesellschaften halten, werden seit 1. 1. 2001 Dividenden und Veräußerungsgewinne steuerfrei gestellt. Bisher galt dies nur, wenn Doppelbesteuerungsabkommen bestanden und die Firmen mit mindestens 10 Prozent an ihren Auslandstöchtern beteiligt waren.

Werden die Gewinne an deutsche Anteilseigner ausgeschüttet, unterliegen sie dem neuen Halbeinkünfteverfahren. Sie werden also beim Dividendenempfänger nur zur Hälfte mit Einkommensteuer belegt. Damit werden die Gestaltungsmöglichkeiten bei Auslandstochtergesellschaften deutscher GmbHs und AGs deutlich erweitert. Dies gilt auch für OHGs, KGs und Einzelunternehmen, wenn diese nach dem Optionsmodell eine Besteuerung wie bei einer Kapitalgesellschaft wählen.

GmbHs und AGs, die Filialen im Ausland unterhalten, sollten prüfen, ob es vorteilhaft ist, diese in selbstständige Tochtergesellschaften umzuwandeln. Sind die Gewinne von Auslandsniederlassungen auf Grund von DBAs bei den deutschen Gesellschaften schon jetzt steuerfrei, so bringt dies nicht viel. Besteht allerdings keine Steuerfreiheit für Gewinne aus Auslandsniederlassungen, so kann sich die Umwandlung in eine Tochtergesellschaft lohnen.

Auch bei Auslandsinvestitionen deutscher OHGs, KGs oder Einzelunternehmen gibt es Neues. Gehören zum Privatvermögen Beteiligungen an Auslands-Kapitalgesellschaften, so werden auch deren Ausschüttungen bei den deutschen Beteiligten nur zur Hälfte steuerpflichtig. Einkommen aus Auslandsbetrieben bleiben in der Regel steuerfrei. Wenn nicht, sollte auch bei OHGs und KGs überlegt werden, ob man nicht die Auslandsfiliale in eine echte Tochtergesellschaft umwandelt.

Neue Regeln bei Auslandseinkünften deutscher Unternehmen

Schlechte Nachrichten bringen die Änderungen jedoch beim Außensteuergesetz. Hier geht es um die Hinzurechnungsbesteuerung, mit der Gewinne ausländischer Töchter deutscher Firmen in Deutschland steuerpflichtig werden, selbst wenn sie nicht ausgeschüttet werden und in der Auslandsgesellschaft verbleiben. Voraussetzungen dafür sind:

- Die Gewinne der ausländischen Gesellschaften sind in ihrem Land mit einer Steuer von weniger als 25 Prozent belastet.
- Die Anteile der Auslandsgesellschaft müssen zu mehr als 10 Prozent deutschen Privaten oder Unternehmen gehören.
- Die ausländische Gesellschaft muss so genannte passive Einkünfte erwirtschaften. Dieses Risiko besteht immer dann, wenn die Auslandsgesellschaft nicht aktiv am Markt teilnimmt, etwa, wenn sie Beteiligungen hält. Partnergesellschaften fallen hierunter, aber auch Auslandsgesellschaften, die nur für verbundene Unternehmen tätig sind.

„Unverdächtig" sind produzierende Gewerbe und Gesellschaften mit eigenem Betrieb.

Sind die Voraussetzungen für die Hinzurechnungsbesteuerung gegeben, werden die Gewinne der Auslandsgesellschaften den Einkünften der deutschen Anteilseigner zugerechnet. Das heißt, bei den deutschen GmbHs und AGs werden sie mit 25 Prozent Körperschaftsteuer und bei deutschen OHGs, KGs und Einzelunternehmen mit Einkommensteuer, wenn auch nur auf den halben Hinzurechnungsbetrag, belastet.

Soweit die Auslandsgesellschaften auf die Gewinne vor Ort bereits Steuern gezahlt haben, werden diese auf die deutsche Steuer angerechnet. Wenn die Auslandsgesellschaften jedoch in Ländern liegen, mit denen ein DBA besteht, kann die Hinzurechnungsbesteuerung entfallen, falls die Beteiligung von deutschen GmbHs oder AGs gehalten wird.

Unternehmen mit Auslandsbeteiligungen sollten ihre Auslandsgeschäfte daraufhin analysieren, ob durch die steuerliche Neuregelung die Gefahr der Hinzurechnungsbesteuerung droht.

2. Wie sich die Steuerpflicht in der Heimat steuerschonend beenden lässt

Die Frage ist, ob der Entzug des deutschen Besteuerungsrechts grundsätzlich zur Aufdeckung der stillen Reserven führt. Grundsätzlich gilt: Nur tatsächlich realisierte Gewinne/Vermögensmehrungen unterliegen der Besteuerung. Ausnahmen bestehen jedoch bereits im innerstaatlichen Steuerrecht, bei

- Entnahme von Betriebs- und Privatvermögen,
- Betriebsaufgabe,
- Wegzugbesteuerung nach § 6 AStG,
- unter bestimmten Umständen bei einbringungsgeborenen Anteilen.

Allen Vorschriften liegt der Wunsch des Gesetzgebers zugrunde, die steuerliche Erfassung der in einem Betriebsvermögen bzw. in einem steuerverhaftenden Privatvermögen gebildeten stillen Reserven sicherzustellen. Der BFH hat jedoch klargestellt, dass ein allgemeiner Entstrickungsgrundsatz, wonach der Zugriff auf die stillen Reserven stets bei Beendigung der deutschen Besteuerungskompetenz zu erfolgen habe, nicht existiert. Im Ergebnis ist es also grundsätzlich denkbar, dass dem deutschen Fiskus durch Wegzug stille Reserven entgehen. Dabei kommt es jedoch auf eine sorgfältige steuerliche Beratung an.

Wie sich die Steuerpflicht in der Heimat beenden lässt

Der Wohnsitzbegriff im deutschen Steuerrecht

„Einen Wohnsitz hat jemand dort, wo er eine Wohnung unter Umständen innehat, die darauf schließen lassen, dass er die Wohnung beibehalten und benutzen wird." (§ 8 AO). Dazu zählen unter anderem:

- Beibehalt des deutschen Wohnsitzes auch bei mehrjährigem Auslandsaufenthalt, wenn eine für die Zwecke der eigenen Nutzung ausgestattete inländische Wohnung in einem ständig nutzungsbereiten Zustand beibehalten wird. Auf die tatsächliche Nutzung kommt es nicht an.
- Bei Eheleuten kann eine Wohnsitzaufgabe grundsätzlich zu verschiedenen Zeitpunkten erfolgen.
- Auch eine jährlich regelmäßig jeweils zweimal stattfindende Nutzung einer inländischen Wohnung während einiger Wochen begründet beispielsweise auf Grund Regelmäßigkeit und Gewohnheit einen inländischen Wohnsitz.

Keine Wohnung wird begündet durch Hotelzimmer, auch nicht bei längerer Nutzung, oder Zimmer bei Eltern/Verwandten, wenn hierüber keine Verfügungsmacht besteht.

Gewöhnlicher Aufenthalt

Nach § 9 AO ist der gewöhnliche Aufenthaltsort dort, „wo eine Person sich unter Umständen aufhält, die erkennen lassen, dass sie sich an diesem Ort oder in diesem Gebiet nicht nur vorübergehend aufhält. Dabei kommt es nicht auf den Willen des Steuerpflichtigen, sondern auf den tatsächlichen Aufenthalt an."

Ein gewöhnlicher Aufenthalt in Deutschland ist stets gegeben, wenn der Aufenthalt (zeitlich zusammenhängend, unter Umständen mit kurzen Unterbrechungen) sechs Monate erreicht (§ 9 Abs. 2 AO).

Kein gewöhnlicher Aufenthalt in Deutschland liegt bei Grenzgängern nach Deutschland vor!

Steuerspar-Spezialitäten

Wohnsitzbegriff in den DBA

Dabei wird grundsätzlich geprüft:

- Besteht eine unbeschränkte Steuerpflicht nach innerstaatlichem deutschen Recht?

Wenn ja,

- besteht eine unbeschränkte Steuerpflicht nach ausländischem Recht?

Wenn ja,

- wird die DBA-Ansässigkeit geprüft.

Festlegung des Mittelpunkts der Lebensinteressen

Unterschieden wird dabei zwischen persönlichen und wirtschaftlichen Beziehungen:

- Persönliche Beziehungen zu einem Vertragsstaat können zum Beispiel bestehen durch die private Lebensführung, d. h. das familiäre, gesellschaftliche, politische oder kulturelle Umfeld. Der Wohnsitz der Familie wird somit, außer bei Alleinstehenden, von erheblicher Bedeutung sein.

- Wirtschaftliche Beziehungen bestehen in besonders enger Form zu dem Staat, von wo aus der Arbeit nachgegangen wird und wo die Einkünfte verwaltet werden.

> Die persönlichen und wirtschaftlichen Beziehungen müssen nicht kumulativ stärker zu einem Staat ausgeprägt sein, um dort den Mittelpunkt der Lebensinteressen zu begründen. Bestehen die stärkeren persönlichen Beziehungen aber zum anderen Staat, so liegt der Mittelpunkt der Lebensinteressen in dem Vertragsstaat, zu dem für die natürliche Person die bedeutungsvolleren Beziehungen bestehen.

Wie sich die Steuerpflicht in der Heimat beenden lässt

Checkliste: So werden Sie Steuerausländer

Wer als Steuerpflichtiger dem Fiskus in der Heimat entkommen will, sollte folgende Punkte beachten:

- Sind Sie sicher, dass das Land Ihrer Wahl Sie auch aufnimmt? Sie benötigen immer eine Aufenthaltsbewilligung.

- Die Zelte in Deutschland müssen – für alle ersichtlich – abgebrochen werden. Dazu gehört eine Abmeldung beim Einwohnermeldeamt genauso wie eine „Nullstellung" beim Wohnsitzfinanzamt und die Verzichterklärung auf das Wahlrecht in Deutschland. Wenn das Finanzamt Ihren Fortzug nicht als solchen anerkennt, dann sollten Sie sich unbedingt nach einem Steuerberater umschauen, der die Post vom Finanzamt entgegennimmt und dafür sorgt, dass Bescheide nicht gegen Ihren Willen rechtskräftig werden.

- Die bisherige Wohnung/das Haus muss aufgegeben werden. Indizien: Miet-/Kaufvertrag mit Fremden, Abmeldung von Telefon, Strom, Wasser.

- Das Auto muss hier zu Lande ab- und in der neuen Heimat angemeldet werden. Der Pass sollte nur im Ausland verlängert werden. Am glaubwürdigsten beim nächstgelegenen Konsulat.

- Künftig muss alles vermieden werden, was Rückschlüsse auf Ihren Aufenthalt in Deutschland ziehen lässt: Hotel- und Restaurantrechnungen, Mietverträge, Postanschriften, Strafmandate, Einkäufe mit Kreditkarte.

Quellen- und Literaturhinweise

Banken, Institutionen und Unternehmen

ABN-AMRO-Bank, ACNielsen, Asiatische Entwicklungsbank, Association des Banques et Banquiers Luxembourg, AMINCO AG, Allgemeines Treuunternehmen, ANLAGE DIREKT, AMBASSADE DE FRANCE, ASTON CORPORATE TRUSTEES Ltd., AUSTRIAN BUSINESS AGENCY, Bank der Tiroler Sparkasse, Bank in Liechtenstein AG, BC Business Centrum, Bernstein Lloyd, Batliner & Partner, Bundesamt für Finanzen, Bundesanstalt für Finanzdienstleistungen, Bund der Steuerzahler, Bundeskriminalamt, Bundesministerium der Finanzen, Bundesministerium für Wirtschaft, Bundesnachrichtendienst, Bundesrechnungshof, Bundesverband Deutscher Banken, Bundesverband Deutscher Investmentgesellschaften e.V., BF CONTINENTAL SERVICES, BUNDESVERWALTUNGSAMT, Cabinet HOHL Avocats, Commerzbank AG, Creditanstalt, Credit Suisse, Deutsche Bank AG, Deutsche Bundesbank, Deutscher Bundestag, Deutscher Industrie- und Handelstag, Deutsche Steuergewerkschaft, Deutsch-Koreanische Industrie- u. Handelskammer, Die ERSTE, DIW, Dresdner Bank AG, Deloitte & Touche, Deutsche u. Schweizerische Schutzgemeinschaft für Auslandsgrundbesitz, Deutsches Institut für Wirtschaftsforschung, EU-Kommission, Europäische Wirtschaftskommission der UNO, Europäischer Gerichtshof, Eurotrust International Group S.A., East Caribbean Ship Management, Eder Wirtschaftstreuhänder, Europäische Zentralbank, EXCON SERVICES, EXPEDRA CONSTRUCCIÓ, FAFT, Forschungsstelle für Empirische Sozialökonomie, Gewerbecenter Pritzier, Heidelberger Kreis, Hypo Investment Bank, Institut der deutschen Wirtschaft, International Business Consulting, International Labour Office, Interwega AG, IDA Ireland, Institut für Höhere Studien, Institut Prof. Dr. Bocker GmbH, IWF, JYSKE Bank, KPMG, Liechtenstein Global Trust, Liechtensteinische Landesbank AG, Liechtensteinische Treuhändervereinigung, Lufthansa AG, Luxembourg City Tourist Office, Malta Development Corporation, Marina Bay Consultants Ltd., North Asia Corporate Services Ltd., OECD, Österreichisches Generalkonsulat München, PRIMERA IMMOBILIARIA COMMERCIAL INT., Raiffeisenbank in Jungholz, Raiffeisenverbund Salzburg, Rheinisch-Westfälisches Institut für Wirtschaftsforschung, ResidenSea, Schweizerische Kreditanstalt, Schweizerischer Bankverein, Statistisches Bundesamt, SYDBANK, SIEMENS, SOSUA REAL ESTATE SERVICES, Sparkasse Kufstein, UBS, U-Büro GmbH, U.S. CORPORATION SERVICES, VOLKSBANK Kleinwalsertal, WALCH & SCHURTI, Wirtschaftskammer Österreich, WTO.

Quellen- und Literaturhinweise

Informationsdienste, Zeitschriften und Zeitungen

Abendzeitung, Amtsblatt der Europäischen Gemeinschaften, Außenwirtschaftsnachrichten, Badische Zeitung, Bayerischer Rundfunk, Bellevue, Berliner Zeitung, Blick durch die Wirtschaft, Börsen-Zeitung, Business Week, BÖRSE ONLINE, Bundesanzeiger, Business Ireland, Cash, Capital, Capital Vertraulich, DAS WERTPAPIER, Der Platow Brief, DER SPIEGEL, DER STANDARD, Die Presse, die tageszeitung, Die Welt, Die Zeit, DM, Der Rentrop Brief, DIE WOCHE, El Mundo, EURO am Sonntag, Feine Adressen, FINANCIAL TIMES DEUTSCHLAND, Finanzbrief, FINANZtest, Focus, Frankfurter Allgemeine Zeitung (FAZ), FINANZINVEST, Freie Presse, FUCHSBRIEFE Report, Geldbrief, GEO, GMBH intern, Grundbesitz International, Hamburger Abendblatt, Handelsblatt (HB),IHK-Mitteilungen, Immobilien-Forum, Impulse, International Living, Kapital-marktintern special, KURIER, Liechtensteiner Volksblatt, Manager Magazin (MM), MONEY, Münchner Merkur, Neue Zürcher Zeitung, OÖNachrichten, profil, Rheinischer Merkur, Schweizer Bank, Schweizerische Handelszeitung, STERN, Süddeutsche Zeitung (SZ), steuertip, steuertip Steuern Spezial, STRAIT TALKING, TAGBLATT, Tages-Anzeiger, The Economist, Trend, TZ, U.S. CORPORATION SERVICES, Vertrauliche Mitteilungen, Welt am Sonntag (WamS), Wirtschaftswoche (WiWo).

Literaturhinweise

Aubert, Maurice/Kernen, J.P./Schönle, H.: Das schweizerische Bankgeheimnis, Bern.

Bank in Liechtenstein: Ratgeber für Kapitalanleger, Vaduz.

Baratta, Mario von (Hrsg.): Der Fischer Weltalmanach 2003, Frankfurt.

Bilsdorfer, Peter: Die Informationsquellen und -wege der Finanzverwaltung, Köln.

Bogatz/Nickel/Schubert: Steuerstrategien für Kapitalanleger, Freiburg.

Bonder, Michael/Student, Thomas: Wem gehört was in Europa? Düsseldorf/Regensburg.

Bornheim, Wolfgang/Birkenstock, R.: Steuerfahndung – Steuerstrafverteidigung, Herne.

Brender, Markus: Straffrei nach Steuerflucht, Starnberg.

Quellen- und Literaturhinweise

Bundesministerium der Finanzen: „Doppelbesteuerung", in: Bundessteuerblatt, Teil 1, Bonn.

Bundesministerium der Finanzen: EU-Verhaltenskodex; Schr. v. 23.4.1998, Bonn.

Bundesministerium für Wirtschaft: Vermögensanlagen Gebietsansässiger in fremden Wirtschaftsgebieten, Bonn.

Deutscher Industrie- und Handelstag: Produktionsverlagerung ins Ausland, Bonn.

Deutsche u. Schweizerische Schutzgemeinschaft für Auslandsgrundbesitz e.V.: Steuerspartricks via Ausland, Waldshut-Tiengen.

Dresdner Bank: Außenwirtschaftsrecht 2002, Köln 2002.

Dresdner Bank Lateinamerika: Lateinamerika – Perspektiven, Hamburg 2001.

Doggart, Caroline: Steuerparadiese und wie man sie nutzt, Düsseldorf.

Eder, Johann: Steuervergleich Deutschland – Österreich, Wien.

Flore/Dörn/Gillmeister: Steuerfahndung und Steuerstrafverfahren, Neuwied/Berlin.

FUCHSBRIEFE Report: Vermögen im Ausland, Berlin.

Götzenberger, Anton-Rudolf: Alleinerbe Finanzamt, Wien/Frankfurt.

Güggi, Bruno: Gesellschaftsformen und Steuerbelastung im Fürstentum Liechtenstein, Vaduz.

Haas, Werner J.: Liechtensteinische Gesellschaft – ein Überblick, Zürich.

Harenberg, Bodo (Hrsg.): Aktuell 2003, Dortmund.

Heeb, Karlheinz: Bankplatz Vaduz. Schriftenreihe der Liechtensteinischen Landesbank.

Hild, Dieter/Hild E.C.: Im Fadenkreuz der Steuerfahnder, Freiburg.

Klos, Joachim: „Die Neuregelung der Legitimationsprüfungspflicht der Banken nach § 154 AO", in: Die steuerliche Betriebsprüfung.

Knapp, Reinhart: Ein Konto im Ausland, München.

Kottke, Klaus: Schwarzgeld – was tun, Freiburg.

Quellen- und Literaturhinweise

Leip, Carsten: Der Strafbestand der Geldwäsche, Berlin.

Meier, Guido: Die Treuhänderschaft (Trust) im liechtensteinischen Personen- und Gesellschaftsrecht, Vaduz.

Merten, Hans-Lothar: Kapitaltransfer ins Ausland, Düsseldorf/Regensburg.

Paufler, Alexander: Die Steuerhinterziehung, Stuttgart.

PwC Pricewaterhouse Coopers: Unternehmenssteuerreform 2001, Düsseldorf.

Roll, Eberhard/Biebel, M.: Investitions- und Immobilienführer COSTA RICA, San Josè.

Schönfels, Friedrich v./Leske, J.: Deutschland, deine Steuern, München.

Schönherr/Barfuss/Torggler & Partner: Unternehmensgründung in Österreich, Wien.

Schütze, Rolf A.: Rechtsverfolgung im Ausland, Herne.

Schwartz, Daniel: Internet-Börse, Regensburg.

Schweizerische Kreditanstalt: Möglichkeiten der Geldanlage für Ausländer in der Schweiz, Zürich.

Spescha, Marc: Handbuch zum Ausländerrecht, Bern.

SPIEGEL Almanach: WELT-JAHRBUCH 2003, Hamburg.

Statistisches Bundesamt: Statistisches Jahrbuch 2002, Wiesbaden.

Steuber, Werner: Spanien – Haus und Geldanlage – Was erfährt der deutsche Fiskus?, Waldshut-Tiengen.

Streck, Michael: Die Steuerfahndung, Köln.

Utescher, Tanja: Internet und Steuern, Düsseldorf.

Wagner, Jürgen: Berater-Handbuch Schweiz und Liechtenstein, München.

Weigell, Jörg/Brand, J./Safarik, F.: Investitions- und Steuerstandort Schweiz, München.

Zentraler Kreditausschuss/Bundeskriminalamt: „Geldwäsche-Anhaltspunkte, die auf Geldwäsche gem. § 261 StGB hindeuten können", Frankfurt/Wiesbaden.

Stichwortverzeichnis

Abgabebetrug 373
Abgabenordnung 373
Abgeltungssteuer 24, 26
Abschreibungsmöglichkeiten 33
Afrika 303
AG-ähnliche Gesellschaften 383
AG-ähnliche Limited Companies 383
Aktiengesellschaft 387, 388
Amerika 240
Amtshilfe 107
Andorra 43, 90, 143
Anguilla 258
Anlageberatung 74
Anlagerichtlinien 424
Anlegerschutz 41
Anonymität 60, 383
Anonymkonten 43
Anrechnungsmethode 114
Anstalt 390
Antigua und Barbuda 259
Anwälte 38
Aruba 262
Ascension 297
Asien 322
Atlantik 297
Aufbewahrungsvorschriften 130
Ausgabenpolitik 22
Auskunftsklausel 116
Auskunftspflicht 66, 130
Auslandseinkünfte 432
Auslandsgesellschaften 413
Auslandsimmobilien 54
Auslandskonto 48, 53
Außensteuerbereich 417
Außensteuergesetz 23, 110

Außensteuerrecht 417
Australien 365
Azoren 21
Azoreninsel Santa Maria 218

Bahamas 43, 264
Bahrain 316
Bananenrepublik 39
Bank für Internationalen Zahlungsverkehr (BIZ) 9
Bankenaufsicht 79
Bankgeheimnis 43, 46, 60, 66, 67, 76, 97
Bankverbindung 429
Barbados 269
Bargeld 49
BASF 31
Bayer Leverkusen 24
Belgien 16, 18, 44, 90, 147
Belize 246
Berater 54
Beratung 43
Bermudas 298
Besteuerungsgrundlagen 107
Bestimmungslandprinzip 374
Betriebsausgaben 373
Betriebsprüfungen 126
Betriebsstätte 372
BMW 31
Boehringer 33
Briefkastenfirmen 373, 421
Britische Jungferninseln (British Virgin Islands, B.V.I.) 271
Broker 38
Brunei 351
Brunswick 240
Bundesamt für Finanzen 80, 112

Stichwortverzeichnis

Bundesanstalt für Finanzdienstleistungen (BAFin) 48
Bundesfinanzhof 417
Bundesministerium der Finanzen 23, 26, 33
Business-to-Business (B2B) 374
Business-to-Consumer (B2C) 374

Caicos-Inseln 296
Call Center 169
Campione 175
Cayman Islands 44, 134
Cayman-Inseln 274
Ceuta 304
China 324
Ciskei 305
Cook-Inseln 352
Coordinations-Center 32
Costa Rica 248
Curt Engelhorn 33

Dachgesellschaften 28
Dänemark 44, 150
Datenschutz 375
DBA 436
Delaware 242
Depotführung 87
Deutschland 17, 38
Devisenbestimmungen 61
Dienstleistungszentren 18
Digitales Geld 373
Diplomatenstatus 370
Diskretes Konto 41
Diskretes Vermögen 37
Diskretion 40, 43
Diversifizierung 58
Docks von Dublin 32
Dominikanische Republik 279
Domizilgesellschaften 417

Doppelbesteuerungsabkommen 17, 23, 36, 96, 97, 109
Doppelkriminalität 62
Dschibuti 306
Dublin 20
Durchsuchung 52, 127
Durchsuchungsbefehl 127
Durchsuchungsbeschluss 127

E-Mails 126
Edelmetalle 52
Eigenkapital 22
Einfaches Treuhandverhältnis 86
Einkommensteuererklärung 134
Einkommensteuergesetz 111
Einlagensicherungen 41
Emissionsgeschäft 76
Emissionsvolumen 137
Erbfolge 402
Erblasser 55
Erbschaftsteuer 30, 162
Erbschaftsteuergesetz 68
Erbschein 56
Erreichbarkeit 40
Erstattungsverfahren 112, 113
Ertragsteuerbelastung 112
EU 43
EU-Finanzminister 90
EU-Länder 17
EU-Partner 53
EU-Staaten 38
Europa 143
Europäische Richtlinie 89
Europäische Union 88

Falkland-Inseln 302
Familienstiftung 21, 397
Färöer-Inseln 153
Festsetzungsverjährung 120
Fidschi-Inseln 354

Stichwortverzeichnis

Finanzeingreiftruppe für
  Geldwäsche (FATF) 54
Finanzfahnder 35
Finanzierungsgesellschaften 16, 19
Finanzmarktförderungsgesetz 48
Finanzminister 15
Fingierter Kredit 138
Fiskaldelikte 66
Flexibilität 40
Florida 242
Fluchtgeld-Kurier 51
Fluchtgelder 52, 403
Fonds 28
Fonds-Policen 67
Fondsgesellschaften 66
Frankreich 51, 153
Französische Pazifikinseln 355
Freedom Ship City 368
Freihandelszone Genf 156
Freihandelszone Shannon 165
Freistellungsverfahren 112, 113
Fremdvergleichsmethode 22

Geldbuße 50, 52
Geldtransfersysteme 54
Geldwäsche 48, 54, 96
Geldwäschegesetz (GWG) 47, 132
Gesellschaftsform 383
Gesellschaftsgründung 405
Gesellschaftsrecht 428
Gesellschaftszweck 418
Gewerbliche Immobilien 20
Gewinnverlagerung 15, 420
Gewöhnlicher Aufenthalt 435
Gibraltar 16, 44, 90, 157, 162
Globalisierung 94
GmbH 392
GmbH-Gesetz 395
Grenada 281
Grenzsteuersätze 22

Grenzüberschreitende
  Steuergestaltung 18
Grenzüberschreitende
  Umwandlung 416
Grenzübertritt 49
Grönland 153
Großbank 43
Großbritannien 24, 164
Grundsteuern 20
Grundstücksgeschäfte 414
Guadeloupe 282

Haftung 383
Handelszentren 18
Hinzurechnungsbesteuerung 21
Holding 66, 391
Holdinggesellschaft 19, 391
Holdingkonstruktionen 16
Hongkong 323

Identifikationsüberprüfung 66
Ifo-Studie 32
Immobilienerwerb 58
Immobilienkauf 132, 136, 137,
  162
Indien 327
Indonesien 330
Inflation 61
Infrastruktur 430
Internationaler Währungsfondes
  (IWF) 143
Internationales Schachtelprivileg
  17
Internet 369
Internet-Geschäft 375
Internet-Service-Providern 372
Internet-Steuerproblem 375
Investitionen 22
Investmentfonds 66, 67
Investmentgesellschaften 20, 66

Stichwortverzeichnis

Iran 317
Irland 16, 20, 165
Isle of Man 21, 44, 171
Italien 175

Jamaika 283
Jersey 134
Jungholz 38, 73, 207

Kanada 240
Kanalinseln 16, 21, 90, 179
Kanalinseln Jersey und Guernsey 44
Kanarische Inseln 21
Kapitalanlagegesellschaften 76
Kapitalflucht 24
Kapitalrückführung 25
Kapitaltransfer 39
Karibik 256
Kettenbuchungen 139
Kleinwalsertal 38, 74, 207
Kommanditgesellschaften 383
Konditionen 40
Kontrollmitteilungen 24, 52, 107, 116, 132, 134, 136
Konzernumlagen 15
Konzernverrechnungspreise 22
Koordinierungsstellen 16
Koordinierungszentren 18
Körperschaftsteuer 114
Kündigungsrecht 424
Kuwait 318

Labuan 331
Lebensversicherung 67, 139
Liberia 28, 307
Liechtenstein 21, 38, 44, 90
Liechtensteiner Stiftung 396
Limited Company 392
Lizenzen 24

Lizenzgesellschaft 414
Luxemburg 16, 19, 38, 44, 56, 66, 90, 192

Macao 333
Madeira 16, 21, 218
Mailbox 126
Maildrop-Adressen 380
Malaysia 335
Malediven 308
Mallorca 232
Malta 21, 196
MAN 31
Marshall-Inseln 356
Martinique 282
Mauritius 28, 308
Mehrwertsteuer 67, 372
Melchizedek 370
Meldepflicht 38, 132
Melilla 304
Mieten 24
Mikronesien – Palau 357
Mindestbesteuerung 24
Missbrauchstatbestände 417
Mittelamerika 246
Mittelmeerländer 31
Mittelverwendung 389
Mitwirkungspflicht 106
Mitwisser 54
Monaco 45, 90, 200
Montana 242
Montserrat 284
Mutter-Tochter-Richtlinie 15

Nacherklärung 55
Naher Osten 315
Nauru 358
Nevada 242
Nicht-EU-Nachbarn 53
Niederlande 16, 18, 45, 204

Stichwortverzeichnis

Niederländische Antillen 45, 285
Niedrigsteuergebiete 30
Niedrigsteuerländer 414
Nigeria 28
Nordamerika 240
Nordirland 207
Null-Steuersätze 30
Nullsteueroase 97
Nummernkonto 53, 66

Oasen-Gesellschaften 381
Oasengeschäfte 417
Oasengesellschaften 383, 386, 425
OECD 28, 34, 38, 105
OECD-Musterabkommen 111
Offene Handelsgesellschaften 383
Offshore-AG 388, 389
Offshore-Bankwesen 16
Offshore-Gesellschaft 58, 381, 421
Offshore-Stiftung 404
Offshore-Trust 401
Online-Anbieter 374
Online-Banken 54
Österreich 20, 38, 45, 56, 69, 90
Ozeanien 351

Pakistan 337
Panama 252
Paraguay 254
Paralleldurchsuchungen 124
Personengesellschaften 383
Philippinen 338
Pitcairn-Inseln 360
Polen 216
Politische Stabilität 426
Portfolio 67
Portugal 218
Prince-Edward-Insel 240
Privatbank 43

Privatpersonen 376
Privatstiftungsrecht 398
Produktionsgesellschaft 413
Prohibitive Stempelsteuer 66
Provisionszahlungen 373
Puerto Rico 290

Qualifiziertes Treuhandverhältnis 86
Quellenstaat 17
Quellensteuer 17, 27, 91
Quellensteuerfreiheit 20
Quellensteuerprinzip 24

Rechtshilfe 66, 107
Rechtshilfeabkommen 96
Regionenbuch 418
Reingewinne 24
Réunion 311

Saint Kitts-Nevis 291
Saint Lucia 292
Saint Vincent/Grenadinen 294
Samoa 360
Schachtelbeteiligung 17
Scheck 52
Schenkungssteuer 162
Schenkungsteuergesetz 68
Schwarze Waren 139
Schwarzgeld 128, 132
Schwarzgeldkonto 139
Schweiz 16, 21, 38, 45, 57, 74, 90, 222, 387
Schwindelgründungen 388
Selbstanzeige 55, 117, 130
Seychellen 312
Sicherheit 40
Siemens 31
Singapur 340
Sitzprinzip 369

Stichwortverzeichnis

Spanien 231
Spekulationsgewinne 113
Spontanauskünfte 116
Sri Lanka 343
Staatsanwaltschaft 50
Steuer-Pauschalist 77
Steueramnestie 25
Steuerausländer 437
Steuerberater 38, 422
Steuerdumping 22
Steuerdumping-Länder 15
Steuerdumping-Liste 18
Steuerentlastungsgesetz 401
Steuererhöhungen 25
Steuererklärung 103, 128
Steuerfahnder 36, 120
Steuerfahndung 121, 131
Steuerfalle 409, 418
Steuerharmonisierung 34
Steuerhinterziehung 27, 48, 55, 130
Steuern 60
Steueroasen 30, 376, 425
Steueroasen auf See 366
Steueroasen-Protokoll 15, 21
Steuerparadies 34
Steuerpflicht 434
Steuerrecht 435
Steuerreform 9
Steuersparmodelle 33, 35, 367
Steuerstundungseffekt 103
Steuersünder 18
Steuersystem 426
Steuertarife 23
Steuerverkürzung 131
Steuerwettbewerb 92
Stiftung 28, 105, 190, 396
Strafverfahren 66
Strafverfolgung 120
Südamerika 246

Südkorea 345
Svalbord-Inseln 233

Taiwan 348
Tanger 303
Tarnsystem 403
Telekommunikationsmöglichkeiten 430
Testament 56, 68
Texas 242
The World of ResidenSea 366
Tobago 295
Todesfall 53, 55
Tonga 361
Totenschein 56
Treaty Shopping 17
Treuhänder 85, 404, 422
Treuhandgeschäft 76
Treuhandschaft 424
Treuhandvereinbarung 422
Treuhandvermögen 162
Trinidad 295
Trust 28, 104, 162, 190, 399
Trust-Vorteile 409
Tunesien 314
Turks-Inseln 296

U.S. Corporation 406
Umverteilungspoilitik 22
Ungarn 21, 45, 233
Unternehmen 376, 378
Uruguay 256
USA 38, 51, 242
Utah 242

Vanuatu 46
Vanuatu – Neue Hebriden 363
Verdeckte Einlagen 139
Vereinigte Arabische Emirate 320
Verfügungsvollmacht 424

Stichwortverzeichnis

Verjährungsfristen 119
Vermögensteuer 30, 162
Vermögensverwalter 424
Vermögensverwaltung 39, 74, 76, 79, 86, 163, 396
Verrechnungssteuer 66
Veruntreuungsrisiko 87, 424
Verwaltungsvollmacht 424
Vollmacht 56

„Weißes" Geld 79
Welteinkommen 24
Welteinkommensprinzip 113
Wertpapierdepot 136
Wertpapiere 52, 67
Wirtschaftliche Stabilität 426

Wissenschaftlicher Beirat 23
Wohnsitzbegriff 435, 436
Wohnsitzfinanzamt 118
Wohnsitzprinzip 23, 369
Wohnsitzwechsel 21
Wyoming 242

Yachten 54

Zinsabschlagsteuer 25, 67, 118
Zinsbesteuerung 89
Zinsen 24
Zinsertragsteuern 23
Zufallsfunde 123
Zwangsabgaben 61
Zypern 16, 46, 236